"十四五"职业教育国家规划教材

"十三五"全国航海类专业职业教育创新教材

船舶结构与设备

主 编 王 忠 代其兵

大连海事大学出版社

图书在版编目(CIP)数据

船舶结构与设备／王忠,代其兵主编 . — 大连：
大连海事大学出版社,2019.11(2024.8重印)
　　"十三五"全国航海类专业职业教育创新教材　"十
二五"职业教育国家规划教材
　　ISBN 978-7-5632-3869-9

　　Ⅰ.①船…　Ⅱ.①王…②代…　Ⅲ.①船体结构—高
等职业教育—教材②船体设备—高等职业教育—教材
Ⅳ.①U66

中国版本图书馆 CIP 数据核字(2019)第 258494 号

大连海事大学出版社出版

地址:大连市黄浦路523号　邮编:116026　电话:0411-84729665(营销部)　84729480(总编室)
http://press.dlmu.edu.cn　E-mail:dmupress@dlmu.edu.cn

大连天骄彩色印刷有限公司印装　　　　　　　　大连海事大学出版社发行

2019 年 11 月第 1 版　　　　　　　　　　　　2024 年 8 月第 4 次印刷
幅面尺寸:184 mm×260 mm　　　　　　　　　　　　　　印张:20.5
字数:443 千　　　　　　　　　　　　　　　　印数:8001~11000 册
出版人:刘明凯

责任编辑:张　华　　　　　　　　　　　　　　责任校对:李继凯
封面设计:张爱妮　　　　　　　　　　　　　　版式设计:张爱妮

ISBN 978-7-5632-3869-9　　　定价:51.00 元

总　序

随着我国产业结构优化升级不断加快和经济发展质量不断提高,职业教育重要地位和作用越来越凸现。为了适应我国经济社会不断发展的需要,职业教育改革形势迫在眉睫。《国家职业教育改革实施方案》(国发〔2019〕4号)指出:改革开放以来,职业教育为我国经济社会发展提供了有力的人才和智力支撑,现代职业教育体系框架全面建成,服务经济社会发展能力和社会吸引力不断增强,具备了基本实现现代化的诸多有利条件和良好工作基础。

航海职业教育在我国航海人才培养板块中占举足轻重的地位,培养了大批水上运输技术技能人才。"十三五"以来,航海职业教育改革不断深化,航海专业课程教学与教材的推陈出新是提高海员专业素质的直接抓手。为此,全国交通运输职业教育教学指导委员会航海类专业指导委员会,组织各校航海类专家在"经全国职业教育教材审定委员会审定的'十二五'职业教育国家规划教材"基础上适当增加了其他课程教材,编写了"'十三五'全国航海类专业职业教育创新教材"。本套教材具有如下三个创新点:

其一,紧密结合轮机工程技术和航海技术两个专业的国家级教学资源库、专家教学研究成果等立体化数字资源。本套教材以二维码的形式将传统教材与资源库、教学研究成果有机结合,实现了教学方法上的创新性,便于学生自学和知识扩展。

其二,紧密结合国家有关船员职业培训新规定。本套教材内容紧扣《中华人民共和国海船船员适任考试和发证规则》及《海船船员培训大纲(2016版)》等文件,覆盖规则和大纲的全部内容。

其三,紧密结合前沿的生产技术和衔接新老编写团队工作。本套教材新增企业一线技术人员参与编写,将前沿的生产技术和管理资料应用到教学工作,并在"经全国职业教育教材审定委员会审定的'十二五'职业教育国家规划教材"基础上适当增加了其他课程教材,充分体现了知识和技能的实用性、先进性。

本套教材主要用作航海类院校相关专业学生学习用书,也可作为海船船员适任培训相关课程的学习资料。

全国交通运输职业教育教学指导委员会对本套教材的编写提出了许多好的建议。全国航海职教联盟和中国交通教育研究会职教分会专家库的专家们积极参与了有关教材的编写和审定。大连海事大学出版社为本套教材的出版做了大量的卓有成效的工作。在此一并表示衷心的感谢。

全国交通运输职业教育教学指导委员会
航海类专业指导委员会
2019年8月

编者的话

本书根据高职高专航海类专业《船舶结构与设备课程教学大纲》及《中华人民共和国海船船员适任考试和评估大纲》的要求而编写。本书主要介绍船舶常识、船体结构与船舶管系、船舶各甲板设备、船舶检验与修理等内容。

本书为"十三五"全国航海类专业职业教育创新教材,也是高职航海类专业创新教材,可供高职高专航海院校航海技术专业教学使用,也可作为海船驾驶员适任证书考试培训用教材及船舶驾驶专业人员的参考书。

本书的编写团队认真组织学习二十大报告和习近平总书记关于职业教育的重要讲话。二十大报告中对于教学的描述很有新意,特别关于职业教育的四个关键词:职普融通、产教融合、科教融汇、优化职业教育类型定位给我们编写团队编写新时期职业教育国家规划教材指明了方向。

本书凸显职业教育类型特色,紧紧围绕职业教育特色,紧扣大纲,紧扣国际国内最新的法规与规范,力求理论结合实际,内容精炼准确,阐述简明扼要。本教材体现出知识和技能的先进性,以及教学方法的创新性。为便于学生自学和知识扩展,相关内容可扫描二维码进入资源库或出版社资源平台。

本书文字部分由上海海事职业技术学院王忠编写,资源库部分由江苏海事职业技术学院代其兵负责整理。

本书的编写还得到中远海运集装箱运输有限公司、中远海运散货运输有限公司、东方海外货柜航运有限公司及江南造船厂、沪东中华造船厂多位资深船长及造船师的帮助。在此特表衷心感谢。

大连海事大学出版社为本书的顺利出版付出了辛劳,在此表示衷心感谢。

由于作者水平有限,本书在编写过程中难免存在缺点和错误,恳请航海界同人给予批评指正。

编　者

2023 年 1 月

目 录

第一章

船舶常识

第一节　船舶的基本组成与主要标志

一、船舶的基本组成

船舶由主船体(main hull)、上层建筑(superstructure)及其他配套设备(equipment)所组成。

(一)主船体

主船体又称船舶主体,是指上甲板(upper deck)在内的甲板(deck)、舷侧(broadside)、船底(bottom)、首尾(fore and aft)及舱壁(bulkhead)等所组成的水密空心结构,为船舶的主体部分。

主船体由下列部分组成:

1. 外板

外板是构成船体底部、舭部及舷侧外壳的板,又称船壳板。

2. 甲板

甲板是指在船深方向把船体内部空间分隔成层的纵向连续的大型板架。按照甲板在船深方向位置的高低不同,甲板自上而下分别称为:上甲板、二层甲板、三层甲板及双层底等。

(1)上甲板:是指船体的最高一层全通(纵向自船首至船尾连续的)甲板。

(2)下甲板:二层甲板以下的甲板统称为下甲板。

(3)平台甲板:为强力甲板以下沿船长方向布置并不计入船体总纵强度的不连续甲板。

3. 舷侧

舷侧为主船体两侧的直立部分。

4. 船底

船底为主船体的底部结构,分单底结构和双底结构两种。

5. 船首、船尾与船中

主船体两舷舷侧在过渡至前后两端时,逐渐成线型弯曲接近并最终会拢,其中,前端的会拢部分称船首,线型弯曲部分称首舷(bow),后端的会拢部分称船尾,线型弯曲部分称尾舷(quarter)。主船体长度的一半位置称为船中(midship)。

6. 纵中线与正横

过主船体首尾,并将其分成左右对称两部分的直线称为纵中线(fore and aft line)。在主船体最大宽度处与纵中线垂直的方向称正横(abeam)。由尾向首看,在主船体左侧的称左舷(portside),右侧的称右舷(starboard side)。

7. 内底板

内底板是指在双底上面的一层纵向连续甲板。

8. 舱壁

主船体内沿船宽方向设置的竖壁称为横舱壁,沿船长方向设置的竖壁称为纵舱壁。各层甲板与各舱壁将主船体分隔成各种用途的大小不同的舱室。这些舱室一般以其用途而命名。最前端的一道水密横舱壁称防撞舱壁或艏尖舱舱壁。在防撞舱壁之前的舱室称为艏尖舱,而在最后一道水密横舱壁之后的舱室称为艉尖舱。安置主机、副机的处所称为机舱。

(二)上层建筑

上层连续甲板上由一舷伸至另一舷的或其侧壁板离舷壳板向内不大于船宽4%的围蔽建筑物称上层建筑,即艏楼、桥楼和艉楼。同时具备艏楼、桥楼和艉楼的船舶称为三岛式船舶。其他的围蔽建筑称为甲板室。长度大于$15\%L$(L为船长),且不小于本身高度6倍的上层建筑称为长上层建筑,不符合长上层建筑条件的称为短上层建筑。客船及客货船的上层建筑属长上层建筑,其他船舶的上层建筑为短上层建筑。

图1-1-1(a)所示为实船上层建筑。

1. 艏楼(fore castle)

位于船首部的上层建筑,称为艏楼,艏楼的长度一般为船长L的10%左右,超过$25\%L$的艏楼称为长艏楼。艏楼一般只设一层,其作用是减小船首部上浪,改善船舶航行条件,也可作为贮藏室。

2. 桥楼(bridge)

位于船中部的上层建筑称为桥楼。长度大于$15\%L$,且不小于本身高度6倍的桥楼

称为长桥楼。桥楼主要用来布置驾驶室和船员居住处所。

3. 艉楼(poop)

位于船尾部的上层建筑称为艉楼。当艉楼的长度超过 $25\%L$ 时称为长艉楼,艉楼的作用是减小船尾上浪,保护机舱,并可用来布置船员住舱及其他舱室。

4. 甲板室(deck house)

甲板室是指宽度与船宽相差较大的围蔽建筑物,大型船舶的甲板面积很大,在上甲板的中部或尾部设有甲板室,因甲板室两侧的甲板是露天的,所以有利于甲板上的操作和便于前后行走。长度大于 $0.15L$,且不小于其高度 6 倍的甲板室为长甲板室。其他则属于短甲板室(如桅屋)。

5. 上层建筑的甲板

(1)罗经甲板:船舶最高一层露天甲板,位于驾驶台顶部,其上设有桅桁及信号灯架、各种天线、探照灯和标准罗经等。

(2)驾驶甲板:设置驾驶台的一层甲板,位于船舶最高位置,操舵室、海图室、报务室和引航员房间均布置在该层甲板上。

(3)艇甲板:放置救生艇和救助艇的甲板,要求该层甲板位置较高,艇的周围要有一定的空旷区域,以便在紧急情况下能集合人员,并能迅速登艇,救生艇布置于两舷侧,并能迅速降落水中,船长室、轮机长室、会议室、接待室布置在该层甲板上。

(4)起居甲板:在艇甲板下方,主要用来布置船员住舱及生活服务的辅助舱室的一层甲板,大部分船员房间及公共场所一般均布置在该层甲板上。

(5)游步甲板:在客船或客货船上供旅客散步或活动的一层甲板,甲板上有较宽敞的通道及供活动用的场所。

(三)舱室名称

1. 机舱(engine room)

机舱是指用于安装主机、辅机及其配套设备的舱室,为船舶的动力中心。一般商船只设置一个机舱,机舱要求与货舱必须分开,因此,在机舱的前后端均设有水密横舱壁。机舱一般位于桥楼正下方的主船体区域,位于中部的称中机型船,位于船中部偏后的称中艉机型船,位于船尾部的称艉机型船。

机舱内的双层底较其他货舱内的双层底要高,主要是为了和螺旋桨轴线配合,不使主机底座太高,减少振动。另外,双层底高些可增加燃料舱、淡水舱的容积。

2. 货舱(cargo room)

货舱一般在货船内底板和上甲板之间,从艏尖舱舱壁至艉尖舱舱壁的这一段空间,除布置机舱外,均用来布置货舱。

在两层甲板之间的船舱称为甲板间舱,最下层甲板下面的船舱称为底舱,货舱的排列是从船首向船尾,一般货舱的长度不大于 30 m。

每一个货舱只设一个舱口。但有些船设有纵向舱壁则在横向并排设置2~3个货舱口,如油船、集装箱船和较大型的杂货船等。

货舱内的布置要求结构整齐,不妨碍货物的积载和装卸,通风管道、管系和其他设施都要安排在甲板横梁之下或紧贴货舱的边缘。

3. 液舱(liquid room)

液舱是指用来装载液体的舱室,如燃油、淡水、液货,压载水等。液舱一般设置在船的低处,为减少自由液面对稳性的影响,其横向的尺寸均较小,且对称于船舶纵向中心线布置。

(1)燃油舱(fuel oil tank):是贮存主、副机所用燃油的舱室,一般布置在双层底内,由于主机用的重油需要加温,为减少加热管系的布置,重油舱均布置在机舱附近的双层底内。

(2)滑油及循环滑油舱(lubricating oil tank):通常设在机舱下面的双层底内,为防止污染滑油,四周设置隔离空舱。

(3)污油舱(slop tank):贮存污油用的舱室,舱的位置较低,以利外溢、泄漏的污油自行流入舱内。

(4)淡水舱(fresh water tank):淡水是生活用水和锅炉用水的统称。生活用水舱一般设置在靠近生活区下面的双层底内,也可布置在船首、艉尖舱内,锅炉用水舱则布置在机舱下的双层底内,为机舱专用。

(5)压载水舱(ballast tank):专供装载压载水用以调整吃水、纵横倾和重心用的舱室。双层底舱,艏、艉尖舱,深舱,上、下边舱及边翼舱室均可作为压载水舱。

(6)深舱(deep tank):双层底外的压载水舱、船用水舱、货油舱(如植物油舱)及闭杯闪点不低于60 ℃的燃油舱等。一般货船空载航行时,如打满压载水,仍难以达到适航吃水时,对稳性要求较高的船需另设深舱,既可用来装货,又可用来装压载水。深舱对称布置于纵向中心线的两侧,并水密分隔,以减少自由液面的影响。

4. 隔离空舱(caisson)

隔离空舱是一个狭窄的空舱,一般只有一个肋骨间距,专门用来隔开相邻的两舱室,如油舱与淡水舱,又如油船上的货油舱与机舱均必须隔离。隔离空舱又称干隔舱,其作用是防火、防爆、防渗漏。

5. 锚链舱(chain locker)

锚链舱位于锚机下方艏尖舱内,是用钢板围起来的两个圆形或长方形的水密小舱,并与船舶中心对称布置,底部设有排水孔。

6. 舵机间

舵机间是指布置舵机动力的舱室,位于舵上方艉尖舱的顶部水密平台甲板上。

7. 应急消防泵舱

根据SOLAS公约要求,应急消防泵应设在机舱以外,一般位于舵机间内,要求在最轻航海吃水线时也能抽上水。

（四）配套设备

船舶的配套设备主要有：甲板设备、安全设备、通信导航设备、生活设施设备及各种管系设备。

图 1-1-1（b）所示为船体主要部件和主要舱室。

（a）实船上层建筑

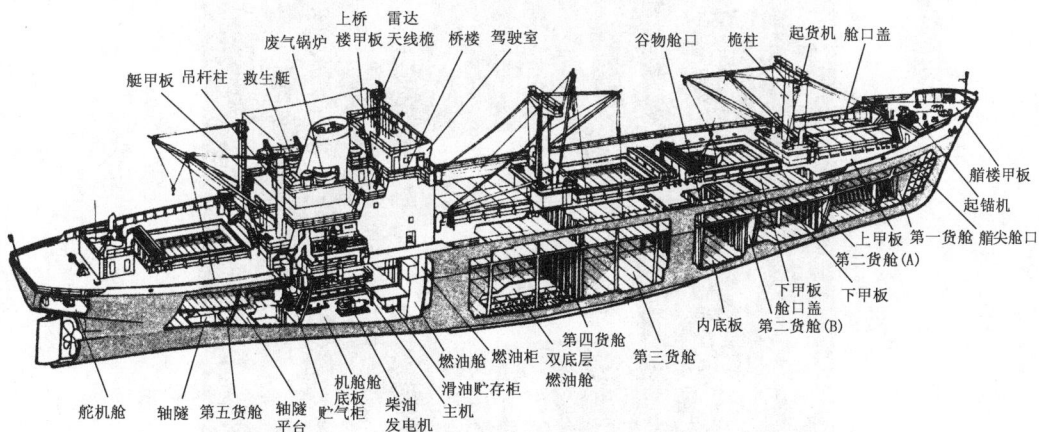

（b）船体主要部件和主要舱室

图 1-1-1　上层建筑及船体主要部件和主要舱室

二、船舶的主要标志

船舶主船体根据需要,在其外壳板上勘绘各种标志,主要有如下几个标志:

(一)球鼻艏和首侧推器标志

球鼻艏标志(bulbous bow mark)为球鼻艏船舶的一种特有标志,主要用于表明在其设计水线以下艏部前端有球鼻形突出体,并勘绘于船首左右两舷重载水线以上的艏部处。

对艏部装有首侧推装置的船舶,均须用首侧推器标志(bow thruster mark)来加以表明,该标志勘绘于船首左右两舷重载水线以上的首部处,并位于球鼻艏标志的后面,以引起靠近船舶的注意。图 1-1-2(a)和图 1-1-2(b)所示为球鼻艏和首侧推器标志。

(a)实船球鼻艏和首侧推器标志

(b)球鼻艏和首侧推器标志

图 1-1-2　球鼻艏和首侧推器标志

（二）吃水标志

船舶靠码头、进出浅水航道或锚泊时都需要精确地掌握当时船舶的吃水,水尺标志是绘在船首、尾及船中两侧船壳上的吃水数值,俗称六面水尺。

国际上有两种表示形式,一种称为公制(或称米制),用阿拉伯数字标绘,每个数字的高度为 10 cm,上下两数字的间距也是 10 cm,并以数字下缘为准;另一种称为英制,可以用阿拉伯数字,也可以用罗马数字标绘,每个数字高度为 6 in,数字与数字的间距也是 6 in,读数时仍以下缘为准,按比例增加,如图 1-1-3 所示。

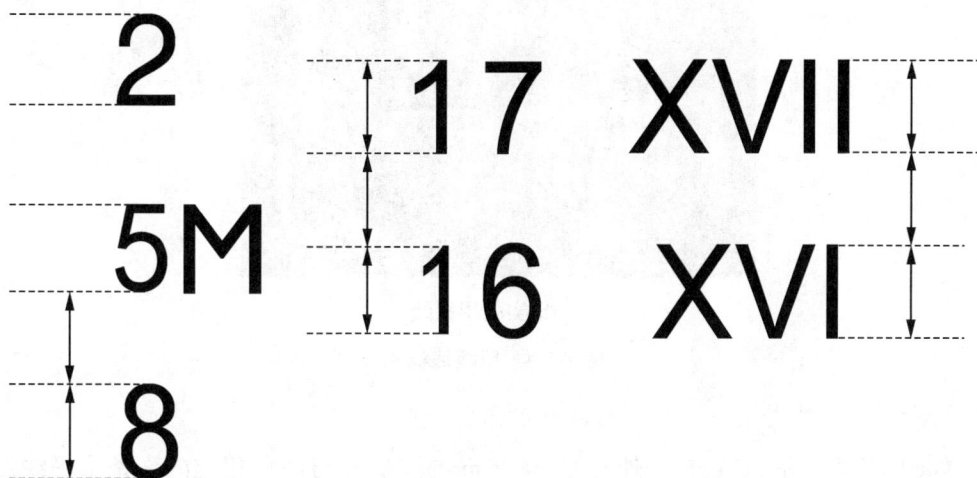

图 1-1-3 吃水标志

有些大型船舶设有吃水的指示系统,可以在驾驶台上直接读出六面吃水的读数,吃水遥测系统目前主要有三种类型:浮子式遥测系统、超声波探测式遥测系统、吹气式遥测系统。

（三）甲板线

甲板线(deck line)为一长 300 mm、宽 25 mm 的水平线,勘绘于船中的每侧,其上边缘一般应经过干舷甲板(freeboard deck)上表面向外延伸与船壳板外表面相交,如图 1-1-4(a)所示。如果干舷甲板经过相应的修正,甲板线也可以参照船上某一固定点来划定。参考点的定位和干舷甲板的标定,在任何情况下均应在国际船舶载重线上标写清楚。图 1-1-4(b)所示为实船甲板线标志。

（四）载重线标志

船舶载重线标志是指为标明船舶载重线位置,用以检查装载状态使之不小于已核定的最小干舷而按载重线公约或规范所规定的式样勘绘于船中两舷的标志。

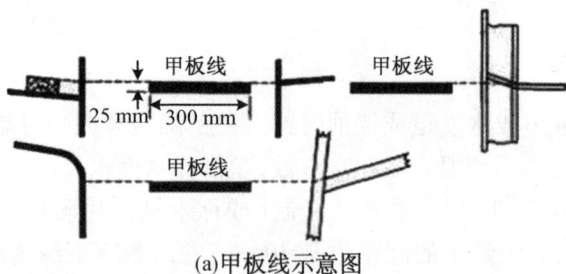

(a)甲板线示意图

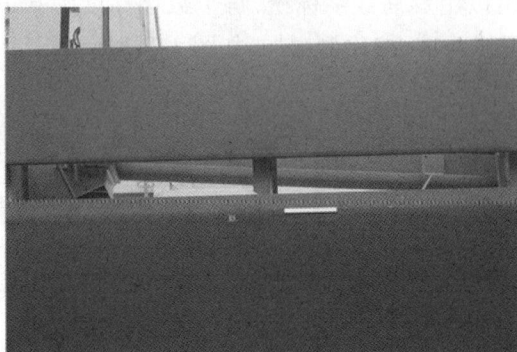

(b)实船甲板线

图 1-1-4 甲板线标志

1. 散装液体货船及一般货船的载重线标志

如图 1-1-5 所示,它包括一外径为 300 mm 的圆形和与圆环相交的一条水平线,水平线的上缘通过圆环中心。圆环中心位于船中,它的上方有与圆环外径等长的一甲板线,甲板线上边缘通过干舷甲板上表面与船壳板外表面的交点。圆环两侧加绘"C""S"表示勘定干舷高度的主管机关是中华人民共和国船舶检验局。

图中的圆环叫载重线圆盘,圆盘向船首方向还绘有各区域和季节区的载重水线,它们是:

(1)夏季载重线"S"(summer loadline),该水线与圆盘中心线处于同一高度;

(2)冬季载重线"W"(winter loadline);

(3)冬季北大西洋载重线"WNA"(winter north atlantic loadline),船长大于 100 m 的船舶可以不勘绘;

(4)热带载重线"T"(tropical loadline);

(5)夏季淡水载重线"F"(fresh water loadline);

(6)热带淡水载重线"TF"(tropical fresh water loadline)。

2. 木材船的载重线标志

木材船是指在干舷甲板或上层建筑的露天部分装载木材货物,但不包括木质纸浆或类似货物的船舶。对于船舶结构、设备、装载满足规范要求的木材船才勘绘木材载重线。木材船载重线应在通常的货船载重线以外勘绘,位于船中舷侧的后方(向尾船),如图 1-1-6 所示,在圆盘的左侧。圆盘右侧还勘绘不专门装运木材的正常的载重线。

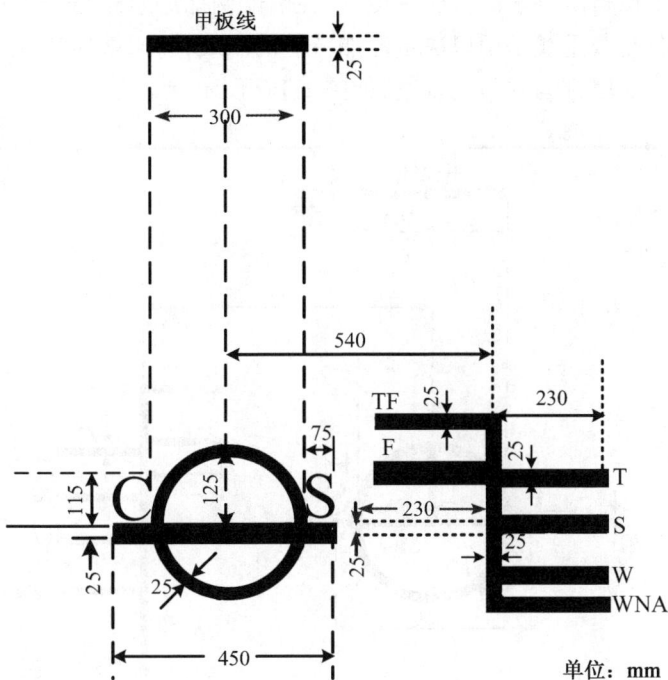

图 1-1-5 一般货船载重线标志

在各木材载重线上除上述规定字母外均附以"木材"的英文第一个字母"L"（Lumber）表示。载重线公约认为,木材甲板货可以给船舶增加一定的附加浮力和抗御海浪的能力。因此,专门装运木材的船舶干舷比一般船舶小。

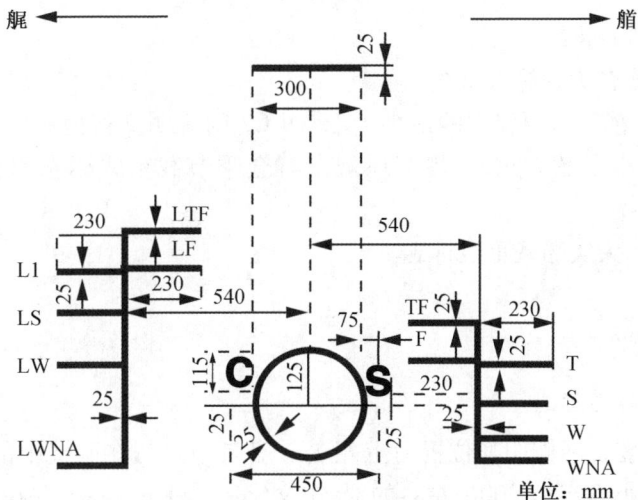

图 1-1-6 木材船的载重线标志

3. 客货船载重线标志

国际航行的客货船除绘有通常的货船载重线标志外,根据海船分舱和破舱稳定性规范的规定,为了保持所要求的分舱程度,应在船舶两舷勘绘相当于所核准的分舱吃水的载重线标志,分舱载重线是用以决定船舶分舱的水线,与通常的载重线标志勘绘在一起,位于垂直线的船尾方向并与之垂直,如图 1-1-7 所示。

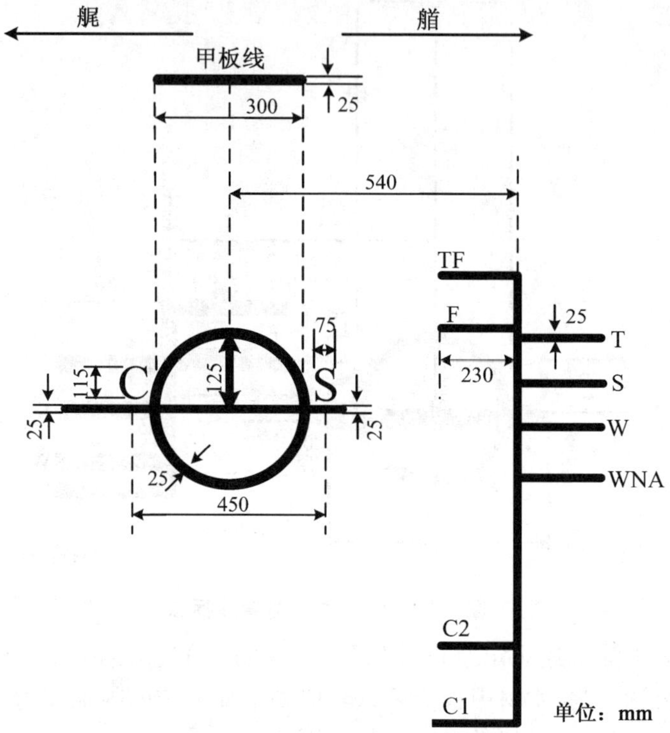

图 1-1-7　客货船载重线标志

C1:客船分舱载重线。

C2:交替运载客货分舱载重线。

C1 表明主要载客时要保留的最小干舷,而 C2 则说明交替使用的舱室作为客运舱室时要保留的最小干舷。此外,规范还规定有全季节载重线标志和客船分舱载重线标志。

图 1-1-8 所示为实船载重线标志。

(五)其他标志

1. 船名和船籍港标志

每艘船都在船首两侧明显位置写上船名。船名一般写在艏楼中部,字的高度视字的多少及船的大小确定,5 000 t 左右的船,中文字高为 1 m 左右,并在船名下面加注汉语拼音。每艘船在船尾明显位置还写上船名和船籍港,船名字高比船首小 10%~20%,船籍港字高为船名字高的 60%~70%。

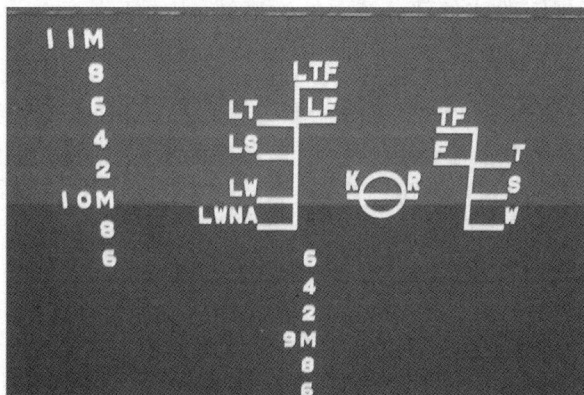

图 1-1-8　实船载重线标志

图 1-1-9（a）为实船船名、烟囱标志。图 1-1-9（b）为实船船尾名、船籍港和船舶识别号标志。

(a)实船船名、烟囱标志

(b)实船船尾名、船籍港和船舶识别号标志

图 1-1-9　船名和船籍港标志

2. 烟囱标志

烟囱标志是轮船公司自行规定的。各轮船公司规定本公司所有船舶烟囱颜色与标

志图案,并且往往还规定船体各部分统一的油漆颜色,便于在海上及港内互相识别。

3. 分舱标志及顶推位置标志

有的船在货舱与货舱之间的舱壁两侧舷外船壳上,绘有表示各货舱位置的分舱标志,如图 1-1-10 所示,有的绘有顶推位置线,表示拖船可以在此处顶推。

图 1-1-11 所示为实船顶推及引航员登、离船位置标志。

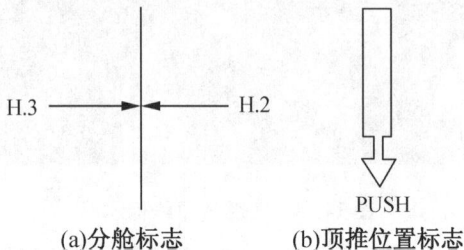

(a)分舱标志　　　　　　(b)顶推位置标志

图 1-1-10　分舱标志及顶推位置标志

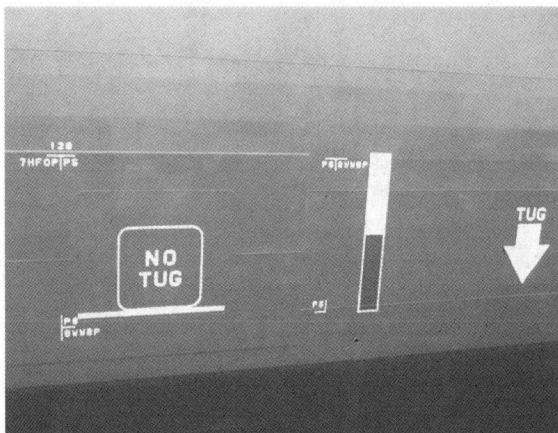

图 1-1-11　实船顶推及引航员登、离船位置标志

4. 引航员登、离船位置标志

为确保引航员登、离船安全,按 SOLAS 公约规定,大型船舶在其平行船体长度内(一般在船中半船长范围内)的两舷舷侧满载水线附近或稍低位置处勘绘引航员登、离船位置标志(pilot transfer location mark)。该标志颜色与国际信号规则相同,为上白下红。

5. 船舶识别号(IMO 编号)

按国际海事组织规定,100 总吨及以上的所有客船和 300 总吨及以上的所有货船均应有一个符合国际海事组织通过的 IMO 船舶编号体系的识别号,即船舶识别号(ship identification number),用于识别船舶身份。该识别号除应按规定载入相应证书外,还应在船舶适当位置永久清晰地勘绘。船舶识别号的勘绘位置有:船尾船籍港标志的下方、桥楼正前方的上部。机舱明显处、客船可从空中看见的水平表面、油船货油泵舱明显处及滚装船滚装处所等,但较普遍的勘绘位置是船尾船籍港的下方。

6.公司名称标志

公司名称标志(company name mark)有两种勘绘方式,一种是公司名称的全称,另一种为公司英文名称的缩写,勘绘于船舶左右两舷满载水线以上,除用于表示船舶所属的船公司外,还有一定的广告作用。图1-1-12 所示为实船公司名称标志。

图 1-1-12 实船公司名称标志

7.可变螺距桨标志(controllable pitch propeller mark,CP)

在螺旋桨的正上方的船尾两侧满载水线以上明显处绘有车叶状的标志,并加上简单的中文或英文警句,以引起对水下螺旋桨的注意。

8.液化气船标志(liquefied gas carrier mark)

液化气船中的液化天然气船(liquefied natural gas carrier,LNG carrier)和液化石油气船(liquefied petroleum gas carrier,LPG carrier)两类船舶,为特别强调其种类与危险性,在主船体的两侧满载水线以上明显处分别用"LNG"和"LPG"表示,以提醒他船注意。如图1-1-13 所示为液化天然气船标志;如图1-1-14 所示为液化石油气船标志。

(六)吃水指示系统

吃水标志是勘绘于船壳板外侧的首、中、尾部,往往难以正确方便地读取船舶的六面水尺,尤其读取尾部弯曲船壳板处的吃水时更为困难。为解决这一难题,大型现代化海船上专设了吃水指示系统(draft indicating system),用以测量船舶首、中、尾的吃水,颇为方便。

吃水指示系统目前主要有三种类型:浮子式遥测系统、超声波探测式遥测系统、吹气式遥测系统。

图 1-1-13　液化天然气船标志

图 1-1-14　液化石油气船标志

第二节　船舶尺度与船舶吨位

一、船舶尺度

　　船舶尺度主要是指表示船体外形大小的尺度,包括船的长度、宽度、深度、吃水、干舷高度等方面的尺度。它是根据各种船舶规范和船舶在营运中使用上的要求定义的。按照不同的用途,主要可分为:船舶最大尺度、船型尺度和登记尺度,如图 1-2-1 所示。

船舶尺度

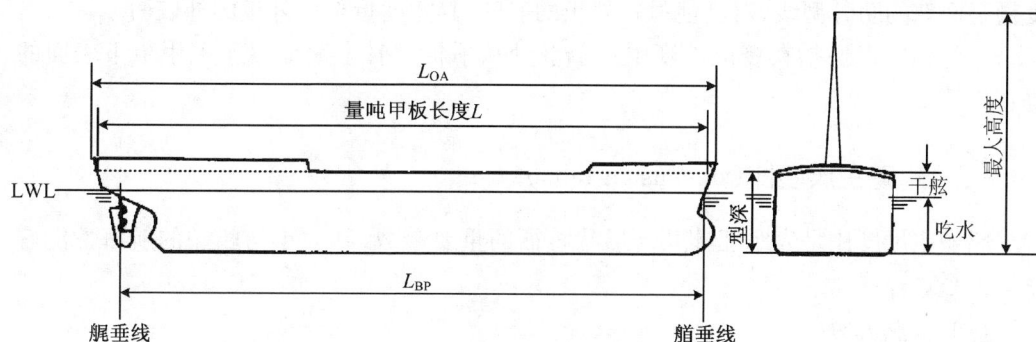

图 1-2-1　船舶尺度

（一）船舶尺度分类

1. 最大尺度（overall dimension）

最大尺度又称全部尺度或周界尺度，是船舶靠离码头、系离浮筒、进出港、过桥或架空电缆、进出船闸或船坞及狭水道航行时安全操纵或避让的依据。

（1）最大长度：也称全长或总长，是指船舶最前端与最后端之间包括外板和两端永久性固定突出物在内的水平距离。

（2）最大宽度：也称全宽，是指包括船舶外板和永久性固定突出物在内并垂直于纵中线面的最大水平距离。

（3）最大高度：是指自平板龙骨下缘量至船舶最高桅顶间的垂直距离。最大高度减去吃水即得到船舶在水面以上的高度，称净空高度或连桅高度。

2. 船型尺度（molded dimension）

船型尺度又称理论尺度或计算尺度，是船舶设计时所规定的尺寸，在船体制造、稳性、吃水差、干舷高度和水阻力等方面计算时均使用该尺度。

（1）型长：夏季载重线与船舶艏柱前端和艉柱后端相交所得的首艉垂线间的水平距离，对于无艉柱的船舶，由艏柱前缘量至舵杆中线即垂线间长不得小于设计夏季载重水线总长的96%，且不必大于97%。

（2）型宽：船体最宽处两舷肋骨外缘之间的水平距离。

（3）型深：在型长中点处，自平板龙骨上缘量至干舷甲板横梁舷端上缘的垂直距离，对甲板转角为圆弧形的船舶，则由平板龙骨上缘量至甲板型线与船舷（外板）型线的交点。

3. 登记尺度（register dimension）

登记尺度是主管机关在登记船舶和计算船舶总吨位、净吨位时所使用的尺度。

（1）登记长度：指量自龙骨板上缘最小型深85%处水线长度的96%和沿该水线从艏柱前缘量至上舵杆中心线的长度，取两者中较大者。

（2）登记宽度：指登记长度中点处所量取的最大宽度。对于金属外板的船舶，其宽度量至两舷的肋骨型线,对其他材料外板的船舶,其宽度量至船外板的外表面。

（3）登记深度:指在登记长度中点船舷处从平板龙骨上表面量至上甲板下表面的垂直距离。

（二）船舶主尺度比（dimension ratio）

船舶主尺度比是表示船体几何形状特征的重要参数,其大小与船舶的航海性能有密切关系。

1. 长宽比 L/B

长宽比是指垂线间长与型宽的比值。该比值越大,船体越瘦长,其快速性和航向稳定性越好,但港内操纵不灵活。

2. 宽吃水比 B/d

宽吃水比一般指型宽与型吃水的比值。该比值大,说明船体肥胖,船舶稳性好,但耐波性差,航行阻力增大。

3. 深吃水比 D/d

深吃水比是指型深与型吃水的比值。该比值大,表明船舶的干舷高,储备浮力大,抗沉性好,但船舱容积增大,重心升高。

4. 长深比 L/D

长深比是指垂线间长与型深的比值。该比值大,说明船型扁平,对船体强度不利。

5. 长吃水比 L/d

长吃水比是指垂线间长与型吃水的比值。该比值大,船舶的操纵回转性变差。

二、船舶吨位

船舶吨位分重量吨和容积吨两种。

（一）重量吨（weight tonnage）

重量吨表示船舶重量,也可表明船舶的载运能力,计量单位有吨和长吨两种（1长吨等于1 016 kg）。重量吨分排水量和载重量两种。

1. 排水量（displacement）

排水量指船舶在静水中自由漂浮并保持静态平衡后所排开同体积水的重量,也等于该吃水时船舶的总重量。排水量一般可分为满载排水量、空船排水量及装载排水量三种。

（1）满载排水量（dead displacement）:指船舶满载,即船舶在装足货物、旅客、燃油、润滑油、淡水、备品、物料及核定船员与行李使船舶吃水达到某载重线时的排水量。

（2）空船排水量（light displacement）:即空船重量,指处于可正常航行的船舶,没有装载货物、旅客、燃油、润滑油、淡水、备品、物料且无船员及其行李物品时的排水量。

（3）装载排水量（load displacement）：指除满载及空载排水量外，任何装载水线时的排水量。

2. 载重量

载重量指船舶在营运中所具有的载重能力，分总载重量和净载重量两种。

（1）总载重量（deadweight, DW）：系指船舶在相对密度为 1.025 的海水中，吃水达到任一水线时所装载的最大重量，它包括货物、旅客、燃油、润滑油、淡水、备品、物料、船员和行李物品及船舶常数等的重量。吃水不同，总载重量也有所不同，如夏季满载吃水时的总载重量为满载排水量与空船排水量的差值，而任一吃水时的总载重量则为装载排水量与空船排水量的差值。

（2）净载重量（net deadweight, NDW）：指在具体航次中船舶所能装载的最大限度的货物重量，即净载重量为总载重量减去燃油、润滑油、淡水、备品、物料、船员和行李物品及船舶常数等的重量。因此，每航次均应精打细算，以求最大限度地增加净载重量。

（二）容积吨（capacity tonnage）

容积吨是依据船舶登记尺度丈量出船舶容积后经计算而得出的吨位，它表示船舶所具有空间的大小，又称登记吨。根据丈量范围和用途的不同，容积吨可分为总吨位、净吨位及运河吨位三种。

1. 总吨位（gross tonnage, GT）

总吨位又称总吨，是根据《1969 年国际船舶吨位丈量公约》的各项规定丈量测出船舶总容积后，再按公式计算得出。船舶总吨位的计算公式如下：

$$GT = K_1 V$$

式中：V——船舶所有围蔽处所的容积，m^3；

K_1——系数，$K_1 = 0.2 + 0.02 \lg V$。

总吨位的作用有：

（1）是国家及公司统计船队规模大小的依据。

（2）是规则、规范及国际公约划分船舶等级，对船舶进行技术管理和设备要求的依据。

（3）是船舶登记、检验和丈量等收费的依据。

（4）是估算造船、买卖及租赁船舶所需费用的依据。

（5）是保险公司计算船舶必须费用及计算海损事故赔偿费的依据。

（6）是国际劳工组织对船舶配员要求的依据。

（7）是计算船舶净吨位的依据。

2. 净吨位（net tonnage, NT）

净吨位是根据《1969 年国际船舶吨位丈量公约》的各项规定丈量测出船舶的有效容积后，并在结合总吨位的前提下，按规定的计算公式求得。净吨位本质上就是从总容积中扣除不能用于载货或载客的容积,如机舱、物料间、船员居住舱室等。

净吨位是港口向船舶收取各种港口使费(如港务费、引航费、灯塔费、拖船费、靠泊与进坞费等)和税金的依据。

3. 运河吨位(canal tonnage,CT)

运河吨位是指按巴拿马运河管理局和苏伊士运河管理局所规定的丈量规范核定的船舶总吨位和净吨位。运河吨位在数值上要稍大些。运河吨位是在船舶过运河时向运河管理当局交纳过运河费的计费依据。

第三节　船舶种类与特点

船舶是人们从事水上运输和水上作业的主要工具。随着科学技术的进步和经济生产的不断发展,人们对船舶的要求越来越高,船舶吨位越来越庞大,船舶种类日益繁多。为了分类,国际船运署一般按船舶的用途、行驶方式、航行区域、建造材料、推进方式、动力装置和航行状态等进行分类。

按船舶的用途可分为客船、客货船、货船、冷藏船、拖船、驳船、渔船、工程船、港口作业船和军舰等;按行驶方式可分为机动船和非机动船;按航行区域可分为远洋船、近海船、沿海船、内河船和港作船等;按建造材料可分为木船、钢船、铝合金船、增强塑料船和钢筋水泥船等;按推进方式可分为明轮船、螺旋桨船、平旋推进器及喷水推进船等;按动力装置可分为蒸汽机船、内燃机船、汽轮机船、电动船和核动力船等;按航行状态可分为排水型船、水翼船和气垫船等。

一、客船(passenger vessel)

客船是指专门用于运送旅客及其所携带行李和邮件的船舶。兼运少量货物的客船也称客货船。客船多为定期定线航行,故又称班轮线邮轮。根据 SOLAS 公约规定,凡载客超过 12 人的均视为客船,客船的特点是具有有多层甲板的上层建筑,设有完善的餐厅和卫生、娱乐设施,另配有足够的救生设备、消防设备和通信设施。有些客船还设置减摇装置以改善航行状态。

按载客的性质不同,客船可分为如下几种:

(一)全客船(passenger vessel)

全客船可分两类:其一是指专用于运送旅客及其所携带行李和邮件的船舶,主船体以上甲板层数多,生活设施仅满足旅客的一般旅行需要,多设计为二舱或三舱不沉制,为定期定线航行,船速可达 20 kn 以上。图 1-3-1 为全客船。其二是用于休闲、旅游的豪华游船(邮船),如图 1-3-2 所示,该类船舶除主船体以上甲板层数多,除抗沉性好之外,还具有设计美观、吨位较大、生活设施豪华及通信导航设施先进等特点,且一般为非定期定线航行。

图 1-3-1 全客船

图 1-3-2 豪华游船

(二)客货船(passenger-cargo vessel)

客货船是指在运送旅客的同时,还载运相当数量的货物,并以载客为主、载货为辅。客货船一般设计为二舱不沉制,并为定期定线航行。图 1-3-3 所示为客货船。

图 1-3-3 客货船

（三）货客船（cargo-passenger vessel）

货客船是指以载货为主、载客为辅的船舶。货客船在抗沉性方面一般以一舱不沉制为最低设计标准。图 1-3-4 所示为货客船。

图 1-3-4　货客船

（四）滚装客船（ro-ro/passenger ship）

滚装客船是指具有滚装装货处所或特种处所的客船。其结构特点与滚装船类似。船舶设置有侧推装置，航速快，操纵性能好，定期定线航行。往返于海峡两岸的滚装客船又称为车客渡船。图 1-3-5 所示为滚装客船。

图 1-3-5　滚装客船

（五）火车客渡船（train/passenger ferry）

火车客渡船系指安装有火车轨道，主要从事火车跨海运输，同时载运旅客的客船。我国的琼州海峡、渤海海峡适用该类船舶。该船的特点是：自动化程度高，双车双舵，侧推有三台（船首部两台，船尾部一台），主机、舵机、侧推由安装在驾驶室的联合操纵装置控制。图 1-3-6 所示为火车客渡船。

图 1-3-6　火车客渡船

（六）高速客船（high-speed passenger ship）

高速客船主要指在沿海、海峡、江河湖泊等水域从事旅客运输的船舶。该类船具有吨位小、航速快的共同特点。

1. 水翼船（hydrofoil craft）

水翼船是一种在船底前后各安装一对浸没水中的水翼的船舶。有浮航和翼航两种航行状态，低速时船体处于浮航状态，高速航行时，船体被水翼产生的水动升力支撑在水面以上，转为翼航状态，而减少阻力。其船速可达 45 kn 以上，最快达 70~80 kn。

按照水翼的控制方式，水翼船可分为三类：浅浸水式、割划式和全浸水自控式。浅浸水式和割划式水翼船采用固定水翼，通常仅适用于江河、湖泊或海况变化较小的沿海。全浸水自控式水翼船由于采用了类似飞机的自动控制装置对水翼攻角进行主动控制，调节水翼升力，从而保证航行时的船舶稳定性，能够更好地适应海况多变的水域，是航行于沿海、海峡水域的主流船型。即使在波高达 3~4 m 的恶劣海况下，水翼船也能维持船体稳定，保持 40 kn 的较高速度航行。但全浸水自控式水翼船结构复杂、控制系统要求很高，导致该船价格不菲。图 1-3-7 所示为全浸水自控式水翼船。

2. 气垫船（air-cushion craft）

气垫船是利用船上设置的大功率专用风机将空气压缩在船底部或船体支撑面的下部，产生用以支撑船体使之离开水面或地面的压缩空气气垫，进而高速航行的船舶，航速可达 50~80 kn。

气垫船可分为全垫升型气垫船和侧壁气垫船两种。

（1）全垫升型气垫船（aircushion vehicle）：是指借助在船底四周安装的柔性围裙，约束空气而形成高压气垫，并借助气垫将整个船体脱离水面高速航行的船舶。该船具有良好的两栖性能，不仅能在水面高速行驶，而且能在平坦的地面、冰雪和沼泽中行驶。

气垫船的发明

图 1-3-7　全浸水自控式水翼船

图 1-3-8 所示为全垫升型气垫船。

图 1-3-8　全垫升型气垫船

（2）侧壁气垫船（side-wall hovercraft）：侧壁气垫船的船底两侧是刚性侧壁，在船首尾部分别安装有柔性围裙，航行时利用专门的升力风机向船底充气形成气垫把主船体托离水面，两侧侧壁的下半部分仍然浸没在水中。侧壁气垫船用螺旋桨和喷水推进，有较好的操纵性和航向稳定性，航速可达 50 kn。

侧壁气垫船气腔中的空气不轻易流失，垫升效率高，需要的垫升功率比同吨位的全垫升型气垫船要小，但其高速性不如全垫升型气垫船，也没有两栖能力，比较适合吨位大、经济性要求高的应用场合。

3. 双体船（twin-hull craft）

双体船由两个瘦长的单体船组成，具有大长宽比、小水线面面积、高速时兴波阻力小、横稳性和操纵性明显优于单体船的典型特点。双体船航速较高，一般最高可达 35～45 kn，能承受较大的风浪。

双体船中的典型代表是穿浪双体船（wave pierce twin-hull craft），是近年来发展较快的一种新型双体船。其特征是两个片体的首部，封闭成类似刀尖的穿浪首，航行时允许穿浪而过，目的是减少恶劣海况时的船舶纵摇，而在船中设置了一个平时在满载水线之上的浮力首,在恶劣海况时触及波浪,可以提供额外的浮力,减小纵摇。这种设计,使穿浪双体船的适航性大大提高,耐波性优良,从而得到迅速推广。图1-3-9所示为穿浪双体船。

图 1-3-9 穿浪双体船

4. 地效船(ground-effect wing ship)

地效船又称地效翼船或地效飞行器,是一种高速时能在水面低空飞行的交通工具。其形状类似于水上飞机,主要利用其与水面或地面之间的表面效应又称地面效应获得升力而脱离表面一定高度飞行。地效船也可在排水状态下航行,航行速度为20~100 km/h。当其在距水面1~5 m高度飞行时,速度可达120~155 km/h。地效船具有经济、舒适、高速及适航性强的优点,如给地效船装上相应的起落装置,其还可在平坦的冰雪、草原、滩涂、沙漠和沼泽上飞行。但地效船仅在水面时才能称其为船,在水面超低空飞行,会带来较大的避碰问题。图1-3-10(a)、图1-3-10(b)所示为地效船。

(a)地效船

(b)地效船

图 1-3-10　地效船

5. 滑行船(hydroplane)

滑行船又称滑行艇,是一种依靠航行时艇体对水产生的流体动压力来支撑大部分艇体重量的高速艇型。

二、集装箱船(container ship)

集装箱船是指以装运集装箱货物为主的船舶。其载运能力是以国际通用的标准箱 TEU 作为换算单位来衡量的。

集装箱船基本上可以分为全集装箱船和半集装箱船两大类。

1. 航运意义上集装箱船的分类

支线型——横穿太平洋、大西洋的 1.7 万~2.0 万总吨集装箱船,可装载 700~1 000 TEU,这是第一代集装箱船,又称为正式化集装箱船。

灵便型——4.0 万~5.0 万总吨集装箱船,集装箱装载数增加到 1 800~2 000 TEU,航速也由第一代的 23 kn 提高到 26~27 kn,这个时期的集装箱船被称为第二代集装箱船。

次巴拿马型——集装箱的装载数达到了 3 000 TEU,属第三代集装箱船。这种船型又被称为节能化集装箱船。

巴拿马型——第四代集装箱船,集装箱装载总数增加到 4 400 TEU。由于采用了高强度钢,船舶重量减轻了 25%;大功率柴油机的研制,大大降低了燃料费,又由于船舶自动化程度的提高,减少了船员人数,巴拿马型集装箱船经济性得到进一步提高。

超巴拿马型——该船型的箱位为 4 300~5 400 TEU,被称为第五代集装箱船。

超级超巴拿马型——第六、七代集装箱船。可装载 6 000~6 670 TEU 的集装箱船被称为第六代集装箱船;7 000~8 700 TEU 的集装箱船则称为第七代集装箱船。

极限超巴拿马型——将可装载 10 000~12 500 TEU 的称为第八代集装箱船,而将超过 12 500 的称为第九代集装箱船。

2.全集装箱船的主要特点

（1）货舱盖强度大，货舱和甲板均能装载集装箱。

（2）多为单层甲板，舱口宽而长，舱口宽度可达船宽的70%～90%，舱口总长可达船长的75%～80%，在所有种类的船舶中货舱开口最大，少数集装箱船设计成无货舱盖型。

（3）采用双层底及双层船壳结构，并在双层舷侧的顶部设置抗扭箱结构，或在保证船体强度的前提下，采用双层底和具有抗扭箱或其他等效结构的单层壳舷侧结构代替。两层船壳之间可作为压载水舱。

（4）为使集装箱堆放稳固，在货舱内设置箱轨、柱、水平桁材等，组成固定集装箱用的蜂窝状格栅，集装箱沿着导轨垂直地放入格栅中，在甲板上设有固定集装箱用的专用设施。

（5）主机马力大，船速高，多数船为两部主机，双螺旋桨，船型较削瘦的远洋高速集装箱船的方形系数小于0.6。

（6）通常不设起货设备，而利用码头上的专用设备装卸。半集装箱船因货源不稳定而在部分货舱装运集装箱，其他货舱运杂货或散货，船上通常设有起货设备，典型的全集装箱船如图1-3-11（a）、图1-3-11（b）所示。

(a) 空载状态的全集装箱船

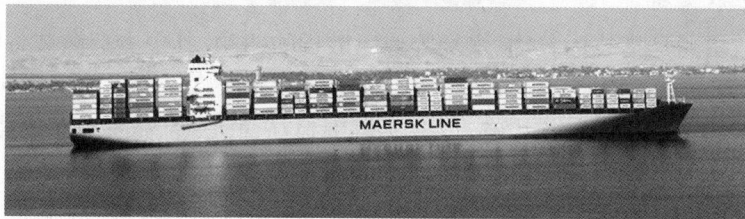

(b) 满载状态的全集装箱船

图1-3-11 全集装箱船

三、散装货船（bulk carrier）

散装货船是指专门用来装运散粮、矿石、煤炭等散装货物的船舶。这类船舶多为艉机型单层甲板船,舱口也较宽大。

(一)航运意义上的散货船分类

散货船可分为灵便型散货船、巴拿马型散货船、好望角型散货船及大湖型散货船。

(1)灵便型散货船(Handysize bulk carrier)指载重量在 2 万~5 万吨的散货船,其中超过 4 万吨的船舶又被称为大灵便型散货船(handymax bulk carrier)。众所周知,干散货是海运的大宗货物,这些吨位相对较小的船舶具有较强的对航道、运河及港口的适应性,载重吨量适中,且多配有起卸货设备,营运方便灵活,因而被称之为"灵便型"。

(2)巴拿马型散货船(Panamax bulk carrier),顾名思义是指在满载情况下可以通过巴拿马运河的最大型散货船,即主要满足船舶总长不超过 374. 32 m,型宽不超过 32. 30 m 的运河通航有关规定。根据需要,调整船舶的尺度、船型及结构来改变载重量,该型船载重量一般为 6 万~7.5 万吨。

(3)好望角型散货船(Capesize bulk carrier)指载重量在 15 万吨左右的散货船,该船型以运输铁矿石为主,由于尺度限制不能通过巴拿马运河和苏伊士运河,需绕行好望角和合恩角,中国台湾称之为"海岬"型。由于近年苏伊士运河当局已放宽通过运河船舶的吃水限制,该型船多可满载通过该运河。

(4)大湖型散货船(lake bulk carrier)是指经由圣劳伦斯水道航行于美国、加拿大交界处五大湖区的散货船,以承运煤炭、铁矿石和粮食为主。该型船尺度上要满足圣劳伦斯水道通航要求,船舶总长不超过 222.50 m,型宽不超过 23. 16 m,且桥楼任何部分不得伸出船体外,吃水不得超过各大水域最大允许吃水,桅杆顶端距水面高度不得超过 35. 66 m,该型船载重量一般在 3 万吨左右,大多配有起卸货设备。

(二)根据货种和结构型式的不同分类

散货船根据货种和结构型式的不同大体可分为如下几种:

1. 通用型散货船

通用型散货船是指装运谷物、煤炭等普通散货的船舶,其中专运散装谷物的称为散粮船(bulk grain carrier),专运煤炭的称为煤船(coal carrier)。这类船通常为单程运输,因而需要较多的压载舱。其结构特点是:舱口围板高而大,货舱横剖面成棱形,这样既可减少平舱工作,又可防止航行中因横摇过大而危及船舶的稳性。货船四角的三角形水柜为压载水舱,可以用于调节吃水和稳性高度,如图 1-3-12 所示。

2. 矿砂船(ore carrier)

矿砂船是指专运矿砂的散货船。由于矿砂的密度大,所占舱容小,这样航行中会使船舶产生剧烈摇摆。为提高重心高度,双层底设置较高(一般可达型深的 1/5),而且货舱两侧的压载舱也比通用型散货船压载舱大得多,如图 1-3-13(a)所示。此外,矿砂船都是重结构船,为了减轻船体重量,普遍采用高强度钢。如图 1-3-13(b)为矿砂船。

图 1-3-12 通用型散货船

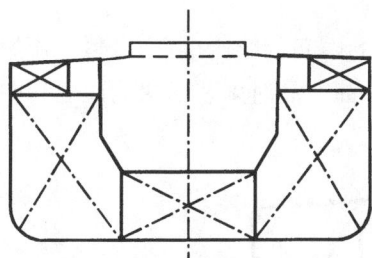

(a) 矿砂船结构

(b) 矿砂船

图 1-3-13 矿砂船结构和矿砂船

3. 自卸式散货船

自卸式散货船是一种装备自卸系统的散货船。其货舱底部呈 W 形,下面尖顶部位有开口,可将货物漏到下面的纵向传动皮带上,再经垂直提升机和悬壁运输皮带输送到码头上,图 1-3-14(a)所示为实船自卸式散货船,这种船不仅显著地缩减了停港时间,而且对码头要求不高,对需要中转的航线,也可避免码头的再装卸。图 1-3-14(b)为自卸式散货船结构示意图。

(a)自卸式散货船

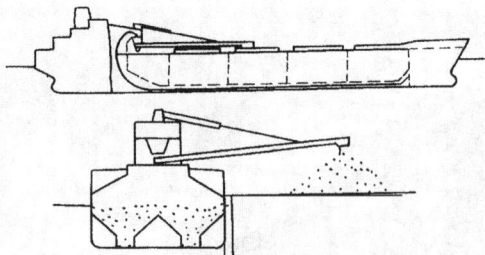

(b)自卸式散货船结构

图 1-3-14　自卸式散货船和自卸式散货船结构示意图

四、兼用船(combination carrier)

1.矿油船(ore/oil carrier,简称 OO 船)

矿油两用船用于运输矿砂和原油产品,这种船的中间货舱比较窄,占整个货舱容的40%~50%。运输矿砂时装在中间货舱内,而运输原油产品时则装于两侧边舱和中间舱内,如图 1-3-15 所示。

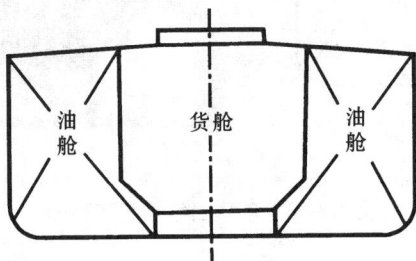

图 1-3-15　矿油船

2.油/散/矿船(oil/bulk/ore carrier,简称 OBO 船)

这种船的货舱形状和散货船的货舱相似,设有上、下边舱,但是它有双层船壳。因此,形成中间货舱和两侧边舱,且中间舱比较宽大,占整个船舶货舱容积的 70%~75%。中间舱用来装散货和矿砂,由于舱容较大,为了提高船舶的重心,要隔舱装货,装载原油时,可装在中间舱和两侧边舱及上边舱,如图 1-3-16 所示。

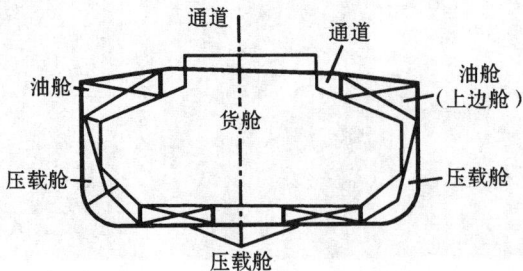

图 1-3-16　油/散/矿船

五、杂货船(general cargo ship)

杂货船又称普通货船,主要装运各种成捆、成包、成箱和桶装的杂件货。为便于分隔货物及避免货物堆装过高而压损,货船都设计成多层甲板结构。为便于装卸,各货舱的舱口尺寸较大,并配以吊杆或起重机。专门装卸重大件的吊杆负荷可达百吨以上。此类船的船型较小,图 1-3-17 所示是杂货船中的一种船型。

图 1-3-17　杂货船

六、滚装船(roll on/roll off ship,缩写 RO-RO)

滚装船是一种采用水平装卸方式装卸的船舶,其装运的货物主要是车辆和集装箱。装卸时,在船的尾部、舷侧或首部,有跳板放到码头上,汽车或拖车通过跳板开上开下,实现货物的装卸,如图 1-3-18 所示。

滚装船的主要特点有:

(1)结构特殊,上层建筑高大,上甲板平整,无舷弧和梁拱,露天甲板上无起货设备。

(2)甲板层数多,货舱内支柱极少,一般为纵通甲板,主甲板以下设有双层船壳。

(3)为便于拖车开进开出,货舱区域内不设横舱壁,采用强横梁和强肋骨保证横向强度。在各层甲板上设有升降平台或内跳板供车辆行驶。

(4)滚装船多数在尾部开口,即艉门,艉门跳板可分尾直跳板和尾斜跳板,尾直跳板的工作坡度应小于 8°,通常为 4°~5°,而尾斜跳板可向船的一舷偏斜 30°~40°,跳板对码头的负荷一般不超过 2~3 t/m²。此外还有尾旋转跳板,舷侧跳板和艏门跳板,其结构不同,工况亦有差异。

(5)装卸作业时,因跳板与码头的坡度不能太大,故要求船舶吃水变化不能太大。

(6)滚装船大多装有首侧推装置,以改善靠离码头的操纵性。

(7)滚装船的方形系数不大于 0.6,船速较高,但航程不超过 800 n mile。

(8)滚装船为纵通甲板,无法满足一舱不沉制的要求,其抗沉性较差。

(a)滚装船　　　　　　　　　　　　　　(b)实船滚装船尾斜跳板

(c)实船滚装船边铰链式首门　　　　　　(d)实船滚装船尾跳板

图 1-3-18　滚装船

七、运木船(timber carrier)

运木船是指专运木材的船舶。如图 1-3-19 所示为运木船。运木船的特点是：

图 1-3-19　运木船

（1）为便于装卸和堆放，货舱要求长而大，舱内无支柱；

（2）为防止甲板木材滚落舷外，规定两舷设支柱，而且舷墙也较高；

（3）为不影响货物堆放和人员操作，起货机均安装在桅楼平台上；

（4）甲板强度要求高。

八、冷藏船（refrigerated cargo ship）

冷藏船是指运送及冷藏鱼、肉、蛋、水果等易腐货物的专用船。冷藏船的特点是具有良好的隔垫设施和制冷设备，其舱口较小，货舱甲板层数较多（一般 3～4 层）。由于受货源批量的限制，冷藏船的吨位一般在万吨以下，近年来，用于装运冷藏货物的冷藏集装箱发展迅速，在某种程度上取代了冷藏船的运输。

九、多用途船（multi-purpose ship）

多用途船是指具有既可单独用于载运普通件杂货、重大件货、袋装货或散装货，同时又可用于载运集装箱或其他特种干货能力的船舶。如集装箱/杂货船、杂货/袋装货/散装货船、杂货/特种重大件货/集装箱船等。此类船舶货舱均经特别设计，货舱口一般较宽大，设有二层甲板结构，配有甲板起重机，能满足载运多种货物的需求。图1-3-20（a）、图 1-3-20（b）所示为多用途船。

(a)杂货/特种重大件货/集装箱船

(b)杂货/袋装货/散装货船

图 1-3-20　多用途船

十、液货船

1. 油船(oil tanker)

油船是指专门从事海上石油及石油类产品运输的船舶。随着石油工业的迅速发展,油船在海运船舶中占有很大的比例,目前其总吨数占货船总吨数的40%左右,位居第一。

(1)油船类型

按吨位,油船可分为:

①小型油船——载重吨位在0.6万吨以下,以运载轻质油为主;

②中型油船——载重吨位在0.6万~3.5万吨,以运载轻质油为主;

③大型油船——载重吨位在3.5万~16万吨,以运载原油为主,兼运重油;

④大型油船(VLCC)——载重吨位在20万~30万吨,运载原油;

⑤超大型油船(ULCC)——载重吨位在30万吨以上,运载原油。

而航运意义上油船又可分为:

①通用型——载重吨位在1万吨以下;

②灵便型——载重吨位在1万~5万吨;

③巴拿马型——载重吨位在6万~8万吨;

④阿芙拉型——载重吨位在8万~12万吨;

⑤苏伊士型——载重吨位在12万~20万吨;

⑥VLCC——载重吨位在20万~30万吨;

⑦ULCC——载重吨位在30万吨以上;

⑧Product——成品油船。

(2)油船的主要特点

①甲板、船底和内底采用纵骨架式船体结构以减轻船体重量;当船长大于190 m时,舷侧、内壳和纵舱壁也应采用纵骨架式结构。

②运量大,装卸速度快,载重量越大其运输成本越低,故近几年VLCC不断涌现。

③长、宽比L/B较小,而宽、吃水比B/d和方形系数C_b较大(大于0.8)。

④油船都为艉机型船,使货油舱连成一整体,增加货舱容积,对防火、防爆、油密等亦有利。

⑤设置纵向舱壁以减少自由液面对稳性的影响及提高船舶的总纵强度,对于船长大于90 m的油船,要求在货油船区域内设置两道纵向连续纵舱壁。

⑥在货油舱区域的前后两端设隔离空舱,与机舱、居住舱室等隔开,以防油类的渗漏和防火、防爆;同一货油舱当由一个或几个制荡舱壁隔开时,至少设有两个相互远离的舱口,舱口的形状为圆形或椭圆形,其中椭圆形舱口的长轴沿船长方向布置。舱口设有倾斜度不大于70°的至舱底的钢质固定扶梯,且在实际长度大于9 m时设有休息平台。

⑦老式油船大多为单甲板、单底结构，但为防油船发生海损事故造成严重污染，近年来新建中型以上油船设置双层底或双船壳；且双层底、双船壳仅作为专用压载舱用，不允许装货油和燃油，以防海洋污染。

⑧设有专用压载舱。图 1-3-21 和图 1-3-22 分别为油船及成品油船的示意图。

图 1-3-21　油船

图 1-3-22　成品油船

2. 液体化学品船(liquid chemical tanker)

液体化学品船是指建造或改装成用于载运各种散装有毒、易燃、易发挥或有腐蚀性化学液体，包括 IBC 规则第 17 章所列任何液体化学品货物的船舶。

该船的主要特点如下：

(1)船体设计成艉机型双层底、双船壳的单甲板结构形式。

(2)液舱分得较小，数目较多，并有多个泵舱，液舱下均设置双层底，为方便液货舱的清洗，增强液化舱的抗腐蚀能力，船舶液货舱采用高强度和/或用一般强度船体结构钢加特殊涂层制成。

(3)舱内除槽型舱壁有曲折外，其他均表现为光滑内表面，骨架均设置在双层底与双船壳内及上甲板上表面。

（4）配载时,将有毒物品装于中间货舱内。

（5）装卸货物利用共用泵或单独设置在每个液舱的液货泵与管系完成。货泵类型为液压马达或安全型电动机驱动的深井泵及液压传动的潜水泵两种。图 1-3-23 所示为液体化学品船。

图 1-3-23　液体化学品船

3. 液体化学品/油兼运船(liquid chemical /oil tanker)

液体化学品/油兼运船可单独载运化学品,也可同时载运化学品和成品油。其货舱设计、所用材料与装卸方法均与液体化学品船类似。

十一、液化气船(liquid gas tanker)

液化气船可分液化石油气船和液化天然气船两大类。

1. 液化石油气船(liquid petroleum gas tanker, 简称 LPG)

液化石油气船始建于 20 世纪 30 年代,它装运的石油气的主要成分是丙烷,可在常温下加压液化,也可在常压下冷冻液化。大型船一般采用冷冻方式,而中小型船则采用加压方式,其货舱为球形或圆柱形耐压容器,如图 1-3-24 所示。

2. 液化天然气船(liquid natural gas tanker, 简称 LNG)

液化天然气船最早出现于 20 世纪 50 年代末。天然气的主要成分是甲烷,在常压下的液化温度为 $-164\ ℃$。绝大多数 LNG 采用全冷式,因此货舱的结构,材料及隔热装置必须满足极低温运输的要求。货舱的形状有球形、棱柱形等,如图 1-3-25 所示。

3. 乙烯运输船(ethylene tanker)

目前运输乙烯的通常做法是将其加压液化,可在常温下进行装卸,其货舱常为球形

图 1-3-24　液化石油气船

图 1-3-25　液化天然气船

或圆柱形罐。图 1-3-26 所示为乙烯运输船。

图 1-3-26　乙烯运输船

十二、载驳船(barge carrier)

载驳船又称子母船,用于河海联运,是载运货驳的运输船。

载驳船的主要特点有:无需码头和堆场,装卸效率高,停泊时间短,桥楼位于船首,船型瘦长,航速快。但其造价高,需配备多艘驳船便于周转,需有良好条件的宽敞水域。

载驳船按装卸方式的不同分为门式起重机式、升降式和浮船坞式几种。门式起重机式载驳船的代表是"拉希"型(lighter aboard ship,LASH),是目前数量最多的载驳船,如图 1-3-27(a)所示。升降式载驳船的代表是"西比"型(sea-bee),在船尾设升降平台装卸驳船,并用输送车送驳船就位,如图 1-3-27(b)所示。浮船坞式载驳船的代表是"巴可"型(baco),装卸驳船时,利用浮船坞原理完成,即母船先下沉一定深度,打开艏门或艉门,使驳船浮进浮出,对水深有一定要求,如图 1-3-27(c)所示。

(a)"拉希"型

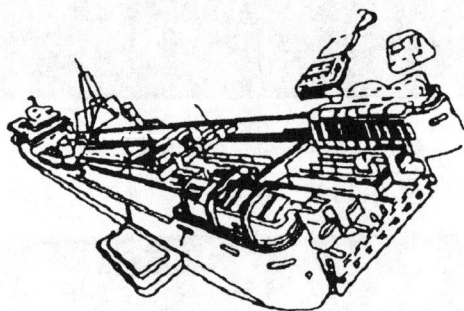

(b)"西比"型

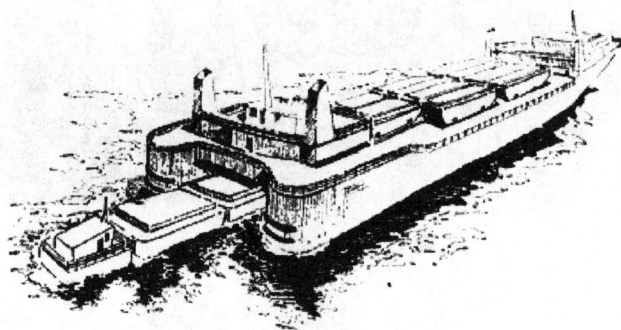

(c)"巴可"型

图 1-3-27　载驳船

十三、其他船舶

其他类型船舶是指除海上运输船舶以外从事各种不同任务的工作船、工程船及其他特殊任务的船舶。

(一)工作船舶

工作船舶是指为航行船舶进行服务性或专业性工作的专用船舶,可分为如下几种:

1. 拖船(tug boat)

拖船具有完善的拖带设备、较大的功率和灵活的操纵性能,用于协助大船靠离泊、掉头、进出船坞等。大功率的海洋拖船可用于拖带海上无动力的船舶。此类船舶的强度大,稳性和浮性均很好,如图1-3-28所示。

图1-3-28 拖船

2. 破冰船(ice breaker)

破冰船用于为其他船破冰开辟航路和救助冰困船的工作船。其结构坚固,功率大,船首呈倾斜式,首尾及左右均有大的压载水舱。破冰时使船首冲上冰层,再将尾压载水打到首压载舱,靠重力或船身左右晃动将冰压碎,如图1-3-29所示。

3. 海难救助船(rescue ship)

海难救助船是专用于救援难船的工作船,其外形与大型拖船相似,但航速较快,具有良好的适航性能,并配有各种救助设备。

4. 供应船(supply boat)

供应船是指专门向船舶和海上设施运送供应物品(包括燃油、淡水和食品)的船舶,如图1-3-30所示。

图 1-3-29　破冰船

图 1-3-30　供应船

5.科学考察船(scientific research ship)

科学考察船是指用于调查研究海洋水文、地质、气象、生物等特殊任务的船舶,如图 1-3-31 所示。

图 1-3-31　科学考察船

(二)工程船舶

工程船舶种类繁多,如按工程船舶的用途分类,可分为如下几类:

1. 疏浚用船舶(dredger)

疏浚用船舶包括各种挖泥船(耙吸式、绞吸式、链斗式、抓斗式和吹泥式挖泥船等)、航道测量船、炸礁石船等。图 1-3-32 所示为耙吸式挖泥船。

图 1-3-32　耙吸式挖泥船

2. 水下建筑用船舶(floating crane)

水下建筑用船舶主要是指专用于起重的工程船(又称浮吊)。打桩船、钻探船及发电船也属于水下建筑用船舶。图 1-3-33 所示为一非自航式浮吊,其起重量从几十吨到几百吨不等,大型浮吊的起重量可达数千吨。

图 1-3-33　水下建筑用船舶

3. 防险救助用船舶

防险救助用船舶包括救生船、打捞船、修理船、潜水作业船等。

4. 敷设用船舶(cable ship)

敷设用船舶是敷设海底电缆的专用船,亦可兼作电缆维修船,如图 1-3-34 所示。其船首部形状较特殊,设有几个大直径的导缆滑轮。由于海底敷缆耗资巨大,其部分将为卫星通信所取代。

图 1-3-34　敷设用船舶

（三）特种甲板运输船

特种甲板运输船是专门设计建造或改装成在其甲板上装载特定货物的船舶。这种船舶的甲板是唯一的载货处所,有自航和非自航两类,甲板经特别加强,并具有多而大的压载舱,以便调节船舶吃水便于装货。图 1-3-35（a）和图 1-3-35（b）为装载港口装卸设备及其他重特大件的"振华"轮空载和满载状态。

(a) 特种甲板运输船

(b) 特种甲板运输船

图 1-3-35　特种甲板运输船

（四）半潜船

半潜船是专门设计建造成在其甲板上装载货物（包括沉箱、驳船、游艇、舰船、钻井平台及其他无法装载且无法分割的超大型整体设备和重特大件货等）的船舶。这种船舶的甲板是唯一的载货处所，有自航和非自航两类。其中自航式半潜船为前驾驶艉机型，非自航式半潜船设有发电设备，甲板经特别加强，并具有多而大的压载舱，以便调节船舶吃水至半潜状态实施装货，如图 1-3-36 所示。

图 1-3-36　半潜船

思考与练习

1. 简述上层建筑一般具有的甲板及相应名称。
2. 船舶舱室一般有哪些？
3. 球鼻艏和首侧推器标志各有何作用？如何勘绘？
4. 吃水标志的种类及船舶吃水的读取方法有哪些？
5. 载重线标志中各载重线表示的含义是什么？有何作用及如何度量？
6. 简述船名及船籍港的标记方法。
7. 船舶尺度有哪些种类？各有何用途？
8. 船舶主要尺度比主要有哪些？
9. 简述船舶总吨位的作用。
10. 简述净吨位与运河吨位的作用。
11. 海洋运输船舶的种类主要有哪些？
12. 集装箱船的主要结构特点表现在哪些方面。
13. 散装船的种类及各自的结构特点有哪些？
14. 油船的结构特点主要有哪些？其设置的专用压载舱有何优缺点？
15. 滚装船的结构特点主要有哪些？

第二章

船体结构与船舶管系

第一节　船体结构

一、概述

(一)概念

1. 主要构件(primary members)

船体的主要支撑构件称为主要构件,如强肋骨、舷侧纵桁、强横梁、甲板纵桁、实肋板、船底桁材、舱壁桁材等,一般由 T 形组合型材制成。

2. 次要构件(secondary members)

次要构件一般是指板的扶强构件,如肋骨、纵骨、横梁、舱壁扶强材、组合肋板的骨材等,一般由不等边角钢或球扁钢制成。

(二)船体结构的作用

船舶由主船体(main hull)、上层建筑(superstructure)和许多其他设备(equipment)所组成。

主船体是指上甲板(upper deck)以下包括船底(bottom)、舷侧(broad side)、甲板(deck)、舱壁(bulkhead)和首尾(fore and aft)等结构所组成的水密(watertight)空心结构。这些结构全部由板材(deals and battens)和骨架(skeleton)组成,即由钢板、各种型钢、铸件和锻件等组成。

无论是航行、停泊,还是在坞内,船舶都会不可避免地受到各种力的作用,归纳起来主要有:重力、浮力、货物的负载、水压力、波浪冲击力、扭力(如斜浪航行、货载对纵中线左右不对称等）、冰块挤压力、水阻力、推力和机械震动力及坞墩反作用力等外力的作用,这些力的最终效果就是使船舶产生总纵弯曲、扭转、横向及局部变形。因此,船体结构必须具有承受和抵抗上述各种变形的能力,即在保证船体总纵强度（total longitudinal strength）、扭转强度（torsional strength）、横向强度（transverse strength）和局部强度（local strength）及坐坞强度（docking strength）的基础上,保持船舶的形状空间,保证船舶的水密,安装各种船舶设备和生活设施,载运旅客和货物。

（三）对船体结构的设计与建造要求

不同种类和航区的船舶在船体结构的设计和建造方面虽有着各自的特点,但不论何种结构均应做到:

（1）具有足够的强度（strength）、刚度（rigidity）和稳定性（stability）,保持可靠的水密性,并能满足营运上的要求;

（2）构件本身应有良好的连续性,避免应力集中（stress concentration）,同时应能保证安装在其上的机械设备具有良好的工作性能;

（3）应有合理的施工工艺,以提高劳动生产率,减轻劳动强度,缩短船台（building berth）建造周期,降低成本;

（4）充分考虑整个船体的美观和今后维修保养的方便性。

二、船体结构的基本形式

船体结构由保持水密的外板、甲板板和支持它们的骨架构成。船体骨架又由纵横交错的构件组成,根据船体骨架中构件排列的方式,可将船体骨架形式分为横骨架式、纵骨架式和纵横混合骨架式三种。

（一）横骨架式船体结构（transverse framing system）

横骨架式船体结构是在上甲板、船底和舷侧结构中,横向构件尺寸小、排列密,纵向构件尺寸大,排列疏的船体结构,如图 2-1-1 所示。

这种结构从木船结构演变而来,是在造船中应用最早的一种结构形式。其特点是:

（1）横向强度和局部强度好。（2）结构简单,容易建造。（3）舱容利用率高。横向构件数目多,不需要很大尺寸,因而占据舱内空间较小。（4）空船重量大。船体总纵强度主要靠纵向构件和船壳板、甲板板来保证。由于纵向构件数目少,必须增加船壳板的厚度来补偿,结果增加了船体重量。

对总纵强度要求不太高的中小型船舶常采用横骨架式船体结构。

（二）纵骨架式船体结构（longitudinal framing system）

纵骨架式船体结构是在上甲板、船底和舷侧结构中,纵向构件尺寸小、排列密,横向

构件尺寸大、排列疏的船体结构，如图 2-1-2 所示。

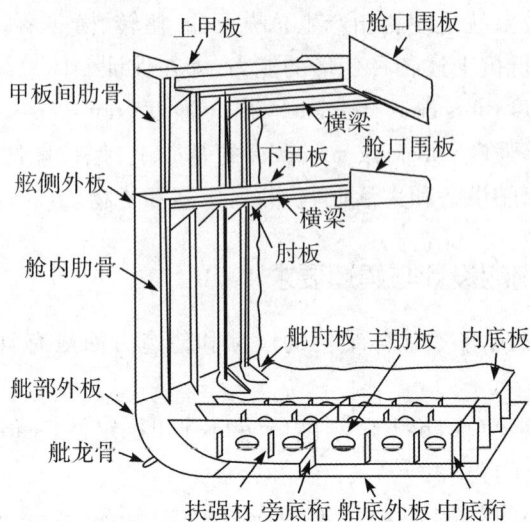

图 2-1-1　横骨架式船体结构

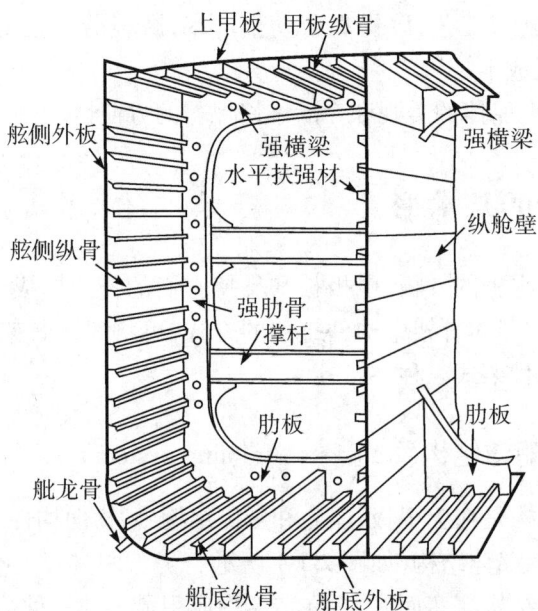

图 2-1-2　纵骨架式船体结构

这种结构的特点是：

（1）总纵强度大。

（2）船体结构复杂。

（3）舱容利用率低,船体结构的横向强度主要靠少数横向构件来保证,因而尺寸很大,占据舱容较多。

（4）空船重量小。因为船壳板和甲板板可以做得薄些,所以结构重量减轻。

大型油船和矿砂船通常采用这种形式的船体结构。

（三）纵横混合骨架式船体结构（combined framing system）

纵横混合骨架式船体结构，在上甲板和船底采用纵骨架式结构，而在舷侧采用横骨架式结构，如图 2-1-3 所示。

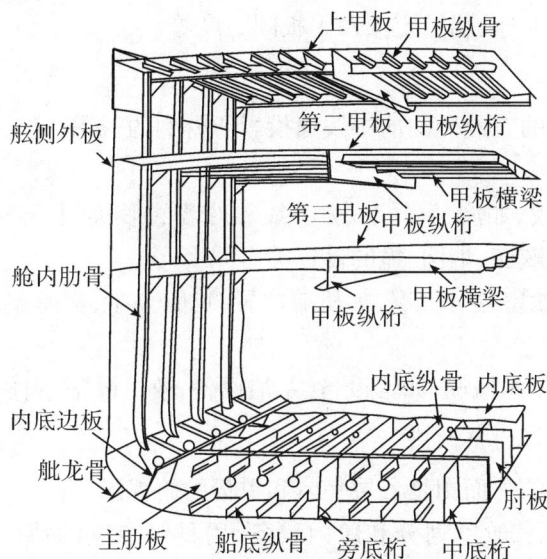

图 2-1-3　纵横混合骨架式船体结构

从船体各部位受力特点来看，这种结构形式是合理的。它具有以下特点：

（1）既满足总纵强度的要求，又有较好的横向强度。

（2）结构较为简单，建造也较容易。

（3）舱容利用率较高。因为舱内突出的大型构件少，所以不妨碍舱容及货物的装卸。

（4）舷侧与甲板、船底的交接处，结构连接性不太好。舷侧的横向构件多，而甲板、船底的横向构件少，因此，舷侧上有部分横向构件不能与甲板和船底的横向构件组成横向框架。

大型干散货船广泛采用纵横混合骨架式船体结构。

三、船体主要结构图

船体结构主要图纸包括船舶总布置图、基本结构图、横剖面图、外板展开图、舱壁图及坞墩图等。

（一）船舶总布置图（general arrangement plan）

总布置图是表示全船总体布置的图样，它的主要用途是：表示船舶上层建筑的型式、舱室划分和机械设备的布置情况，比较集中地反映了船舶的技术、经济性能，是重要的全船性图样之一。它由船体主要尺度和技术性能数据、侧面图、各层甲板与平台的平面图和舱底平面图等几部分组成。

1. 船体主要尺度和技术性能数据

主要尺度和技术性能数据所表示的内容有：船体主尺度、排水量、载货量或载客量、主机功率、主机转速、航速、船员定额及甲板间高度等。

2. 侧面图

侧面图是将船舶的右舷侧面向中线面投影所得到的视图，是总布置图的主视图，表示的基本内容是：

（1）船舶侧面概貌，如艏、艉轮廓、龙骨线和舷墙的形状，上层建筑的型式、船型、舵和推进器的类型以及舷窗、烟囱、桅的设置等。

（2）主船体内部舱室划分概况，如机舱位置、货舱分布、横舱壁位置和数量、甲板及平台位置和数量等。

（3）船舶设备布置的概况，如锚设备、系泊设备、救生设备、起货设备等。

3. 各层甲板与平台的平面图

各层甲板与平台的平面图是各层平台和甲板的俯视图，表示的基本内容是：

（1）甲板或平台上，舱室划分和舱内设备、用具等布置的情况以及这些舱室和设备、用具等在船长和船宽方向的位置。

（2）甲板或平台上，舱室外船舶设备、机械的布置情况以及这些设备、机械在船长和船宽方向的位置。

（3）甲板或平台上，通道、门、窗、扶梯等的布置。

4. 舱底平面图

舱底平面图是沿最下层甲板或平台下表面剖切船体后所得的剖视图，表示的内容有：

（1）对双层底部分，表示了双层底上面的舱室、设备布置的情况以及双层底空间内液舱布置的情况。

（2）对单底部分，表示了船底构件上方舱室、设备布置的情况。

（二）基本结构图（basic construction plan）

基本结构图表示船体纵、横构件布置和结构情况，是全船性的结构图样之一。在修造船中，它可作为绘制其他结构图样的依据，又是具体施工时的一张指导性图纸。

基本结构图的内容与总布置图相仿，由纵剖面图、各层甲板和平台结构图、舱底结构图和主要尺度栏组成。所不同的是常采用重叠投影法、阶梯剖面法及两次剖切法，把平行的不同剖面的结构表示在同一视图中。

1. 纵剖面图

纵剖面图是用船体中线面剖切船体而得到的纵向剖面图。表达了船体位于中线面、船侧的构件的形式、尺寸和与其他构件的连接方式。如肋骨尺寸和间距、甲板纵桁尺寸、各种支柱尺寸、纵舱壁厚度及其上面的扶强材尺寸、上层建筑的高度以及板的厚度和扶强材尺寸等。

2. 各层甲板和平台结构图

各层甲板图是用靠近甲板板（或平台板）上表面的剖切面剖切船体而得到的剖面图。表达了甲板板（或平台板）及与其连接的构件的结构情况；图上注有甲板板（或平台板）的布置和厚度、横梁、强横梁、甲板纵桁和甲板纵骨等的位置和尺寸；纵、横舱壁以及甲板下加强肘板的位置等。

3. 舱底结构图

舱底结构图是在最下层甲板与底部构架之间选取剖切面或在靠近底部构架上缘用几个平行的水平剖切面剖切船体而得到的剖视图。图上注有内底板和内底边板的布置和厚度以及内底板上的加强覆板和开孔的位置及尺寸；舭肘板尺寸、内底和的尺寸、肋板的厚度和尺寸、中桁材、中内龙骨、旁桁材、旁内龙骨、船底纵骨、内底纵骨、水密肋板、实肋板、组合肋板等底部构件的位置、尺寸和连接的方式。

（三）横剖面图（transverse cross-section plan）

横剖面图是取自船体中段部分（通常是艏、艉尖舱以外的船体部分）的横剖面结构图，包括中横剖面图、机舱处横剖面图及货舱口处横剖面图，表示船体主要纵、横构件的尺寸和结构形式。它也是船体结构的基本图样之一，并与基本结构图一起组成船体结构的三向视图。在修、造船中，它是绘制其他结构施工图样的依据。

横剖面图由肋位剖面图和主要尺度栏组成。有的还附有构件尺寸和表格栏。

横剖面图表达的主要内容有：

（1）横向构件（如肋板、肋骨、横梁）以及支柱的尺寸、结构形式和相互连接的方式；

（2）纵向构件（如中桁材、旁桁材、舷侧纵桁、舭龙骨、甲板纵桁、纵骨）的尺寸、结构形式及其布置情况；

（3）外板、内底板和甲板板的横向排列及其厚度；

（4）主机基座的结构形式、尺寸、数量以及主轴中心线距基线的高度；

（5）上层建筑纵向围壁的位置、板厚及扶强材的尺寸和结构形式；

（6）舱口的宽度以及舱口围板的尺寸和结构形式；

（7）双层底、船舱和各甲板间舱的高度以及甲板的梁拱值。

（四）外板展开图（shell expansion plan）

外板展开图主要表示全船外板的排列、厚度及外板上开口的位置等，是修造船时确定船体钢板的规格和数量，作为订货或备料的主要依据。因此，它是船上必备的重要图纸。

船体的形状是左右舷对称的，故外板的布置也是左右对称的，所以外板展开图只绘出一半,习惯上是绘制右舷的外板展开图。

1.外板展开方法

因为船体表面具有双重曲度,不可能用一般的几何方法展开成平面图,所以外板展开图只表示船体外板横向曲度展开后的形状,而对其纵向曲度不加展开,即外板展开图中钢板的宽度与其实际尺寸相同,而钢板的长度是投影长度,小于实际尺寸。

2.外板展开图表达的主要内容

(1)根据船体分段划分的情况,外板的厚度和钢板规格,以及工艺和结构上的要求排列了外板接缝线,从而表示了全船外板的布置及其尺寸。

(2)根据有关图样提供的尺寸,表示了外板上的开口及加强覆板的位置和大小。

(3)根据结构图样,表示了与外板直接相连的纵横构件的位置,借以说明这些构件与外板接缝及开口的相对位置。

3.钢板编号

钢板编号由列板号码与钢板序号组成,以表示钢板在外板展开图中的位置。

(1)列板号码

位于基线的平板龙骨称为 K 列板,与其相邻的船底列板为 A 列板,再次的为 B 列板,以此类推,一直到舷顶列板。但 I、O、Q 不用于列板编号。

(2)钢板序号

钢板序号指钢板在列板中的排号。钢板序号可以从船首排起,也可以从船尾排起,以阿拉伯数字表示,这样每块钢板在外板展开图中的位置就可以表示出来,比如 K3 表示平板龙骨第 3 块板(从船尾排起),PD6 则表示左舷 D 列第 6 块板,SE8 表示右舷 E 列第 8 块板。

(五)舱壁图(bulkhead plan)

该图上注有舱壁板的排列和厚度,扶强材及其肘板的尺度和水平桁材的尺度等。

(六)坞墩图(docking plan)

坞墩图又称为进坞图,是一张有关船体底部船壳线型的图纸。图上标明船底骨架、航海仪器与海底阀所在位置及坞墩的分布形式与数量。其作用是指明船舶进坞时坞墩的正确位置与数量,避免因坞墩排放位置不合适而损坏船体、航海仪器船底装置或堵住海底阀,确保航海仪器船底装置和海底阀能得到及时检修。

四、船体外板

外板又叫船壳板,包括舷侧外板和船底板,其基本组成单位是列板。

（一）列板（strake）的概念

外板由一块块钢板焊接而成，钢板的长边沿船长方向布置，长边与长边相接叫边接，其焊缝叫边接缝；短边与短边相接叫端接，其焊缝叫端接缝。

许多块钢板依次端接后就成为一长条板，称为列板，若干列板组成外板，这样既能减少船长方向焊缝的数目，又可以根据船体上下位置的受力情况来调整列板的厚度。

（二）列板名称

根据外板中的各个列板所处的位置，分别称为平板龙骨（plate keel）、船底板（bottom plating）、舭列板（bilge strake）、舷侧外板（side strake）和舷顶列板（sheer strake），如图 2-1-4 所示。船底板是指由平板龙骨至舭列板之间的外板。舷侧外板系指从舭列板至舷顶列板之间的外板。在船首尾部，由于船体瘦削，某两列板会合并为一列板，这列板称为并板。

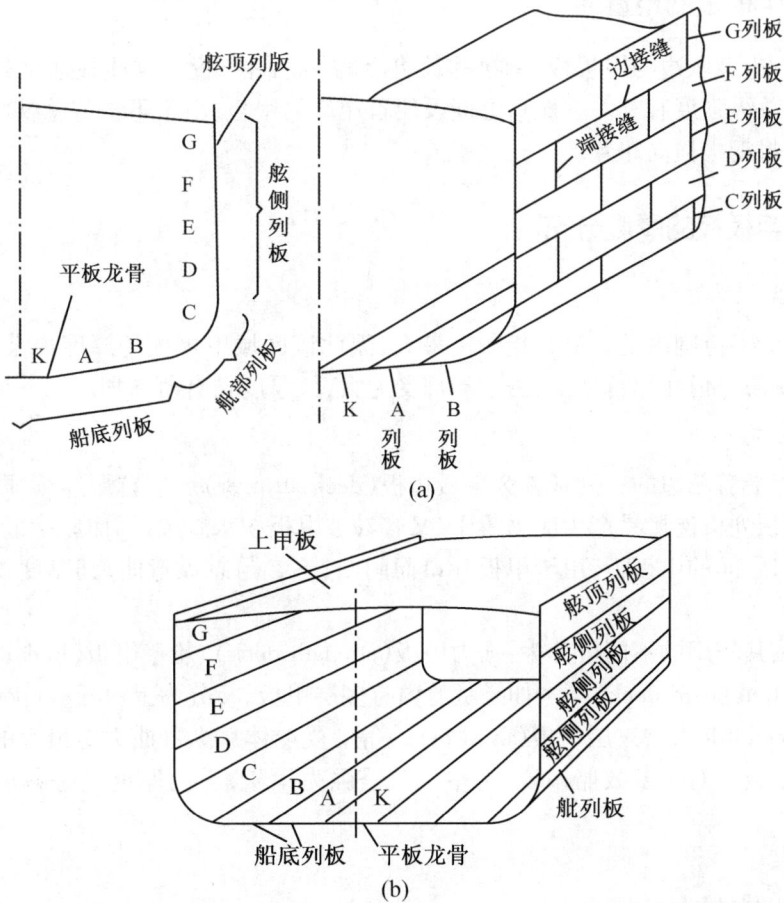

图 2-1-4　列板

（三）外板的厚度分布

1. 沿船长方向

总纵弯矩在船中附近为最大值,向两端逐渐减至零。因此,外板在船中 $0.4L$（L 为船长）范围内厚度最大,向船首尾两端逐渐减薄。

2. 沿肋骨围长方向

平板龙骨位于船底中心线处,参与总纵弯曲、承受坞墩反力等,要求厚度比相邻船底板大 2 mm,宽度沿船长方向不变。舭顶列板距总纵弯曲中性轴远,承受总纵弯矩作用较大,因而厚度也大。其余从舭列板向上的各个列板,随着水压力减小而逐渐减薄。

五、甲板板（deck plating）

（一）甲板板的布置

从舱口边至舷边的甲板板,钢板的长边沿船长方向布置。这些板通常是首尾连接的,对船体总纵强度有利。在舱口之间及船首尾端的甲板,由于不参与总纵弯曲且面积狭窄,可以将钢板横向布置。

（二）甲板板的厚度分布

1. 沿船长方向

船中 $0.4L$ 范围内受总纵弯矩作用最大,因此该区域甲板板的厚度最大,向船首尾两端逐渐减薄。但在船首尾端,由于局部受力大,故厚度又有所增加。

2. 沿船宽方向

上甲板沿着舷边的一列板称为甲板边板（deck stringer）。它首尾连续,既参与总纵弯曲,与舭顶列板连接易产生应力集中,又容易被甲板积水腐蚀,因而厚度最大。

在舱口之间的甲板板,由于甲板开口而间断,不参与总纵弯曲,其厚度较其他甲板板薄。

甲板按其作用的不同可分为:强力甲板（strength deck）、舱壁甲板（bulkhead deck）、干舷甲板（free board deck）等。如果货舱内有多层甲板,又分为上甲板（upper deck）、二层甲板（second deck）、三层甲板（third deck）等。受船体总纵弯曲力矩最大的一层甲板称为强力甲板。对大多数船来说,上甲板就是强力甲板,它的厚度应是各层甲板中最厚的。

六、船底结构（bottom construction）

船底结构是船体的基础,它参与总纵弯曲,承受水的压力、机器设备和货物的重力,坞墩和搁浅、触礁时的反作用力等。因此,船底结构是保证船体总纵强度、横向强度和船底局部强度的重要结构。

船底结构有双层底结构和单层底结构两种类型。按骨架排列方式又可分为横骨架式和纵骨架式两种形式。

(一)双层底结构(double bottom construction)

双层底结构是指由船底板(bottom plating)、内底板(inner bottom plating)、内底边板(margin plate)及其骨架(framing)组成的水密空间结构。船舶应尽可能从防撞舱壁(collision bulkhead)到艉尖舱舱壁(afterpeak tank bulkhead)设双层底。客船当船长为50~61 m时,至少应自机舱前舱壁至防撞舱壁或尽可能接近该处之间设置双层底;当船长为61~76 m时,至少应在机舱以外设置双层底,并应延伸至防撞舱壁及艉尖舱舱壁或尽可能接近该处;当船长为76 m及以上时,应在船中部设置双层底,并应延伸至防撞舱壁及艉尖舱舱壁或尽可能接近该处。

双层底内的油舱与锅炉给水舱、食用水舱之间,应设有隔离空舱。

1. 双层底的作用

(1)加强船体的总纵强度、横向强度和船底的局部强度。

(2)可作为燃油舱、滑油舱和淡水舱。

(3)它提高了船舶的抗沉性,一旦船底外板破损,内底板仍能阻止海水进入舱内;对液货船,它还提高了船体抗泄漏能力。

(4)作为压载水舱,能调节船舶的吃水和纵倾、横倾、稳性,改善船舶的航海性能。

2. 双层底结构的组成

双层底按骨架形式的不同分为横骨架式和纵骨架式两种形式,如图2-1-5所示。其主要组成部分有船底板、肋板、舭肘板、桁材、纵骨、内底板和内底边板等。

(1)船底板(bottom plating)

船底板是指由平板龙骨至舭列板之间的外板。由于船底板各部受力不同,因此其板厚也有所不同,其中平板龙骨最厚。平板龙骨位于受力最大的船底纵中线上,并在船最低处易于积水腐蚀。规范规定其厚度不得小于船底板厚度加2 mm,且均应不小于相邻船底板的厚度,其宽度在整个船长范围内应保持不变,但其宽度不必大于1 800 mm。在船中部由于受总纵弯矩大,因此规范规定在船中0.4L区域内的船底板厚度不得小于端部船底板厚度,并使船中部0.4L区域以外的船底板厚度逐渐向端部船底板厚度过渡。

双层底结构

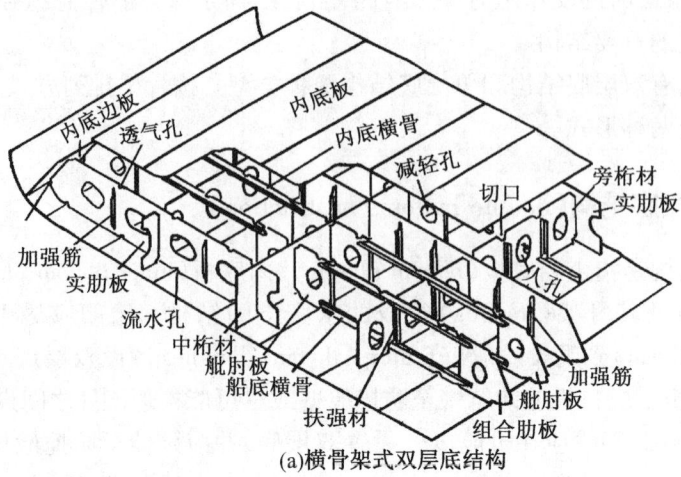

(a)横骨架式双层底结构

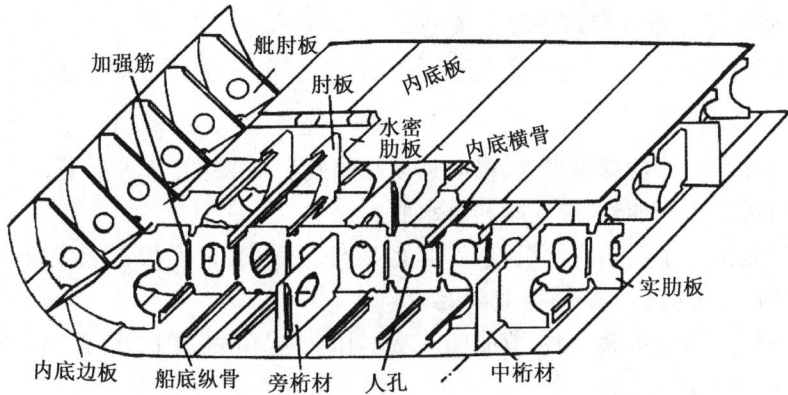

(b)纵骨架式双层底结构

(a)实船纵骨架式双层底结构

图 2-1-5　双层底结构

（2）纵向构件

①中桁材（center girder）

中桁材是位于船底中纵剖面处、连接平板龙骨和内底板的纵向连续构件。是双层底结构中的重要构件，俗称龙骨（keel）。规范规定在船中 0.75L 区域内不许开孔。中桁材在船中 0.75L 区域范围内应连续，并应尽量向艏、艉柱延伸。

②旁桁材（side girder）

旁桁材是位于中桁材两侧对称布置的纵向构件，与船底板和内底板相连，上面可以开人孔（manhole）、减轻孔（lightening hole）、透气孔（air hole）和流水孔（drain hole），一般间断于肋板之间。旁桁材的厚度比中桁材厚度减少 3 mm，但不小于相应的肋板厚度。旁桁材的数量根据船宽而定，船宽大于 10 m 的船舶（横骨架式），中桁材两侧至少各设 1 道旁桁材；船宽大于 18 m 时，中桁材两侧至少各设 2 道旁桁材。桁材之间的间距一般不大于 4 m。船宽大于 12 m 但不大于 20 m 的船舶（纵骨架式），中桁材两侧至少各设 1 道旁桁材；船宽大于 20 m 时，中桁材两侧至少各设 2 道旁桁材，桁材之间的间距一般不大于 5 m。

③箱形中桁材（duck keel）

箱形中桁材是指位于船底中心线两侧对称布置的纵桁与内、外底板组成的水密箱形结构，如图 2-1-6 所示。一般从机舱前壁设置到防撞舱壁，不仅能起到中桁材的作用，还能用于集中布置舱底各种管路和电气线路，故又称管隧。其宽度不超过 2 m。箱形中桁材应设有水密人孔和通向露天甲板的应急出口。

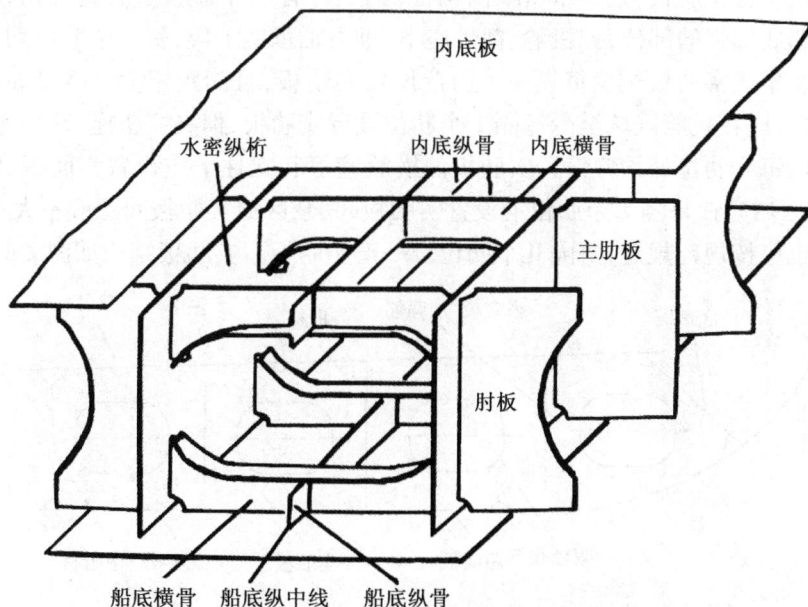

图 2-1-6　箱形中桁材

④纵骨（longitudinal）

纵骨是仅在纵骨架式结构中设置的纵向构件，一般由尺寸较小的不等边角钢做成。

其中位于船底板上的纵骨叫船底纵骨,位于内底板上的叫内底纵骨。当纵骨在水密肋板处中断时,纵骨应以肘板与水密肋板连接。当船长超过 200 m 或纵骨采用高强度钢时,船底纵骨应穿过水密肋板,但也可采用相应的替代结构。它们是保证船体总纵强度的重要构件。船底纵骨的最大间距应不大于 1 m。

(3)横向构件

①水密肋板(watertight floor)

水密肋板是双层底结构中能保证水密的横向构件。它将双层底舱沿船长方向分隔成若干互不相通的舱室,一般在水密横舱壁下应尽量设置水密肋板。水密肋板的厚度较实肋板的厚度增加 2 mm,但一般不必大于 15 mm,如图 2-1-7 所示。

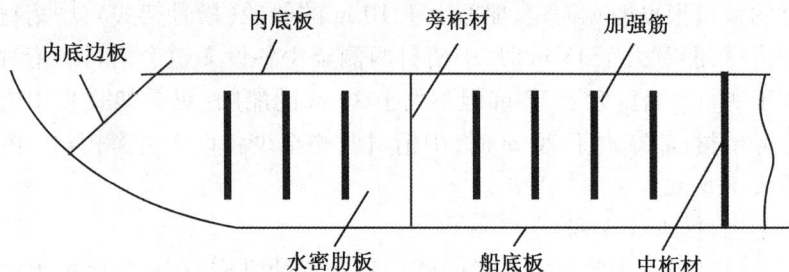

图 2-1-7 水密肋板结构

②实肋板(solid floor)

实肋板又称主肋板,是非水密横向构件,其上开有人孔、减轻孔、透气孔和流水孔。在需要对船底加强的部位,如机舱、锅炉座下、推力轴承座下等,每一个肋位均应设实肋板。对横骨架式实肋板至少每隔 4 个肋位设置实肋板,且间距不大于 3.2 m。对纵骨架式实肋板,应在机舱区域至少每隔 1 个肋位设置实肋板,但在主机座、锅炉座下、推力轴承座下的每个肋位处均应设置实肋板。横舱壁下和支柱下应设置实肋板,距艏垂线 0.2L 以前区域应在每隔 1 个肋位上设置实肋板,其余区域实肋板间距应不大于 3.6 m。其他部位也应按规范规定,每隔几个肋位设一道实肋板。实肋板结构如图 2-1-8 所示。

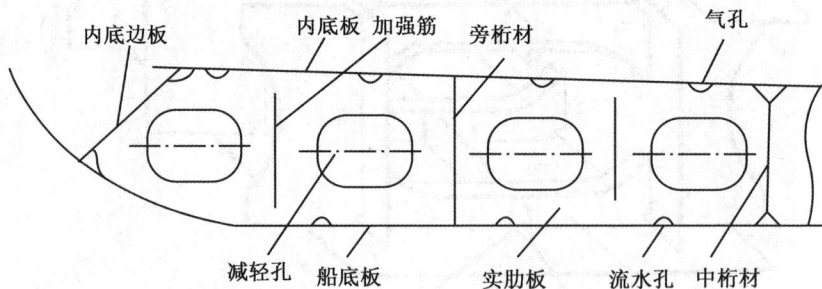

图 2-1-8 实肋板结构

③组合肋板(bracket floor)

横骨架式双层底在不设置实肋板的肋位上应设置组合肋板。由内底骨材、船底骨材、肘板和旁桁材的扶强材组成,又称框架肋板,如图 2-1-9 所示。

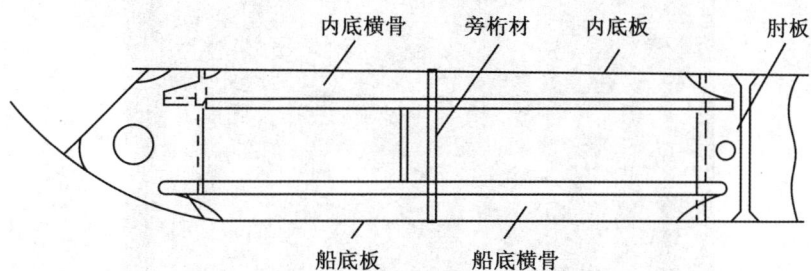

图 2-1-9　组合肋板结构

④轻型肋板(lightened floor)

横骨架式双层底在不设置实肋板的肋位上,可设置轻型肋板以代替组合肋板。轻型肋板的结构如图 2-1-10 所示,其厚度与实肋板相同,但允许有较大的减轻孔。与组合肋板相比,轻型肋板施工方便。

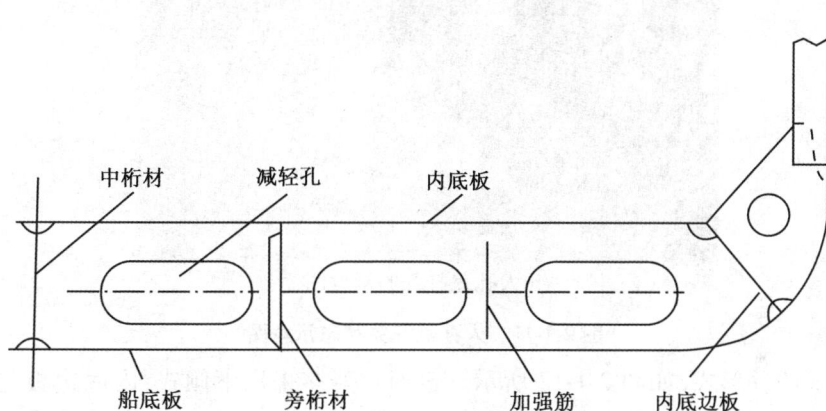

图 2-1-10　轻型肋板结构

⑤舭肘板(bilge bracket)

舭肘板是船底肋板与舷侧肋骨的连接板,应在每个肋位上设置。厚度与实肋板厚度相同。其上有面板或折边以增加其刚度,舭肘板上可以开圆形减轻孔。但孔缘任何地方的板宽均应不小于舭肘板宽度的 1/3。舭肘板的作用是保证横向强度和舭部局部强度。

(4)内底板与内底边板(inner bottom plating & margin plate)

内底板是双层底上面的水密铺板。如货舱舱口下未铺设木铺板,应将舱口下内底板至少增厚 2 mm。如采用抓斗或其他类似机械装卸或而又未按规定铺设木铺板,内底板至少增厚 5 mm。内底板钢板的长边沿船长方向布置,其厚度分布与船底板相似,即船中 0.4L 区域较厚,向首、尾逐渐过渡。在每一双层底舱的内底板上,设有呈对角线布置的人孔,以便人员进去检修。人孔上设有水密盖,封盖时应对角来回逐渐拧紧螺母。如图 2-1-11(a)为人孔盖未打开的示意图。如图 2-1-11(b)为人孔盖打开的示意图。

位于内底板边缘与舭列板相连的一列板称为内底边板。它有下倾式、上倾式、水平

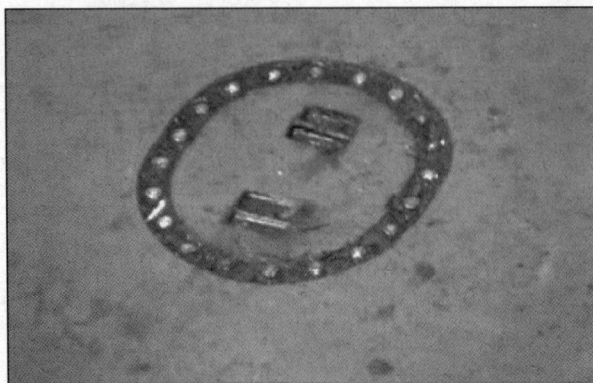
(a)人孔盖未打开的示意图

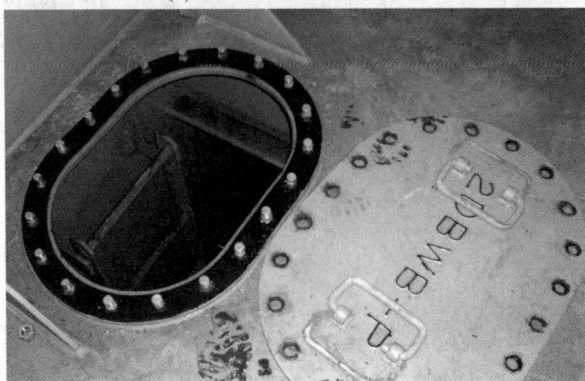
(b)人孔盖打开的示意图

图 2-1-11　人孔盖开关状态示意图

式和曲折式四种形式,如图 2-1-12 所示。普通货船多采用下倾式,内底边板与舭列板组成污水沟。接近船首尾端或在客船上,一般采用水平式,舱内平坦,强度较好。散货船采用上倾式,以利装卸作业。曲折式强度好,用于经常航行于危险水域的船舶。除下倾式内底边板外,其他三种结构形式均应在靠后舱壁的内底板上设置污水井(bilge well)。

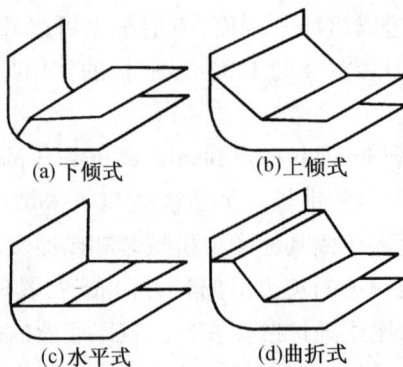
(a)下倾式　　(b)上倾式

(c)水平式　　(d)曲折式

图 2-1-12　内底边板的结构形式

(二)单层底结构(single bottom construction)

横骨架式单层底结构的特点是结构简单、建造方便,但抗沉性和防泄漏能力差,目前主要用于小型船舶上。其主要构件有中内龙骨、旁内龙骨和肋板,如图 2-1-13 所示。

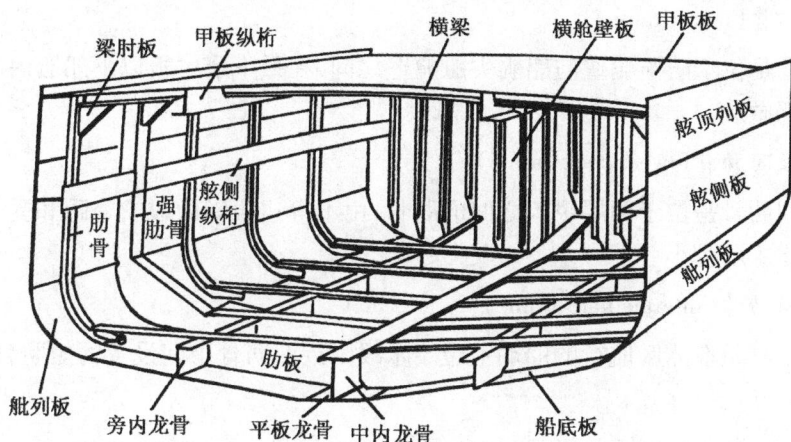

图 2-1-13　单层底结构

七、舷侧结构(side shell construction)

舷侧结构是连接船底结构和甲板结构的侧壁部分,主要承受水压力、波浪冲击力及甲板货物、设备的重力等,是保证船体纵向强度、横向强度和舷侧水密的重要结构,如图 2-1-14 所示。

舷侧结构

图 2-1-14　实船舷侧结构

舷侧结构中的主要构件有：

（一）横向构件

舷侧结构中的横向构件统称为肋骨，按其所在位置和尺寸大小分为：

1. 主肋骨（main frame）

主肋骨是位于防撞舱壁与船艉尖舱舱壁之间，在最下层甲板以下船舱内的肋骨，由不等边角钢做成。

2. 甲板间肋骨（tweendeck frame）

甲板间肋骨是位于两层甲板之间的肋骨，由不等边角钢做成。跨距和受力较小，因此尺寸也比主肋骨小。

3. 中间肋骨（intermediate frame）

中间肋骨是在冰区航行的船舶上位于水线附近两肋骨中间设置的短肋骨。

4. 强肋骨（web frame）

强肋骨又称宽板肋骨，由尺寸较大的 T 形组合材或折边钢板做成。在横骨架式舷侧结构中，每隔几个肋位设一强肋骨。其作用是支持舷侧纵桁，保证局部强度，如机炉舱、舱口端梁处等，在纵骨架式舷侧结构中，强肋骨是唯一的横向构件。其作用是支持舷侧纵骨，保证横向强度。

5. 肋骨的编号方法

为便于在修造船中指明肋骨位置及海损事故后准确地报告受损部位，必须对肋骨进行编号。习惯上以舵杆中心线处的肋骨为 0 号，向船首依次为 1，2，3，……，向船尾依次为 -1，-2，……。

规范规定肋骨的最大间距不得大于 1 m。

（二）纵向构件

1. 舷侧纵桁（side stringer）

舷侧纵桁是横骨架式舷侧结构中设置的纵向构件，通常由 T 形组合材做成，与强肋骨高度相同。其作用是支持肋骨。

2. 舷侧纵骨（side longitudinal）

舷侧纵骨是纵骨架式舷侧结构中主要的纵向构件，由尺寸较小的不等边角钢做成。其主要作用是保证总纵强度和支持外板。舷侧结构如图 2-1-15 所示。

（三）舷边（gunwale）

舷边是指甲板边板与舷顶列板的连接部位。因为它位于拐角处，所以应力较大。常用的舷边形式有三种：舷边角钢铆接法、舷边直角焊接法、圆弧连接法，如图 2-1-16

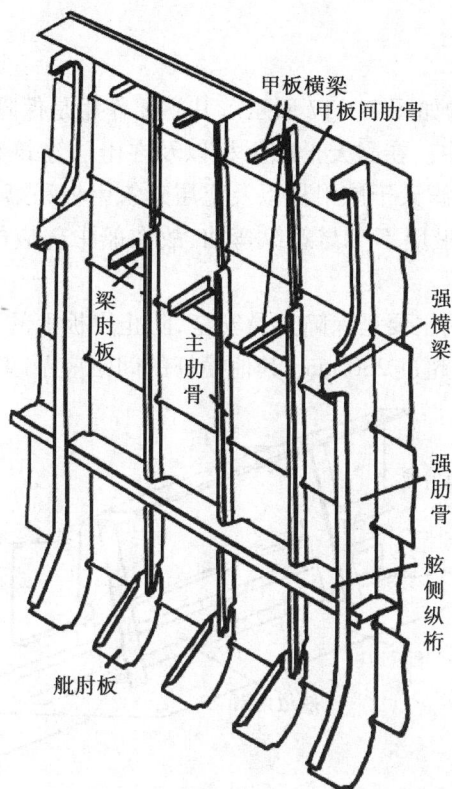

图 2-1-15　横骨架式舷侧结构

所示。而舷边角钢铆接法在现代造船中已不再使用,本书不再介绍。

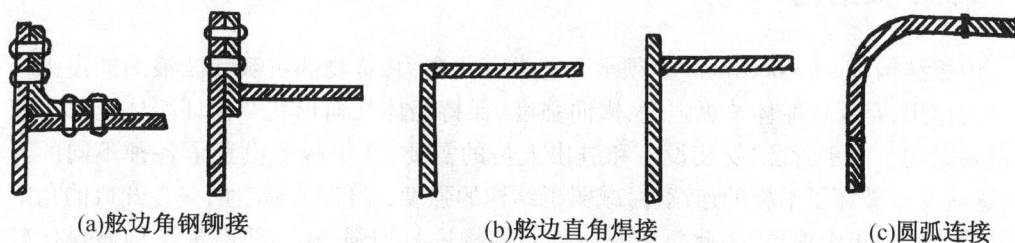

(a)舷边角钢铆接　　　　　　(b)舷边直角焊接　　　　　(c)圆弧连接

图 2-1-16　舷边形式

1.舷边直角焊接法

这种方法是将舷顶列板和甲板边板直接焊接起来,其特点是建造方便,但应力集中易产生裂缝。多用于中小型船舶和一些有边舱船舶,如集装箱船(双层船壳)、散货船(顶边水舱)等。

2.圆弧连接法

这种方法是用圆弧舷板将舷顶列板和甲板边板连接起来,其特点是应力分布均匀,结构刚性较大,但甲板有效面积减小,甲板排水易弄脏舷侧板。这种方法多见于大型船舶的船中部位。

（四）舷墙与栏杆

舷墙（bulwark）的结构如图 2-1-17 所示。其主要作用是保障人员安全，减少甲板上浪，防止甲板物品滚落海中。在露天干舷甲板以及在上层建筑和甲板室甲板的露天部分均应装设舷墙或栏杆。露天干舷甲板以及上层建筑甲板和第一层甲板室的舷墙或栏杆的高度应不小于 1 m。舷墙不参与总纵弯曲，故在船中部应尽可能不将舷墙与舷顶列板相焊接。

栏杆（handrail）的作用主要是保障人员安全，防止甲板上的物品滚落入海。栏杆的最低一根横杆距甲板应不超过 230 mm，其他横杆的间距应不超过 380 mm。

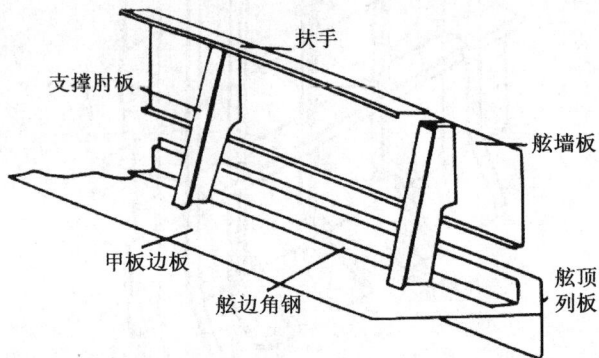

图 2-1-17　舷墙结构

八、甲板结构

甲板结构（deck construction）须承受总纵弯曲应力，货物的负载和波浪的冲击力等外力的作用，是保证船体总纵强度、横向强度、保持船体几何形状及保证船体上部水密的重要结构。由于营运、安装设备和进出人员的需要，在甲板上设置了各种不同的开口，这些开口破坏了甲板的连续性，减弱了结构的强度、刚度和稳定性，并在开口的角隅处易造成应力集中现象，因此要在开口处对结构进行加强，从而使甲板结构显得比较复杂。

按骨架结构形式的不同，甲板结构可分成横骨架式（图 2-1-18）和纵骨架式（图 2-1-19）两种，其主要组成部分有甲板（deck）、横梁（beam）、甲板纵桁（deck girder）、甲板纵骨（deck longitudinal）、舱口围板（hatch coaming）及支柱（pillar）等。

（一）甲板

甲板按其作用可分成：强力甲板、遮蔽甲板、舱壁甲板、干舷甲板和量吨甲板等。当船体受总纵弯曲应力时，受力最大的一层甲板叫强力甲板（strength deck），如上甲板（upper deck）及在船中部 0.5L 区域内长度不小于 0.15L 的上层建筑甲板和此上层建筑

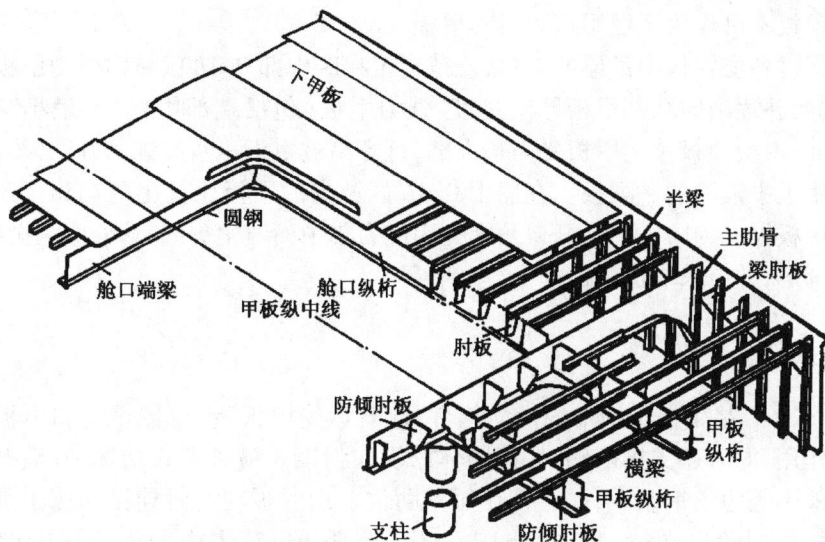

图 2-1-18 横骨架式甲板结构

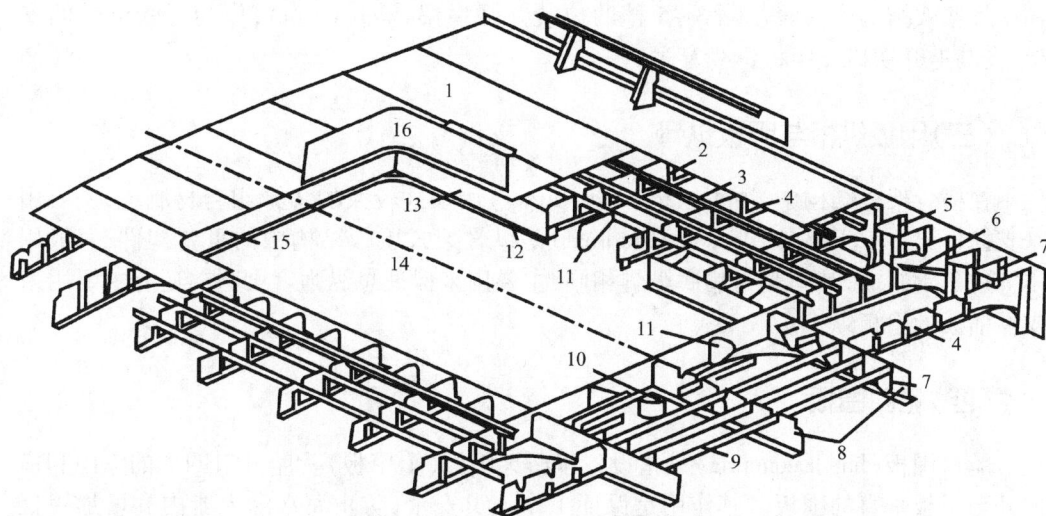

图 2-1-19 纵骨架式甲板结构

1—上甲板(upper deck);2—加强筋(stiffener);3—甲板纵骨(deck longitudinal);4—强横梁(web beam);5—主肋骨(main frame);6—斜置加强筋(tilt stowing stiffener);7—肘板(bracket);8—甲板纵桁(deck girder);9—横梁(beam);10—管形支柱(tubular pillar);11—防倾肘板(tripping bracket);12—圆钢(round bar);13—舱口纵桁(hatch side girder);14—甲板中心线(deck center line);15—舱口端梁(hatch end beam);16—舱口围板(hatch coaming)

区域以外的上层连续甲板均为强力甲板。20 世纪 60 年代建造的某些船舶,在其甲板上设有吨位舱口的开口,并在舱口设暂时性非水密封闭装置,这种甲板间舱(tween deck space)既可装货又不计入总吨位和净吨位的甲板叫遮蔽甲板(shelter deck)。水密横舱壁上伸到达的连续甲板叫舱壁甲板(bulkhead deck)。按《1966 年国际载重线公约》量计干舷高度的甲板称干舷甲板(freeboard deck),通常是上甲板。按《1969 年国际船舶吨位丈量公约》丈量船舶吨位时的基准甲板叫量吨甲板(tonnage deck),通常也是上甲

板。遮蔽甲板不可作为干舷甲板和量吨甲板。

上甲板是各层甲板中最厚的一层,规范规定在船中部0.4L区域内强力甲板的厚度应保持相同,并逐渐向端部甲板厚度过度,强力甲板(包括端部甲板)的最小厚度应不小于6 mm。甲板边板是上甲板受力最大的,且容易被甲板积水腐蚀,因此必须连续,厚度也是上甲板中最厚的一列板。在船中0.4L区域内的甲板比首尾两端和大开口线以内区域的甲板厚。为防止甲板开口角隅处因应力集中而产生裂缝,该处应为抛物线形、椭圆形或圆形,并应采取加强措施。

(二)横梁

横梁(beam)是甲板结构中的横向构件,起着承受甲板货、机器设备和甲板上浪时的水压力作用,同时还支撑舷侧,保证船体的横向强度。横骨架式结构中,横梁一般用尺寸较小的不等边角钢制成,并装设在每一肋位上用肘板与肋骨连接。位于货舱口横围板下的横梁叫舱口端梁(hatch end beam),货舱开口范围内的横梁称半横梁(half beam),半横梁的尺寸与横梁相同,它一端由肘板与肋骨连接,另一端与舱口围板连接。在纵骨架式结构中一般每隔3~5档肋位装一强横梁(web beam),作为甲板纵骨的支架,在其上开切口让甲板纵骨穿过。

(三)甲板纵桁与甲板纵骨

在横骨架式结构中,甲板纵桁(deck girder)用尺寸较大的T形组合材制成,主要用来支撑横梁。甲板纵骨(deck longitudinal)是纵骨架式甲板结构中的重要构件,一般用不等边角钢制成,其间距与船底纵骨相同,主要用来保证总纵强度,此外,还有主要用来支撑横梁的甲板纵桁。

(四)舱口围板

舱口围板(hatch coaming)是指设置于露天甲板(上甲板)货舱开口四周的纵向和横向并与甲板垂直的围板。其作用是保证工作人员安全,防止海水灌入舱内和增加甲板开口处的强度。舱口围板在甲板上面的高度是依据《1966年国际载重线公约》来确定的,其最低要求是不小于450 mm,一般舱口围板的高度不小于600 mm。舱口围板上缘一般用半圆钢加强,围板的外侧还有水平加强筋(horizontal stiffener)和防倾肘板(tripping bracket),以增加围板的刚性和防倾,纵向围板的下部与甲板纵桁处于同一直线上,兼作甲板纵桁的一部分。

舱口角隅处的加强方法有两种:一种是将舱口围板下伸超过甲板;另一种是将围板分成两块,分别焊在甲板开口边缘的上下面,在下面用菱形面板加强,如图2-1-20所示。

(五)支柱(pillar)

支柱是船舱内的竖向构件,由钢管或工字钢等做成。其作用是支撑甲板骨架,保持

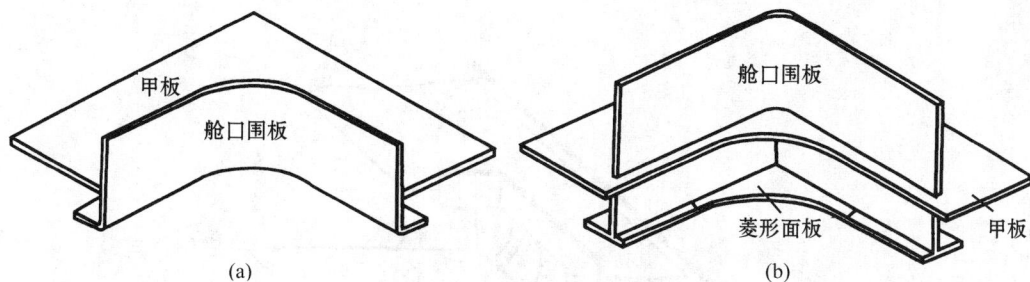

(a)　　　　　　　　　　　　　(b)

图 2-1-20　舱口角隅处围板

船体的竖向形状。货舱内支柱的数目应尽可能少,以免妨碍装卸货物。通常用四根支柱设置在舱口的四角或用两根支柱设置在舱口端梁的中点。支柱的下端应支在船底纵桁与肋板的交叉点上,上端应支在甲板纵桁和横梁的交叉点上。如果有多层甲板,则上、下支柱应处于同一条垂线上,如图 2-1-21 所示。

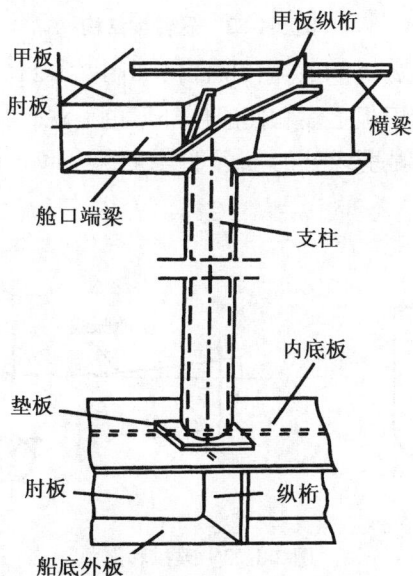

图 2-1-21　货舱内的支柱结构

有的货舱为了装运大件货,采用悬臂梁结构代替支柱,如图 2-1-22 所示。

(六)梁拱和舷弧

梁拱(camber)是甲板在两舷与舷顶列板交点的连线与中纵剖面线的交点,至横剖面中线与甲板板交点的垂直距离,简称为甲板的横向曲度,如图 2-1-23(a)所示。梁拱可增加甲板的强度,便于排泄甲板积水和增加储备浮力。梁拱的取值范围一般在船宽 B 的 $1/100\sim1/50$,干货船的梁拱通常取 $B/50$,客船的梁拱取 $B/80$。

在甲板的纵向上,首尾高而中间低所形成的曲线叫舷弧线(sheer curve)。在船长中点处舷弧线最低,从该点画一条与基线(base line)平行的直线,则舷弧线上任一点量

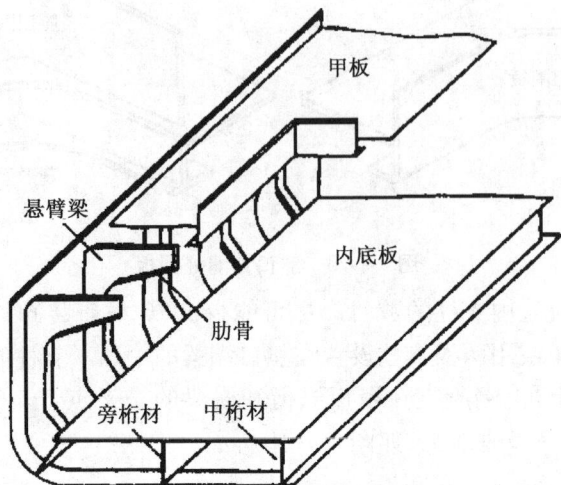

图 2-1-22 悬臂梁结构

至该线的垂直距离就称为该点的舷弧(sheer),如图 2-1-23(b)所示。舷弧可增加储备浮力,便于甲板排水,减少甲板上浪和使船体外形更美观。其中位于艏垂线处的舷弧叫首舷弧(fore sheer),位于艉垂线处的舷弧叫尾舷弧(after sheer),首舷弧是尾舷弧的2倍。

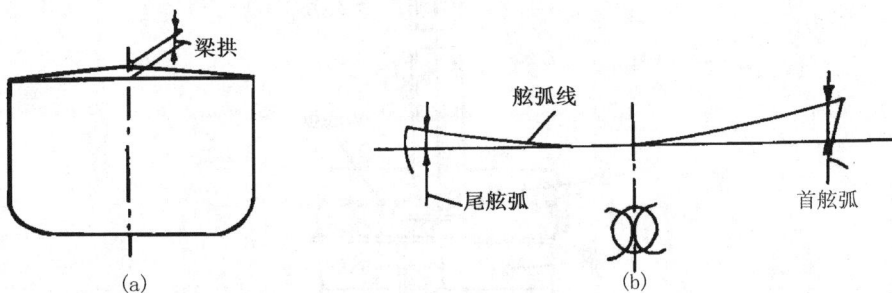

图 2-1-23 梁拱和舷弧

九、舱壁结构(bulkhead construction)

(一)舱壁的作用

主船体内按船舶的设计和建造要求,设置了若干横向和纵向舱壁,将主船体分隔成许多舱室。这些舱壁的作用是:

(1)提高船舶抗沉能力;

(2)防止火灾蔓延;

(3)有利于不同货种的分隔积载;

舱壁结构

（4）增加船体强度；

（5）液舱内的纵向舱壁可以减少自由液面对稳性的影响，液货船的纵向舱壁还可增强船体的总纵强度。

（二）舱壁的种类

舱壁按其作用可分为以下几种：

1. 水密舱壁（watertight bulkhead）

水密舱壁是指自船底（船底板或内底板）至舱壁甲板（bulkhead deck），在规定的水压下能保证不透水的舱壁，它将主船体分隔成若干个水密舱室。水密舱壁主要有两种：一种是水密横舱壁（watertight transverse bulkhead），这种舱壁能保证船体因海损破舱进水时，防止海水蔓延到相邻舱室，使船舶仍具有一定的浮性和稳性，从而提高船舶的抗沉性。其设置数量根据船长和船型（如表 2-1-1 所示）的不同而异。万吨级船需设置 6～7 道水密横舱壁，其中位于艏尖舱与货舱之间的横舱壁称艏尖舱舱壁（fore peak tank bulkhead），是船舶最前面的一道水密横舱壁，又称防撞舱壁（collision bulkhead），也是船舶最重要的一道舱壁，其上不得开设任何门、人孔、通风管道或其他任何开口，压载水管通过防撞舱壁时，必须设有截止阀，并能在舱壁甲板上进行控制。位于船尾的最后一道水密横舱壁称为艉尖舱舱壁（after peak tank bulkhead）。另一种是水密纵舱壁（watertight longitudinal bulkhead），一般仅见于液货船的货舱区域，既可减少自由液面对稳性的影响，又可增强船体的总纵强度。

表 2-1-1　船舶应设置的水密舱壁数量

船型	$L \leqslant 60$ m	60 m$<L \leqslant$85 m	85 m$<L \leqslant$105 m	105 m$<L \leqslant$125 m	125 m$<L \leqslant$145 m	145 m$<L \leqslant$165 m	165 m$<L \leqslant$190 m
中机型	4	4	5	6	7	8	9
艉机型	3	4	5	6	6	7	8

2. 液体舱壁（liquid bulkhead）

液体舱壁是液舱（油舱、水舱）的界壁，经常承受液体压力与振荡冲击力，因此舱壁板较厚且其上的骨架尺寸也较大，并需保证水密和油密。

3. 防火舱壁（fireproof bulkhead）

防火舱壁是分隔防火主竖区、在一定的火灾温度下和一定的时间内能限制火灾蔓延的舱壁。机舱和客船起居处所的舱壁应采用防火舱壁。

4. 制荡舱壁（wash bulkhead）

制荡舱壁是设在液舱内用于减少自由液面影响的纵向舱壁，其上开有流水孔。

（三）舱壁的结构

舱壁按结构的不同可分为平面舱壁和对称槽形舱壁。

1. 平面舱壁(plane bulkhead)

平面舱壁是由舱壁板和加强它的骨架组成的一种舱壁。这种舱壁板的钢板长边沿水平方向布置,其厚度由下向上逐渐减薄。其上骨架竖向排列的称扶强材,水平方向排列的称水平桁材。

2. 对称槽形舱壁(corrugated bulkhead)

对称槽形舱壁是将舱壁板压成梯形、弧形等形状来代替扶强材的一种舱壁。槽形的方向一般是竖向布置的,如图 2-1-24 所示。

(a)槽形舱壁的剖面形状

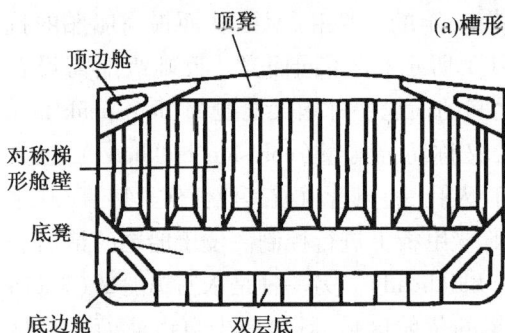

(b)有顶凳和底凳的槽形舱壁剖面形状

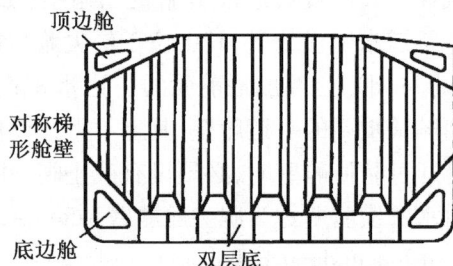

(c)对称槽形舱壁的剖面形状

(d)实船对称梯形舱壁

图 2-1-24　槽形舱壁

与平面舱壁相比,槽形舱壁具有以下特点:

(1)在同等强度下,结构重量轻;

(2)建造工艺简单,便于清舱工作;

(3)占据舱容较大,不利于舱容的有效利用,适用于油船和散货船;

(4)抵抗水平方向挤压的能力较弱。

十、艏艉结构

(一)艏、艉端的形状

1.艏端的形状

艏端形状如图 2-1-25 所示,一般有 5 种形状:

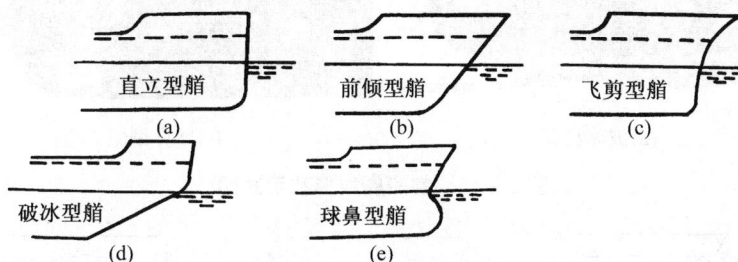

图 2-1-25　首端形状

(1)直立型艏(straldlt bow):艏柱(stem)为直线型,与基线(base line)基本垂直,多见于驳船(barge)和特种船。

(2)前倾型艏(raked bow):艏柱呈直线前倾或微带曲线前倾,这种型式船首部不易上浪,万一发生碰撞,船首水线以下部分也不易受损。

(3)飞剪型艏(clipper bow):设计水线以上呈凹形曲线,有较大的艏楼甲板(fore-castle deck),有利于锚和系泊设备的布置,船首也不易上浪。

(4)破冰型艏(ice resistant bow):设计水线以下艏柱呈倾斜状,与基线构成 30°夹角,一般多见于破冰船(ice breaker)。

(5)球鼻型艏(bulbous bow):设计水线以下船首部前端有球鼻型突出体,其作用是减少兴波阻力(wave making resistance)和形状阻力(form resistance),目前海船广泛采用该形状。

图 2-1-26 所示为 5 种实船艏端的形状示意图。

2.艉端形状

艉端形状如图 2-1-27 所示,一般有三种形状:

(1)椭圆型艉(elliptical stern):船尾有短的尾伸部,折角线以上呈椭圆体向上扩展。

(2)巡洋舰型艉(cruiser stern):有光顺曲面的尾伸部,有利于减少阻力,保护车叶与舵叶,海船广泛采用。

(a)直立型艏　　　　　　**(b)飞剪型艏**　　　　　　**(c)前倾型艏**

(d)破冰型艏　　　　　　　　**(e)球鼻型艏**

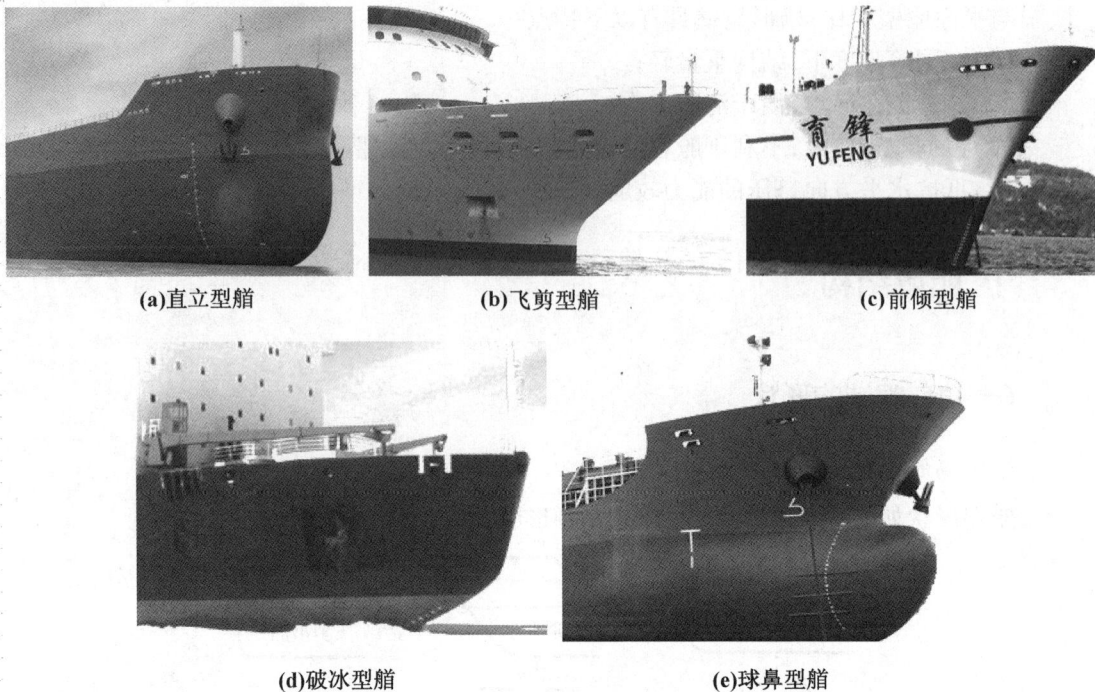

图 2-1-26　实船艏端形状示意图

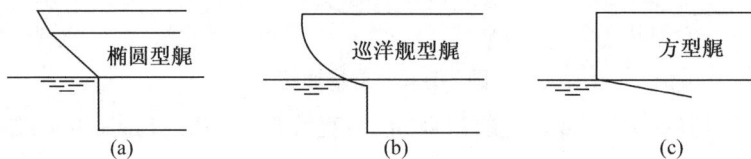

图 2-1-27　艉端形状

（3）方型艉（transom stern）：船尾端有横向的艉封板（stern transom plate），以往多用于军舰，近年来商船也采用，如集装箱船。

图 2-1-28 为实船艉端形状示意图。

(a)椭圆型艉　　　　　　　(b)方型艉　　　　　　　(c)巡洋舰型艉

图 2-1-28　实船艉端形状示意图

（二）船首结构的加强

船首结构(bow construction)通常是指从首部船底平坦部分起向船首部分的船体结构。首部要受波浪、冰块的冲击和水阻力的作用,一旦发生碰撞,应有足够的强度保证船舶的安全,同时船壳外板在此会拢,其外形应尽可能减少水阻力。为此,需对组成船首结构的部分进行加强。

1. 艏柱

船舶的首部和尾部受总纵弯曲作用较小,而受局部作用力较大,如首部的波浪冲击力、碰撞力,尾部的转舵力、螺旋桨振动力等,因此,首、尾部应作特别加强。

艏柱(stem)位于船体最前端,是会拢船首外板、保持船首形状及保证船首局部强度的强力构件(strength member)。艏柱有钢板焊接、铸钢和混合型艏柱三种,图 2-1-29(a)所示为混合型艏柱。图 2-1-29(b)所示为实船艏柱。

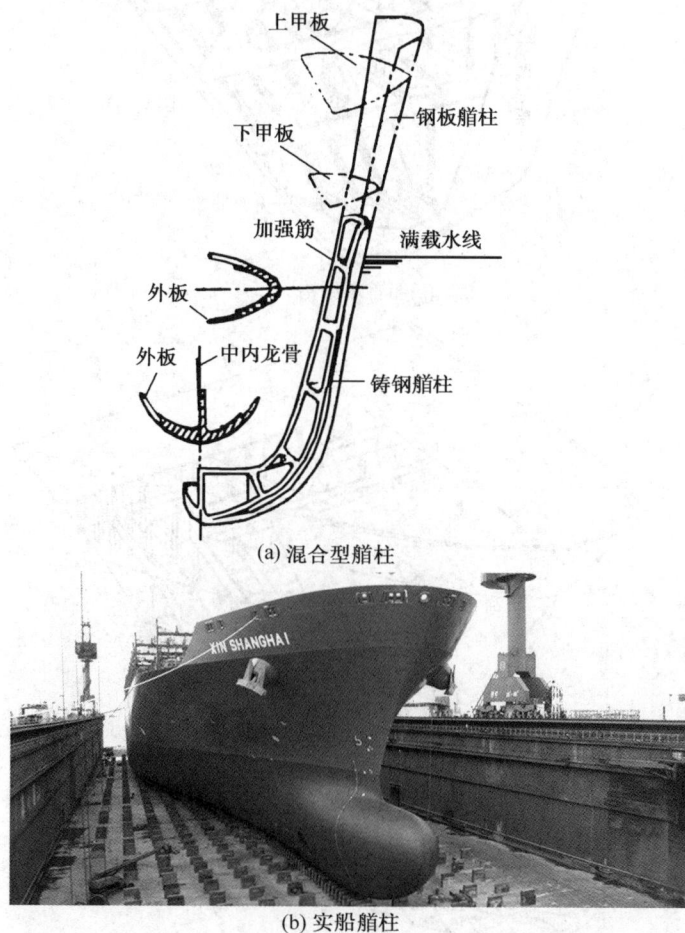

(a) 混合型艏柱

(b) 实船艏柱

图 2-1-29 艏柱

2. 艏尖舱内的加强

图 2-1-30 所示为艏端结构。艏尖舱(fore peak tank)内采用下列几种方法加强。

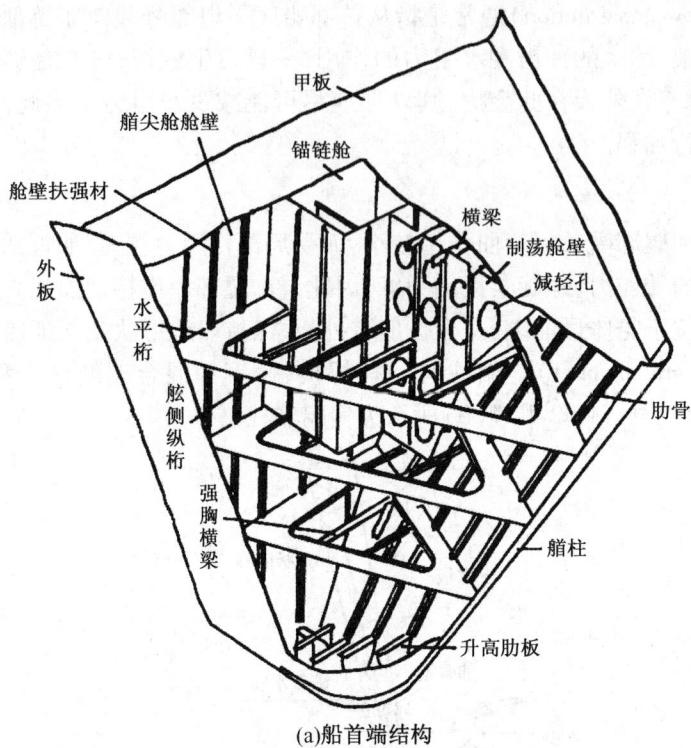

(a)船首端结构

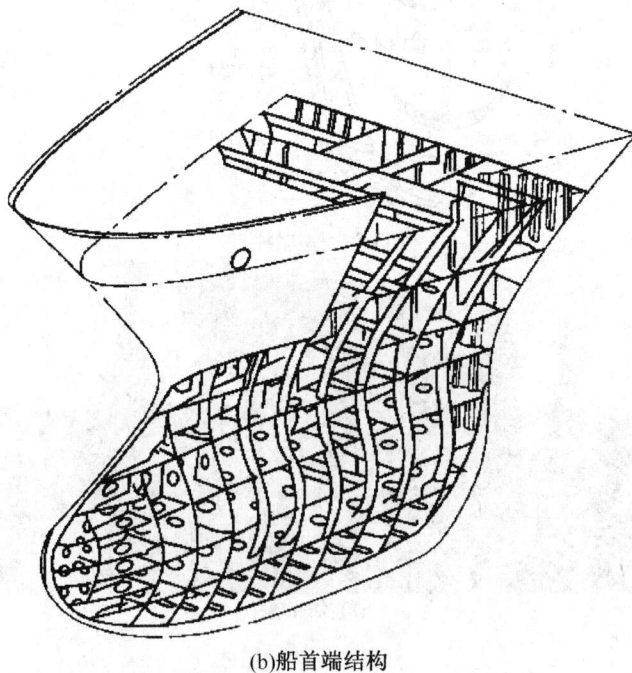

(b)船首端结构

图 2-1-30　艏端结构

（1）在每档肋位处设置实肋板,因其高度向船首逐渐升高,故又称为升高肋板（raised floor）。

（2）在中纵剖面处设置与升高肋板等高、等厚和具有同样面板的中内龙骨（center keelson）,并延伸至与艏柱牢固连接。

（3）当舷侧为横骨架式时,应在每隔一档肋位处从肋板的上缘至最下层甲板间垂向设置垂向间距不大于 2 m 的强胸横梁（panting beam）,且至少应达到满载水线以上 1 m 处,在每道强胸横梁处还应设置具有折边或面板的舷侧纵桁,并用肘板（bracket）与肋骨连接。当用开孔平台（trepanned platform）结构代替强胸横梁和舷侧纵桁时,开孔平台的垂向间距应不大于 2.5 m,设置范围为从肋板的上缘至不低于满载水线以上 1.0 m,且每一开孔平台的开孔面积不应小于总面积的 10%。

（4）当舷侧为纵骨架式且舱深超过 10 m 时,应在适当位置设置一层或多层开孔平台,或者在每根强肋骨处设置一道或多道强胸横梁,并用肘板与强肋骨连接。

（5）当艏尖舱被用作液舱且其最宽处的宽度超过 $0.5B$ 时,应在中纵剖面处设置有效的支撑构件或制荡舱壁（wash bulkhead）,以支持强胸横梁。当舱长超过 10 m 时,还应在舱内设置横向的制荡舱壁或强肋骨。

3. 艏尖舱外的舷侧加强

当舷侧为横骨架式时,对于从距艏垂线 $0.15L$ 至防撞舱壁区域内的舷侧结构,按下列要求加强:

（1）设置间断的舷侧纵桁（side girder）,其腹板（web）与肋骨同高且与艏尖舱纵桁同厚。

（2）若不设上述纵桁,则应加厚舷侧外板。

4. 船首底部的加强

当船长等于或大于 65 m,且航行中最小艏吃水小于 $0.04L$ 时,应对其从艏垂线向后的船底平坦部分进行加强。

（1）对横骨架式的双层底骨架,应在每档肋位处设置实肋板,并应设置间距不大于 3 档肋骨间距的旁桁材,该旁桁材应尽量向船首延伸。

（2）对纵骨架式的双层底骨架,应在每隔一档肋位处设置实肋板,同时应设置间距不大于 3 倍纵骨间距并尽量向船首延伸的旁桁材。船底纵骨剖面模数（section modulus）应比中部大 10%。

（3）对单层底骨架,应设置间距不大于 3 档肋骨间距且尽可能地向船首延伸的旁内龙骨。

（4）船底板适当加厚。

（三）船尾结构的加强

船尾结构（stern construction）通常是指艉尖舱舱壁（afterpeak tank bulkhead）以后的区域。该区域需承受水压力,车叶转动时的振动力和水动力、舵的水动力及车叶与舵叶的荷重等作用,因此必须对组成船尾结构的各部分进行加强。

1. 艉柱

艉柱(stern post)是船尾结构中的强力构件(strength member),它位于船尾结构下部的最后端,用来会拢两侧外板,并支撑和保护车叶与舵,同时承受它们工作时的振动力和水动力,因此,艉柱可增强船尾的结构强度。

艉柱的上端应与尾肋板(transom floor)或舱壁(bulkhead)连接,底骨(sole piece)应向船首方向延伸至少三个肋距(frame spacing)并与平板龙骨(plate keel)连接。艉柱的形状比较复杂,一般采用铸造件,大型船舶艉柱可先分段铸造后再焊接装配,如图2-1-31所示。

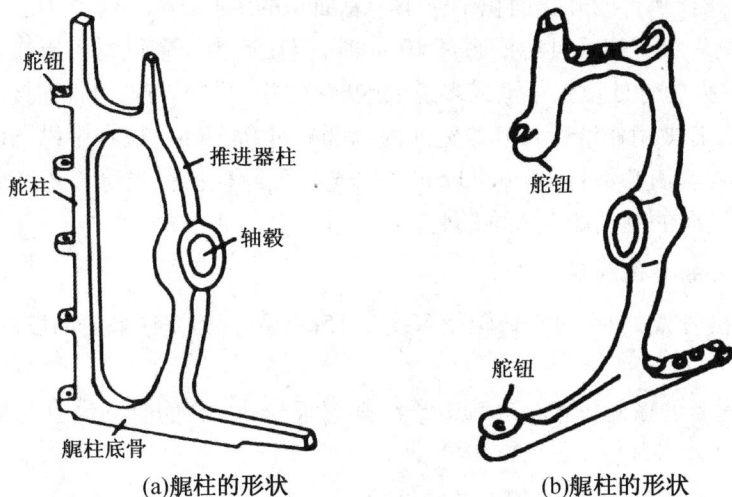

图 2-1-31　艉柱的形状

2. 艉尖舱舱内的加强

对艉尖舱(afterpeak tank)舱内的加强措施有:

(1)在每档肋位处设置实肋板,其厚度较艏尖舱肋板加厚 1.5 mm。

(2)对单螺旋桨船,其肋板应升高至艉轴管(sterntube)以上足够高度。

(3)当舷侧为横骨架式时,在肋板以上设置垂向间距不大于 2.5 m 的强胸横梁和舷侧纵桁或开孔平台;当为纵骨架式时,应在舱顶设置适当数量的强横梁。

(4)在艉尖舱上部和尾突出体或巡洋舰尾的纵中剖面处加设制荡舱壁(wash bulkhead)。

3. 艉尖舱上面的舷侧加强

对艉尖舱上面舷侧结构部分的加强措施有:

(1)加设强肋骨。

(2)加设腹板与肋骨同高的间断舷侧纵桁或加厚舷侧外板。

为扩大尾部甲板面积,安装舵机,保护车叶和舵,并改善航行性能,在船尾设计时有意将尾部向后悬伸一部分,称尾突出体,其大部分在设计水线(designed waterline)以上。

图 2-1-32 所示为采用扇形斜肋骨(cant frame)和斜横梁(cant beam)的巡洋舰式尾突出体。

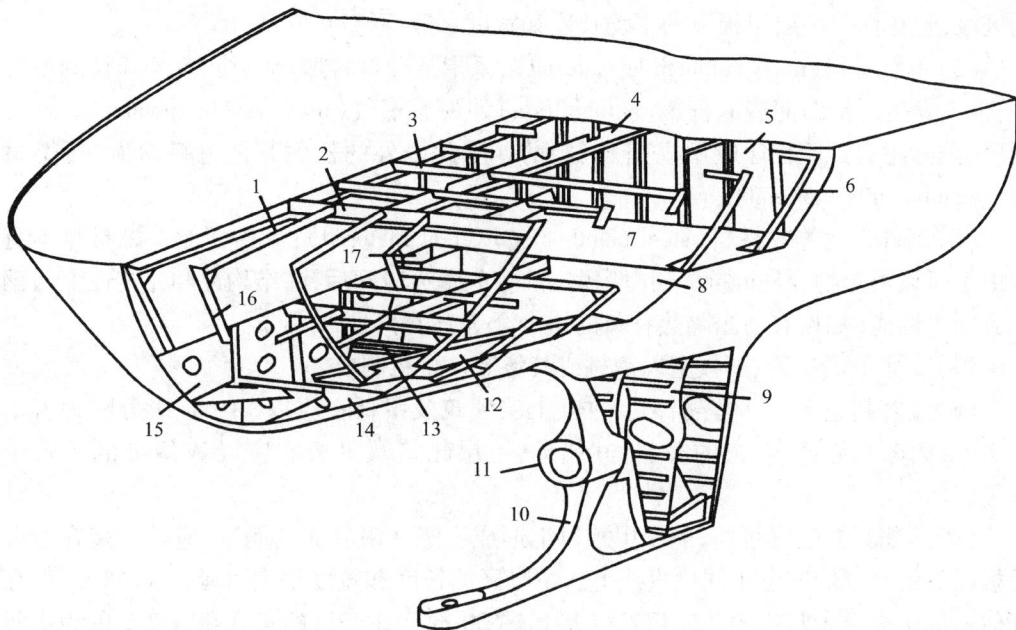

图 2-1-32 船尾部结构

1—斜横梁;2—强横梁;3—横梁;4—甲板纵桁;5—横舱壁;6—肋骨;7—舵机舱平台;8—艉尖舱舱壁;9—艉升高肋板;10—艉柱;11—轴毂;12—舷侧纵桁;13—强胸横梁;14—肋板;15—制荡舱壁;16—斜肋骨;17—舵杆管

十一、防火结构

从预防火灾发生的角度出发,船舶建立有一整套完善的防火措施(fire precaution),这些措施主要包括:控制可燃物、控制热源(火源)及控制通风等,同时为防止船舶一旦发生火灾事故后能有效地控制火势的任意蔓延,SOLAS 公约及我国规范均规定船舶在设计和建造时,就应采取一定的防火结构(fire structure),即用符合规定的耐火材料(refractory material)将船舶划分为若干个主竖区。

(一)相关定义及要求

(1)起居处所(accommodation spaces):系指用作公共处所、走廊、盥洗室、居住舱室、办公室、医疗室、电影院、游戏室、理发室、无烹调设备的配膳室的处所及类似的处所。

(2)公共处所(public spaces):系指起居处所中用作大厅、餐室、休息室的部分以及类似的固定围蔽处所。

(3)服务处所(service spaces):系指用作厨房、设有烹调设备的配膳室、储物间、邮件及贵重物品室、储藏室、不属于机器处所组成部分的工作间以及类似处所和通往这些处所的围蔽通道。

（4）主竖区（main vertical zones）：系指船体、上层建筑和甲板室以"A 级分隔"分成的区段，它在任何一层甲板上的平均长度和宽度一般不超过 40 m。

（5）不燃材料（non-combustible material）：系指某种材料加热至约 750 ℃ 时，既不燃烧，也不发生足量的能造成自燃（autoignition）的易燃蒸气（inflammable vapours）。这是按照《国际耐火试验程序应用规则》确定的。除此以外的任何其他材料均为"可燃材料"（combustible material）。

（6）钢或其他等效材料（steel or other equivalent material）：系指任何不燃材料本身或由于所设隔热物，经标准耐火试验规定的相应曝火时间后，在结构性和完整性上与钢具有同等性能（如设有适当隔热材料的铝合金等）的材料。

（7）船体上层建筑、甲板室以钢材或其他等效材料制成。

（8）载客超过 36 人的客船，其船体、上层建筑及甲板室应以"A-60"级分隔为若干主竖区；载客不超过 36 人的客船，其船体、上层建筑及甲板室应以 A 级分隔为若干主竖区。

（9）客船只要实际可行，舱壁甲板以上形成主竖区限界面的舱壁，应与直接在舱壁甲板以下的水密舱壁位于同一直线上。主竖区的长度和宽度最大可延伸至 48 m，但在任何一层甲板上主竖区的总面积不得大于 1 600 m²。主竖区的长度和宽度范围为主竖区限界舱壁的最远点之间的最大距离。

（10）起居处所与相邻的机器、货舱、服务处所之间应采用甲级分隔。

（11）舱壁或甲板必须有不燃隔热层，受火时火焰不能穿过，并要限制背火面的温升。在任何情况下任一起居处所用 A 级或 B 级分隔的各处所的面积不得超过 50 m²。

（二）防火分隔（耐火分隔）

用于船舶防火分隔（fire resisting division）的舱壁和甲板有 A、B、C 三种级别：

1. A 级分隔（A class division）

A 级分隔即甲级分隔，系指由符合下列要求的舱壁与甲板所组成的分隔：

（1）应以钢或其他等效材料作分隔材料，并有适当的防挠加强。

（2）其构造应在 1 h 的标准耐火试验至结束时，能防止烟及火焰通过。

（3）应用经认可的不燃材料隔热，使在下列时间内，其背火一面的平均温度与原始温度相比，升高不超过 l40 ℃，且在任何一点包括任何接头在内的温度较原始温度升高不超过 180 ℃：

①"A-60"级——60 min；

②"A-30"级——30 min；

③"A-15"级——15 min；

④"A-0"级——0 min。

（4）根据需要，主管机关可要求将原型的舱壁或甲板按照《国际耐火试验程序应用规则》进行一次试验，以保证满足上述完整性及温升的要求。

2. B 级分隔(B class division)

B 级分隔即乙级分隔,系指由符合下列要求的舱壁、甲板、天花板(ceiling)或衬板(furring)所组成的分隔:

(1)其构造应在最初半小时的标准耐火试验至结束时,能防止火焰通过。

(2)应具有这样的隔热值,使在下列时间内,其背火一面的平均温度与原始温度相比,升高不超过140 ℃,且在包括任何接头在内的任何一点的温度较原始温度升高不超过225 ℃:

①"B-15"级——15 min;

②"B-0"级——0 min。

(3)应用认可的不燃材料制成。

(4)根据需要,主管机关可要求将原型分隔按照《国际耐火试验程序应用规则》进行一次试验,以保证满足上述完整性和温升的要求。

3. C 级分隔(C class division)

C 级分隔即丙级分隔:应以认可的不燃材料制成,它们不需要满足有关防止烟和火焰通过以及限制温升的要求,并允许使用厚度不超过2.5 mm 的可燃装饰板。

十二、其他结构

(一)轴隧结构与布置

轴隧(shaft tunnel)是设置于机舱和船尾之间的水密通道。其作用是保护艉轴,便于工作人员对轴系进行检查、维修。轴隧有拱顶和平顶两种形式,前者强度较好,后者便于装货。右旋单桨船的推进器轴偏于轴隧结构的左侧,右侧空间可供人员通行,如图2-1-33 所示。

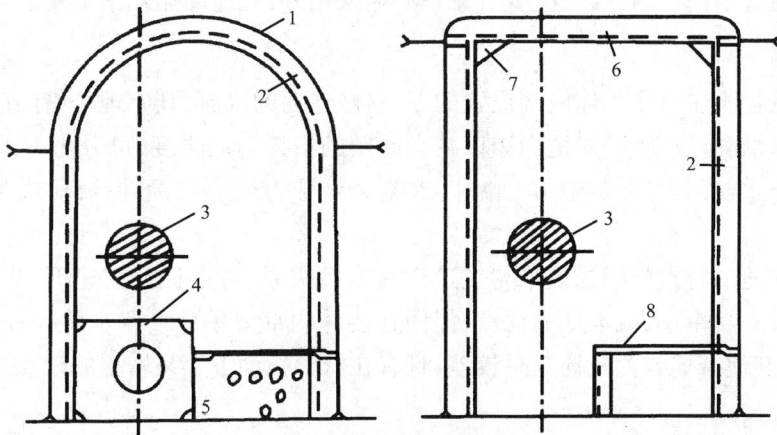

图 2-1-33 轴隧结构

1—拱形顶板;2—扶强材;3—推进器轴;4—轴承机座;5—管系;6—平顶板;7—肘板;8—格子板

在船尾端近舵尖舱舱壁处还设有通至露天甲板的应急通道,俗称逃生孔(escape trunk)。在货舱口下的轴隧顶板应加厚 2 mm,否则应加木铺板。轴隧必须水密,在机舱和轴隧间舱壁上应设两面均可操纵的水密门(watertight door)。

(二)减摇装置

1. 舭龙骨(bilge keel)

舭龙骨是设在船中附近的舭部外侧、沿着船长方向的一块长条板,长度一般在 1/4 ~1/3 船长,宽度一般在 200~1 200 mm,其作用是减轻船舶横摇。

在横剖面方向,舭龙骨近似垂直于舭列板,其外缘不能超过船底基线和舷侧外板型线所围成的区域,以免靠离码头时碰损,如图 2-1-34(a)和图 2-1-34(b)所示。

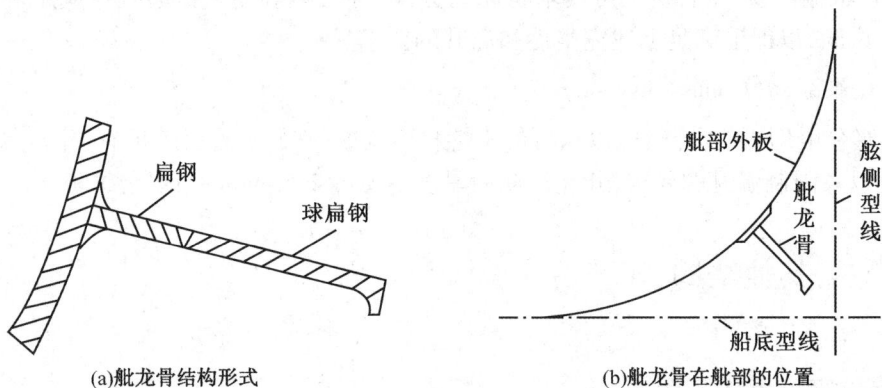

(a)舭龙骨结构形式   (b)舭龙骨在舭部的位置

图 2-1-34　舭龙骨

舭龙骨不参与总纵弯曲,一般将舭龙骨连接在一根连续的扁钢上,再将扁钢焊接在舭列板上。除舭龙骨外,减摇水舱和减摇鳍也能起到减摇作用,但由于该两类减摇装置在结构方面最大的缺点是均需设置专门的自动控制系统且价格昂贵,减摇水舱尚要损失一部分载货空间。因此,除极少数豪华游船采用外,普通商船几乎不用。

2. 减摇水舱

船舶减摇水舱是在船体内部设置的左、右舷连通的水舱,其原理是借助船舶横摇时水舱内液体的移动产生的对抗力矩以减少船舶的横摇运动幅度,可分为 U 型减摇水舱和槽型减摇水舱两大类,其中 U 型减摇水舱又可分为被动式、可控被动式及主动式减摇水舱。

减摇水舱的特点是减摇效果与航速没有直接关系,可在任意航速下减摇。被动式减摇水舱具有功率小、成本低的优点,但因在船体内部要单独设置水舱,故其占用空间较大,相比其他减摇装置减摇效果较差,且有在低频扰动下容易增摇的缺点。

3. 减摇鳍

减摇鳍是目前减摇效果最好的减摇装置。装于船中两舷舭部,横剖面为流线型,又称侧舵。通过操纵机构转到减摇鳍,使水流在其上产生作用力,从而形成减摇力矩,减

少船舶的摇摆幅度。其特点是结构复杂、造价较高。其减摇效果与航速有关,航速越高,减摇效果越好,适用于高速船舶。

减摇鳍可分为非收放式(固定式)和收放式两大类,收放式减摇鳍又有折叠式和伸缩式两种收放方式。其中非收放式(固定式)减摇鳍的设置与舭龙骨一样,不能超出船舶的舷侧外板型线与船底板型线所围成的区域,以免靠离码头或进船坞时被碰坏。

(三)船底塞(docking plug)

为了在坞修时排除舱内积水,在每一双层底舱和单层底舱内应设置一个船底塞。通常它设置在中桁材或中内龙骨两则(但不得开在平板龙骨上),距每一分舱后部的水密肋板的一档肋距处。如果过于靠近舱壁,则进坞时易被坞墩堵塞。

船底塞的结构如图 2-1-35(a)所示。为了防止海水腐蚀及脱落,船底塞一般用黄铜或不锈钢制成,出坞前应在船底塞外面用水泥涂封成一个半球形的水泥包。图 2-1-35(b)所示为实船船底塞。

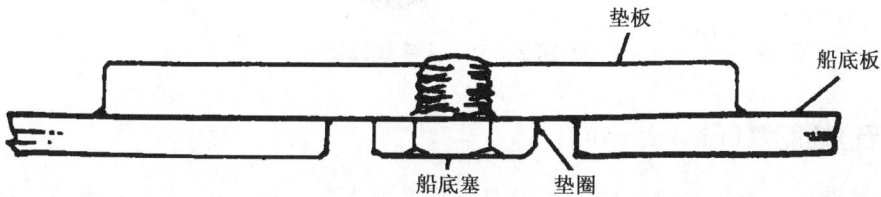

(a)船底塞

(b)实船船底塞

图 2-1-35　船底塞

（四）艉轴架（propeller shaft bracket）

为能牢固地支撑螺旋桨并保护桨轴，一些双桨船将轴伸出船体外部部分用艉轴架进行支撑和保护，如图 2-1-36 所示。按规范规定，艉轴架可采用铸钢、钢板焊接和分段铸件或锻件焊接而成。艉轴架固定的船体骨架应予以加强，支臂应伸进船体内部，并与肋板、纵桁和外板连接。

图 2-1-36　人字艉轴架

（五）挂舵臂（rudder horn）

挂舵臂用于支撑半悬挂舵。采用钢板焊接或铸钢，挂舵臂应伸入船体，并与加强的主体结构牢固地连接，如图 2-1-37 所示。

图 2-1-37　实船挂舵臂

十三、冰区加强

对航行于冰区（ice zone）的船舶需按规范的规定进行加强，其加强部位主要有甲板、船壳外板、舷侧骨架及艏艉结构等。加强的方法主要有增加板厚、加大骨架尺寸和缩小骨架间距,具体细则在规范中有详细规定。

1. 冰级

按不同的冰况,航行冰区的加强分为如下 5 个冰级标志:

(1) B1* 冰级:最严重冰况,相当于 IA Super。

(2) B1 冰级:严重冰况,相当于 IA。

(3) B2 冰级:中等冰况,相当于 IB。

(4) B3 冰级:轻度冰况,相当于 IC。

(5) B 冰级:除大块固定冰以外的漂流浮冰,如中国沿海情况。

B1*、B1、B2 和 B3 冰级(ice class)标志的加强要求分别符合 2002 年《芬兰-瑞典冰级规则》附件Ⅰ中对ⅠA Super、ⅠA、ⅠB 及ⅠC 的有关规定,主要适用于在冬季航行于北波罗的海的船舶。B 冰级适用于中国沿海航行的船舶。

当船舶航行于冰区时,吃水线应不超过 LWL 线(指船首、船中和船尾最大吃水的允许折线连线);当船舶航行于冰区时,至少应装载至 BWL 线(指船首和船尾最小吃水的连线)。

2. B 级冰区加强

B 级冰区加强要点有:冰带外板的加强,其纵向范围从艏柱向后至满载水线最大宽度处,但不超过 0.2L。垂向范围从 LWL 以上 500 mm 至 BWL 以下 500 mm。冰带外板厚度至少应为船中部外板厚度的 1.25 倍,但不必大于 25 mm。如设置中间肋骨,则中间肋骨的垂向设置范围为压载水线以下 1 000 mm 至满载水线以上 1 000 mm 处;如不设置中间肋骨,则肋骨间距应不大于船中部的 60%,但应不大于 500 mm。钢板焊接艏柱自满载水线以上 600 mm 处以下部分的板厚应为规范值的 1.1 倍,但不必大于 25 mm。

第二节　船体水密与抗沉结构

船舶在营运中,可能会因碰撞、触礁、搁浅、船体年久失修等造成船体破损进水。一旦船舶大量进水,会使船舶丧失浮性和稳性,以致沉没。为使船舶进水后仍能保持一定的航行性能,船舶在建造时,已充分考虑了船舶的抗沉性能,如设置双层底、水密横舱壁、水密门、水密舱盖及排水设施等。另外,还配备各种堵漏器材供紧急抢险堵漏用。

一、与抗沉性有关的名词术语解释

1. 稳性

稳性是指船舶受到外界倾侧力矩的作用使其离开平衡位置而发生倾斜,当这个外界作用力矩消失后,船舶能自行恢复至初始平衡位置的性能。

2. 浮性

浮性是指船舶在各种载重情况下,保持一定浮态的性能,即船舶受到水的浮力使船舶能浮于水面的能力。

3. 抗沉性

抗沉性是指船舶在一舱或数舱破损进水后仍能保持一定浮力和稳性的性能。抗沉性规范中对船长在 50 m 及以上的客船和科学考察船、100 m 以上的货船和 50 m 以上的渔船或拖船均有详细的规定和要求。

4. 风雨密

风雨密是指在可预见的海况下,水不会渗入船内。

5. 限界线

限界线是指在舷侧低于舱壁甲板上表面至少 76 mm 处所绘的线。该线是在船舶设计时考虑分舱能保证船舶有一定剩余浮力而不致沉没所用的线。

6. 舱壁甲板

舱壁甲板是指横向水密舱壁所达到的最高一层甲板。

7. 一舱不沉制

用水密横舱壁分隔船舶,使船舶满足在任何一个舱破损进水后,船舶最终平衡的吃水线不超过限界线,确保船舶不会沉没,这就是一舱不沉制。

8. 分舱载重线

分舱载重线是指用于决定船舶分舱的水线。

9. 最深分舱载重线

最深分舱载重线是指相应于核定的船舶夏季吃水的分舱载重线。

10. 船舶分舱长度

船舶分舱长度是指船舶处于最深分舱载重线时,限制垂向浸水范围的甲板及以下部分最大投影型长度(适用于船长超过 100 m 的货船)。

11. 可浸长度

对有连续舱壁甲板的船舶,在船长中某一点的可浸长度是以该点为中心的最大限度的一段船长,在按照有关渗透率等规定的假设条件下,船舶下沉不致淹过限界线;对无连续舱壁甲板的船舶,船长中任何一点的可浸长度,可按假定的连续限界线来确定,此线的任何点不得位于该甲板上表面以下小于 76 mm 处,而通至该甲板的有关舱壁及船体均应为水密。也可以理解为在船长范围内某一点的可浸长度是以该点为中点的最大限度的隔舱长度。

12. 渗透率

渗透率是指某一处所的渗透率为该处所能被水浸占的百分比,即:

渗透率＝[某舱所能被水浸占的容积(实际浸水容积)÷该舱的空舱理论总容积]×100%

13. 分舱因素

分舱因素由船舶的长度和业务性质所决定,在规范中根据船长 L 和业务衡准数 C 查表选取。分舱因素用 F 表示。一舱不沉制的船舶:$1.0 \geqslant F > 0.5$;二舱不沉制的船舶:$0.5 \geqslant F > 0.33$;三舱不沉制的船舶:$F \leqslant 0.33$。

14. 业务衡准数 C

业务衡准数 C 是表示船舶营运特征或船舶业务性质(即船舶预定用途)的一个参数。即表示船舶是以货运为主,还是客运为主,或是客货合运。其大小与机器处所的容积及限界线以下旅客处所容积对限界线以下的船舶总容积的比值有关。

15. 许可舱长

许可舱长是指允许的两水密横舱壁的间距,即:许可舱长=可浸长度×分舱因数。

船舶应按其预定的用途尽可能作有效的分舱,分舱的程度应视船舶的长度与业务而变化,以载客为主的船舶,其船长越大则分舱程度越高。而在船长一定的情况下,又视船舶预定的用途而变化。长度为 100 m 及以上的船舶,其艏尖舱以后的主横舱壁之一应设置在距艏垂线不大于许可舱长之处。

16. 不对称进水的横倾角

船舶由于单舷进水而产生倾侧力矩,使船舶产生横倾。为了保证船舶不至于因此倾覆,对横倾角和初稳性高度均做了规定:

不对称进水的横倾角 θ:在任何情况下,客船的最大横倾角 θ 不应超过 15°,其他船平衡以前的最大横倾角 θ 不应超过 20°。采取平衡措施后,客船在一舱浸水时 $\theta \leqslant 7°$,两个或两个以上相邻舱同时浸水时的横倾角 $\theta \leqslant 12°$。

二、对船体水密装置的要求

船体水密装置主要包括水密舱壁、双层底、水密门窗等。

1. 对水密舱壁设置的要求

(1)客船应设置有尖舱舱壁或防撞舱壁,该舱壁应水密延伸到舱壁甲板。该舱壁应位于距艏垂线不小于船长的5%而不大于3 m加船长的5%处。

(2)货船应设置防撞舱壁,该舱壁应水密延伸至干舷甲板。该舱壁与艏垂线间的距离应不小于船长的5%或10 m,取较小者,经允许可不大于船长的8%。

(3)当船首设有长的上层建筑时,客船的艏尖舱舱壁或防撞舱壁应风雨密地延伸至舱壁甲板的上一层完整甲板。货船的防撞舱壁应风雨密地延伸至干舷甲板上一层的甲板。货船的干舷甲板以上防撞舱壁延伸处的开口数量,应在适应船舶设计和正常作业的情况下减至最小。所有这类开口应能够风雨密关闭。

(4)客船应设置艉尖舱舱壁和机器处所与前后客、货处所隔开的水密舱壁,这些舱壁应水密地延伸至舱壁甲板。货船应设置舱壁将机器处所与前后客、货处所隔开,该舱壁应水密延伸至干舷甲板。

（5）穿过防撞舱壁的管子应装有能在干舷甲板以上操作的适当的阀，其阀体应安装在艏尖舱内的舱壁上，也可安装于防撞舱壁的后侧。防撞舱壁上不允许开门、人孔、通风管道或任何其他开口。

（6）舱壁布置应注意合理均匀，当舱长大于 30 m 时应有保证船体横向强度的措施。

2. 对双层底设置的要求

船舶应尽可能从防撞舱壁至艉尖舱舱壁设置双层底。一旦船底破损，内底可制止海水浸入舱内，保证船舶、人员和货物的安全，增加船舶的抗沉性。

船舶设置双层底时，其高度应符合有关规定的要求。其内底应延伸至船舷两侧，以保护船底至舭部弯曲部位。对设于双层底内且与货舱排水装置相连的小井，其深度也应符合规范的要求。

3. 对水密舱壁上的开口要求

水密舱壁上开口的数量应在适应船舶设计及船舶正常作业的情况下减至最少，这些开口均应设有可靠的关闭设备。只是为了出入、管路、通风、电缆等需要而穿过水密舱壁和内部甲板时，须设有保持水密完整性的装置。

4. 对于货船上外部开口的要求

（1）所有通向在破损计算中假定为完整的且位于最终水线以下舱室的外部开口，应要求水密且应有足够的强度，除货舱盖外，这些外部开口的开关状态应在驾驶室设有指示器。

（2）限制垂向破损范围的甲板以下的船壳外板上的开口，在海上应保持永久关闭。

（3）为保证外部开口的完整水密性，在海上保持永久关闭的其他关闭装置，应有一个通告牌贴于其上，表示此处必须保持关闭。

5. 对于客船与货船的水密门、舷窗等构造的要求

（1）在客船和货船上，每扇水密门应做水头分别高达舱壁甲板或干舷甲板的水压试验。

（2）在客船和货船上，水密甲板、围板通道、隧道、箱形龙骨及通风管道，均应与相应高度的水密舱壁具有同等强度。其水密措施及关闭其开口的装置，均应符合要求。水密通风管道及围壁通道在客船上应至少向上延伸到舱壁甲板，在货船上应至少向上延伸到干舷甲板。

（3）在客船和货船上，每扇水密门应做水头分别高达舱壁甲板或干舷甲板的水压试验。

（4）客船的一切水密门、舷窗、舷门、装货门、装煤门、阀、管子、出灰管及垃圾管的设计、材料及构造，均应符合要求。直立式水密门的门框，其底部不得有槽。

三、船体上开口的关闭设备

1. 水密舱壁上开口的关闭设备

（1）防撞舱壁上不准开任何门或人孔、通风管道或任何其他开口。凡穿过防撞舱壁的管子都设有在舱壁甲板能控制的闸阀。这个闸阀设在艏尖舱内侧的舱壁上，以便在船首部破损时能立即将它关闭。

（2）水密舱壁上的水密门

任何动力滑动水密门的操纵装置，无论是动力式还是手动式，均应能在船舶向任一舷横倾至 15°的情况下将门关闭。

任何滑动水密门能从驾驶室遥控关闭，也能从舱壁的每一边就地操纵。在控制位置应装设显示门是开启或关闭的指示器，并且在门关闭时发出声响报警。在主动力失灵时，动力、控制和指示器应能工作，每一个动力操纵的滑动水密门应有一个独立的手动机械操纵装置，该装置应能从门的任一边用手开启和关闭该门。

除所规定的航行中可以开启的门外，所有水密门在航行中应保持关闭。

（3）对客船上的水密门：

①水密门应为符合有关要求的动力滑动门，当船舶在正浮位置时，应有从驾驶室的总控制台于不超过 60 s 内同时关闭这些门。

②所有动力滑动水密门的遥控操纵位置只能设在符合要求的驾驶室内和符合要求的舱壁甲板以上的手动操纵处。

③每一动力滑动水密门，应为竖动式或横动式，其动力系统应和任何其他动力系统分开，其最大净开口宽度一般还应限制为 1.2 m。其独立的手动机械装置应能从门的任何一侧用手开启和关闭，还能在舱壁甲板上可到达之处用全周旋摇传动或认可的具有同样安全程度的其他动作关闭该门。在船舶正浮时，手动操纵装置将门完全关闭的时间应不超过 90 s。应设置从门的两侧用动力开启和关闭该门的控制装置，还应在驾驶室设置从总控制台动力关闭该门的控制装置。应设置一个与该区域内其他警报器不同的声响警报器。当该门用动力遥控关闭时，这种警报器应在门开始移动前至少 5 s 但不超过 10 s 发出声响，且连续发声报警直至该门完全关闭，在手动遥控操纵的情况下，当门移动时音响警报器能发出声响。此外，在乘客区域和高噪声环境区域，可以在门上的声响报警器增配一个间歇发光信号器。在船舶正浮时，从门开始移动至门完全关闭的时间，在任何情况下应不少于 20 s 或不大于 40 s。

④驾驶室内的集控台应设有标明每扇门位置的图，并附有发光指示器，以显示出每扇门的开启或关闭状态。红灯表示一扇门完全开启，绿灯表示一扇门完全关闭。当遥控关闭门时，红灯应以闪烁表示门处于关闭过程中。

⑤在甲板处所之间分隔货舱的水密舱壁上装设的水密门可为铰链式、滚动式或滑动式，但不必是遥控的。它们应装在最高处并尽可能远离外板。其关闭时间不要求符合 60 s 内关闭的要求。

（4）对货船上的水密门和舱盖：

①用以保证内部开口的水密完整性且通常在航行时关闭的出入门和舱盖,应在该处和驾驶室装设显示这些门或舱盖是否开启的设施。这类门或舱盖的使用应经值班驾驶员批准。

②可以装设结构良好的水密门用作大型货物处所的内部分隔,这些门可以是铰链式、滚动式或滑动式门,但不应是遥控的,此类门在开航前关妥,并应在航行中保持关闭,此类门在港内开启的时间和船舶离港前关闭的时间应记入航海日志中。

2. 船壳板上的关闭设备

在限界线以下的船壳板上的开口越少越好,并应根据用途和位置设置关闭设备。

（1）在干舷甲板以下处所或封闭的上层建筑处所的舷窗,应装设铰链式可靠的内侧舷窗,其装置应能有效地关闭和保证水密。

限界线以下的舷窗都采用水密性和抗风浪性强的圆形舷窗。根据其在重载水线上的不同高度有不同的关闭要求:一种是永久性关闭;另一种是离港前关闭,到港后方可开启。启闭时间应记入航海日志。还有一种是航行中由船长决定是否关闭的。

（2）船壳板上的排水孔都有防止海水意外进入船内的装置。从舱壁甲板以下通到船壳板外的排水孔都配有自动止回阀,并在舱壁甲板上设有可以强制关闭的装置,或者设两个止回阀,其中一个的高度能使其随时可以检查并且是经常关闭型的。

（3）与机器连通的海水进水孔及排水孔,在管系与船壳板间或管系与附着在船壳板的闸箱间装有随时可以接近的旋塞或阀门。

3. 舱壁甲板以上的排水设施

舱壁甲板以上也采取水密措施来保证限界线以上水密的完整性。

（1）舱壁甲板和舱壁甲板的上一层甲板均不透风雨。露天甲板上的所有开口都可以关闭。

（2）舱壁甲板以上,第一层甲板以下所有舷窗都有舷窗盖,可以有效地关闭保证水密。

（3）露天甲板上设有排水口或排水孔,可以在任何情况下将水迅速排出舷外。

四、船舶排水设备

1. 甲板排水设备

（1）甲板排水通过排水管系以自流方式迅速排出舷外。舱壁甲板以下处所或舱壁甲板上的封闭的上层建筑和甲板室的排水管在舱壁甲板下的船壳上开孔通至舷外时,装有止回阀,防止海水浸入船内。

（2）当船舶横倾超过5°时,至舱壁甲板或至干舷甲板的干舷分别使甲板边缘浸水,则应设有足够数量适当尺度的泄水孔直接将水排向舷外。

（3）当船舶横倾为5°或小于5°时,其干舷使舱壁甲板边缘或干舷甲板边缘浸水,则舱壁甲板或干舷甲板上的封闭货物处所内排出的水应导向一个或多个容量足够的处所,这类处所应设有高水位报警器和向舷外排入合适装置。

(4)泄水孔的数量、尺度与布置应能防止自由水的不合理积聚。

2.舱底排水系统

机舱、货舱的舱底设有舱底排水系统,它包括舱底管系和舱底泵,舱底水管系又包括舱底水总管、支管和分配阀箱。

(1)应设有有效的舱底排水系统,以能抽除及排干任何水密舱中的水,冷藏舱应设置有效的循环装置。卫生泵、压载泵及通用泵如与舱底排水系统有必要的连接者,均可作为独立的动力舱底泵。

(2)所有与舱底排水设备有关的分配箱和手动阀,应设在通常情况下可以到达之处。

(3)位于客船舱壁甲板上和货船干舷甲板上封闭的货物处所应设有排水装置。

(4)客船至少应有三台动力泵与舱底总管连接,其中一台可由推进机械带动。如其衡准数为30或大于30,则应增设一台独立动力泵。货船至少应设有与主舱底排水系统相连接的两台动力泵,其中一台可由推进机械带动。

(5)动力舱底泵应尽可能置于分开的水密舱内,其布置应使这些舱室不致因同一舱破损而浸水,并应满足从任一要求排水的处所抽水。

(6)长度为91.5 m及以上或衡准数为30及以上的船舶,其泵的布置应能在要求该船承受的一切浸水情况下,至少有一台动力泵可供使用。

(7)所有舱底吸水管系,直至与泵连接为止,应与其他管系独立。

(8)舱底水总管的内径 d_1 应不小于按下列公式计算所得的数值:

$$d_1 = 25 + 1.68\sqrt{L_1(B + D)}$$

式中:L_1——船长(m);

B——船宽(m);

D——至舱壁甲板的型深(m)。

货舱和机器处所的舱底水管内径 d_2 可按下列估算方式计算,且一般不小于50 mm。

$$d_2 = 25 + \sqrt{L_2(B + D)}$$

式中:L_2——舱室长度(m);

B——船宽(m);

D——至舱壁甲板的型深(m)。

(9)所有的动力舱底泵均应为自吸式泵,且每一台动力舱底泵应能使流经所需的舱底总管的水流速度不小于2 m/s,每一舱底泵的排量 q 应不小于按下式计算之值或按表2-3-1选取。

$$q = 5.66d_1^2 \times 10^{-3}$$

式中:d_1——舱底水总管内径(mm)。

表 2-2-1　管径和相应舱底泵排量

舱底水总管内径（mm）	舱底泵排量（m³/h）	舱底水总管内径（mm）	舱底泵排量（m³/h）	舱底水总管内径（mm）	舱底泵排量（m³/h）
50	15	110	70	170	164
55	18	115	75	175	174
60	21	120	82	180	184
65	25	125	90	185	194
70	28	130	96	190	205
75	32	135	104	195	216
80	37	140	112	200	228
85	42	145	120	205	238
90	46	150	128	210	250
95	52	155	136	215	262
100	58	160	145		
105	64	165	155		

按照以上规定，一般万吨级船舶排水总管内径约为 130 mm，每小时排水量为 96 t，即每分钟 1.6 t。这个排水速度对机器处所或舱内的普通积水的排除是有充分保证的，而对船体破损进水的排除能力是很有限的。

3. 压载水舱的排水设备

双层底及艏、艉尖舱都可作压载水舱，其压载系统能灌能排。一般杂货船的压载水泵能在 6~8 h 内将全船的所有压载舱灌满或排空。它的排量要比舱底泵大得多。若破损使双层底舱与货舱连通，则可使用压载系统进行排水。

五、船体破损后的措施

船舶发生漏损进水后，应立即采取应急措施，查明破损情况和破洞的位置，估算排水能力与进水量以正确估计对船舶造成的威胁，并采取有效的堵漏措施。

1. 应急措施

（1）发出堵漏警报信号（两长声一短声，连续发出 1 min），船员应按应变部署表的要求采取相应的措施。

（2）停车并操船使破损部位处于下风侧以减少水流、风浪的冲击，减少进水量。

（3）根据本船破损控制图将各层甲板及货舱的水密舱室界限上的一切开口迅速关闭。迅速关闭水密门、窗和开口以防进水的蔓延，并开动全部排水泵排水。

（4）检查吃水和船舶倾斜的变化情况，估计进水量和下沉速度。

（5）尽快测定破洞位置以便采取有效的堵漏措施。

（6）对将会受到影响的相邻舱壁进行支撑加强。

（7）船舶横倾严重时,应采取移载法、排出法或对称灌注法等方法使船舶保持平衡。

（8）将救生艇放至舷外,以免船倾斜后不易放艇。

（9）向上级机关报告,与附近港口及过往船只保持联系,以便救援。

2. 查损探漏

船舶的破损位置可以通过直接观察或其他特征来分析判断,如船舶下沉、纵横倾、漏油、冒气泡等现象。进行堵漏抢险必须在查明破损的情况和漏损的位置后才能实施。

（1）测量双层底舱、尖舱、污水沟来判断是否进水。测量时可注意舱内有无水声,测双层底时还应注意有无空气从空气管中冒出,测量应先从进水可能性较大的舱室开始,由近到远。

（2）对油舱、水舱等进水有怀疑时,还可取样检验油里有无水分或淡水中有无海水渗入。

（3）已测得漏水舱室后,尽可能进舱检查漏水位置,记下肋位及离甲板高度。如破洞已在舱内水位之下,则可以从气泡和水声来判定它的位置,也可以敲击邻舱舱壁,根据声音判断舱内进水水位。

（4）无法准确知道破洞位置,可制一破洞探查器来查找漏洞,探查器用刻有标记的一长竹杆和一直径 $0.5\sim1.0$ m 并缝上帆布的铁丝圈制成。以帆布的吸力大小来判定破洞的所在位置。

（5）如因强烈爆炸或震动而造成船壳破损,还应检查舱壁、管系、水密设备等是否也被震裂、损坏或渗漏。

3. 封闭和排水

发现破损后应立即封闭可能有影响的全部水密装置,以防浸水蔓延,并通知机舱积极排水。如果机舱进水,开启舱底泵及压载水泵排水如仍不能制止舱内水位上升,还可开启机舱应急阀而关闭船旁吸入海水阀,利用主机排量很大的海水冷却泵将海水泵出舷外,其他舱室进水,必要时也可将水引入机舱,利用机舱循环水泵协助排出。但使用此法时,在操作中要特别小心,并在不影响机舱安全的情况下才能进行。

4. 对船舶抗沉能力的分析

（1）进水量估算

破损情况、破洞的位置及大小探明以后,对船舶的抗沉能力就可进行分析和估计,这样有助于采取切实有效的措施。

首先要考虑破洞对船舶水密分舱的影响和浸水舱室的实际渗透率,一舱制船舶在满载时如破洞只限一个货舱,船舶一般不致沉没,但如该舱实际渗透率大于所规定的渗透率则可能有沉没危险。当船舶空载或半载时,两个舱进水也不一定沉没;当船舶装载遇水膨胀的满舱货物时,则有可能因货物遇水膨胀而使船体胀裂,产生更大危险。

同时还应估计进水量及船舶的排水能力,水线下破洞的进水量可按下式计算。

$$Q = \mu F \sqrt{2gH} = 4.43\mu F \sqrt{H} \quad (\text{m}^3/\text{s})$$

式中:μ——流量系数,取 0.6~0.75,破洞面积大取大值;

F——破洞面积(m^2);

g——重力加速度,以 9.81 m/s^2 计;

H——破洞中心在水线下的深度(m)。

如果舱内水面超过破洞位置时,进水量为:

$$Q = 4.43\mu F \sqrt{H - h} \quad (\text{m}^3/\text{s})$$

式中:H——破洞中心在舱内水线下的深度(m)。

例如:在深 3 m 处,破洞面积为 0.2 m^2,进水量为:

$$Q = 4.43 \times 0.6 \times 0.2 \times 1.732 = 0.921 (\text{m}^3/\text{s})$$

若舱内水已浸至破洞中心上 2 m,则此时进水量为:

$$Q = 4.43 \times 0.6 \times 0.2 \times 1 = 0.532 (\text{m}^3/\text{s})$$

当舱内外水面相平时,即 $H = h$ 时,则船舶不再进水。

(2)排水量估算

船舶的排水能力是根据舱底排水管的内径来估算的。除本章第一节提到的舱底泵的排量 $q = 5.66d_1^2 \times 10^{-3} (\text{m}^3/\text{h})$($d_1$ 为舱底水总管内径;mm)用来估算排水量外,也可按下列近似公式估算:

$$q = (d/4)^2 \times 50 \quad (\text{t/h})$$

式中:q——泵系的排水量(t/h);

d——排水管的内径(in)。

分析船舶的抗沉能力,还要考虑船舶的稳性,必要时计算船舶破舱进水后的稳心高度。船舶进水后产生横倾,将严重影响稳性,必须尽可能采取保持平衡的措施。

(3)破口进水处的静水压力及动水压力的估算

破口进水处的静水压力和破洞面积及破口中心在水下的深度成正比。它可以由下列近似公式算出:

$$F_{\text{静}} = pS = \rho hS = 1.025hS \quad (\text{t})$$

式中:h——破洞在水线向下的深度(m);

ρ——破洞处水密度(t/m),取标准海水密度 1.025 g/cm^3;

S——破洞面积(m^2);

p——破口中心处的水压强(t/m^2);

$F_{\text{静}}$——破洞处静水压力(t)。

如 $F_{\text{静}}$ 最终以 $\text{kg} \cdot \text{f}$ 为单位,则 $F_{\text{静}} = 1\,025hS$,式中 h 的单位为 m,S 的单位为 m^2。如 $F_{\text{静}}$ 以牛顿计算,则 $F_{\text{静}} = 10\,055hS$(N)。

进水的动水压力,除了与破口截面积及破门处在水线下的深度有关外,还与破口处的相对水流流速的平方成正比($F_{\text{动}} = \rho Sv^2$,v 为破口处相对流速)。进水总压力为静水压力和动水压力之和。所以在进水后,应尽快停车,使船停下来,以减少进水动水压力,并转向,使破口处在下风,以减少波浪的作用。

例如一个 10 cm×10 cm 的破洞(面积为 100 cm²)在水下 1 m 时,其进水静水压力约为 100 N。一个人在堵漏时能克服 58.8~78.4 N 的压力,则一个人就难以把该破洞堵住。破洞再大些或在水线下更深时,可能就需要几个人的力量才能堵住。如该 10 cm×10 cm 的破洞在船舶正前方,且船舶以 10 kn 速度前进,则破口处的动水压力将达到 271.2 kN,如果船舶不停下来,则很难堵漏抢险。

5. 保持船体平衡的方法

(1)移载法

移载法是将水或油驳到损漏相反侧的舱柜以使船舶正浮,移载法不影响船舶的储备浮力,但要考虑重心是否提高而影响船舶的稳性。由于调驳的油、水有限,所以只能在要求调整吃水差不大的情况下采用这种方法。

(2)排出法

排出法是排出倾斜一舷的油、水以达到船舶平衡的方法。这种方法如排水能力较低时,则费时长而效果不大。排油、水时应先排上层舱和自由液面大的舱柜,使之既增加储备浮力,又能减小自由液面对稳性的影响。

(3)对称灌注法

对称灌注法是向损漏舱室对称的舱室灌注海水,以恢复船舶平衡。这种方法虽然效果快,但会损失储备浮力,对军舰、客船等水密舱室多的船舶比较合适,而货船用此法时要慎重。灌注时应先灌低的、小的舱柜,以减小自由液面和重心提高过多对船舶稳性的影响。

第三节　船舶管系

船舶管系是设置在船体内各种管系的总称。除油船的货油管系和船舶动力管系外,干货船管系按照其用途可分为舱底水管系、压载水管系、通风管系、消防管系、日用水管系、甲板排水管系和卫生排泄系统等。

一、舱底水管系(bilge piping)

(一)舱底水管系的作用

舱底水管系又称污水管系。主要用来排除因船舶舱口漏水、舱内货物和舱壁的湿气而冷凝的水、清洗船舱水、机器与管路的渗漏水、艉轴管及舵杆筒填料函的渗漏水等集聚于货舱污水沟(或污水井)及机舱底部而形成的污水(bilge water)。为了及时排除这些积水,以免湿损货物及影响机器的正常工作,每艘船都专门设有舱底水管系。此外,发生海损事故船舱进水时,舱底水管系还担负排水任务,以便争取时间堵漏。

(二)舱底水管系的组成

舱底水管系的组成如图 2-3-1 所示。

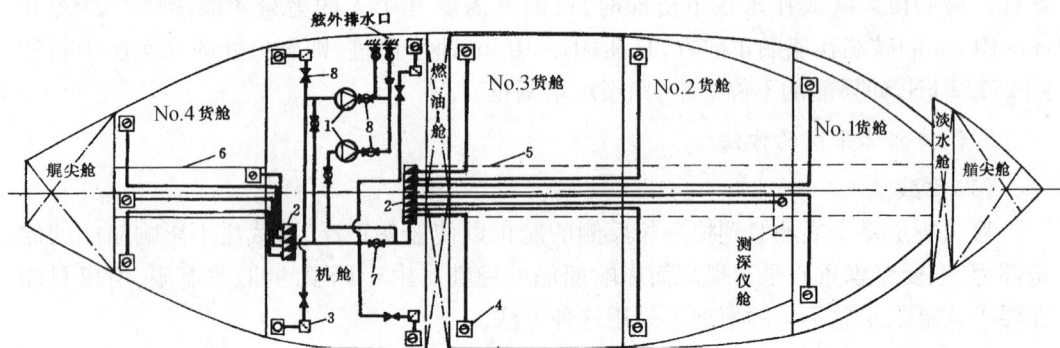

图 2-3-1　舱底水管系布置图
1—舱底水泵;2—阀箱;3—泥箱;4—吸口;5—管隧;6—轴隧;7—截止阀;8—截止止回阀

1. 舱底水泵(bilge pump)

每艘船舶至少应装置两台独立的动力舱底泵。动力舱底泵数量应符合表 2-3-1 的规定。独立动力的卫生泵、压载泵及通用泵,如果其排量足够且为自吸式泵或带自吸装置的泵并与舱底水管系有适当的连接时,均可作为独立动力舱底泵。所有动力舱底泵均应为自吸式泵或带自吸装置的泵。每一动力舱底泵应能使流经所需的舱底水总管的水流速度不少于 2 m/s。

每一舱底泵的排量 Q 应不小于按下式计算之值:

$$Q = 5.66d^2 \times 10^{-3} (\text{m}^3/\text{h})$$

式中:d——舱底水总管内径(mm)。

表 2-3-1　动力舱底泵数量

船舶种类		独立动力泵	主机带动或独立动力泵
客船	业务衡准数≥30	3 台	1 台
	业务衡准数<30	2 台	1 台
除客船外的船舶	船长<91.5 m	2 台	—
	船长≤91.5 m	1 台	1 台

2. 舱底水管(bilge pipe)

舱底水管分为舱底水总管和舱底水支管。舱底水总管的内径应不小于最大舱底水支管的内径,舱底水支管的内径一般应不小于 50 mm。轴隧舱底水支管内径一般应不小于 65 mm。舱底水总管一般布置在机舱的花铁板下,舱底水支管一般沿着船的两舷舭部布置,也可布置在轴隧或管隧内,但舱底水管应尽量避免通过双层底舱,并且要求在船舶正浮或向任何一舷倾斜小于 5°时,均能排干污水。为了防止舱底水管路间发生沟通,舱底泵或舱底水总管上舱底水吸入软管的接管、舱底泵与舱底水管的连接管、分配阀箱、直通舱底泵吸入管均装有截止止回阀。

3. 污水沟和污水井(side bilge & bilge well)

污水沟或污水井用来积聚舱内污水。污水沟位于舷部,由下倾式内底边板和舭列板围成。在采用其他类型内底边板的船底结构中,每舷设一个污水井,其容积应不小于0. 15 m³。

4. 吸口与过滤器(suction & filtrator)

每一污水沟或污水井内均设有一个吸口。由于船舶多处于尾倾状态,吸口均布置在各舱后部的最低处。为了防止杂物堵塞舱底水管,在吸口处设有网孔直径不大于10 mm 的过滤网箱,俗称黄蜂窝。滤网箱的通流面积应不小于该舱底水吸入管截面积的2 倍。

5. 泥箱与油水分离器(mud box & oil-water separator)

机器处所和轴隧内的每根舱底水支管及直通舱底泵吸管,轴隧等处舱底水总管和支管,均应设有泥箱(mud box),以免污泥被吸入泵中。此外,机舱舱底污水必须经过油水分离器(separator)处理,达到排放标准后方可排出舷外。

6. 测量管

各舱的污水沟或污水井内均设有一根直通至上甲板用来测量其水位的测量管(sounding pipe),又称测深管。该管的上口设有旋塞(faucet)或螺纹盖(thread cap),以防污物进入管内,下口位于水位最深处(吸口处),为避免测量尺下端的重锤(或棒)对船底板频繁撞击而损伤船底板,在下口处的船底板上焊有一圆形垫板,称防击板(striking plate)。

除舱底水管外,所有的液舱、隔离空舱及管隧等均设置有测量管,以便测量液位。测量管的内径不得小于32 mm。

舱底水管系的设置应遵守有关防止船舶造成污染方面的规定。

(三)舱底水管系的管理

舱底水管系的管理主要包括对舱底水管系中的各种设备的正确使用与维护;严格遵照 MARPOL 公约的要求进行排污等。一般船上的机舱舱底和轴隧的污水的吸排由轮机部负责,其他舱底的污水吸排由甲板部负责。

(1)按要求排放含油舱底水。经轮机长和驾驶员同意方可排放,并填写油类记录簿。

(2)注意检查舱底水管系各种设备的工作情况,如舱底水泵的吸排压力是否正常,排出压力过高则说明操作有误或排出管堵塞。

(3)定期检查污水井水位,并及时将污水排出。定期检查污水井水位报警装置。

(4)定期清洗各污水井和舱底水泵吸入口处的滤器、泥箱,疏通污水沟与污水井,船员切勿乱丢棉纱、破布和塑料制品等,以免造成管路堵塞。

(5)排放舱底水时应分区域排放,不宜同时打开全部舱底水的吸口,以免造成泄漏,使排放速度降低。

二、压载水管系(ballast piping)

(一)压载水管系的作用

压载水管系用于将压载水打入压载舱内或排出舷外,必要时将某压载舱内的水调拨到另一压载舱内,以调整船舶的纵倾、横倾、吃水差和稳性,以改善船舶的航海性能。特殊船舶(如破冰船)可利用压载水管系实施破冰作业,半潜及潜水船可利用其实现沉、浮作业。

(二)压载水管系的组成

压载水管系的组成如图 2-3-2 所示。

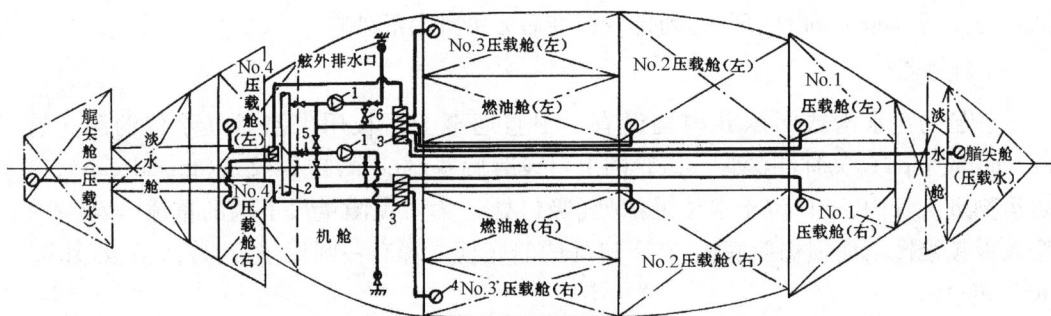

图 2-3-2　压载水管系布置图
1—压载水泵;2—压载总管;3—调拨阀箱;4—吸口;5—闸阀;6—截止阀

1. 压载舱与吸口(ballast tank & suction)

现代船舶都在双层底舱内设有专用压载舱,在其后端设有吸口。当压载舱长度超过 35 m 时,还在其前端设置吸口,以保证能在正常营运条件下注入或排出压载水。一般船舶的双层底舱,艏、艉尖舱,上、下边舱,深舱均可作为压载水舱。

2. 压载水管(ballast pipe)

压载水管用于输送压载水。在机舱前的各压载舱的压载水管布置在双层底内或箱形中桁材(管隧)内。机舱内的压载水管布置在内底板上。机舱以后的压载水管一般布置在轴隧里。当压载水管不可避免地要穿过油舱或淡水舱时,都设有管隧将其隔离。

压载水管上还设有许多阀门。由于注入或排出压载水均通过同一根水管,故只能设截止阀而不能用止回阀。在每一吸口旁的压载水管上均设有截止阀。通海阀一般位于机舱底部或艉部,也采用截止阀。排往舷外的排水阀应为单向阀,以防海水倒灌。此外,在压载水管通过防撞舱壁处还应设有截止阀,并在舱壁甲板上就可以操纵。

3. 调驳阀箱(transfer valve easing)

调驳阀箱设在机舱内,用于连接各压载支管和压载总管,也便于集中控制。调驳阀箱用来控制将舷外海水通过海底阀(sea suction valve)注入所需的压载舱,或将压载舱内的压载水排出舷外,以及实现在各压载水舱之间的调驳。

4. 空气管和测深管(air pipe & sounding pipe)

按规范规定,除污水沟(井)外,所有的液舱(水舱、油舱)均应装设空气管(air pipe),以便液舱在注入或排出液体时,空气能自由地被排出或进入液舱。

空气管的下口应置于各液舱前部最高处的顶板上,如双层底舱空气管的下口应置于各舱前部角落的内底板上,上口应升高至舱壁甲板以上。一般空气管的上口做成180°的弯头,有的还设有关闭盖或浮球式开关,以防污物和海水进入管内。图2-3-3所示为空气管示意图。

图 2-3-3　空气管示意图

空气管上口一般应升高至干舷甲板以上的露天地点(如上甲板、上层建筑甲板等,其中在干舷甲板上离甲板的高度应不小于760 mm,在上层建筑甲板上的高度应不小于450 mm),若无法实现(如客船),则可将贮存同类液体的各舱柜空气管引至舱壁甲板以上后,与空气总管连接,并将该总管引至露天甲板以上,但空气总管的布置一般要有5°左右的斜度,以免管内积存液体。

空气管的内径不得小于50 mm(轴隧与管隧的空气管内径不小于75 mm,油船空气管内径不小于100 mm),且不得兼作测量管。

各压载舱均设有测量管,其设置要求同舱底水管系。在机舱和轴隧处的测量管上口可升至花钢板(diamond plate)以上,并在管口设置自动关闭阀(automatic closing valve),以免油、水从测量管溢出。

(三)压载水管系的管理

一般船舶压载水管系的日常操作是按甲板部的要求进行的。自动化程度高的船舶大多是由甲板部直接进行压载水管系的日常操作,这种船舶设有专门的船舶压载水控制室,其内安装各舱液位检测装置、泵的控制装置和各种控制阀的遥控设备。压载水管系中的各种设备均由轮机部负责日常维护管理。

含油压载水的排放应符合有关防污法规的要求。

三、通风管系(ventilation system)

(一)通风管系的作用

通风管系

为了防止货物变质或自燃以及改善船员和旅客的生活、工作条件,船上设有舱室通风管系。它能排除舱内浊气,补充新鲜空气,有的还能调节舱内温度和湿度。

(二)通风方式

船上常见的通风方法有自然通风、机械通风和空调系统等。

1.自然通风(natural ventilation)

自然通风是利用空气流动时通风筒内外压力差而使舱室达到通风换气的目的。通风筒上口设有通风帽,又称风斗,常用的有烟斗式通风筒(cowl-head ventilator)、排风筒(uptake ventilator)、鹅颈通风筒(gooseneck ventilator)和菌形通风筒(mushroom ventilator),如图2-3-4所示。烟斗式通风筒多用于小型船舶货舱和机舱通风。风斗套在管座上,上面设有把手可以转动风斗。排风筒多用于小型船舶靠近两舷的舱室。鹅颈通风筒用于水柜或油柜上,上口设有滤网。菌形通风筒设在桅顶,用于货舱通风。用于厨房和住舱通风的,应装有可调节螺杆,在室内旋转调节手轮即可调节开口的大小。

菌形通风筒

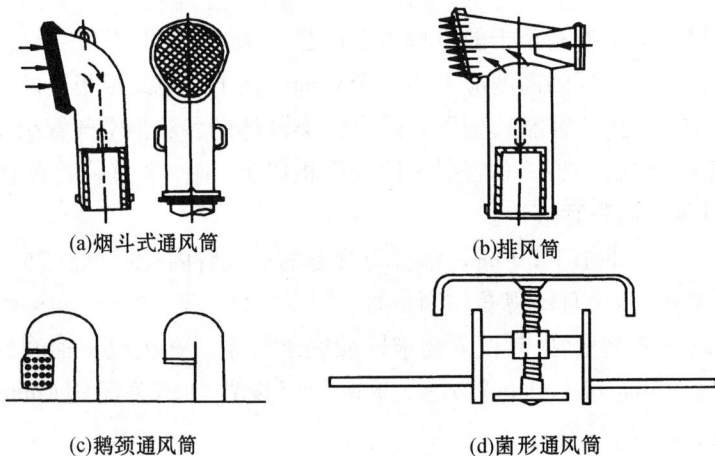

(a)烟斗式通风筒   (b)排风筒

(c)鹅颈通风筒   (d)菌形通风筒

图2-3-4 自然通风筒

2.机械通风(ventilator of machinery)

机械通风是用通风机把新鲜空气鼓入舱内或把舱内空气抽出,以达到通风换气的目的。图2-3-5所示是机械通风管路布置情况。有的船在通风机上加设除湿机或除湿剂,使进入货舱的空气得以干燥。

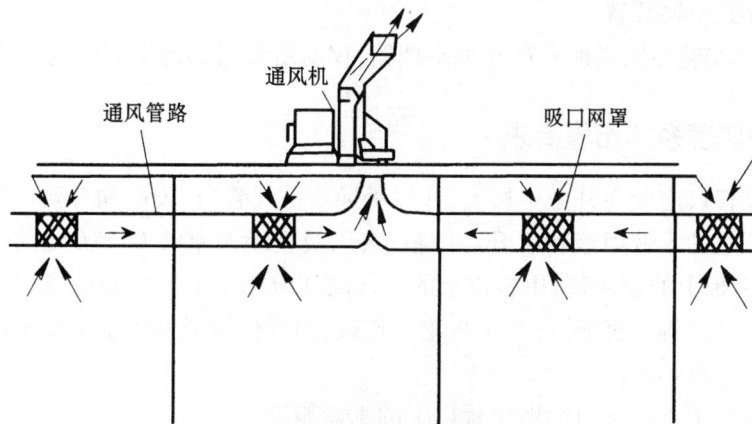

(a)机械通风管路布置图

(b)实船机械通风装置

图 2-3-5　机械通风管路

3. 空调系统(air conditioning system)

空调系统是对外界空气进行过滤、加热(或冷却)和加湿(或去湿),并把处理后的空气送至各舱室。其作用是调节舱室内的温度和湿度,制造人工小气候,并最终改善船员和旅客的生活居住条件。

船用空调系统一般有下述三种设置形式:

(1)中央集中式空调装置

中央集中式是在船上设置一个中央空调器,由其集中处理空气,然后利用通风管路将处理过的空气送至各舱室以达调节舱内温度和湿度的目的。这种形式多见于货船。

(2)分组集中式空调装置

分组集中式是在船上设置几个中央空调器,分别负担部分舱室,这种形式多见于客船。

（3）独立式空调装置

独立式是安装在所需舱室的小型空调器，仅对所设置的舱室起空气调节作用。

（三）通风管系的布置要求

（1）通风管口应设在开敞甲板上，并尽量远离排气管口、天窗和升降口等处。

（2）在开敞的干舷甲板和后升高甲板上，以及在距艏垂线 0.25L 以前（后）的开敞的上层建筑甲板上的通风筒，甲板以上的围板高度应不小于 900 mm（或 760 mm）。

（3）通风筒结构应坚固，并与甲板牢固连接，当任何通风筒的围板高度超过 900 mm 时，必须有专门的支撑。

（4）通风管道不得穿过舱壁甲板以下的水密舱壁。

（5）主要进风口和出风口应能在被通风处所的外部加以关闭。

（6）必要时通风筒口应设风雨密装置。

（四）通风管系使用注意事项

（1）视天气情况而选择正确的通风方式，比如雾天就不应进行循环通风或机械通风。

（2）台风或暴风雨袭来前要关闭通风，必要时拔掉风斗，加盖板和帆布罩，以保证水密。

（3）发生火灾时要关闭通风装置，以控制火势。

四、其他管系

（一）消防管系

消防管系（fire extinguishing system）是指船舶按规范规定设置的各种固定式灭火系统（fixed fire extinguishing system）。船上常用的固定式灭火系统有：水灭火系统（water fire extinguishing system）、气体灭火系统（gas fire extinguishing system）、泡沫灭火系统（foam fire extinguishing system）、水雾灭火系统（water fog fire extinguishing system）、自动喷水系统（automatic sprinkling fire extinguishing system）及惰性气体保护系统（inert gas system）等，有关规范对上述灭火系统均做了非常严格和明确的规定，在此不再展开。

在上述各灭火系统中，水灭火系统的甲板管系除主要用于灭火外，平时还可用于冲洗甲板，起锚时用于冲洗锚和锚链，还可与手提式泡沫枪装置配套使用。

（二）日用水管系

日用水管系（domestic water supply system）用于船舶正常营运和船员生活用水。主要有日用淡水系统（domestic fresh water system）、日用热水系统（domestic warm water system)及饮用水系统(potable water system)等。一般有下列三种供水法：

(1)重力水柜(gravity tank)；

(2)压力水柜(pressure tank)；

(3)循环泵(circulating pump)。

(三)甲板排水管系

1. 作用与组成

甲板排水管系(deck scupper system)是用于排除甲板或地板积水的系统。主要由甲板排水器(deck scupper)和排水管(deck scupper pipe)组成。

甲板排水管系

2. 应满足的要求

(1)为防止污物进入排水口而堵塞排水管,在排水口处设有多孔的盖板。

(2)为防止海水倒灌,在所有开口排至舷外的排水管下口处设有止回装置,即起源于非封闭处所的任何水平面上的泄水孔和排水管,不论是在干舷以下大于450 mm处或在夏季载重水线以上小于600 mm处穿过外板,均应在外板处设置止回阀。

(3)排水孔应避免开在救生艇及舷梯的吊放区域内,否则必须设置挡水罩或其他有效装置。

(4)非封闭的上层建筑和甲板室的排水管和泄水管应引至舷外。

(5)穿过外板的排水管和泄水管管壁必须加厚。

(四)卫生排泄系统

卫生排泄系统(sanitary water system)是船上冲洗卫生设备的系统。为防止造成海洋污染,该系统产生的污水必须先经粪便处理系统处理后,方可排放入海。

五、油船货油管系

油船除具有普通货船管系外,还设置有货油装卸系统、货油舱扫舱系统、货油舱透气系统、惰气系统、洗舱系统、专用压载水系统、蒸发气收集系统、甲板泡沫消防系统、甲板洒水系统、液位遥测系统、阀门遥测系统等。本节简要介绍货油装卸系统和货油舱扫舱系统。

(一)货油装卸系统

一般油船的装卸系统按布置位置可分为货油舱内管系、油泵舱管系及货油甲板管系三部分。

1. 货油舱内管系

舱内管系的布置可分为线形总管式和环形总管式两类。环形总管式又分单环式、双环式和多环式。线形总管式原则上每一货油泵设置一根总管,按装油配置要求从各总管引出支管至相应油舱。线形总管式管系布置简单、操作方便、隔离可靠和混油可能性小,但装载油种的机动性低,适用于运输油种固定、运量固定、航线固定的中小型油船。环形总管式是将两根线形总管相接,配以相应阀门即成单环式总管,对具有三台货油泵的船舶可形成两个或多个环形总管。环形总管式布置机动性好,但设置较多的隔离阀,操作管理较为复杂。

2. 舱内管系设计及安装要求

(1)各总管在第一个油舱内必须设有膨胀接头或弯头,以补充管子的热胀应力,如用膨胀接头则应为伸缩型膨胀接头。

(2)应防止混油现象的发生,对装载两种或两种以上油品的油船,在环形总管的连接处以及总管与吸口之间均设置两道阀隔离。

(3)除不足 600 DWT 的油船外,货油舱均设双层底,为此吸油口可布置在油舱的底面以上或设置在吸油井内,吸油口应布置在船舶卸油状态时的最低点,距舱底应不超过100 mm。

(4)如货油舱为直接注油型设计,注入管应伸入舱内,其开口应使货油沿舱壁流下并尽可能接近舱底,以减少产生静电的可能。

(5)当考虑通过吸入管装注货油时,应设有旁通管,绕过货油泵将吸入管与甲板输出管连通。

3. 油泵舱管系

油船一般均在机舱前部设有油泵舱,为货油舱服务的大部分设备均安装在泵舱内,主要有货油泵、专用压载泵、扫舱泵、洗舱加热器等。

泵舱内管系的设计应满足下列要求:

(1)各货油泵吸入管接自舱内管系的各总管,各总管接入泵舱后必须设置防火型隔离阀。

(2)如果货油舱内采用环形总管,则各货油泵之间不必连通;如果货油舱内采用线形总管,则各货油泵的吸入管应相互连通,以便任一台泵发生故障时可以由其他泵代替工作。

(3)各货油泵的吸入端应装有气体分离器,以去除货油中的空气,防止油泵的损坏。对于原油船,还应装有过滤器,但对于成品油船或其他装载干净油种的油船可以不设过滤器。

(4)如某一货油舱需作为油船的应急风暴压载舱,则货油泵应能经海底阀吸入海水压至该舱,并能从该舱抽出污压载水,按防污染要求直接排至舷外、污油水舱或岸上接受设备。

(5)离心式货油泵的排出端应设排量调节阀和止回阀,用于调节货油泵的排量及压力和防止各货油泵出口因连通而发生混油。

(6)每台货油泵均由一根独立排出管引出泵舱与上甲板货油管系接通。

(7)用货油泵进行原油洗舱的原油船,洗舱原油供给管可接在货油泵出口排量调节阀之后,以便调节洗舱油压。

4.货油甲板管系

货油甲板管系接自货油泵的排出管,由纵向总管、横向总管及装卸油站等组成。

(1)纵向总管

纵向总管自货油泵的排出管引出,至船中部与横向总管相接。在纵向管路上每隔15～30 m应设置一只膨胀接头,各管段的法兰连接处应用导体进行电气连接,并最终接地,防止由摩擦或静电产生火花而发生火灾。

(2)横向总管

横向总管由纵向总管引向两舷的装卸油站。每一个横向总管上还设有与货油舱总管连通的支管,以便货油可直接通过货油舱内的货油总管注入各货油舱,为方便货油的装卸,各横向总管之间还相互连通,连通管上应装设双道隔离阀。

(3)装卸油站

装卸油站设于横向总管的两舷,用于货油的装卸、燃油和柴油注入及蒸发气收集系统的接岸。总管末端下方设有集油槽,货油装卸管位于装卸油站的中间,两边为燃油和柴油的注入管,最外挡的是两根蒸发气接岸总管。

(二)货油舱扫舱系统

在油船上,货油装卸管路吸油口的口径较大,不大可能完全贴近舱底,因此卸油时油位低到一定程度后油类不能及时地从各处流至吸油口附近,流体就会产生旋涡,使空气通过吸油口进入管内,从而影响泵的排量,甚至吸不上货油。因此,当油位低于一定高度时,必须利用扫舱系统继续完成吸油工作。

1.货油舱扫舱系统的作用

(1)抽吸货油舱内的残油,使留舱残油尽可能少;

(2)抽吸货油管内及货油泵等设备内的残油;

(3)在洗舱时,舱内的水可用扫舱系统排出。

2.扫舱系统的形式

(1)自动扫舱系统

自动扫舱系统适用于采用离心泵作为货油泵的大中型油船,主要用于抽吸货油舱内的残油,使留舱残油达到最少。由于这种系统仍然利用货油泵进行扫舱,一般仍然需设置一台小排量扫舱泵以抽货油泵中的剩余货油。

自动扫舱系统主要有真空式自动扫舱系统、喷射式自动扫舱系统及再循环式自动扫舱系统三种形式,目前应用最多的是真空式自动扫舱系统。

(2)独立式扫舱系统

独立式扫舱系统仅利用扫舱泵进行,设置独立的扫舱总管,一般适用于中小型油船。

3. 扫舱管路

（1）扫舱支管

对于大中型油船，因设置自动扫舱系统，为简化货油管系，一般不设专用扫舱管路，而以货油吸入管兼作扫舱总管。每个货油舱内装设管径较小的扫舱支管和吸口，接至货油总管。卸油时，当舱内油位下降至接近主吸油口时，关闭主吸油阀并开启扫舱吸油阀，同时用扫舱泵进行扫舱卸油。

（2）独立扫舱管路

独立扫舱管路的扫舱总管和货油总管并敷设，各货油舱都有扫舱支管和扫舱总管相连，扫舱总管和扫舱泵相连，此种设置大中型油船很少使用。

（3）扫舱吸口

扫舱吸口的位置应低于货油主吸口，并尽可能接近货舱底部。如货油舱内设有吸油井，则扫舱吸口应尽量布置在吸油井内。

4. 扫舱泵

扫舱泵一般应采用自吸性能好的蒸汽往复泵或电动螺杆泵。其作用是抽出货油泵内的残油、货油总管的污油、污油水舱的污油、货油泵总管内的油、货油设备的泄放油及泵舱舱底水和海水等。

思考与练习

1. 船体结构形式的种类及各自的结构特点有哪些？
2. 船体主要结构图的用途及种类有哪些？
3. 总布置图由哪几部分组成？其作用是什么？
4. 船壳外板的编号方法是如何规定的？
5. 双层底结构的作用及其主要组成部分有哪些？
6. 肋骨的编号方法是如何规定的？
7. 舷边的连接方法有哪几种？各有何优缺点？
8. 舱口围板有何作用？
9. 何谓梁拱与舷弧？各有何作用？
10. 舱壁按用途可分为哪几种？
11. 何谓总纵强度？保证船体总纵强度的构件主要有哪些？
12. 何谓横向强度？保证船体横向强度的构件主要有哪些？
13. 船舶防火分隔的等级及相应的要求有哪些？
14. 简述双层壳油船货油舱的特殊布置特点。
15. 简述矿砂船的特殊结构特点。
16. 干货船管系按用途可分为哪些种类？
17. 舱底水管系的作用及组成包括哪些？

18. 压载管系的作用及组成包括哪些？

19. 通风管系的作用是什么？船上常见的通风系统有哪几种？

20. 常用通风筒的种类有哪几种？各有何特点？

第三章

锚设备

锚设备是甲板设备之一,主要作用有船舶系泊、船舶靠离码头时辅助操纵、狭水道航行和紧急避碰时刹减船速、搁浅后辅助脱浅等。

第一节　锚设备的组成

一、锚设备的组成

锚设备由锚、锚链、起锚机械以及锚链附属设备组成,如图 3-1-1 所示。

(一)锚(anchor)

锚是锚设备中产生抓驻力的重要设备。

(二)锚链(chain)

锚链主要用来连接锚和船体,传递锚产生的抓驻力。锚泊时,在出链长度适当时,卧底与悬垂部分的锚链也能产生一定的系留力。

(三)锚链筒(hawse pipe)

锚链筒是锚链进出以及收藏锚干的孔道,由甲板链孔、舷边链孔和筒体三部分组成。筒体内设有冲水装置,用于在起锚时冲洗锚和锚链。在甲板链孔处设有防浪盖,以防止海水从锚链筒涌上甲板,保证工作人员安全。有的船在甲板链孔处设有导链滚轮,以减轻锚链与甲板链孔的摩擦。锚链筒直径约为链径的 10 倍左右,其上下口一般均设有锚唇,分别称为上锚唇、下锚唇(用钢板或铸钢制成的锚唇外缘的圆弧半径一般应不小于锚链直径的 12 倍),其作用是减少锚链与上下口的磨损。图 3-1-2 所示为实船锚

锚设备的组成

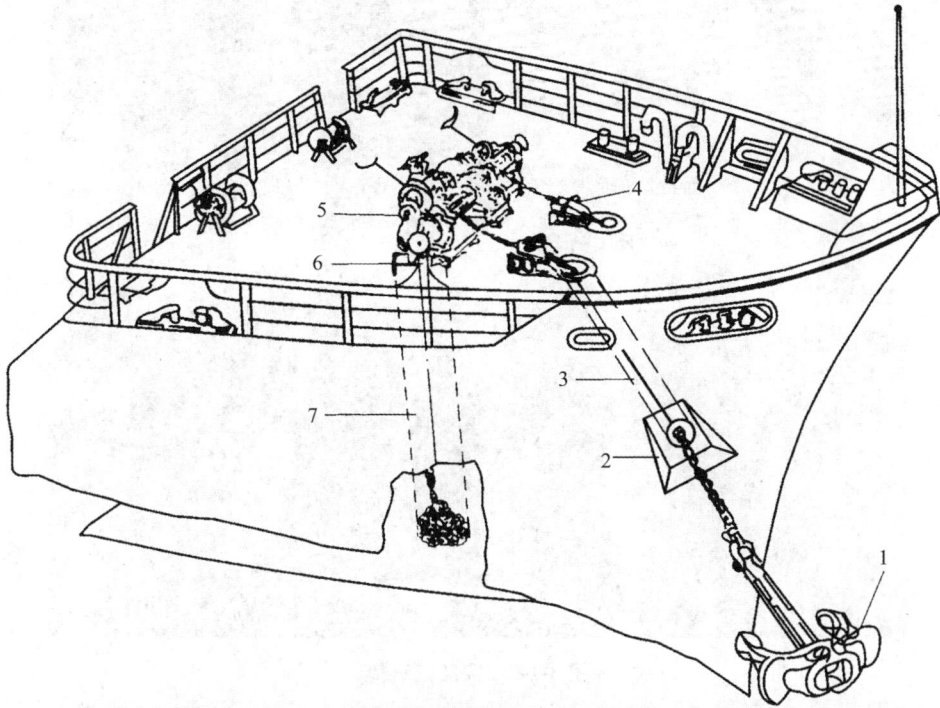

(a)锚设备布置图

(b)实船锚设备布置图

图 3-1-1 锚设备布置图

1—锚;2—锚链孔;3—锚链筒;4—制链器;5—起锚机;6—锚链管;7—锚链舱

链筒。

为了减少由锚引起的水和空气阻力,以及锚爪击水引起的水花飞溅,一些低干舷船

图 3-1-2　实船锚链筒

或快速船在舷边链孔处做成能收藏锚冠及锚爪的锚穴,其形状有方形、圆形、伞型等。图 3-1-3(a)所示为实船锚穴。

有些船舶为了避免锚爪对舷边的损坏,采取突出式舷边链孔的形式,其主要形式有伞形和圆柱形。图 3-1-3(b)所示为实船突出式舷边链孔。

(a)　　　　　　　　　　　　　　　　　　　　(b)

图 3-1-3　实船锚穴及实船突出式舷边链孔

锚链筒应能满足收锚时使锚爪紧贴船壳,锚干连同转环一起留在锚链筒内。抛锚时使锚干易于脱出锚链筒。此外,锚链筒的下口应离满载水线有一定距离,以减少航行时船首波浪冲击锚体。锚链筒的位置距船舶中线有适当距离,以免起锚时锚爪卡在艏柱上。

（四）制链器（chain stopper）

制链器用于夹住锚链,在锚泊时,承受锚链张力以保护锚机。航行时承受锚的重力和惯性力,防止锚链滑出。制链器设置在锚机和锚链筒之间,三者保持在一条直线上,常用的有以下几种,如图 3-1-4 所示。

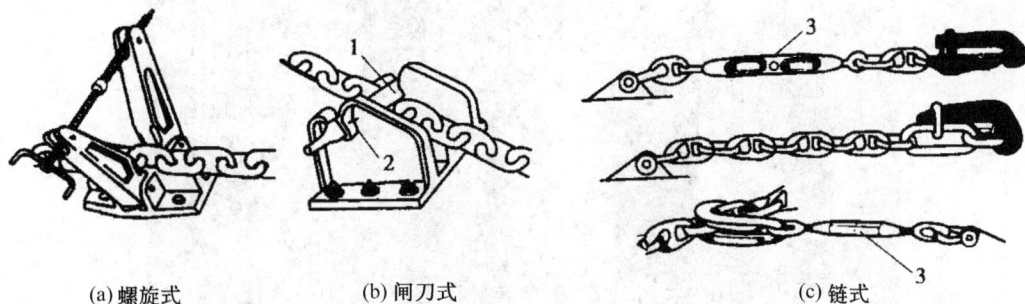

(a) 螺旋式　　　　　　　(b) 闸刀式　　　　　　　(c) 链式

图 3-1-4　制链器
1—闸刀;2—保险销;3—松紧螺丝扣

1. 螺旋制链器

螺旋制链器由两块夹板和一个带摇柄的有正倒螺纹的螺杆组成。当转动摇柄使两夹板夹紧时,可将锚链夹住;反之松开夹板,锚链即可自由进出。其松紧动作较慢,但操作方便,工作可靠,广泛用于中、小型船舶。

2. 闸刀式制链器

如图 3-1-5 所示为实船闸刀式制链器,主要由基座、闸刀和保险销组成。其结构简单,操作迅速,但当其尺寸大时显得笨重,一般只在大、中型船上普遍使用。

3. 链式制链器

链式制链器由一个链钩、一个伸缩螺丝和一段短链组成。它用卸扣固定在甲板上,使用时,将链钩钩在一水平的链环上,然后收紧伸缩螺丝,即可拉紧锚链。它常与螺旋制链器配套使用,作为螺旋制链器的辅助设备。

（五）锚机（windlass）

锚机是抛锚、起锚的机械,也可作船舶绞缆用。

（六）锚链管（chain pipe）

锚链管是锚链进出锚链舱的通道,位于锚机链轮下方,正对锚链舱的中央,其直径约为锚链环直径的 7~8 倍,其甲板管口设有防水盖,在开航后应关闭,以防海水由此进入锚链舱。图 3-1-6 所示为实船锚链管。

图 3-1-5　实船闸刀式制链器

图 3-1-6　实船锚链管

（七）锚链舱（chain locker）

锚链舱是用以存放锚链的舱室。一般设在防撞舱壁之前,锚机下面,艏尖舱的后面上部,其形状为圆形或方形,圆形锚链舱直径约为链径30倍时,可自动盘放而不必人工排链。锚链舱内设有污水井和排水管,锚链舱外设有手摇泵用以排除积水,防止锚链锈蚀。舱壁上设有人孔和壁梯供人员进出锚链舱。

(八)弃链器(chain gear)

弃链器是在紧急情况下使锚链末端迅速与船体脱开的专用装置,一般设在人员易于到达的地方或锚链舱舱壁上,通过锚链末端链环与弃链装置相连。弃链器应能保证在紧急情况下能迅速可靠地脱开锚链。常见的有横闩式弃链器和螺旋式弃链器等。

1. 横闩式弃链器(dog type cable clench)

其结构简单,使用方便,在紧急情况下只要敲出横闩即能松脱末端链环。其分为甲板弃链器和锚链舱弃链器两种。图 3-1-7(a)所示为甲板弃链器。在甲板上的弃链器通常外罩一个水密盖,既可实现水密,又能防止不慎触碰而松脱。

2. 螺旋弃链器(screw type cable releaser)

其结构较复杂,利用螺杆的伸缩使脱钩松开或夹住,但使用安全可靠,即使在锚链绷紧时也易松脱,缺点是开启动作较缓慢。图 3-1-7(b)所示为装设于锚链舱舱壁上弃链器。图 3-1-8 所示为实船弃链器。

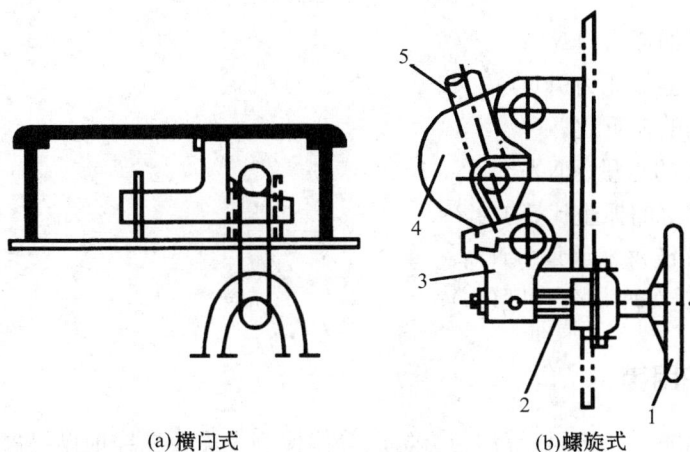

(a)横闩式   (b)螺旋式

图 3-1-7 弃链器

1—操纵手轮;2—螺杆;3—制动器;4—脱钩;5—锚链舱舱壁

二、锚设备的作用

(一)锚设备的系船力

船舶抛锚后,在外力作用下,拖着锚和锚链移动,最后使锚爪逐渐抓底,当锚牢固抓住海底时,锚和锚链的抓驻力与作用于船体上的外力和船舶移动的惯性力达到平衡,船便被系留在该处。

因此,锚设备的系船力等于锚及锚链的抓驻力之和,可用下式表示:

$$F = F_a + F_c = \lambda_a W_a + \lambda_c W_c \cdot L$$

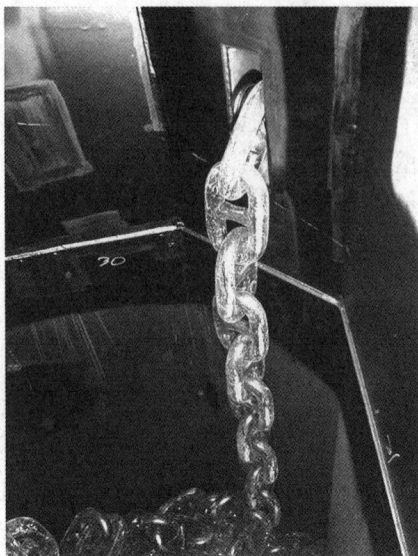

图 3-1-8　实船弃链器

式中：F_a——锚的抓力（kN）；

　　　F_c——锚链的抓力（kN）；

　　　λ_a——锚的抓重比；

　　　W_a——锚的重量（kN）；

　　　λ_c——锚链的抓重比，约为 2；

　　　W_c——锚链每米重量（kN）；

　　　L——锚链卧底部分长度（m）。

（二）系泊用锚

　　船舶在装卸货物、避风、等泊位、候潮、等待检疫等需要在锚地抛锚停泊。船舶锚泊时，在锚抓牢后，松出适当长度锚链，锚以及锚链产生的抓驻力能抵抗船舶所受的水流、风力和波浪对船舶的作用力。根据泊地的自然条件，可使用单锚泊和双锚泊两种锚泊形式。

1. 单锚泊

　　在开敞锚地，能供船舶有足够的旋回水域，风流不大时则可抛一个锚停泊，松链的长度根据水深、底质、风流大小及停泊时间长短而定。一般情况下松链长度在 3~4 倍水深以上。

2. 双锚泊

　　双锚泊有一点锚、八字锚、串联锚和一字锚等形式。

　　（1）一点锚：也称平行锚，在大风浪天气下或抗台时较为常用的方法。遇到风向不断变化的大风时，采用一点锚法较有效。操作时，同时抛下船首双锚，用两锚的联合抓力抵抗作用在船体上的风流等外力，抗台效果较好，也不易产生锚链绞缠现象。

（2）八字锚:在风浪较大、水流湍急,底质较差的锚地,抛下双锚可以增加锚的抓力。八字锚要求在风流作用下,船应在两锚的中心线上,使两锚受力均匀,八字伸开,两锚夹角一般取 30°～60°。

（3）串联锚:在风流较大又不适宜抛八字锚时,可以使用串联锚以增加锚的抓力。抛锚前先用一短钢丝绳将一只小锚系结在艏锚锚冠处,抛锚时先抛出小锚,然后再抛艏锚。但其操作较繁,因而较少使用。

（4）一字锚:在锚地狭窄的港湾或河道,受潮汐影响且船舶旋回受到限制时,可抛一字锚。它要求双锚位置处在一直线上,以船首为中心,船长为半径,来限制船舶的旋回水域。一字锚有一个锚受力,称为"力锚";另一锚不受力,称为"惰锚"。

（三）辅助船舶操纵用锚

辅助船舶操纵用锚主要有拖锚制动、拖锚靠泊、拖锚掉头、拖锚倒行以及抛开锚等。在狭水道航行时,用抛锚帮助掉头或转向;在靠离泊时或紧急避让时用拖锚来控制船首向、控制船身或刹减船速。操纵用锚一般出链不长,主要起阻滞作用,不要求锚完全抓牢。

（四）应急用锚

在狭水道等通航密度较大的水域航行时,为紧急避让,可以拖(双)锚刹减船速,以避免碰撞或减小碰撞损失。如果船舶搁浅,可沿脱浅方向运锚抛下,绞收锚链以协助出浅。在船舶遇到大风浪,顶风滞航时,可以用抛锚并出链适当长度来增加船舶漂移阻力并有利于控制船首向,以辅助船舶抵抗大风浪。

第二节 锚的种类与结构

一、锚的种类与特点

锚的种类较多,性能各异,一般可按有无横杆、锚爪能否转动和抓重比(锚的抓力与锚重之比,又称抓力系数)进行分类等。

（一）有杆锚(stocked anchor)

有杆锚也称海军锚,如图 3-2-1 所示。有杆锚的锚干和锚爪为一浇铸整体,锚爪固定不会转动,锚爪折角约为 35°。在锚干上有一活动横杆。抛锚时,锚杆与锚干处于垂直状态,使一爪入土,另一爪向上翘出,横杆促使锚爪顺利抓入土,锚爪入土后横杆起稳定锚的姿态的作用。

该锚结构简单,抓重比大,一般为4~8,最大可达12,抓底稳定性较好。但其操作不便,上翘锚爪在船舶旋回时容易缠住锚链,在浅水锚地可能刮坏过往船只的船底;抛起锚作业和收藏不方便,故不宜作商船首锚(bow anchor),多用作尾锚(stern anchor)或备锚,一般多用于小船、帆船和渔船。

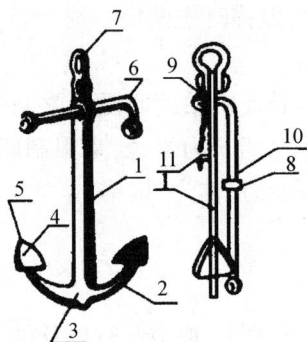

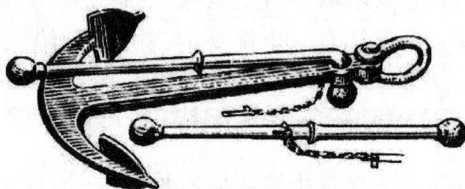

(a)有杆锚结构　　　　　　　　(b)有杆锚示意图

图 3-2-1　有杆锚

1—锚干;2 锚臂;3—锚冠;4—锚爪;5—锚爪尖;6—横杆;7—锚卸扣;8—横杆档环;9—垫圈;10—销孔;11—固定销

(二)无杆锚(stockless anchor)

无杆锚又称山字锚或转爪锚。其锚干与锚爪是分离的,没有横杆,锚爪和锚冠可绕穿过锚干下端孔的轴销转动,锚爪的折角约为45°,锚冠两侧的突出部分称助抓突角,用于在锚链拉力作用下使锚爪转动而啮入土中。使两爪同时入土,抓重比为2~4,最大不超过8。无杆锚结构简单,抛起锚作业和收藏方便,故适宜用作首锚,但其抓力较小,船舶偏荡时,锚爪易将泥土耙松而引起走锚,便可以通过增多锚重来增加抓力,常见的有霍尔锚、斯贝克锚和尾翼式锚等。

1. 霍尔锚

霍尔锚是无杆锚的一种,如图 3-2-2 所示。

2. 斯贝克锚

斯贝克锚是霍尔锚的改良型,如图 3-2-3 所示。收锚时其锚爪自然向上,并且一接触船壳即翻转,不会损伤船壳板。目前商船上普遍使用的无杆锚多为霍尔锚与斯贝克锚。

3. 尾翼式锚

尾翼式锚是我国研制的新型无杆锚,如图 3-2-4 所示。其特点是锚头重心低,助抓突角宽厚,入土阻力小,性能和稳定性好,抗浪击,容易冲洗干净。其各方面性能均优于霍尔锚和斯贝克锚,已在船广泛应用。

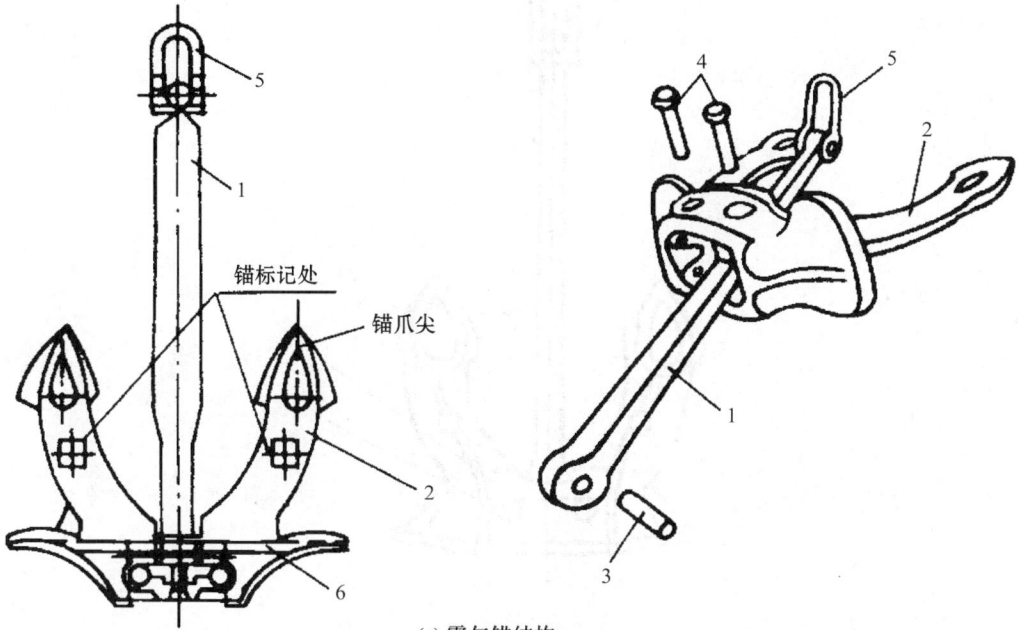

(a) 霍尔锚结构

锚标记处

锚爪尖

(b) 实船霍尔锚

图 3-2-2　霍尔锚

1—锚干;2—锚爪;3—销轴;4—横销;5—锚卸扣;6—助抓突角

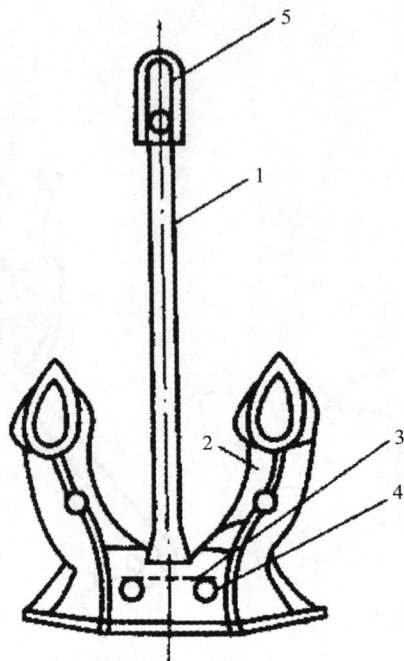

图 3-2-3　斯贝克锚结构

1—锚干;2—锚爪;3—销轴;4—横销;5—锚卸扣

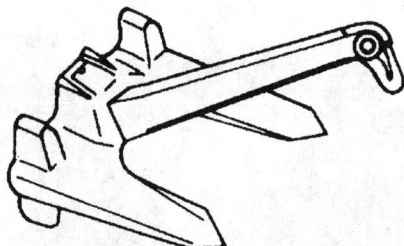

图 3-2-4　尾翼式锚结构

(三)大抓力锚

大抓力锚分有杆大抓力锚与无杆大抓力锚两种。其特点是锚爪宽且长、啮土深、稳定性好、抓重比大。有杆大抓力锚为转爪锚,锚头处设有稳定杆,以保证锚抓底的稳定性,该锚一般用于较松软底质,但收藏不便,较适宜于工程作业船和小船。无杆大抓力锚由无杆锚发展而来,改良了无杆锚的助抓突角和锚爪。用大抓力锚作首锚时,锚重量大多可以取相应普通锚重的 75%,常见的有丹福斯锚、史蒂文锚、AC-14 型锚和波尔锚等。

1. 有杆大抓力锚(stocked high holding power anchor)

(1)丹福斯锚(也称燕尾锚),其结构如图 3-2-5 所示,锚爪可前后转动各约 30°,抓重比一般大于 10,多用于工程船舶。

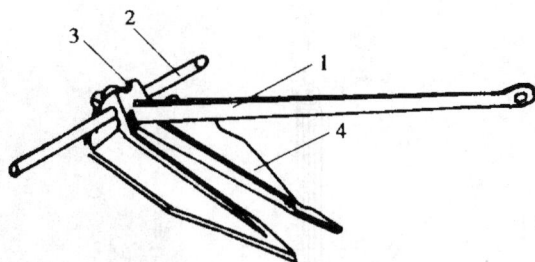

图 3-2-5　丹福斯锚结构

1—锚干；2—锚杆；3—锚冠；4—锚爪

（2）史蒂文锚，其结构如图 3-2-6 所示，是荷兰研制出的锚型，锚爪短而面积大，可由装在锚杆上的可移动楔块调节锚爪的最大转角，以适应多种底质，其抓重比可达 17~34，目前大量用作石油平台的定位锚。

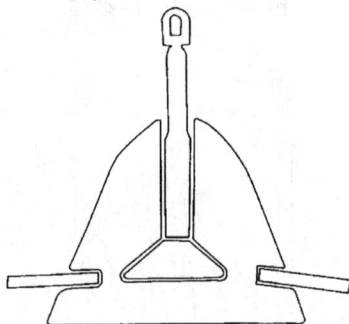

图 3-2-6　史蒂文锚结构

2. 无杆大抓力锚（stockless high holding power anchor）

（1）AC-14 型锚

如图 3-2-7 所示，是 20 世纪 50 年代英国海军部研制的锚型，它有极厚实且宽大的稳定鳍，稳定性好，啮土迅速，对各种底质的适应性强，抓重比高达 12~14，常用于超大型船或水线以上面积较大的滚装船上作首锚。

（2）波尔锚

如图 3-2-8 所示，由荷兰研制的锚型，其锚爪平滑而锋利，适应各种底质。其稳定性好，抛起和收藏方便，抓重比为 6 左右，可作大型船的首锚或工程船的定位锚，特别是在挖泥船上广泛采用。

（3）DA-1 型

该锚被称为第三代无杆锚，是目前世界上最稳定、结构最先进的锚。其锚冠较宽且端部为三棱型，爪很长且为两个斜面构成的倒 V 形，两爪之间距离小。这种锚有最合适的啮土角度，啮土面积大、抓力大、抓住性好、稳定性强、收藏方便。由于 DA-1 型锚几乎全部由直斜面组成，起锚时附着泥沙少、冲洗方便，被认为是最有发展前途的锚，如图 3-2-9 所示。

113

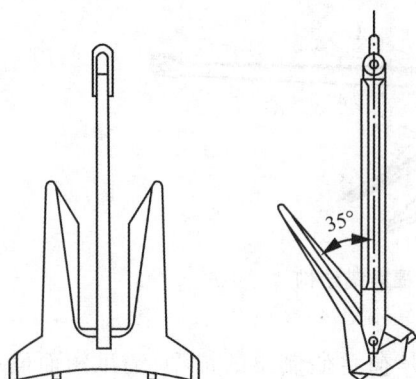

(a)AC-14 型锚结构   (b)实船 AC-14 型锚

图 3-2-7   AC-14 型锚

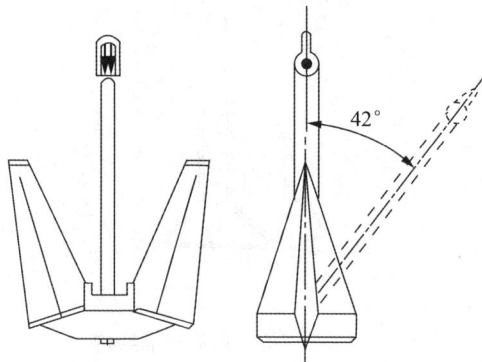

图 3-2-8   波尔锚结构

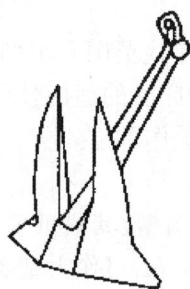

图 3-2-9   DA-1 型锚

(四)特种锚

特种锚的形状比较特殊,以适应其特种用途,如浮筒、浮标、灯船和浮船坞等永久性系泊用锚,有螺旋锚、伞形锚、单爪锚、多爪锚等,如图 3-2-10 所示。

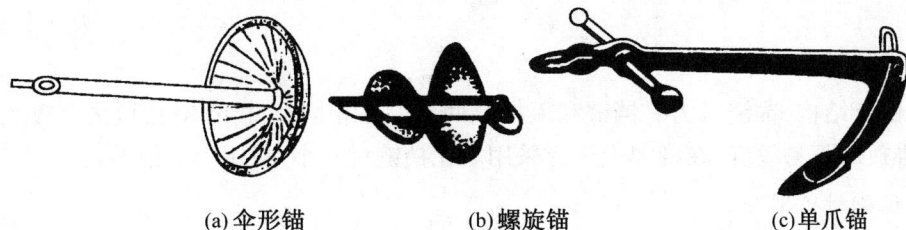

(a)伞形锚　　　　(b)螺旋锚　　　　(c)单爪锚

图 3-2-10　特种锚

二、锚的结构

1. 锚的结构

以霍尔锚为例,如图 3-2-2 所示,锚由锚干、锚体和轴销组成。锚干上下均有孔,锚干上部的孔连接锚卸扣,锚干下部的孔由销轴与锚体相连。锚体由铸成整体的两个锚爪与锚冠组成,锚冠中有孔可使锚干穿过,孔内有两个半圆形凹槽,销轴可以在槽内转动。为防止锚干及销轴从锚冠脱出,用两个横栓栓住,并用电焊将横销与锚冠焊死。锚冠两侧的突出部分称助抓突角,使锚爪容易啮入土中。

2. 船舶用锚的要求

一定锚重下尽可能具有最大的抓力系数,抛锚时能迅速啮入各种底质中,起锚易出土,操作简便,收藏方便,结构坚固和成本低等优点。

第三节　锚链的种类、组成与标记

一、锚链的种类、特点与组成

锚链是连接锚和船体之间的链条,用于传递和缓冲船舶所受的外力。

(一)锚链的种类

1. 按制造方法分

按制造方法,锚链可分为铸钢锚链、焊接锚链和锻造锚链三种:

(1)铸钢锚链:链环由钢水浇铸而成,其优点是强度较高,刚性好,撑挡不会松动,且使用年限长,适合大规模生产。其缺点是制造工艺较复杂,成本较高,耐冲击负荷差。

(2)焊接锚链:链环由圆钢弯制焊接而成,其工艺简单,成本低,质量超过其他种类锚链,已在船上广泛应用。

(3)锻造锚链:韧性好,但制造工艺复杂,成本高,质量不稳定。目前船上已不再采用。

2. 按链环结构分

按链环结构,锚链可为有挡链和无挡链两种。在相同尺寸下,有挡链的强度大,变形小,堆放时不易绞缠,在商船上广泛采用。无挡链尺寸小,只用于小锚上。

3. 按钢材级别分

按钢材级别,锚链有 AM_1、AM_2、AM_3 三级,级别越高,强度越大。AM_1 锚链钢为镇静钢,AM_2、AM_3 级锚链钢为镇静细晶处理钢。对同一船舶,若选用强度大的钢材,链环尺寸可以适当减小。

4. 按锚链的作用分

按锚链的作用,锚链可分为普通链环、加大链环、末端链环、转环、连接链环或连接卸扣及末端卸扣。

(二)锚链的组成

一根完整的锚链由若干节锚链通过连接链环或连接卸扣连接而成,每节锚链由许多普通链环组成。

1. 链环

链环按其作用和位置分为普通链环、加大链环、转环、链端卸扣、链端链环、末端链环和连接链环等,如图 3-3-1 所示。

链环的大小以链环的截面直径表示,有挡普通链环的直径为 d,有挡普通链环的长度应是链环截面直径 d 的 6 倍,宽度应是 d 的 3.6 倍;加大链环的长为 $6.6d$,宽为 $4d$;散合式连接链环的长为 $8d$,宽为 $4d$,双半式连接链环长度为 $6d$,宽为 $4.2d$。衡量锚链强度的标准链环是普通链环。普通链环的直径是衡量锚链强度的标准。

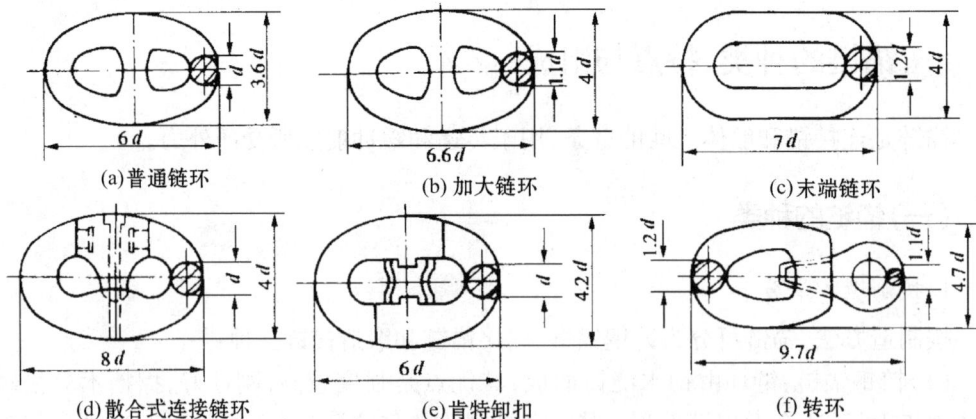

图 3-3-1 链环

2. 链节

锚链的长度以"节"为单位,我国规定每节锚链的标准长度为 27.5 m,且每节锚链的链环数应为奇数。每根锚链由锚端链节、末端间链节和末端链节组成。

(1)锚端链节是锚链的第一节,与锚相连。该链节中的末端卸扣和锚卸扣的横销应朝向锚,即圆弧部分朝向中间链节。转环的环栓应朝向中间链节,以减少摩擦和卡阻。设置转环的目的是防止锚链过分扭绞。

(2)末端链节是锚链的最后一节,与弃链器相连。其转环的环栓也应朝向中间链节。

(3)中间链节如用连接卸扣连接,则连接卸扣的圆弧部分应朝向锚,以避免抛起锚时其通过持链轮时产生跳动、冲击和卡阻。

链节之间多以连接链环或连接卸扣连接。如用连接链环连接各节锚链,则连接链环的两端为普通链环,整节锚链连接如图 3-3-2(a)所示。如用连接卸扣连接各节锚链,则连接卸扣两端均依次连接末端链环(也称无挡链环)、加大链环然后再连接普通链环以保证强度和尺寸平顺过渡,整节锚链连接如图 3-3-12(b)所示。

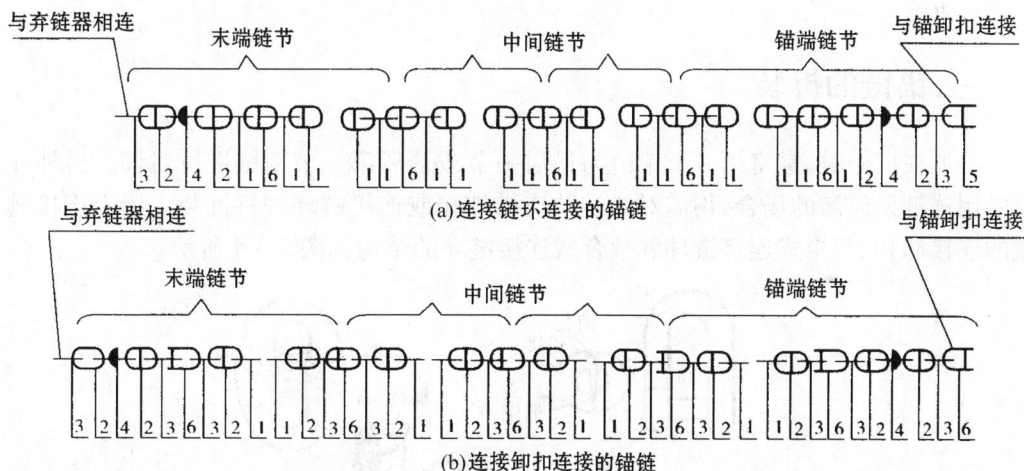

图 3-3-2　锚链组成

1—普通链环;2—加大链环;3—末端链环;4—转环;5—链端卸扣;6—连接链环/连接卸扣

二、锚链的标记

在抛锚时为能迅速识别锚链松出的长度,起锚时能掌握锚链在水中的节数,在锚链连接链环及其附近的有挡链环上做出标记,具体方法是:

在第一与第二节之间的连接链环(或卸扣)前后第一个有挡链环的撑挡上绕金属丝或白钢环),并在两链环之间的有挡链环上涂白漆,连接链环涂红漆,以此表示第一节。在第二节与第三节之间的连接链环前后第二个有挡链环撑挡上绕金属丝(或白钢环),并在该两链环之间的有挡链环上涂白漆,连接链环涂红漆,以此表示第二节。余此类推,从第六节开始,重复第一节的方法进行标记。最后一至两节可涂红或黄漆等醒目标记以作为预示锚链将至末端的危险警告,以警惕丢锚。锚链标记方法参见图3-3-3。

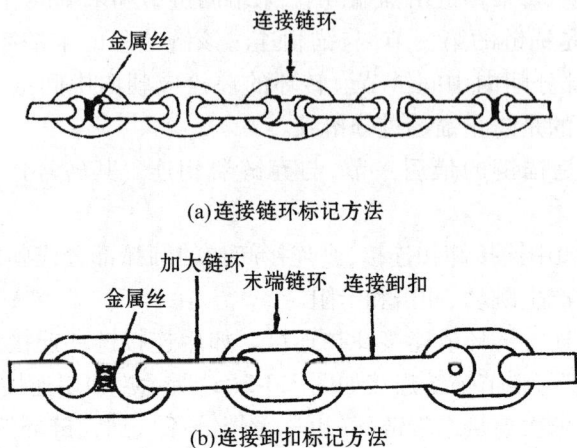

(a)连接链环标记方法

(b)连接卸扣标记方法

图 3-3-3 锚链标记方法

三、锚链的拆装

船舶在厂修时,常将第一节锚链与最后一节或最后第二节锚链进行对调。另外在需要用锚链系浮筒的场合,均需对锚链的连接卸扣或连接链环进行拆装。用于连接链接的连接卸扣、双半式连接链环和散合式连接链环的结构如图3-3-4所示。

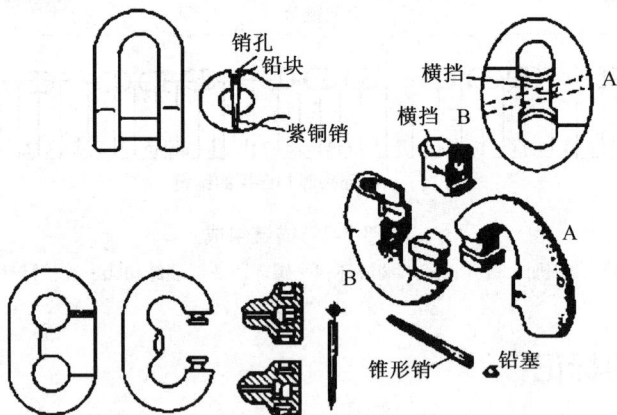

图 3-3-4 散合式连接链环

1. 连接卸扣的拆装

连接卸扣拆卸时,先挖掉紫铜锥销端部的封铅,用小锤敲击小冲子,将锥销退出,再用锚链冲对准横销用锤子敲击,将横销冲出。装复时步骤相反。

2. 散合式连接卸扣的拆装

锚链连接时,将两半 T 形挡板与 C 形开口处的一圆榫的铸钢椭圆环互相啮合后,用圆锥钢销插入 T 形挡板槽中的复环中敲紧,封上青铅,便可使其紧固地连成一体。拆卸时先挖掉封铅,冲去锥销,再用扁凿顺拼缝将两半 T 形挡板分开即可。

3. 双半式连接卸扣的拆装

锚链连接时,先将两个钩形半环啮合,再在中间按斜锥孔的方向嵌入活动横档,最后斜向插入圆形钢销,使三者紧固地连成一体。钢销两端用青铅封妥。拆卸时程序相反。为了便于拆卸,装复时销子与销孔要擦拭干净,并涂以牛油,以防锈死。

四、锚链强度的衡量标准、标准长度单位

1. 锚链的强度估算

$$Q = 548.8d^2$$

式中:Q——有挡锚链的破断强度(kN);

　　d——链环直径(mm)。

2. 单位长度锚链的重量估算

$$W_c = 0.021\,9d^2$$

式中:W_c——单位长度锚链的重量(kg/m);

　　d——链环直径(mm)。

3. 锚重与链重的关系

$$W_a \approx 60W_c$$

式中:W_c——单位长度锚链的重量(kg/m);

　　W_a——每只锚的重量(kg)。

即每只锚的重量约等于 60 m 锚链的重量。

第四节　锚机的种类、结构与要求

一、锚机的种类、结构

锚机是抛起锚的机械装置,设在船首部,也可用作收绞缆绳。按照不同的分类方法,锚机有不同的种类。

1. 按动力的不同分

锚机按动力的不同,可分为电动锚机、电动液压锚机和蒸汽锚机。

（1）电动锚机（electric windlass）是以电动机为动力源，其外形如图 3-4-1 所示，电动机经过减速箱的变速小齿轮传动，小齿轮带动大齿轮使主轴转动，主轴上有链轮，大齿轮与小齿轮的啮合和脱开由离合器控制，以控制链轮的转动与否。在抛起锚作业中，当离合器脱开时，主轴和卷筒转动而链轮不转，可作抛锚或绞缆之用。当离合器合上时，卷筒与链轮同时转动，可作起锚或深水抛锚时送锚之用。在链轮上设有带式刹车，用以刹住链轮，以控制松链速度。

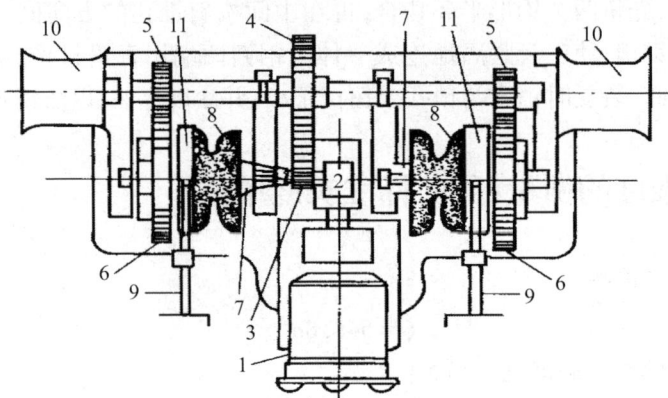

图 3-4-1　电动锚机

1—电动机；2—减速器；3、4、5、6—传动齿轮；7—离合器；8—链轮；9—刹车操纵杆；10—带缆卷筒；11—带式刹车

（2）液压锚机（hydraulic windlass，也称电动液压锚机），由电动机带动液压泵，驱动油马达，然后经过减速器（或无需减速器）使锚机运转。它结构紧凑，体积小，操作平稳，变速性能好，但制造技术和维护保养要求较高。图 3-4-2 所示为实船电动液压锚机。

（3）蒸汽锚机是使用由蒸汽机带动，经过曲拐轴由齿轮带动滚筒轴运转，由滚筒轴经由离合器带动链轮运转，链轮上也设有刹车装置。其特点是动力大，结构简单。使用蒸汽锚机时应预先暖缸，用毕要排水放汽，以放尽汽缸中残余水汽。天冷时，为防冻要进行跑车（使蒸汽锚机空转）。

目前，海船上锚机以电动锚机和电动液压锚机为主。在一些早期建造的油船上或现有大型油船上基于防火防爆的要求，仍采用蒸汽锚机。

在一些现代化程度很高的船舶设有自动液压锚机，在自动液压锚机系统中设有锚链长度传感器，在抛锚时当所需锚链全部抛出后，锚机会自动停止；在起锚时当锚将接近锚链筒时，能自动减速，当锚杆进入锚链筒收妥后会自动停车。另外出现了一种可在驾驶室遥控操作的锚机，其抛起锚作业可在驾驶台进行遥控操作。

2. **按锚机布置情况分**

锚机的布置方式分为卧式锚机和立式锚机两种。卧式锚机的链轮轴与水平面平行，船舶多采用卧式锚机；立式锚机的链轮轴垂直于水平面，如图 3-4-3 所示，这样布置可减小锚机所占甲板面积，多见于军舰上。

图 3-4-2　实船电动液压锚机

　　一些大型船舶或有大型球鼻首的船,因其左右锚链筒间距较大,常在左右舷各设一台锚机。

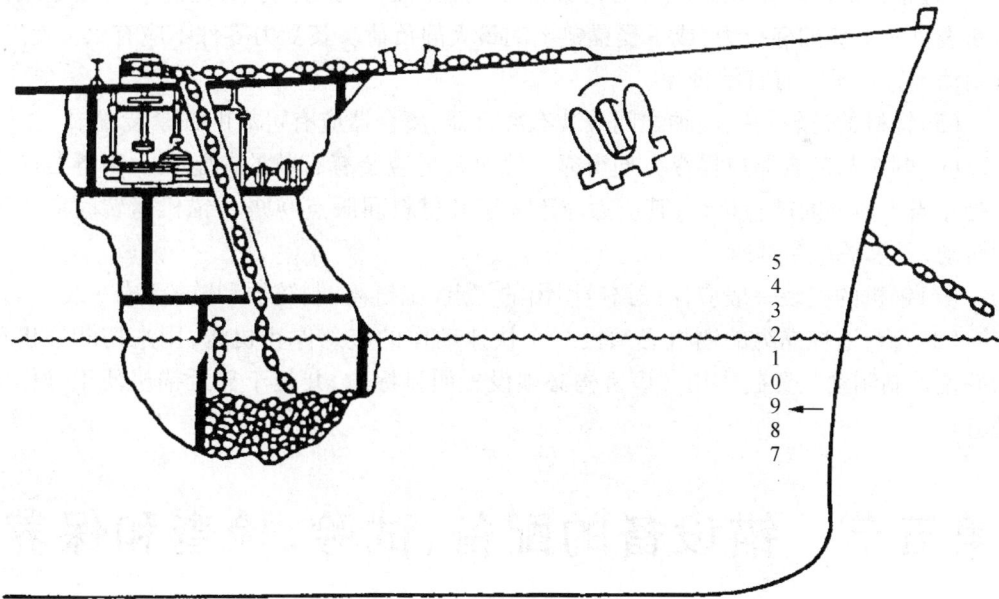

图 3-4-3　电动立式锚机

二、锚机的主要技术要求

（1）由独立的原动机驱动或电动机驱动，并能倒转。原动机和传动装置应设有防止超力矩和冲击的保护。对于液压起锚机，其液压管路如果和其他甲板机械管路相连接时，应保证起锚机的正常工作不受影响。锚重量不超过 250 kg 的船舶，如手动起锚机能适合其使用时，可以配置手动起锚机，手动起锚机应有防止手柄打伤人的措施。

（2）起锚机应具有足够的功率且应能连续工作。其工作负荷为：

① A_1 级有挡链——$37.5d^2(N)$。

② A_2 级有挡链——$42.5d^2(N)$。

③ A_3 级有挡链——$47.5d^2(N)$。

式中：d——锚链直径（mm）。

在船上试验时，起锚机应有能力以平均速度不小于 9 m/min，将一只锚从水深82.5 m 处拉起至深度 27.5 m 处。

（3）在额定拉力的额定速度下，应能连续工作 30 min，并应能在不小于 1.5 倍额定拉力的过载拉力作用下（不要求速度）连续工作 2 min。锚机还应设有过载保护装置，过载时能转到中速运转。

（4）锚机的链轮或卷筒应装有可靠的制动器。制动器刹紧后，应能承受锚链或钢索断裂负荷45%的静拉力，或承受锚链上的最大静负荷。其受力零件不应有永久变形，其制动装置也不应有打滑现象。

（5）锚机的链轮与驱动轴之间应装有离合器，离合器应有可靠的锁紧装置。

（6）刹车与离合器应操纵方便可靠。锚机装置应装有有效的制链器。制链器应能承受相当于锚链的试验负荷，其应力应不大于其材料屈服点90%。锚机运转时应能顺倒转动，要求平稳和迅速。

（7）锚机的安装一般应保证锚链引出的三点（锚链筒、制链器和链轮）成一线。

（8）每台遥控操纵的锚机必须设一个快速动作的应急停止机构，用来切断锚机动力并使控制制动装置起作用。该机构必须设置明显标志，并位于靠近锚机便于操作的地方。

第五节 锚设备的配备、试验、检查和保养

一、锚设备的配备依据

海船的锚与锚链的配备应根据船舶的类型、航行的水域并根据船舶舾装数的大小按规范中所列数据来选取。对工作特殊，船东要求加大锚重，且借助于其他设施进行锚

泊作业的非自航船舶,其锚链的配备可仅按规范要求的锚重选取。

舾装数 N 或称船具数,是反映船体所能受到的风、流作用力大小的一个参数,可由下式计算:

$$N = \Delta^{2/3} + 2Bh + A/10$$

式中:Δ——夏季载重线下的型排水量(t)。

　　B——船宽(m)。

　　h——从夏季载重水线到最上层舱室顶部的有效高度(m);对最下层的层高从上甲板中心线量起,或具有不连续上甲板时,从上甲板最低线及其平行于升高部分甲板的延伸线量起,即:

$$h = a + \sum h_i$$

其中:a——从船中夏季载重水线至上甲板的距离(m);

　　h_i——各层宽度大于 $B/4$ 的舱室,在其中心线处量计的高度(m);

　　A——船长范围内夏季载重线以上的船体部分和上层建筑及各层宽度大于 $B/4$ 的甲板室的侧投影面积的总和(m^2)。

货船、散装货船、油船、耙吸式挖泥船、渡船等的设备配备按 N 选取。由舾装数查表得出船舶应配锚的数量、每只锚的重量,锚链的级别、总长和直径等,

根据舾装数,可以查出锚的数量及每只锚的重量、锚链直径和总长等,通常千吨级以上海船均配有 3 只主锚,其中 2 只是首锚(bow anchor),1 只是备用锚。经常航行在狭窄、弯曲及水势复杂航道的船舶,还配有尾锚,必要时用以控制船尾的摆荡。如果船舶应配备的锚链总节数成单数,则右锚多配一节。万吨级货船一般每只主锚至少配有10 节锚链。此外,船上至少还应储备 1 只锚卸扣和 4 只连接卸扣或连接链环,另备 1 个锚链系浮筒用的大卸扣。

二、锚设备试验

(一)锚的试验

所有锚及主要配件均应由认可的工厂制造,锚的锻钢件应按有关规定进行制造和试验。成品锚均应在未经涂油漆的情况下进行外观检查、尺寸检查、称重和试验。

1. 外观检查

锚的外观检查应在涂漆前进行,锚和其零件表面不应有裂纹、气孔、砂眼及其它足以影响强度的缺陷,对不影响强度的表面缺陷允许焊补修整。

锚爪的转动角误差限度为 $-0.5° \sim +2°$;锚的外型尺寸的误差限度为 $\pm3\%$;锚干的弯曲度在 1 m 长度上应不超过 3 mm;每个新首锚在配备时的重量偏差允许范围为 $\pm7\%$(锚的实际重量与名义重量的偏差应在 $\pm7\%$ 范围内),但首锚的总重量不得小于表列重量的和;普通无杆锚的锚头质量,包括销子与转轴在内,应不小于该锚总质量的 60%;采

用有杆船首锚,其质量(不包括横杆)应不小于相关表列无杆锚质量的80%。当采用大抓力锚作为首锚时,每只锚的质量可以为表列的普通无杆首锚质量的75%。超大抓力锚应经海上试验,证明其抓力不低于相同重量普通无杆锚抓力的四倍。超大抓力锚的重量一般不超过1 500 kg。

2. 拉力试验

规范规定名义重量大于等于75 kg的锚(包括锚杆在内),56 kg的大抓力锚或38 kg的超大抓力锚均应进行拉力试验。

进行锚的拉力试验前应确认锚无有害缺陷。拉力试验的拉力作用点一端在锚卸扣处,另一端在锚冠中心至锚爪尖之间的1/3处,如图3-5-1所示。无杆锚应同时拉两个锚爪,先在一面拉试后,再将锚爪转至另一面拉试。有杆锚的两个锚爪应分别进行拉力试验。

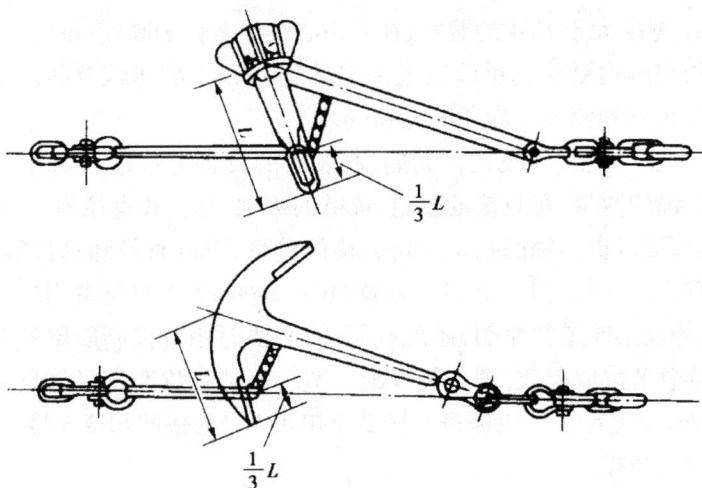

图 3-5-1 锚的拉力试验作用点

拉力试验前,先在锚卸扣处的锚干上及锚爪每一尖端处各作一标志以便于测量间距,然后施加拉力。应先受试验负荷10%的拉力,保持5 min后,测量两标记间的距离。然后逐渐加大拉力至试验负荷并保持5 min。再将拉力降至试验负荷的10%,再测量两标志间的距离。对有杆锚应一次施加拉力至试验负荷,保持5 min后逐渐卸去载荷,当载荷降至规定载荷的10%时,测量两标记间的距离。经拉力试验后,应对锚进行外观检查、无损检测、残余变形测量和锚的转动灵活性检查。无杆锚的残余变形(即两标记间的距离差)应不超过标距长度的1%,且锚爪仍应转动灵活并能转至最大角度。如锚爪不灵活或不能转至最大角度时,则应消除缺陷,并重做拉力试验,如仍不合格则该锚不能验收。对有杆锚,在拉力试验后应无永久变形。

3. 抓力试验

设计为大抓力锚或超大抓力锚系列,认可时,至少应选取两种规格的锚在海上进行抓力试验。海上抓力试验通常应与重量相近的无杆锚海上试验进行比对。试验时,被试验的锚和用于比较的普通无杆锚应采用相同长度的锚链。其长度应不小于锚链筒口至海底垂直距离的 6 倍(建议为 10 倍)。试验通常可由拖船进行拖拉,并以测力计测定抓力。抓力试验的载荷不应超过锚验证拉力试验的载荷。如无法进行海上试验,由制造商提出试验方案,经相关船级社同意,可以陆上试验代替海上试验。一般大抓力锚的抓力应不低于相同重量普通无杆锚抓力的 2 倍;超大抓力锚的抓力不低于相同重量普通无杆锚抓力的 4 倍。

4. 其他试验

对生产锚使用的钢材应进行化学成分分析、热处理和机械性能试验,对锚重超过 3 t 者先进行热处理。

经检验合格后的锚应具有包含下列内容的检验证书:订货号(如有);能追溯锚整个制造过程的标记;锚的形式、主尺度和重量;锚的化学成分;热处理情况;锚材料的力学试验结果(或原材料证书);锚拉力试验负荷等。

经检验合格的锚,应打上船级社认可的标记及相应内容的标记,主要有:制造厂的商标、试验证书号码、试验日期、锚的总重量、锚杆的重量以及经认可的大抓力锚或超大抓力锚印记 HHP 或 SHHP。无杆锚的标记应打在每个锚爪上,有杆锚的标记应打在锚身与锚爪连接处。

(二)锚链的试验

锚链根据其公称抗拉强度分成 AM_1、AM_2、AM_3 三级,根据规范要求,焊接锚链和铸钢锚链的检查和试验在外观检查和材料的试验上有所不同。下列规定适用于有挡锚链及其附件的试验。

1. 焊接锚链

焊接锚链是目前为海船广泛使用。对焊接锚链的检查和试验包括外观检查、材料试验、拉断试验、拉力试验。

(1)外观检查

对制造焊接锚链的圆钢必须进行外观检验,其外表不应有裂纹、节疤、沟槽分层和降低产品性能的其他缺陷。直接用于焊接锚链制造的圆钢,其直径和不圆度偏差应符合有关规定的要求。不圆度的测量应是在一个横截面上测得最大直径和最小直径。不圆度偏差是最大直径与最小直径之差。其焊接工艺和质量应符合规范的要求。制成链环后,链环的焊缝质量、两截面错位和纵向平面挠度均应符合规范要求。然后再进行拉断试验、拉力试验和机械试验。所有锚链及其附件应具有与其制造方法相适应的光洁表面,且应无裂纹、缺口和夹杂等降低产品性能的缺陷,如需对缺陷进行焊补,则有关焊补工艺规程应得到相关船社认可。链冠处不允许焊补。

(2)材料试验

对制造焊接锚链的圆钢必须符合规范要求,采用的脱氧方法和抽样化学成分应符合规定。圆钢应以同一炉号、同一直径,质量不超过 50 t 为一批,按批提交试验。每次任意截取一段长度适当的试件,按成品锚链的要求进行相应的热处理。对所有等级的锚链钢均应从所选定的试件上截取 1 个拉伸试样;对二级和三级锚链钢还应从同一试件上切取 1 组 3 个 V 形缺口冲击试样。试样的制备和尺寸应符合有关规定,其中拉伸试样的横截面积不小于 150 mm²,也可采用全截面试样代替。

(3)锚链及其附件的尺寸应符合有关标准

链冠处的直径应在平行链环平面和垂直于链环平面各测一次,取平均值。其与公称直径 d 的偏差应符合表 3-5-1 的要求,横截面积不能有负偏差。

表 3-5-1　锚链链冠处直径与公称直径 d 的偏差

公称直径	$d \leqslant 40$ mm	40 mm$<d \leqslant 84$ mm	84 mm$<d \leqslant 122$ mm	$d>122$ mm
允许偏差	$(-1 \sim +0.05)d$	$(-2 \sim +0.05)d$	$(-3 \sim +0.05)d$	$(-4 \sim +0.05)d$

链冠以外的链环直径无负偏差,其正偏差为公称直径的 5%。

每 5 个链环组成的长度的制造公差为 0%~+2.5%(在锚链的拉力试验后测量)。

在锚链的所有零件相互适配的情况下,锚链其他所有尺寸的制造公差均为±2.5%。

经上述试验合格,制成尺寸符合有关要求的锚链,再对成品锚链进行拉断试验和拉力试验,参见本节成品锚链的试验部分。

2. 铸钢锚链

铸钢锚链的特点是:强度较高,刚性好,撑档不会松动,使用寿命较长。缺点是制造成本较高,耐冲击负荷差。

对铸钢锚链的检查和试验包括外观检查和材料性能试验。

(1)外观检查:对铸造的链环应检查外形及尺寸,其偏差应在规定范围内。

(2)材料性能试验:在浇铸链环的同时浇铸机械性能试样,对其进行化学成分分析和材料机械性能试验。其结果应符合规范的要求。

3. 成品锚链的试验

锚链或附件应根据其等级和交货状态在进行拉力试验、拉断试验和成品锚链材料力学性能试验之前进行必要的热处理,为此不可在锚链上涂油漆或防腐涂料。

(1)拉力试验

拉力试验是对整节链进行拉力试验。每节锚链均应在认可的试验机上按相应等级的锚链所规定的拉力载荷进行试验。试验时每个链环相对位置正确,整节链不得有搓扭。当卸除负荷后,应对每节锚链包括其尺寸进行检查,不应有明显的缺陷。应仔细检查链环和零件的外观、尺寸和相对转动的灵活性。每节链在拉力试验的负荷卸除后,应对每节锚链包括其尺寸进行检验,不应有明显的缺陷,永久伸长应不超过原始长度的 5%。

(2)拉断试验

按照规定的试样数量由验船师从每批不超过四节的锚链中选取一节锚链(AM₂ 和 AM₃ 级锚链应以每 4 节焊接锚链为一批;对铸造或锻造锚链则以浇铸炉号和热处理炉号分批,每批不大于 4 节锚链),切取不少于 3 个链环的试样,并按规范有关规定的拉断载荷进行试验。试验链环应与锚链在同一制造过程中制成,并与锚链一起进行焊接和热处理。试验链环应在验船师在场的情况下从锚链上取下。如果施加所规定的载荷之后,试样未出现破断现象,则认为试样已通过该项试验。如果拉断试验不符合要求,则可以在同一节锚链上再取一个试样进行试验,如能符合要求,则认为试验合格。如果复试仍不合格,则该节锚链应判为不合格。但可根据制造厂的要求,将其余 3 节锚链分别作拉断试验,如果其中 1 个试验结果不符合要求,则 3 节锚链全部不合格。

链环力学性能不合格者,可在进行热处理后重新取样,复试一次后,如仍不合格,则该节锚链应判为不合格。

对锚链附件一般也应按相关规定进行拉力试验和拉断试验(船级社同意免试验者除外),凡做过拉断试验的附件一般不可再使用。

锚链试验合格后,应在每节锚链的两端均打上锚链等级、证书编号以及船社的标志等钢印标记,如图 3-5-2 所示。

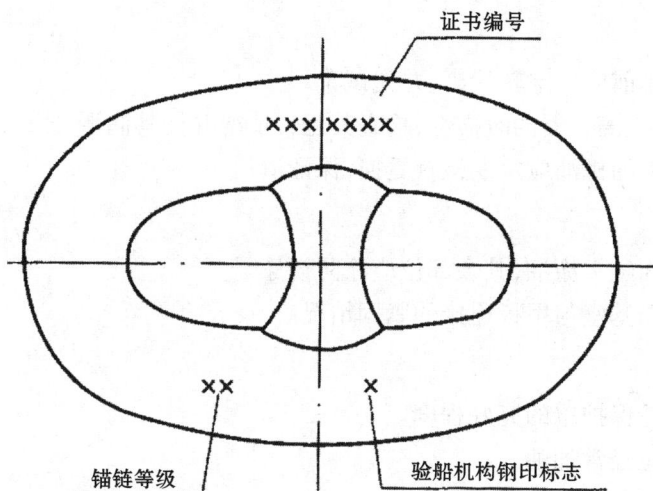

图 3-5-2　锚链钢印标记

(三)锚机的试验

首先要检查锚机的安装位置是否正确,按锚机的要求进行各项试验,然后在码头边进行抛起锚试验,最后在海上进行抛起锚试验。规范要求深水抛起锚试验的水深大于82.5 m,在 82.5 m 深度到 27.5 m 深度之间起单锚的平均速度应该小于 9 m/min。在锚链快速放出时试验刹车 2~3 次,锚链在链轮上应无滑出、跳链和不能止住等现象。将锚抛妥后上好制链器,船开慢倒车片刻以检查制链器的效能。检查锚爪与船壳的贴合情况。锚机的安装一般应保证锚链引出的三点(锚连筒、制链器和持链轮)成一线。

三、锚设备的检查和保养

锚设备的检查保养有日常检查保养、定期检查保养和修船检查保养。

（一）日常的检查保养

平时应轮流使用左右锚,使锚和锚链平均磨损。每次起锚时应冲洗锚和锚链。

1.锚

(1)检查锚卸扣磨损以及变形、横栓的松动情况,并做好保养措施。

(2)锚头横销是否松动是否灵活,并进行保养。

(3)锚爪是否弯曲变形,并进行保养,每次起锚后应检查锚爪是否钩挂杂物。

2.锚链

(1)白天起锚时应检查锚链及标志,标志应保持清晰,如有脱落应及时补做。

(2)检查连接卸扣有否裂纹、变形,磨损程度。

(3)检查转环转动是否灵活,及时加油润滑。

3.锚机

(1)每次使用前应先空转片刻,并先试车。

(2)检查刹车、离合器的时靠性,检查其运转情况并使其润滑。

(3)减速箱内的机油应定期检查更换,保证清洁。

4.制链器

(1)摩擦表面经常涂油,其余部位应涂防锈漆。

(2)经常检查基座与甲板连接的紧固情况。

5.弃链器

(1)检查手轮保护罩的完好程度。

(2)转动部位经常加油。

（二）定期检查保养

定期检查保养是发现锚设备有无损坏,应至少半年进行一次,并做好记录。

1.锚

定期检查锚爪、锚冠、横销和锚卸扣等锚易损部位。锚爪可能发生弯曲和裂纹,助抓突角易磨损,横销易松动,锚卸扣易受磨损和产生裂纹。按要求锚销允许磨损在原直径的10%以内,锚的失重应在原重的20%以内。当发生严重损坏或不符合要求时,应换备锚,并将损坏的锚送厂修理。

2.锚链

链环和卸扣应进行磨损检查、变形检查、结构松动检查、裂纹检查。

(1)磨损检查:检查环与环接触处和锚链筒的摩擦处,可用卡尺量其直径。锚链磨损的极限为:远洋航区船舶的锚链,磨损后平均直径不得小于原直径的88%;近海和沿海航区船舶的锚链,磨损后的平均直径不得小于原直径的85%。无挡链环或卸扣,其磨损量超过原直径的 8%,则不能再使用。

（2）变形检查:用目视检查或测量检查链环是否弯扭变形。

（3）结构松动检查:连接链环(拆开检查后应先在内吻合处涂上黄油再装复)和卸扣的销会因铅封脱落而松动,应逐个仔细检查。

（4）裂纹检查:用手锤敲击每个链环以及卸扣,听其声音是否清脆。

锚和锚链应定期除锈油漆。在每次修理检查后,应涂煤焦沥青漆两度,然后再作锚链标记。

3. 锚机

（1）检查刹车是否良好,离合器是否轻便灵活,经常加油以保证在良好的润滑环境条件下运转。

（2）锚机各零件摩擦面的润滑;减速箱内的机油应定期检查更换,以保证其清洁。

（3）链轮的轮齿容易磨损,其限度规定为不超过原厚度的 10%。若发现有滑链、跳链现象,应及时焊补;固定锚机的紧固螺栓与底座应检查其是否有松动、锈蚀,如有缺陷,应及时修复。

（4）锚机底座的蚀耗一般应小于原厚度的 25%。除底座外一般应 3 个月检查一次。

4. 锚链附属装置的检查

（1）制链器平时要保持活络,除锈油漆。

（2）锚链筒上下口的口唇磨损情况,修船时进行堆焊并磨光。

（3）锚链舱应将锚链全部倒出,进行清洁工作,检查排水设备是否正常;对已损坏的木衬垫应进行调换;并对锚链舱进行除锈油漆。

（4）检查弃链器是否正常。

（5）厂修时,第一节锚链与最后一节锚链对调,并做好记录。

第六节　锚设备的操作

一、抛锚操作

1. 准备工作

（1）通知机舱供电(蒸汽锚机供汽)。

（2）解开锚机罩,检查有无异常情况。

（3）将刹车带刹牢,脱开离合器,加油润滑锚机并空车运转,逐级变速查看正反转是否正常。

（4）移开防浪盖,合上离合器,打开制链器,松开刹车带,使链轮得力,开动锚机将

锚泊安全（英文）

129

锚送出锚链筒,悬挂在水面之上,刹紧刹车带,再脱开离合器。此时锚只受刹车带控制,处于可自由抛落状态,只要刹车带一松,锚即可抛下。

(5)备好锚球或锚灯。

(6)锚备妥后,报告驾驶室,并派人观察舷外锚的下方是否有小船接近。

2. 抛锚操作

(1)当得到驾驶室抛锚命令后,大副立即指示木匠松开刹车带,让锚凭自重落下。水不太深时,第一次松出链一般为一节入水至多两节,锚着底后应将锚链刹住,同时应显示锚泊信号(关航行灯)。

(2)为保证锚链顺利松出,船舶应保持适当的退速。并控制速度快慢,若退速太慢则锚链堆积,太快则锚链刹不住。此时应报告驾驶台锚链方向,以便用车舵给予配合。

(3)当松链长度约为 2.5 倍水深时,将锚链刹住,利用船惯性使锚爪啮入土中。待松出的链吃力张紧前及时松链,每次半节左右,反复几次,使锚能抓底抓牢,一直松至所需链长。

(4)抛锚过程中,大副应随时用口头或手势(夜间用手电筒)向船长报告锚链在水中的方向及受力情况。木匠用钟声报告锚链松出的节数。

(5)抛锚抛妥后上好制链器,切断电源,罩好锚机操纵台的帆布罩。

3. 判断锚到底

锚链在甲板部分突然松弛,出现下垂后伸直现象。船舶移动时,锚链倾斜,锚机负荷减小等现象,表明锚已到底。

4. 判断锚抓牢

按计划松出锚链后,将锚链刹住,观察锚链的状态。如果锚链向前拉紧,平稳而有节奏地在水面上下抬动,然后略有松弛,说明锚已抓牢。如果锚链拉直后,在水面不断抖动,且并无松弛现象,说明锚在水底拖动,应立即报告船长,采取措施。

5. 深水抛锚操作

水深超过 25 m 时,为防止锚冲击力过大以及锚链松出太快,抛锚时须用锚机送锚至距海底 10 m 左右,再自由抛下。水深大于 40 m 时,应用锚机将锚送至海底,再用刹车慢慢松链。

二、起锚作业

1. 准备工作

(1)通知机舱送电,供锚链水。

(2)锚机加油润滑,空车运转,确认一切正常后再合上离合器,打开制链器和刹车带,让锚机受力。

(3)准备工作完毕,向驾驶室报告。

2.绞锚操作

(1)接到驾驶室起锚口令后,大副根据锚链受力情况指示木匠以适当速度绞锚。

(2)开启锚链水冲洗锚链上的污泥。

(3)绞锚过程中,大副应随时将锚链的方向报告给船长,以便驾驶室进行车、舵配合。木匠用钟声报告锚链在水中的节数。

(4)绞锚时若风大流急,锚链绷得很紧,此时不能硬绞,而要报告驾驶室进车配合,等船身向前移动锚链松弛后再绞,以防损伤锚链和锚机。若锚链横越船首,应利用车、舵将船逐渐领直后再绞。

(5)锚一离底,应敲乱钟报告,同时降下锚球或关闭锚灯。锚出水后,要观察锚爪上是否挂有杂物,若有应及时清理,然后根据需要将锚悬于舷外待用或收妥。

(6)结束工作:若锚不再使用需收进锚链筒时,应慢慢绞进直到锚爪与船舷紧贴为止;合上制链器,用锚机倒出一点锚链,使制链器吃力,然后上紧刹车,脱开离合器;关闭锚链水,盖上锚链筒防浪盖,罩好锚机,用链式制链器加固锚链,封好锚链管口,通知机舱关闭锚机电源。

3.锚离底判断

锚爪出土瞬间锚机负荷最大,锚离底后锚机负荷突然下降,锚机转速由慢变快,声音变得轻快。锚离底瞬间锚链将向船边荡来,随即锚链处于垂直状态。

抛起锚操作一般由大副和木匠或水手长在船首操作,大副执行驾驶台(船长)发出的锚泊命令,并向驾驶台报告锚泊命令的执行情况和锚链的状态,以便驾驶台采取相应的操船措施,使锚尽快抓牢。

抛起锚口令由驾驶台发出,大副在听到口令后,应复述一遍,表示已听到船长的命令,并应立即执行。执行完毕后再向驾驶室报告。

三、抛起锚口令

抛起锚口令由驾驶室发出,大副听到后立即复诵一次并指挥木匠执行,抛锚完毕后报告驾驶室。

抛起锚常用口令如表3-6-1所示。

表3-6-1 抛起锚口令

锚令(anchor order)	报告或回答(report or reply)
准备绞(起)锚 Stand by (to) heave away/in anchor	锚备好 All ready (to) heavy away/in
绞(起)锚 Heavy in/away	绞(起)锚 Heavy in/away
备左(右、双)锚 Stand by port(starboard, both) anchor(s)	左(右、双)锚备好 port(starboard, both) anchor(s) is (are) ready

续表

锚令(anchor order)	报告或回答(report or reply)
抛(左、右)锚 Let go port(starboard, both)anchor(s)	抛(左、右)锚 Let go port(starboard, both)anchor(s)
刹住 Hold on	刹住 Hold on
停止绞锚 Hold on, avast heaving	停止绞锚 Hold on, avast heaving
锚链方向? How is chain leading?	锚链垂直 Up and down
	锚链向前 Leading ahead
	锚链向后 Leading aft
	锚链正横 Leading abeam
	锚链过船头 Across bow
锚链放松 Slack away, or pay out	锚链放松 Slack away, or pay out
×节入水 × shackles in water	×节入水 × shackles in water
×节甲板 × shackles on deck	×节甲板 × shackles on deck
×节锚链筒 × shackles hawspipe	× shackles hawspipe
锚已抓牢 Brought up	
锚未抓牢 Brought	
锚离底 Anchor aweigh	
锚绞缠 Foul anchor/Anchor fouling	
锚清爽 Clear anchor/Anchor clear	
收好锚 Stow the anchor	

四、值锚更

船舶在锚地锚泊,驾驶员应值锚更。值班人员应坚守岗位并做到:

(1)勤测锚位,勤查锚链。

(2)密切注意锚地周围环境和天气变化以及周围船舶动态。

(3)确保本船号灯号型的正常显示;雾大应照章鸣放声号。

(4)如天气恶劣,风流增大,应缩短观测锚位的间隔,并密切注意锚地周围船舶动态,必要时应备妥主机。

(5)偏荡剧烈或走错时,应立即报告船长,采取措施。

(6)如发现他船走锚,应设法与走锚船取得联系并保持戒备,当发现走锚船漂向我船,应马上报告船长,并采取必要的措施以避免碰撞。

思考与练习

1. 简述锚设备组成部分及作用。
2. 简述锚的种类和特点。
3. 简述锚链链节的组成及锚链连接。
4. 试述电动锚机的技术指标。
5. 试述锚链标记方法。
6. 简述抛起锚操作的步骤和操作注意事项。
7. 简述判断走锚的基本方法和发现走锚后应采取的措施。
8. 试述锚到底、锚抓牢和锚离底的判断方法。
9. 简述锚设备保养内容。

第四章

系泊设备

船舶停靠码头、系留浮筒、傍靠他船、顶推或拖带作业时,用于带缆、绞缆的设备统称为系泊设备。系泊设备由系船缆、导缆装置、挽缆装置、绞缆机械、卷缆车及属具组成。

第一节　系船缆

系船缆简称为系缆(mooring line),靠泊时用于绑牢船身,拖带时传递拖力。系船缆应具有强度大,弹性适中,耐腐蚀、耐磨损、比重小、质地柔软、使用方便等特点。

按缆绳制作材料不同,系缆可分为植物纤维缆、化学纤维缆及钢丝绳等三种。

一、系船缆的种类和特点

(一)植物纤维缆

植物纤维缆(natural fiber rope)是用剑麻、野芭蕉及棉花等植物纤维编织而成的,常采用三股拧绞搓制,特点是柔软、质轻、强度小、易腐烂,但手感较好,常用的有白棕绳、油麻绳、棉麻绳等。

1. 白棕绳(Manila rope)

白棕绳亦称马尼拉绳。是用剑麻、野芭蕉叶或龙舌兰等纤维编织而成。特点是柔软、质轻、强度小,多用于引航扶梯。

2. 油麻绳(tarred rope)

油麻绳是用浸过焦油的大麻纤维制成,特点是弹性不大,冬天易变硬,使用不便,仅用作包装。

3. 棉麻绳(cotton-hemp rope)

棉麻绳是用经过防腐处理的棉、麻纤维混合制成的,特点是质轻,不易扭结,强度较小。多做撇缆绳、旗绳和测深绳。图 4-1-1 所示为白棕绳。

图 4-1-1　实船白棕绳

(二)化学纤维缆

目前化学纤维缆(synthetic fiber rope)是海船上最常用的纤维缆,具体有以下几种。

1. 尼龙绳(nylon rope)

尼龙绳也称锦纶绳,是最早的一种化纤绳,品种最多,用途最广。尼龙绳是化纤绳中强度最大的一种,其特点有耐磨,对酸碱和油类等有一定的抵抗能力,但伸长率较大,弹性大,有一定吸水性,耐气候能力较差,曝晒过久强度会下降。图 4-1-2 所示为实船尼龙绳。

图 4-1-2　实船尼龙绳

2. 涤纶绳(terylone rope)

涤纶绳又称特丽纶绳。其强度仅次于尼龙绳,特点是耐高温、耐气候性,是化学纤维绳最强的一种,耐酸性好,怕碱,耐腐蚀,适于高负荷连续摩擦,伸长率很小,吸水率仅为 0.4%,但价格昂贵。

3. 乙纶绳(polythpropylene rope)

乙纶绳是由聚乙烯纤维制成。耐化学药品性能好,但不耐热,也不适合在高温场所使用,干湿对其强度影响不大,低温时仍具有足够强度,并且柔软便于操作,能浮于水面,吸水率特小,在水中仍能保持良好的性能,适于水上使用。

4. 丙纶绳(polypropylene rope)

丙纶绳是由聚丙烯纤维制成。强度比维尼龙绳大,其破断力为尼龙缆破断力的51%~66%,通过对丙纶绳的制造工艺和材料的选择,其破断力提高至尼龙缆破断力的90%。其质量最轻,柔软,吸水率特小,它不怕油类及化学药品的侵蚀,不易吸灰尘,耐脏,能浮于水面,是目前最轻的缆绳。丙纶绳是目前船上配备的较多的一种缆绳,但耐热性较差,不适合在高温场所使用。

5. 维尼龙绳(vinylon rope)

维尼龙绳是化纤绳中强度最小的一种,特点是耐盐和油、耐磨、耐低温、耐日晒,但弹性差,吸湿性最强,价格便宜。

作为缆绳的化纤缆直径一般在20~65 mm,直径大于65 mm的作为保险缆,直径小于20 mm的化纤缆不允许作系船缆。

(三)钢丝绳(wire rope)

钢丝绳又称"钢缆",钢丝绳强度大,使用寿命长。按照钢丝的粗细和油麻芯的多少不同,分为硬钢丝绳、半硬钢丝绳和软钢丝绳。船上一般采用6×24+7的软钢丝作为缆绳,直径大于56 mm时应采用6×37+1的钢丝绳,作为带缆用的钢丝绳一般直径在20~36 mm,直径在36 mm以上的钢丝绳用作拖缆与保险缆。

1. 钢丝缆的种类

目前,船用钢丝绳有硬钢丝绳、半硬钢丝绳和软钢丝绳三种,如图4-1-3和表4-1-1所示。

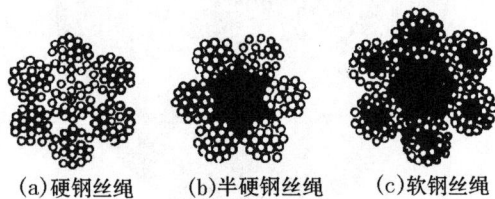

(a)硬钢丝绳　　(b)半硬钢丝绳　　(c)软钢丝绳

图 4-1-3　钢丝绳的种类

(1)硬钢丝绳(stiff wire rope)

它是由6股钢丝绳搓成的钢丝绳,中间夹一股钢丝股芯。如7×7的钢丝绳,表示由7股钢丝绳搓成,每股内有7根钢丝;又如6×31+(7×7)的钢丝绳表示股数为6,每股有31根钢丝,股芯为7×7的钢丝。这种钢丝绳内无油麻芯,因而是一种最硬的钢丝绳,虽不便于操作,但这种钢丝绳强度最大。在船上除了用于大桅和烟囱等支索外,还用于与绞车配合的拖索和系船索。

表 4-1-1 钢丝绳的结构形式

用途	钢丝绳规格			钢丝绳结构					
	股数	钢丝数	股芯	股芯	内芯丝	内层	中层	外层	分层记号
艉锚索、拖索、系船索	6	24	纤维	纤维	0	—	9	15	6(0+9+15)
	6	37	纤维	钢丝	1	6	12	18	6(1+6+12+18)
	6	26	纤维	钢丝	1	5	(5+5)	10	6(1+5+5/5+10)
	6	31	纤维	钢丝	1	6	(6+6)	12	6(1+5+6/6+10)
	6	36	纤维	钢丝	1	7	(7+7)	14	6(1+5+7/7+10)
	6	41	纤维	钢丝	1	8	(8+8)	16	6(1+5+8/8+10)
	6	30	纤维	钢丝	0	—	12	18	6(0+12+18)
与绞车配合的拖索和系船索	6	31	7×7钢丝	钢丝		6	(6+6)	12	6(1+6+6/6+12)
	6	36	7×7钢丝	钢丝	1	7	(7+7)	14	6(1+7+7/7+14)
	6	41	7×7钢丝	钢丝	1	8	(8+8)	16	6(1+8+8/8+16)

（2）半硬钢丝绳（semiflexible wire rope）

它是由 6 股钢丝中间夹 1 股油麻芯制成,特点是丝数多而细,较柔软,便于使用,船上常用作吊货索、吊艇索、保险缆、拖缆或系船缆,常用的类型有 6×19+1、6×37+1 等。

（3）软钢丝绳（flexible wire rope）

如图 4-1-4 所示,它是由 6 股钢丝中间夹 1 股油麻芯,且各股钢丝中间也都夹有细油麻芯制成,特点是最柔软,重量轻,使用方便,在钢丝绳中强度最小,船上常用作牵引索、带缆、吊货索、吊艇索。常见种类有 6×24+7、6×30+7 等。

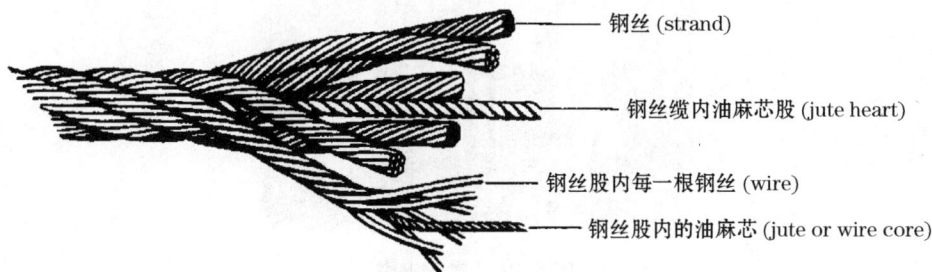

- 钢丝 (strand)
- 钢丝缆内油麻芯股 (jute heart)
- 钢丝股内每一根钢丝 (wire)
- 钢丝股内的油麻芯 (jute or wire core)

图 4-1-4 软钢丝绳结构

钢丝绳中间的油麻芯的作用是减少钢丝绳内摩擦,受力时起缓冲作用,增加钢丝绳柔软度,便于使用保养,油麻芯可注油防锈并起润滑作用,可根据钢丝绳内的纤维绳芯数量判断钢丝绳的种类。

钢丝绳的结构标记用数字表示:

例如:"6×19+7",表示钢丝绳有 6 股,每股 19 丝,外加 7 个油麻芯。

"股(1+6+12)",表示每股结构是中心 1 丝,第二层为 6 丝,外层为 12 丝。

2. 钢丝绳的规格和长度

钢丝绳的规格除用股数和丝数表达外,按国家标准,钢丝绳的大小是用其最大直径表示。可用卡尺测量,一般以直径 D(公制 mm)和周长 C(英制 in)来衡量,正确的量法如图 4-1-5 所示。

其换算关系近似为:

$$C/D \approx 1/8$$

式中:C——周长(in);

D——直径(mm)。

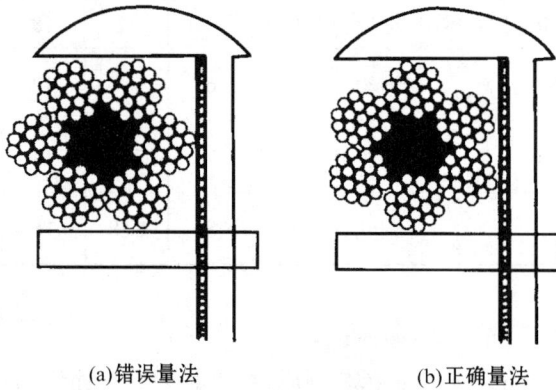

(a)错误量法　　　(b)正确量法

图 4-1-5　钢丝绳的量法

钢丝绳每捆的长度一般为 220 m,也有 500 m 的。图 4-1-6 所示为实船钢缆。

图 4-1-6　实船钢缆

3. 钢丝绳的重量

钢丝绳的重量 W 可用下列公式进行估算:

$$W = kD^2$$

式中:W——每米钢丝绳的重量(kg);

　　D——钢丝绳直径(mm);

　　K——系数,硬钢丝绳取 0.45,半硬钢丝绳取 0.35,软钢丝绳取 0.30。

(四)复合缆

　　除钢丝缆和化纤缆绳以外目前又出现了一种用金属与纤维复合而成的缆绳,简称复合缆。这种缆绳每股均有金属丝核心,外覆纤维保护套,有 3、4 或 6 股几种规格,可用于系船缆或拖缆。这种缆绳强度较大,一根周长 8.5 in 粗的复合缆相当于同样粗细的 2.5 根丙纶缆的强度。图 4-1-7 所示为实船复合缆。

图 4-1-7　实船复合缆

二、缆绳强度概念

　　在工作中,为避免缆绳因超负荷破断而发生危险,不同种类和规格缆绳应在安全强度的范围内使用,如无相关资料,可用经验公式计算求其近似值。缆绳的强度有破断强度、试验强度和安全强度。

(一)缆绳破断强度

　　破断强度(breaking strength)是指缆绳在拉力试验机上逐渐增大受力,直到断裂时所承受的最大拉力。应注意的是在钢丝绳的质量证书或国家标准中所查得的破断负荷是单根钢丝破断负荷的总和,搓成绳索后,它的破断强度只有上述强度的 87%。各种缆绳的强度是根据厂家对产品作的拉力试验结果来计算的。如果没有资料可查,可用公式计算。

　　新绳出厂时,一般均附有经过试验的强度说明。缆绳的强度是根据其所用材料优劣以及制法好坏来决定的,平时在使用时,可按以下经验公式估算其破断力:

　　1. 钢丝缆的破断强度计算公式

$$T = 420d^2$$

　　式中:T——钢丝缆的破断强度(N);

　　　　　d——钢丝缆直径(mm)。

2. 化纤缆的破断强度计算公式

$$T = 98Kd^2$$

式中:T——化纤缆的破断强度(N)。

d——化纤缆直径(mm)。

K——系数;丙纶绳 0.74~0.85,尼龙绳 1.19~1.33,改良的丙纶绳 1.10~
1.21,复合缆 2.0。

(二)缆绳安全强度

安全强度(safe working load)也称使用强度。是指缆绳在安全范围内所能承受的拉力,是缆绳经常使用的强度。在船用缆绳的产品证书上均有明确规定。根据缆绳的破断强度和工况等取一个安全系数,得到安全工作负荷,即:

安全强度=破断强度/安全系数

在使用中,一般安全系数取 6。带缆的安全系数取 6~8,拖缆为 8~10;具体使用时,还须根据不同的工作需要、缆绳的新旧程度、接插方法等情况来选定不同的安全系数。如钢丝绳插接后强度降低 10%,已生锈的降低 30%,过度拉伸受伤的降低 50%;受潮后白棕绳强度下降 45%,化纤绳下降 5%~10%。

(三)绳索的试验强度

绳索的试验强度,亦即验证负荷,是绳索制造厂对其产品进行拉力试验时所采用的强度标准,一般都是破断强度的 3/4。

第二节　系缆的名称、作用与配备

一、系缆的名称与作用

船舶系靠码头、船坞或他船时,根据各缆绳的位置、出缆方向和作用,其名称和作用各不相同。

(一)系靠码头时缆绳的名称与作用

船舶系靠码头时系缆如图 4-2-1 所示,有艏缆、艉缆、前倒缆、后倒缆、前横缆、后横缆等。

1. 艏缆(head line)

艏缆也称头缆,其中,从外舷引出的头缆也可称为外挡艏缆,如果绕过船头而与码头岸线交角大时,可称为包头缆;从里舷引出的头缆可称为里挡艏缆,俗称拎水缆;艏缆

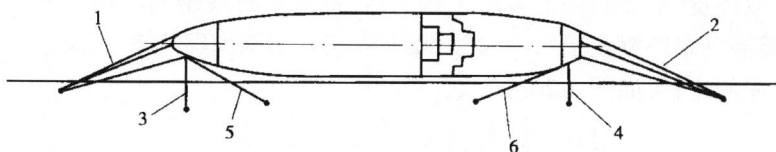

图 4-2-1 靠泊码头的系缆名称和布置

1—艏缆;2—艉缆;3—前横缆;4—后横缆;5—前倒缆;6—后倒缆

的主要作用是用来承受来自前方的风、流等外力的推压,防止船位后移和船首外张。

2. 艉缆(stern line)

艉缆有里档和外档之分,其主要作用是承受从后方来的风、流等外力的推压,防止船位前移和船尾外张。

3. 前倒缆(fore spring line)

前倒缆也称艏倒缆,其主要作用是承受来自船尾方向的风、流推力或动车的影响,防止船位向前移动及船首外张。常用钢丝绳或钢丝绳与尼龙缆连接成的混合缆作为艏倒缆。

4. 后倒缆(after spring line)

后倒缆也称艉倒缆,其主要作用是承来自船首方向的风、流推力和倒车的拉力,防止船位向后移动及船尾外张。

5. 横缆(breast line)

横缆有前横缆和后横缆之分,其主要作用是防止吹开风和回转流的作用力,以防止船舶外移。

在离泊作业中,艏倒缆和艉倒缆可作船舶操纵用缆。

系泊时,缆绳的具体使用可根据码头的情况、船舶的长度,缆绳强度、停泊时间的长短,天气和潮汐及港口涌浪等因素的影响程度而定。通常万吨级船舶靠码头时带头缆、尾缆各 3 根,前后倒缆各 1 根。5 万吨以上船舶除艏、艉缆及前后倒缆有所增加外,因船长较大,可在船中附近增加几根缆绳。抗台时或在涌浪大的港口,还应使用保险缆,以保证系泊的安全。

二、浮筒系缆的名称与作用

船舶在港口经常系浮筒装卸货物或停泊检修。船舶系浮筒较之锚泊具有船位变化小、安全可靠、操作简便、迅速等优点。一般船舶停泊时间短用钢丝绳来系带浮筒,如风流较大或大型船舶停留时间较长则用锚链来系带浮筒。系带形式分单浮筒系泊和双浮筒系泊两种。

(一)系单浮筒(single buoy)

在水域面积宽阔、水流正常的内河港口,设有供系泊用的单浮筒。浮筒本身与一般系船浮筒类似,但在系船眼环上备有一根直径 38 mm 的系船钢丝缆,一端与浮筒眼环连接,另一端插有眼环沉置于水中,其眼环上连接一细钢丝绳拴系的小浮鼓,漂于水面,以标示系船缆的位置,如图 4-2-2 所示。

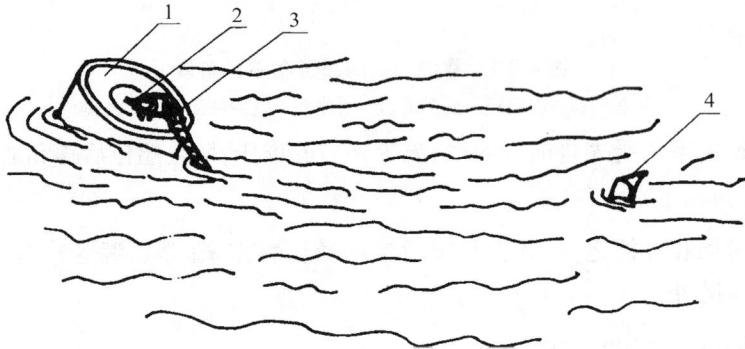

图 4-2-2　内河系泊用单浮筒
1—系船浮筒;2—系船眼环;3—系船用钢丝绳;4—小浮鼓

(二)系双浮筒(double buoy)

系双浮筒是指艏艉分别各系一个浮筒,而使船舶于两浮筒之间的系泊方法。一般在水域面积有限,来往船只较多,受水流、潮汐影响的内河港口,多设置系带双浮筒。系带双浮筒,根据船舶大小、停泊时间长短以及风流的情况,可用缆绳系带也可用锚链系带浮筒。系双浮筒所带的缆绳有单头缆与回头缆两种,如图 4-2-3 所示。

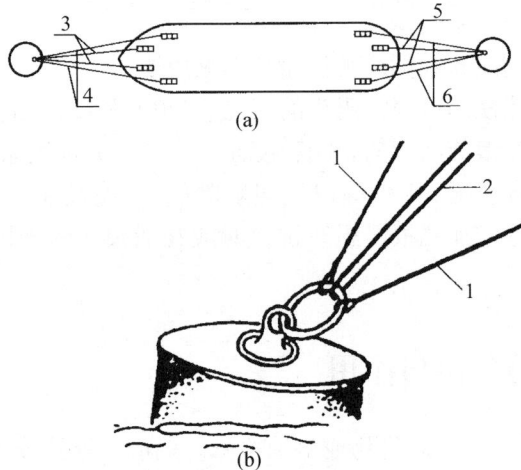

图 4-2-3　缆绳系双浮筒
1—单头缆;2—回头缆;3、5—前、后单头缆;4、6—前、后回头缆

1. 单头缆(buoy line)

单头缆从船头或船尾送出,其前端琵琶头(eye splice)与浮筒环(buoy ring)连接,单头缆艏艉至少各 2 根,用以承受系泊力。强风强流时,还应增加其数量。

单头缆与浮筒环的连接方法是：一是用钢丝缆，通常用一大卸扣系接在浮筒环上，也可用一根两端均有琵琶头的短钢丝绳，在系缆琵琶头与浮筒环之间围绕几道再用小卸扣连接，该短钢丝绳称为"司令扣"（sling），前者操作简单，但在系缆受力很大时，易拉弯卸扣横销，而影响解缆操作。后者操作费时而解缆操作可靠。二是用化纤缆绳，均应通过司令扣和卸扣连在浮筒环上。

2.回头缆(slip line)

回头缆在船头或船尾，由一舷送出，穿过浮筒环后再从另一舷拉回船上系牢，此缆称为回头缆。回头缆首尾各 1 根，平时不承受系泊力（处于松弛状态），只在离浮筒时使用，作为最后解出的系缆，由船员自行解脱。

（三）拖缆的名称与作用

船舶在港内靠离码头、掉头时或为了确保安全，常用拖船协助大船操作；另外，当大船在失去动力时，可利用拖船进行吊拖和傍拖。根据不同的拖带方式拖带缆的名称可分为：

1.傍拖的拖缆(towing line)

傍拖是以拖船舷靠被拖船只绑结一起行驶的一种拖带作业方式，傍拖也称捎拖，相当于船舷尾部的一侧增加一台主机，能使船前后移动，也易使船朝另一舷转向。傍拖需 3 根缆，如图 4-2-4 所示。习惯上传递推力的拖缆由大船出，传递回转力矩、加强横向强度的头缆（领水缆）与艉缆（艄缆）由拖船出。

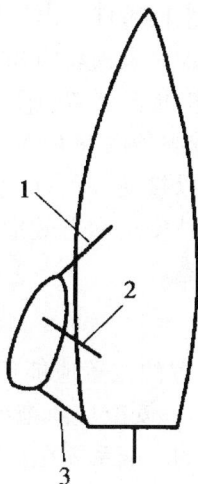

图 4-2-4　拖船傍拖
1—艏缆；2—捎缆；3—艉缆

2.横向顶推的拖缆

靠离泊时需要拖船作横向顶推与拖开，此时应在大船的外档系一根或两根大约 1/2 大船宽短拖缆。在顶推时，此缆相当于拖船的头缆，使拖船的船首不被流压向下流方向,并在车舵的配合下,使拖船与大船保持丁字形状态。在拖开时,此缆才真正起到拖缆的作用。

3.吊拖的拖缆

吊拖可分为船首吊拖和船尾吊拖。在一些有流的港口,有时采用吊拖协助大船掉头,或为使大船安全驶过桥洞船闸,也采用艏艉同时吊拖。拖缆一般应由大船出头缆,拖船出艉拖缆,以使解缆时不易被卷入大船螺旋桨。

(四)应急拖带装置

IMO 的决议 MSC.256(84)对《国际海上人命安全公约》(SOLAS 公约)Ⅱ-1/3-4 和应急拖带的要求进行了修正。当前,根据原《国际海上人命安全公约》(SOLAS 公约)Ⅱ-1/3-4 的要求,油船的应急拖带装置需经过审批。修正后的法规规定,所有船舶都需配备应急拖带程序。要求停泊中的船舶,在其外舷的艏艉处各垂下一根应急拖缆,其琵琶头应垂于水面上方,并在装卸与压载过程中保持此状态。用于防止拖缆落入水中的绑扎小绳应便于拖船上的船员判断、解掉或拉断。

该装置在任何时候应能够快速用于失去主动力的被拖曳船并且易于与拖船连接。至少一个应急拖带装置预先装备妥当以便快速使用;考虑到尺度和载重量以及预计到的恶劣天气条件下的受力,在船头和船尾的应急拖带装置应有足够的强度。

1.一般要求

应急拖带装置的设计和构造应基于 IMO 开发的指南要求由主管机关认可;船尾应急拖带装置应预先装备妥当以便在港内条件下由一人 15 min 内以可控的方式使用;后部拖缆端短索的提升装置应设计考虑到失去动力和在拖带操作时遇到不利环境状况的可能性,至少可以由一个人手动操作,提升装置应受保护于可能遇到的天气及其它不利条件;前部应急拖带装置应可以在港内条件下不超过 1 h 内完成部署;符合后部应急拖带装置要求的前部应急拖带装置可以接受;所有应急拖带装置应清晰地标示使之能够即使在黑暗和能见度不良时也可以被安全和有效地使用;所有应急拖带的构件应由船员定期检查和维护使之处于可用状态。

2.布置

艏部和艉部的拖力点及导缆装置的位置应能确保从艏部或艉部任一侧均易于拖带,并最大限度减小拖带装置的应力。安放应急拖缆有不同的方法并且布置可因港口不同而不同。首选的方式是将船上的一端系固在双缆桩上,至少盘 5 花,然后通过导缆孔导向舷外,在船边悬挂成弓形并在甲板上无松弛部分。应急拖缆的舷外端部有琵琶头并与引缆联接带回甲板。在装卸货期间,定期调整引缆以保持应急拖缆的琵琶头在水线上 1 m 或 2 m。

3.装置与部件的要求

短拖索应具有一个硬质末端眼环,以便与标准的共性卸扣连接。短拖索的长度不小于 2H+50 m,其中 H 为艉部导缆装置处的海上最轻压载时的干舷高度(m);导缆装置可为导缆孔或带滚柱的导缆器;拖力点是拖带装置在船上的紧固端,应为制链器或拖力眼板或其他等效强度的装置。

4.附加标志

装有符合此规定的应急拖带装置的船,可授予附加标志:Emergency Towing Arrangements。

5.图纸资料

下列图纸资料应提交船级社批准:

(1)应急拖带装置的布置图。

(2)应急拖带装置的拖力点、导缆装置结构图及相应的计算书。

(3)支撑拖力点和导缆装置的局部结构图。

(4)应急拖带装置的操作手册。

如图 4-2-5 所示为油船停泊时应急拖缆。

应急拖带装置的典型布置如图 4-2-6 所示。

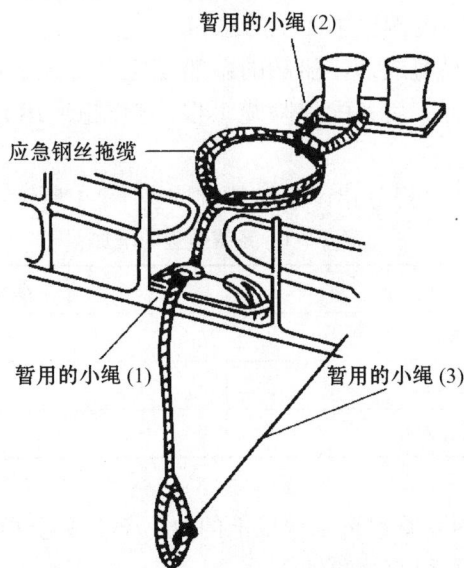

图 4-2-5　油船停泊时应急拖缆

三、系缆的配备

系缆的配备是根据船舶舾装数 N,舾装数又称船具数,是反映船体所能受到风、流作用力大小的一定参数。在《钢质海船入级与建造规范》的所列表中能查得应配置的船舶系缆和拖缆的长度、规格、数量和破断力。船舶的舾装数 N 按下列公式计算而得:

$$N=\Delta^{2/3}+2Bh+A/10$$

式中:Δ——夏季载重线以下的型排水量(t);

　　B——船宽(m);

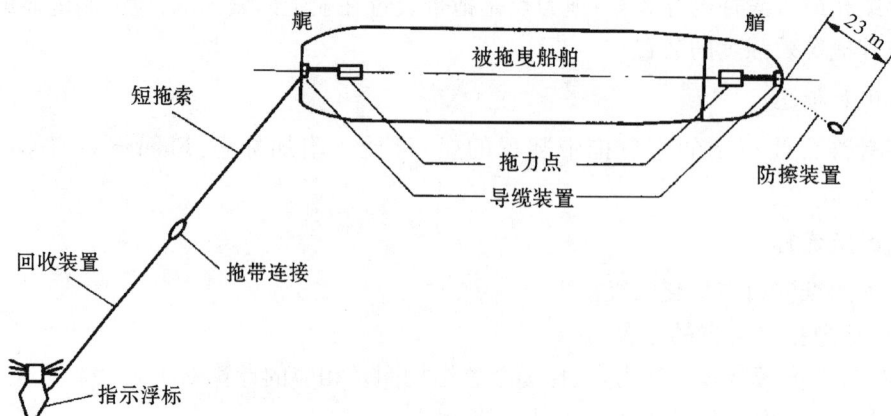

图 4-2-6 应急拖带装置的典型布置

h——从夏季载重线到最上层舱室顶部的有效高度（m）；

A——船长 L 范围内夏季载重水线以上的船体部分和上层建筑以及各层宽度大于 $B/4$ 的甲板室的侧投影面积的总和（m）。

一般每艘万吨级的沿海或远洋船舶的系船缆应至少配备：艏缆和艉缆各 3~4 根、前后倒缆左右舷各 1 根，前、后各配保险缆 1 根（兼作拖缆用），另配备用缆前后各 1~2 根。

如果船舶的 $A/N>0.9$，规范建议系缆数量按表 4-2-1 所示要求增加：

表 4-2-1 系缆数量的增加

A/N	系缆增加根数
$0.9<A/N<1.1$	1
$1.1<A/N<1.2$	2
$A/N>1.2$	3

A——船长 L 范围内夏季载重水线以上的船体部分和上层建筑以及各层宽度大于 $B/4$ 的甲板室的侧投影面积的总和（m）；

N——船舶舾装数。

作带缆用的化纤缆绳其周长应不小于 63 mm（直径 20 mm），直径大于 65 mm 的可作保险缆。作系船缆或拖缆用的钢丝缆一般采用 6×24+7 的软钢丝缆绳，直径大于 56 mm 时应采用 6×37+1 的钢丝缆缆绳。一般钢丝缆缆绳的直径在 20~36 mm 的，可用作带缆，直径在 36 mm 以上的钢丝缆缆绳可用作拖缆和保险缆。

第三节 系泊设备的组成

除系船缆外，系泊设备还由挽缆装置、导缆装置、绞缆机和缆车及附属用具等组成。

如图 4-3-1 所示,表示了船舶系泊设备的布置图。

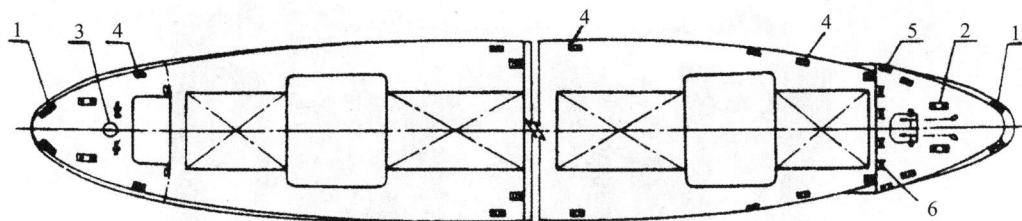

图 4-3-1　系缆装置布置图

1—滚轮导缆钳;2、4—系缆桩;3—系缆绞盘;5—导缆钳;6—钢索卷车

系泊设备的组成

一、挽缆装置

艏楼、艉楼和船中部左右舷甲板等部位设有挽缆用的缆桩,用以系牢缆绳的一端。缆桩的受力很大,要求基座必须十分牢固,缆桩附近的甲板均需加强。缆桩有铸造的,也有用钢板围焊而成的。

缆桩类型很多,有单柱式、双柱式、单十字式、羊角桩、斜式和双十字式等,如图 4-3-2 所示。大中型船舶多采用双柱系缆桩。图 4-3-3 所示为实船缆桩。

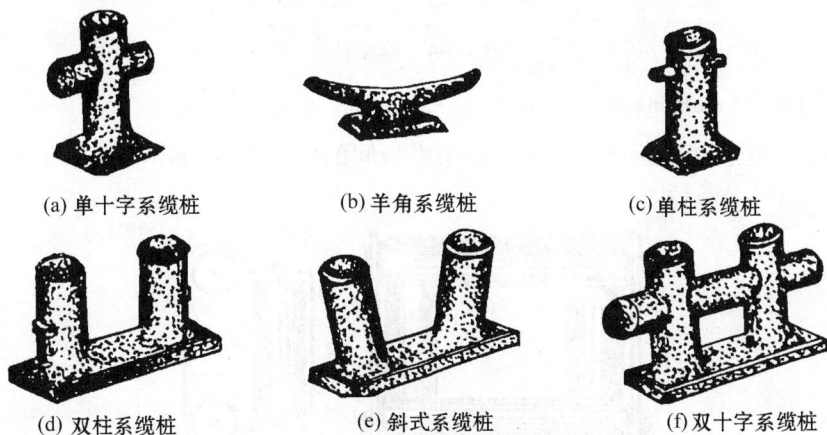

(a) 单十字系缆桩　(b) 羊角系缆桩　(c) 单柱系缆桩

(d) 双柱系缆桩　(e) 斜式系缆桩　(f) 双十字系缆桩

图 4-3-2　缆桩

二、导缆装置

船首尾及两舷都设有导缆装置(fairlead),能使缆绳按一定方向从舷内通向舷外引至码头或其他系缆地点,限止其位置偏移,并减少了缆绳与舷边的磨损,避免因急剧弯折而增大所受应力。常见的有:

图 4-3-3　实船缆桩

1. 导缆孔（closed chock）：

导缆孔一般设置在主甲板的舷墙处。导缆孔有圆形或椭圆形，如图 4-3-4 所示。

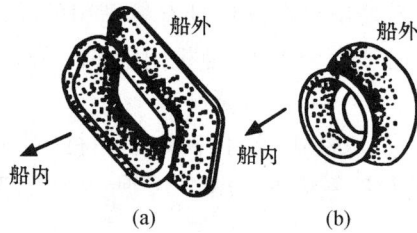

船外　　　船外

船内　　船内

(a)　　　　　(b)

图 4-3-4　导缆孔

2. 导向滚柱（multi-angle fairlead）

导向滚柱是装在中板端部及上下两层甲板间的导缆装置，如图 4-3-5 所示。图 4-3-6 所示为实船导向滚柱。

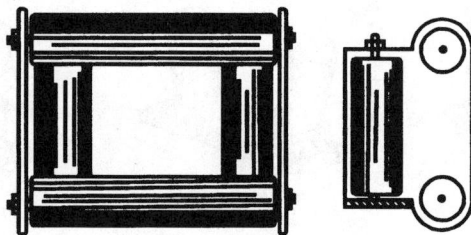

图 4-3-5　导向滚柱

3. 导缆钳（open chock）

导缆钳一般设置在艏楼、艉楼的舷墙上或甲板上。导缆钳的形式较多，有闭式和开式、无滚轮和带滚轮等种类。但主要是以无滚轮和带滚轮进行分类的。导缆钳都是铸造的，有整体式和组合式两种。为减轻对系缆的摩擦，大中型船舶都采用带滚轮的导缆钳，通常有单滚轮、双滚轮和三滚轮的导缆钳，如图 4-3-7 所示。

图 4-3-6　实船导向滚柱

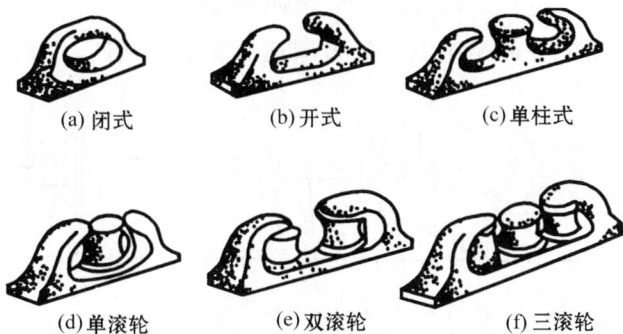

(a) 闭式　　　(b) 开式　　　(c) 单柱式

(d) 单滚轮　　(e) 双滚轮　　(f) 三滚轮

图 4-3-7　导缆钳

4. 导向滚轮(pedestal fairlead)

一般设置在大中型船首尾部导缆钳或导缆孔与系缆机械之间的甲板上,有直立式和水平式两类。导向滚轮通常作为配合锚机绞缆的导缆装置,如图 4-3-8 所示。

5. 转动导缆器(universal fairlead)

转动导缆器也称万向导缆器(孔),如图 4-3-9 所示。这种转动导缆器在孔的左右及上下均装设滚轮或滚柱,工作条件大为改善。

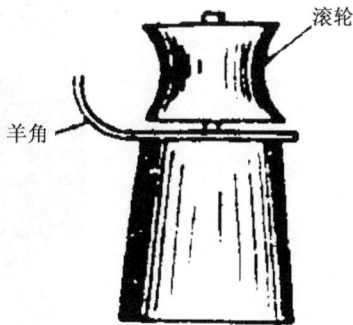

滚轮

羊角

图 4-3-8　导向滚轮

三、绞缆机

绞缆机也称系缆绞车(warping winch; mooring winch),主要用于收绞缆绳。船首绞缆机械一般由锚机的卷筒进行;船中部的缆绳一般由起货机副卷筒收绞,在船尾甲板则另设系缆绞车或系缆绞盘。有些大型船舶在船首和中部专设系缆绞车。

按动力源分,绞缆机有电动绞缆机(electric-powered winch)和液压绞缆机(hydraulic winch),有的油船上还用蒸汽绞缆机(steam-powered winch);按卷筒轴线方向,可分成卧式绞缆机和立式绞缆机。

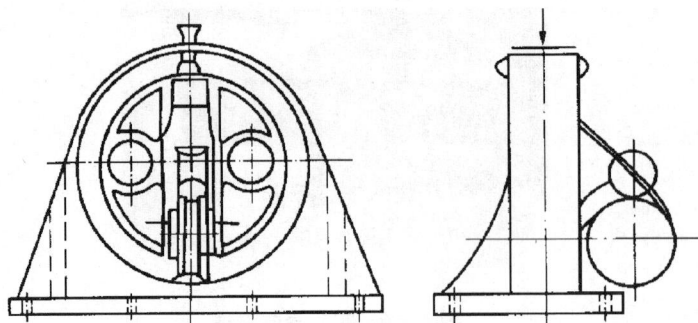

图 4-3-9　转动导缆器

普通卧式绞缆机的卷筒是由电机经过减速后驱动运转时,甲板占有面积大,如图4-3-10 所示。

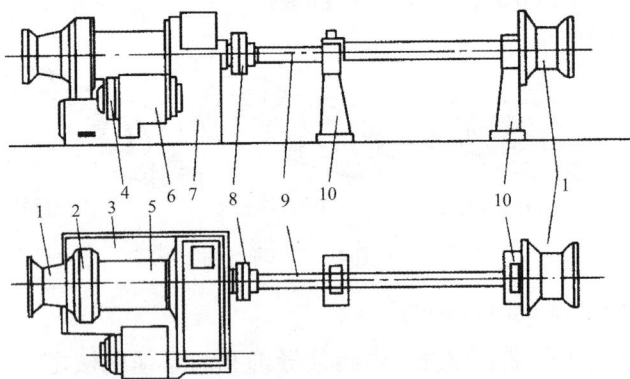

(a)电动卧式绞缆机

(b)实船电动液压绞缆机

图 4-3-10　卧式绞缆机

1—系缆卷筒;2—墙架;3—底座;4—圆盘刹车;5—主卷筒;6—电动机;7—减速
箱;8—联轴节;9—主轴;10—轴承座

立式绞缆机又称系缆绞盘(capstan),因其动力装置一般设在甲板下面,所以占用的甲板面积少,并有利于保护机器,如图 4-3-11 所示。

由于货物装卸、潮汐变化和风浪影响,船舶吃水会发生变化,系的张力也会随之变化,需要专人经常检查、调整系缆。目前,不少大型船舶已装置了自动张力绞缆机

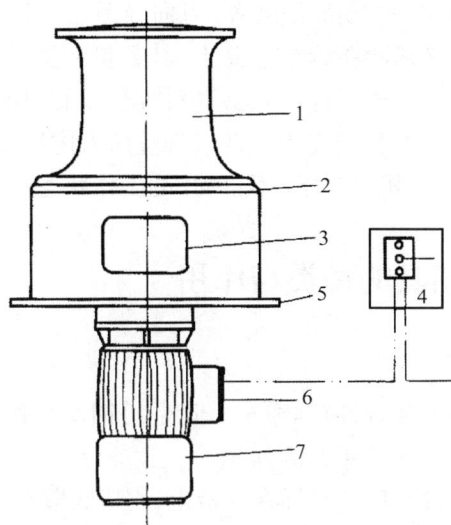

图 4-3-11 立式绞缆机

1—滚筒;2—基座;3—检查盖;4—操纵控制开关;5—甲板;6—接线盒;7—电动机

(auto-tensioning winch),全称为自动张力调整绞车。当船舶因吃水变化或受潮汐、风力影响,导致系船缆绳张力有所增减,从而偏离规定值时,自动系缆机能够相应地自动收放缆绳,使其张力稳定到规定值。就可防止缆绳拉断,保证系泊安全,并减少值班人员的操作和劳动强度。

如图 4-3-12 所示,是电动液压自动系缆绞车的工作原理图。当缆绳松弛,张力减小时,自动控制压力调节阀 2 动作使压力阀关闭,高压油泵 5 排出高压油进入液压马达6,驱动转轴和卷筒顺时针方向旋转,将松驰的缆绳绞紧。

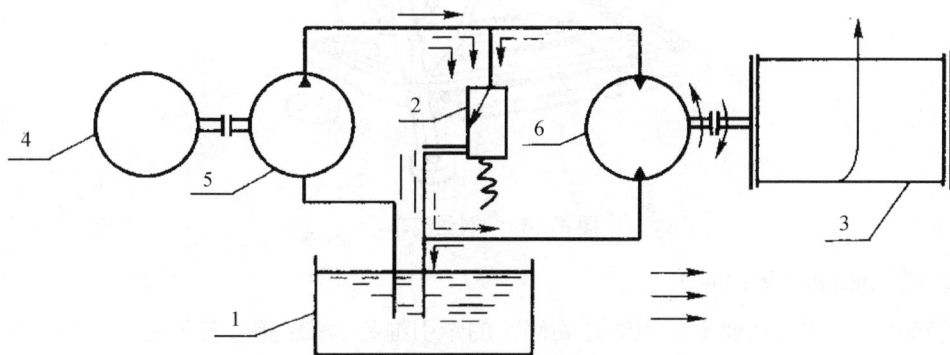

图 4-3-12 电动液压自动系缆绞车工作原理图

1—储液箱;2—压力调节阀;3—滚筒;4—电动机;5—高压油泵;6—液压马达

当张力达到原规定值时,压力阀又自动开启,压力油大部分经压力调节阀流向储液箱 1,少量油液进入液压马达补充泄漏的油液量,使卷筒停止转动。当系船缆张力大于液马达内液压制动力时,系船缆会拉动马达反转将缆绳松出。

液压马达反向排油并与高压液泵排出的油液混合,经压力调节间向低压液路循环。

采用自动系缆机必须有相应的转动导缆装置(万向导缆器)。

因自动系缆机的缆绳必须卷在绞缆卷筒上,其数量有限。万吨级货船通常只有头缆两根和艉缆两根可以自动收放,只能满足一般情况。而当船舶吃水变化很大或因潮汐、风力使缆绳张力变化很大时,仍需人工及时调整所有的缆绳。根据 IMO 的要求,停泊中的油船,其自动张力绞缆机应置于"不自动"的工作状态。

四、缆车及附属用具的种类与作用

1. 缆车(reel)

系缆卷车是卷存缆绳的装置,简称缆车。凡是用钢丝绳作系船缆的船舶都配有专用的缆车,用来卷存钢丝绳,如图 4-3-13 所示。

化纤绳一般在使用前都有序地平铺在甲板上,用毕收藏在舱内或专用箱子内,或盘好在木格板上并绑扎好。现在,不少大型船舶将系缆卷车直接与绞缆机的载荷轴相连,组成专用的绞缆机滚筒,使之既能储存系船缆,也能随时收绞和调节缆绳,不必用制缆索将系船缆挽到缆桩上,而可直接卷留在绞缆机上。

图 4-3-13　钢丝缆车

2. 撇缆绳(heaving line)

船舶靠码头时,从船上将缆绳送到码头的牵引绳称为撇缆绳,其长度约 40 m,直径为 6 mm,绳的前端有一定重量撇缆头,以便抛掷,如图 4-3-14(a)所示。

3. 碰垫(fender)

碰垫,俗称靠把,其外部用绳编织,内填软木或棕丝等软性物质的球状体,用于船舶靠高码头或靠离其他船只时缓冲船体与码头物体的撞击和摩擦,从而保护船舷,如图 4-3-14(b)和图 4-3-14(c)所示。

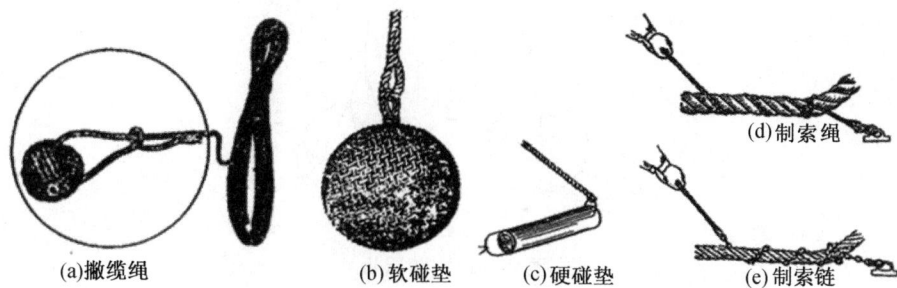

图 4-3-14 碰垫、撇缆绳

4. 制缆索

制缆索有制索绳(rope stopper)和制索链(chain stopper)两种,如图 4-3-14(d)和图 4-3-14(e)所示。制缆索主要用于船舶系泊时临时在系船缆上打结,以承受缆绳拉力,以便将缆绳在卷筒上取下挽在缆桩上,或将其在系缆桩上取下,挽在卷筒上继续收绞。

制索链用于钢丝缆,其使用方法如图 4-3-15 所示。而制索绳则用于纤维缆,其使用方法如图 4-3-16 所示。

图 4-3-15 制索链使用方法示意图

图 4-3-16 制索绳使用方法示意图

5. 防鼠板(rat guard)

防鼠板,亦称挡鼠板,一般由薄钢板或塑料制成。船靠妥码头后,必须在每根系缆绳上放妥防鼠板,以防止鼠类动物沿缆绳爬进或爬出船舶,如图 4-3-17 所示。

6. 撇缆器

用火药或高压气体等作为推力,将撇缆绳抛出有效距离 230 m 以上的装置称为撇缆器。主要是在船舶遇紧急情况下,利用撇缆器进行远距离撇缆,从而引出缆绳。

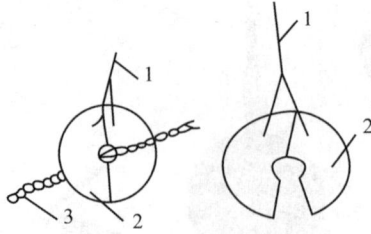

图 4-3-17　防鼠板
1—细绳；2—挡鼠板；3—缆绳

第四节　系泊设备的检查保养和使用注意事项

一、检查保养

系泊设备的检查保养可分为航次、季度和半年检查保养。系泊设备的检查与养护要点如表 4-4-1 所示。

表 4-4-1　系泊设备的检查与养护要点

序号	名称	养护周期	检查要点	养护要点
1	钢丝缆	3 个月	锈蚀和断丝情况，绳内油麻芯含油量	除锈上油，钢丝缆的 10 倍直径长度内发现断丝超过 5%，换新或插接
2	植物纤维缆	3 个月	外表磨损情况	洗净晾干后收藏，股内发黑者不能用
3	合成纤维缆	3 个月	外表磨损情况（测量粗细）	洗净晾干后收藏
4	绞缆机械	3 个月	刹车是否可靠，离合器是否灵活，自动带缆绞车是否有效，卷筒损坏、磨损、腐蚀情况，操纵器的水密情况	失灵的换新或修理，活络处加油，自动装置失效的应及时修复
5	缆索卷车	6 个月	外壳、地脚螺栓锈蚀情况，卷筒轴是否活络	除锈、油漆、加油润滑
6	导缆钳、导向滚轮	6 个月	本体锈蚀、磨损情况，卷筒轴是否活络	除锈、油漆，做好磨损记录，加油润滑，销轴弯曲应修理
7	系缆桩、导向滚轮	6 个月	锈蚀、磨损	除锈、油漆，做好磨损记录
8	制缆装置	每航次	甲板眼环是否锈蚀、磨损，链（索）是否变形、腐蚀和磨损	除锈、油漆，磨损变形严重的换新
9	撇缆、碰垫、防鼠板	每航次	是否齐全和有无损坏	若丢失需补充，若损坏需换新

（1）平时还应经常检查缆绳的磨损、锈蚀和断丝等情况，以及检查撇缆、靠把和防鼠板是否齐全、损坏，如损坏或丢失，应及时换新补充。

（2）每个航次，应检查甲板眼环是否锈蚀、磨损，检查链（索）是否变形、腐蚀和磨损，并应及时除锈油漆，磨损变形严重者应予换新。

（3）每个季度，应检查一次绞缆机和缆车，包括其外壳底脚螺栓和支架的锈蚀情况，卷筒损坏、磨耗、腐蚀情况，操纵控制器的水密情况，转动部分是否轻便灵活，刹车和离合器是否可行轻便，并加油润滑，做好磨损记录。如装有自动张力绞缆机，应检查其有效性。

（4）每个季度，应检查钢丝缆锈蚀和断丝情况，以及绳内油麻芯含油情况；对植物纤维缆要检查其磨损情况，股内有无霉点；对合成纤维缆要检查其外表磨损和粗细情况。

（5）每半年，应对带缆桩、导缆孔、导缆钳和导向滚轮以及缆索卷车检查其锈蚀和磨损情况，有否裂纹，滚轮是否活络，检查并记录其底脚锈蚀和垫木的腐烂情况，对转动部分应定期加油，并做好其记录。

（6）修理后的绞缆机要进行试验，运转试验应进行 $1\sim2$ h，并测定转速、拉力负荷。绞缆速度应能达到 15 m/min，绞缆拉力应能达到所配置的系船缆破断力的 75% 左右，在试验过程中还应进行制动和过载保护装置的试验。

二、使用注意事项

系缆作业

1. 植物纤维缆使用注意事项

（1）经常摩擦的绳段，用帆布或麻袋包扎，避免磨损。

（2）白棕绳受潮后会收缩变硬，干后又伸长。雨雪天应将拉紧的绳索放松，以免绷断。

（3）缆绳应经常检查。如发现有磨损、腐烂，要立即更换。

（4）沾上海水或泥沙的白棕绳，用淡水冲洗，应充分晒干至柔软才能收存。同时应防止接触酸、碱、盐等化学药品。

（5）缆绳存放库要通风、干燥。室温、温度保持适当。应防鼠咬，定期翻晒。

2. 化学纤维缆使用注意事项

（1）不能超负荷使用。因化学纤维缆具有较大的伸缩性，变形后不易复原。在上滚筒受力时易突然跳动，操作时应离滚筒远一些，以防弹出伤人。

（2）避免磨损。在用绞车收绞缆绳时，尽量避免绞车空转，以免摩擦产生高温使化学纤维缆变质或黏合；化学纤维缆的头部等易摩擦处，可用帆布包好。

（3）正确使用和存放。不可与钢丝绳交错使用于同一个导缆孔和缆桩，存放时应避开蒸汽管路、高温处；使用后应用淡水冲洗，存放时保持通风和干燥。

（4）防止腐蚀损坏。避免接触酸、碱等化学品，以免变质。

3. 钢丝缆使用注意事项

（1）避免磨损。在钢丝绳 10 倍直径长度内发现断丝超过 5% 或有显著变形、磨损和锈蚀时应换新。

（2）避免扭结变形。钢丝绳不应有扭结、急折，如有扭结变形应及时解开扭结，具体方法如图 4-4-1 所示；系缆时弯曲处应至少有 6 倍钢丝绳直径以上的弯曲半径。

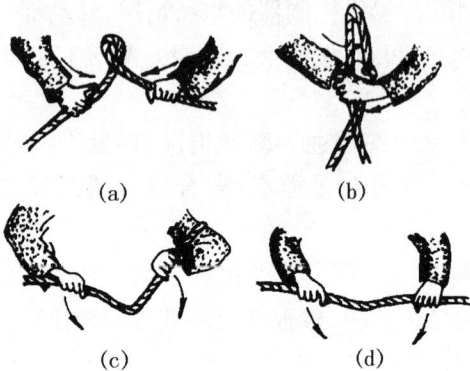

(a)　　　　　　　(b)

(c)　　　　　　　(d)

图 4-4-1　钢丝绳解扭方法

（3）防锈蚀。钢丝绳在使用时，如发现锈蚀，其使用强度应降低 30%，应经常除锈涂油。

（4）应正确使用。钢丝绳不超负荷使用，防止散股，一根钢丝绳不能同时出两个头使用。

（5）用完后，钢丝绳应整理卷好放在缆车上，罩好防水罩。平时应对转动部分定期检查和涂油防锈。使用系缆卷车时，应特别注意卷车的转速。松缆时应使用缆车的脚踏等刹车器控制速度，千万不能用手来制止缆车的转动，以免发生危险。

4. 其他应注意事项

（1）绞缆速度要听从指挥，应注意缆绳动态，不要硬绞或突然加大系缆绞车的功率。

（2）在使用制缆索时，应使用与缆绳同质的制缆索。

（3）缆绳要清理好，及时解开扭结，防止互相绞缠，不用的缆绳应盘好，钢丝绳应收卷在缆索卷车上。

（4）人员站立位置要适当，严禁站在缆绳圈中或两脚跨在缆绳。操作时注意力要集中，不要靠近张紧的缆绳。

（5）缆绳和属具要预先准备好。

（6）操作人员应穿戴好手套、安全帽、工作鞋等防护用品，操作时动作要迅速、敏捷，防止夹手。

（7）注意两根或两根以上缆绳同时上同一个船上缆桩或岸上缆桩的正确套桩方法，如图 4-4-2 所示。

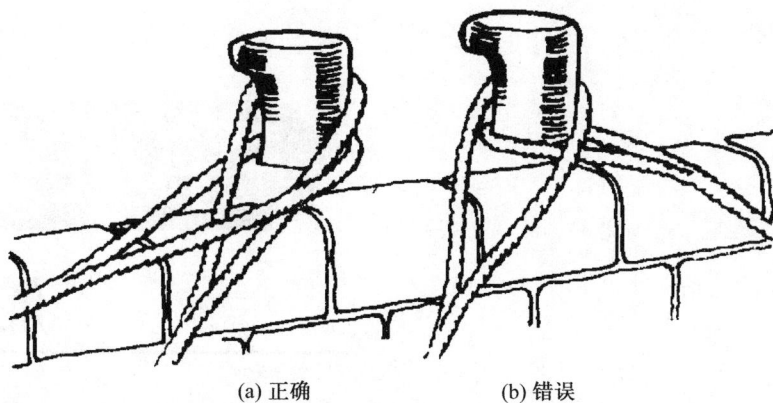

(a) 正确   (b) 错误

图 4-4-2　缆绳在同一缆桩上的系带方法

思考与练习

1. 钢丝绳的种类以及其特点有哪些?

2. 船舶系靠码头时出缆的名称及其作用?

3. 船舶系双浮筒时用缆名称及其作用?

4. 2 000 载重吨及以上的液货船应急拖带装置有哪规定?

5. 自动张力绞缆机的工作原理。

6. 系泊设备主要有哪些组成部分?

7. 钢丝绳使用注意事项有哪些?

8. 船舶带缆作业有哪些安全注意事项?

第五章

舵设备

第一节　舵设备的作用及组成

一、舵设备的作用

　　舵设备是舵及其支承部件和操舵装置的总称,是操纵船舶的主要设备。船舶在航行中,保持航向或改变航向主要依靠舵来实现。对远洋航行的船舶而言,其保向性是第一位的,而对港作、沿海航行的船舶而言,其旋回性显得十分重要。

　　根据流体力学中的机翼理论可知,船在正常航行时,水流对称地流过舵叶两侧,不产生舵力,船不会产生偏转。而当舵工向任一舷操某一舵角时,如图 5-1-1 所示,水流的对称性被破坏,舵叶两侧的流场随之发生改变,迎流面的流速较背流面的流速慢,从而产生垂直于舵叶的压力差 P_δ,此时水流对舵叶产生的摩擦阻力为 r,P_δ 与 r 的合力即构成舵力 R。由于阻力 r 相对舵压力 P_δ 过小,故 R 与 P_δ 相差无几,通常认为使船产生转头的力就是舵压力 P_δ。R 的大小与舵角 δ、舵叶面积 A_R、舵速 v_R 和舵叶断面形状等因素有关,在初始舵角范围内,舵角越大舵力越大。当舵角约等于 35° 时舵力最大,若再增大舵角,舵力反而下降,因此一般把 35° 舵角称为极限舵角。

二、舵设备的组成

　　舵设备由舵装置、操舵装置、操舵装置控制系统组成,如图 5-1-2 所示。

　　舵装置:又称舵叶,安装于船尾水线以下。承受相对水流的作用,产生转舵力矩使船回转。

　　操舵装置:安装在艉尖舱甲板平台上的舵机房内。由舵机及转舵装置组成,舵机为转舵的动力源,通过转舵装置将力矩传递给舵杆,从而带动舵叶转动。

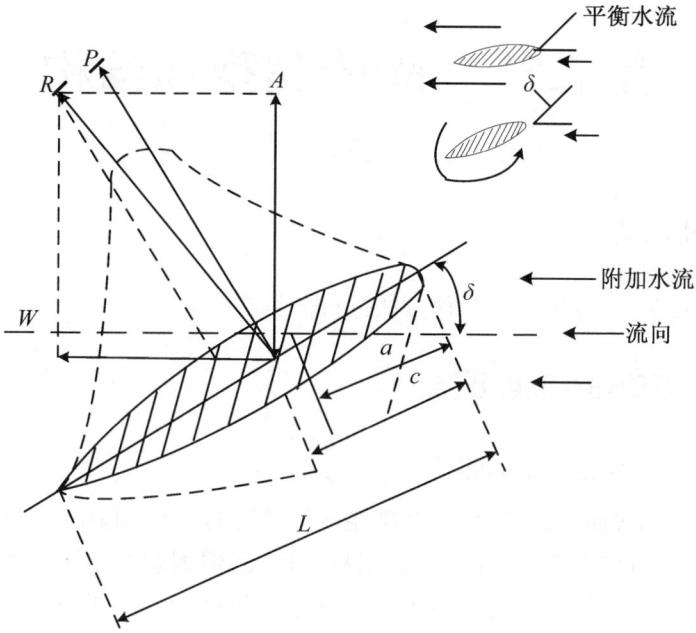

图 5-1-1　舵偏转后的舵力

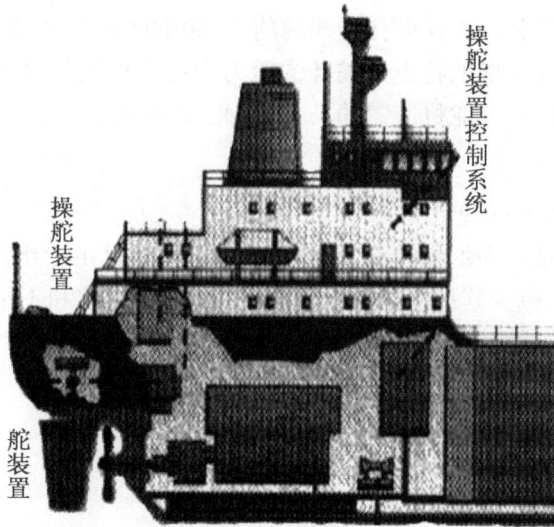

图 5-1-2　舵设备组成

　　操舵装置控制系统：主要部件安装于驾驶室内，由操舵装置控制装置及其他附属装置组成，将舵令通过电力或液压控制系统由驾驶室传递给舵机，以控制其动作。

第二节 舵的类型和结构

一、舵的类型

舵的类型较多,一般按下述几种方法进行分类。

(一)按舵杆的轴线位置分类

1. 不平衡舵(unbalanced rudder)

不平衡舵又称普通舵,舵叶面积全部在舵杆轴线的后方,如图5-2-1(c)所示。这种舵有许多舵钮,即有许多支点,舵杆的强度易于保证,但因舵的水压力中心离转动轴较远,转舵时需要较大的转舵力矩。不平衡舵的平衡比度为零。所谓平衡比度是指舵轴以前的舵叶面积与舵叶总面积之比。

2. 平衡舵(balanced rudder)

平衡舵的舵叶部分面积在舵杆轴线的前方,用舵时起到平衡作用,如图5-2-1(d)、图5-2-1(e)所示。这种舵的特点是舵叶的压力中心靠近舵轴,使舵绕舵轴的回转力矩小,以便易于操舵,减少了舵机所需的马力,因此,在海船上得到广泛使用。平衡舵的平衡比度在0.2~0.3。

3. 半平衡舵(semi-balanced rudder)

半平衡舵把舵轴前面的舵叶面积做得小些,或把舵叶的上半部分做成不平衡舵,下半部分做成平衡舵,减少其平衡量,使平衡比度介于平衡舵和不平衡舵之间的舵,适用于艉柱形状比较复杂的船舶,半平衡舵的平衡比度小于0.2。图5-2-1(a)为半平衡舵示意图,图5-2-1(f)所示为实船半平衡舵。

(二)按舵叶的支承情况分类

1. 双支承舵(double bearing rudder)

双支承舵是指有两个支承点的舵。上支承点一般在船体上。下支承点,对于双支承的平衡舵,是在舵叶下端的舵托处,如图5-2-1(e)所示;对于双支承点的半悬挂舵,是在舵叶的半高处,如图5-2-1(a)所示。

2. 多支承舵(multipintle rudder)

多支承舵是指有多于两个支承点的舵。支点可为舵承、舵钮和舵托等。它有三个以上的舵钮用舵销与艉柱连接,如图5-2-1(c)所示。除船体内的支承外,舵的重量主要由舵托支承。

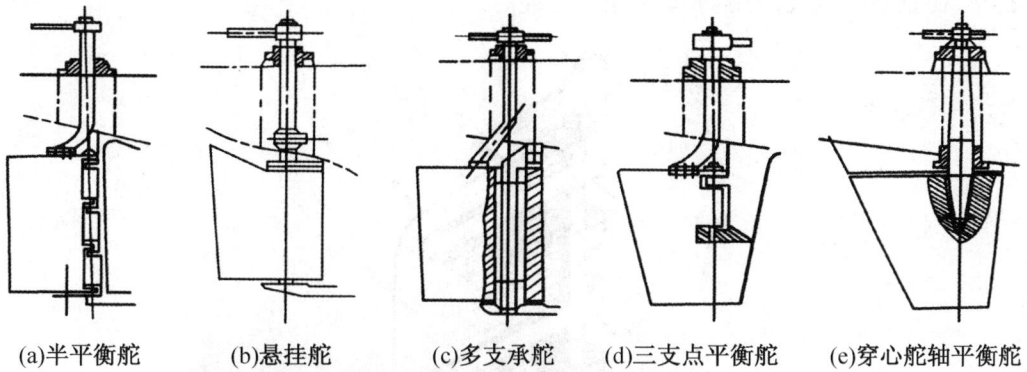

(a)半平衡舵　(b)悬挂舵　(c)多支承舵　(d)三支点平衡舵　(e)穿心舵轴平衡舵

(f)实船半平衡舵

图 5-2-1　舵的类型

3. 悬挂舵(hanging rudder)

悬挂舵仅在船舶内部设有支承点,悬挂舵的舵叶悬挂于船体下面,无下支承,舵杆受弯矩大,常用作多舵船的边舵,如图 5-2-1(b)所示。

4. 平衡悬挂舵(balanced spade type rudder)

这种类型的舵从上往下逐渐变窄,以减少对舵轴的弯矩。建造和安装比较简单,其缺点是整个舵的重量只能由船内的舵承来承受,这种类型的舵被广泛地使用在沿岸航行的短途运输船舶中,例如渡轮、滚装船及冷藏船。

5. 半悬挂舵(partially underhung rudder)

半悬舵的舵叶上半部连接在舵柱上,下半部呈悬挂状。

(三)按舵叶的剖面形状分类

1. 平板舵(flat-plate rudder)

平板舵又称单板舵,舵叶是由一块钢板或在钢板上两面交替安装的横向加强筋(舵臂)构成,如图 5-2-2 所示。这种舵随着舵角的增大,舵的效率下降,失速现象发生得早,而且阻力也大,海船基本不用平板舵。

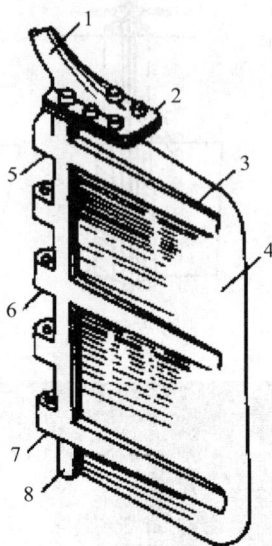

图 5-2-2　平板舵

1—上舵杆;2—连接法兰;3—舵柄;4—舵板;5—上
舵销;6—中间舵销;7—下舵销;8—下舵杆

2. 流线型舵(streamlined rudder)

流线型舵又称复合舵,它是在骨架的外围以流线型的复板覆盖而成,其剖面成流线型。这种舵的水动力性能好,升力系数高,阻力系数低,因此,舵效亦好。此舵因做成空心水密而获得一定浮力,可减少舵承上的压力,其强度也高,虽构造比较复杂,但被广泛采用,如图 5-2-3 所示。

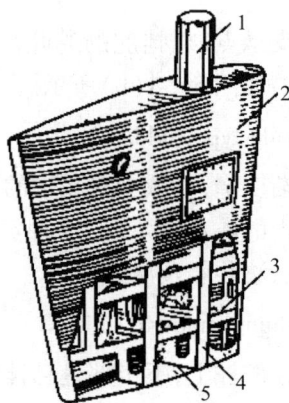

图 5-2-3　流线型舵

1—舵杆;2—舵板;3—水平加强筋;4—焊接衬板;5—垂直加强筋

(四)特种舵

1. 整流帽舵(bulb rudder)

在普通流线型舵的正对螺旋桨的轴线延长部位,加一个流线型的圆锥体,俗称整流帽,它有利于改善螺旋桨后面的水流状态,从而提高螺旋桨的推力,并改善船尾的震动情况,如图 5-2-4 所示。

2. 主动舵(active rudder)

在舵的内部,大体与推进器轴一般高处装设一个水平马达,由此马达驱动附在舵后的小螺旋桨。这个小螺旋桨固定在舵的中心轴方向上,并外加导管保护和整流,转舵时,随舵叶一起转动,由于其推进的舵力再加上小螺旋桨推力所产生的力矩,就可使转艏力矩有较大的增加。另外,即使是在低速甚至停车时,操小螺旋桨仍可得到转艏力矩,从而大大提高了船舶的操纵性,如图 5-2-5 所示。

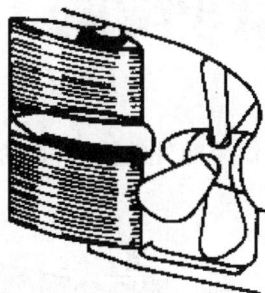

图 5-2-4　整流帽舵　　　　　图 5-2-5　主动舵

3. 襟翼舵(flap-type rudder)

襟翼舵又称可变翼形舵。它是仿效飞机的襟翼,在普通主舵叶后缘装一个称为襟翼的副叶组成的舵,如图 5-2-6 所示。当主舵叶转动一个舵角时,副舵叶绕主舵叶的后缘转出一个更大的 β 角(称襟角),产生更大的流体动力。该舵的转船力矩较大而转舵力矩却较小,舵机动率也较小。

4. 反应舵(reaction rudder)

反应舵又称迎流舵,如图 5-2-7 所示。它以螺旋桨的轴线为界,舵叶的上下线型分别向左右扭曲一些,使其迎着螺旋桨排出的两股螺旋状水流,起到相当于导流叶的作用,从而减少阻力,增加船舶推力。

5. 鱼尾舵(fishtail rudder)

鱼尾舵中比较有代表性的是平衡比度为 0.2 的麦柯里针型舵(Maclear Thistle rudder),鱼尾舵主要用在船速较低的船舶上,水流流过舵叶的尾部时摩擦力增加,其效果

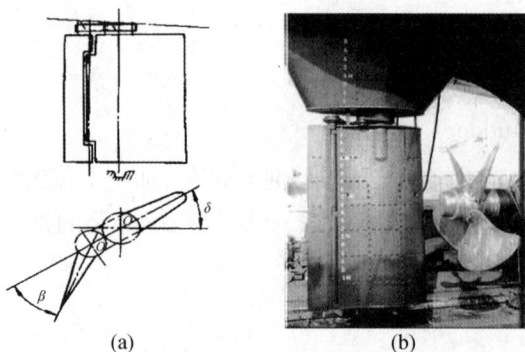

图 5-2-6　襟翼舵

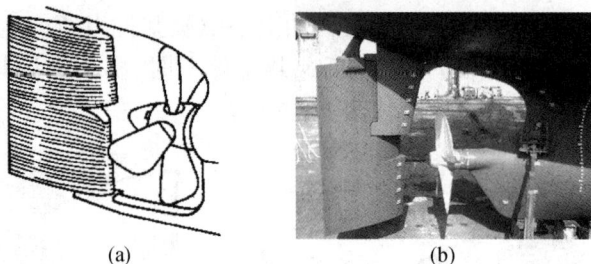

图 5-2-7　反应舵

在舵的尾部安装了一个侧推器,为围绕舵的水体提供了额外的拉力,有助于提高船舶的操纵性能。图 5-2-8 所示为鱼尾舵的俯视图。

6. 组合舵(unit rudder)

船舶常采用舵叶的上下两端各安装一块制流板,即成为组合舵。在流线型舵叶的上下两端各安装一块制流板,可减少舵叶两端的绕流损失,从而进一步改善舵的流体动力性能。这种舵又称希林舵或工字型舵,其剖

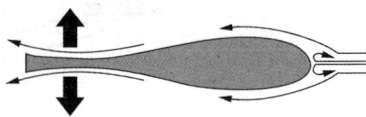

图 5-2-8　鱼尾舵俯视图

面设计成鱼的形状,舵角可在±75°范围内变化,特别适用于内河、运河及受限航道航行的船舶,如图 5-2-9 所示。

7. 最先进的舵

目前世界上最先进的舵为 SSP,其构造和工作原理观看英文版教学视频"最先进的舵 SSP 介绍"。

最先进的舵SSP介绍

二、舵的结构

舵的种类繁多,其结构也不尽相同,现代海船普遍采用流线型舵,而流线型舵的种类也较多,结构亦不同,因此,本书着重介绍一般流线型平衡舵的结构特点。

一般流线型平衡舵的结构主要由舵叶、舵杆和舵承组成。

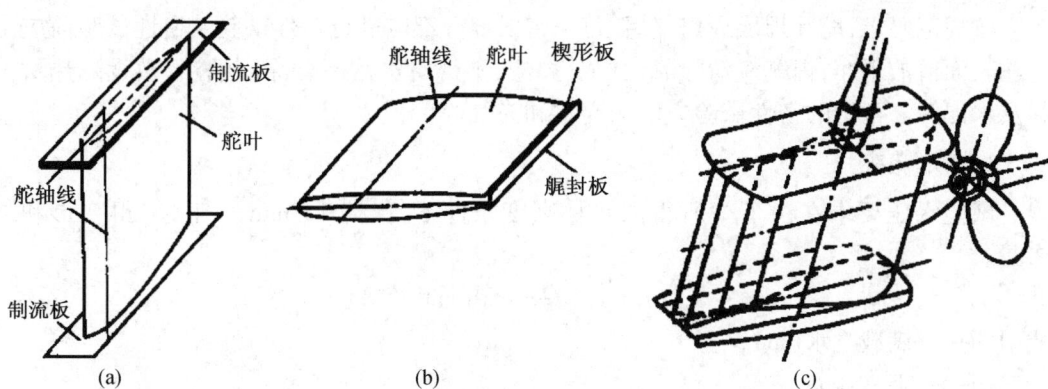

图 5-2-9　组合舵

（一）舵叶（rudder blade）

为了保证舵叶的强度和线型,用水平隔板和垂直隔板按线型的组成骨架,将两块流线型舵的外壳直接焊在骨架外面,如图 5-2-10 所示。

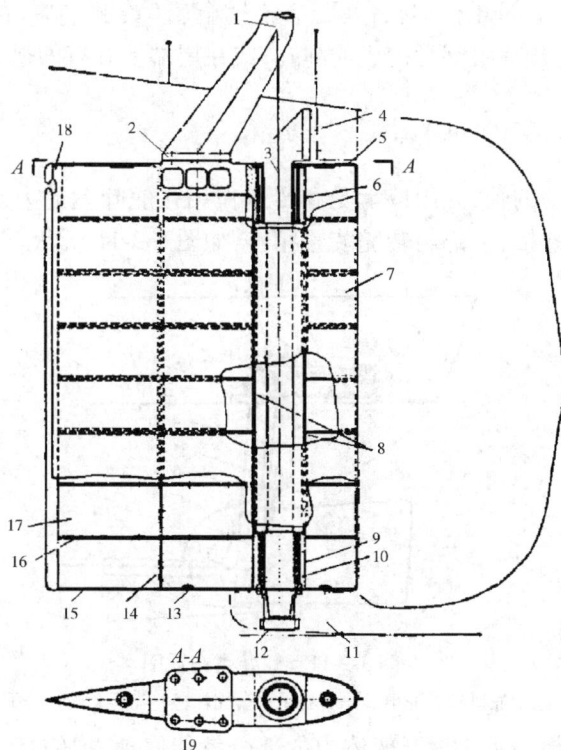

图 5-2-10　流线型舵叶结构图

1—舵杆;2—水平法兰接头;3—舵轴;4—垂直法兰接头;5—舵顶板;6—上轴承;7—舵板;8—舵轴衬套;9—下轴承;10—下轴套;11—舵轴承座;12—圆螺母;13—舵底塞;14—竖向肋板;15—舵底板;16—横向肋板;17—舵板;18—吊环板;19—覆板舵

按规范要求,舵叶焊成或修复后,每个密封部分都应进行密性试验。密性试验前应将舵表面清洁干净,焊缝应清除氧化皮及焊渣,不得对水密焊缝涂刷油漆,敷设隔热材料及水泥等。常用的密性试验方法为灌水和充气等。

1. 灌水试验

试验水压要求在由下式所得的水柱高度条件下,保持 15 min 以上,不得变形和渗漏。

$$H = 1.2d + v^2/60 \text{ (m)}$$

式中:d——满载吃水(m);

v——船速(kn)。

2. 充气试验

舵的充气试验在满足下式压力条件下,保持 15 min,并外涂肥皂水进行渗漏检查。

$$P = 0.005d + 0.025 \text{ (N/mm}^2)$$

式中:d——满载吃水(m)。

密性试验合格后,通常在舵叶内灌上沥青,以防舵叶内部锈蚀,为了灌放水和防腐沥清,在舵叶上部和下部开有小孔,并配有不锈金属(黄铜)制成的栓塞。为了便于舵叶的装卸,在舵叶上开有由钢管构成的绳孔,或在尾端上开有凹槽,称之为吊装孔。

(二)舵杆(rudder stock)

舵杆是舵叶转动的轴,并用以承受和传递作用在舵叶上的力及舵给予转舵装置的力。其下部与舵叶连接,上部与转舵装置相连,如图 5-2-11 所示。

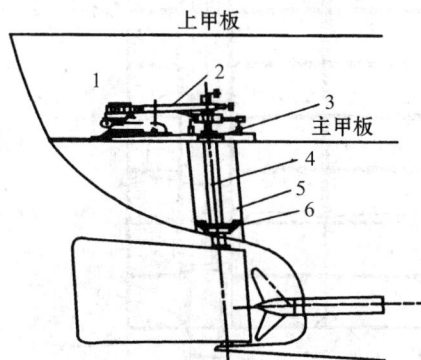

图 5-2-11 舵装置布置图

1—电动舵机;2—舵扇;3—上舵承;4—舵杆;5—舵杆套筒;6—下舵承

为了使舵在受损时不必拆开船体内的部分就能修理,把舵杆分作上舵杆和下舵杆两段制造,然后用法兰接头连接。

上舵杆的顶端称舵头,舵头通过舵杆套筒伸至舵机室与转舵装置相连接。上舵杆下端是法兰接头,与舵叶连接。其连接形式有三种,如图 5-2-12 所示。目前都采用水平法兰接头,当舵杆和舵叶各转到相反舷的最大舵角时,上下法兰边缘之间有 30 mm

的间隙。这样,可以将舵拔出。连接法兰时,至少用 6 只螺栓,为使法兰螺母脱落时螺栓不致滑落,安装时螺母应朝下,并加防止螺母松动的保护装置,且用水泥包搪。作为一种备用手段,在法兰间还需装设前后方向的键块。舵杆磨擦处应装上衬套(青铜或铜质),以防磨损。

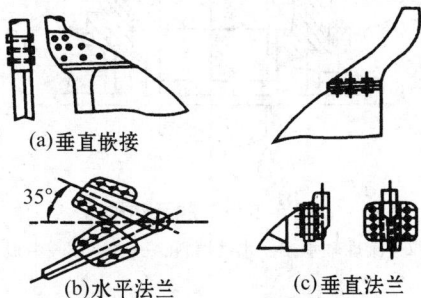

(a)垂直嵌接

(b)水平法兰   (c)垂直法兰

图 5-2-12　舵杆接头

(三)舵承(rudder carrier)

舵承是用来支持舵杆、支承舵的重量及保证船体水密的设备。按其位置可分上舵承和下舵承两种,如图 5-2-11 部件 3、部件 6 所示。

上舵承装在舵机甲板上。其结构如图 5-2-13 所示。下舵承装在舵杆筒口或舵杆筒内,其结构如图 5-2-14 所示。目前大型船舶普遍采用的是不设下舵承而只设上舵承,全部重量和力都由其承担,其结构如图 5-2-15 所示。这种舵叶中往往装有穿心舵轴,穿心舵轴的上端用垂直法兰固定在船尾,其下端穿过艉柱承座,用螺母固定。

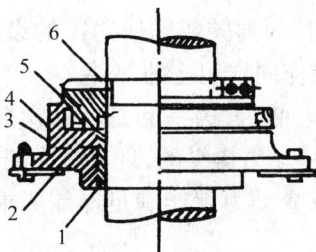

图 5-2-13　上舵承
1—衬套;2—止推滚珠轴承;3—舵承体;
4—螺栓;5—填料;6—舵承盖

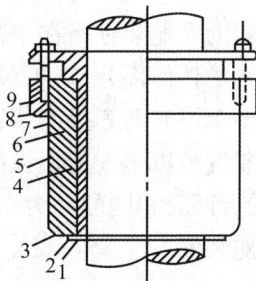

图 5-2-14　下舵承
1—挡板;2—水密填料;3—螺钉;
4—舵杆衬套;5—衬套;6—垫料;
7—本体;8—压盖;9—螺栓

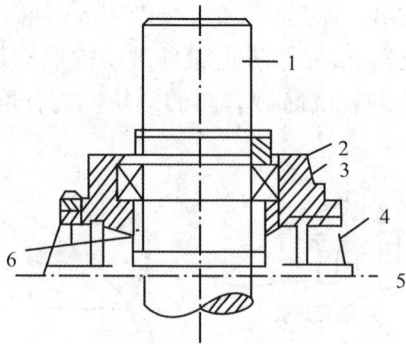

图 5-2-15 舵承结构

1—舵杆;2—滚珠轴承;3—水密填料;4—底座;5—甲板;6—衬套

第三节 操舵装置

操舵装置是指能使舵转动的装置,通常指安装在舵机舱内的舵机和传动机构。根据动力源的不同,操舵装置可分为电动操舵装置和液压操舵装置等;根据有关公约和规范的要求,操舵装置是指在正常航行情况下,为驾驶船舶而使舵产生动作所必需的机械、转舵机构、舵机装置动力设备(如设有)及其附属设备和向舵杆施加转矩的部件(如舵柄及舵扇)。其中,舵机装置动力设备包括电动操舵装置、电动液压操舵装置和驱动机及与之相连接的泵等其他液压操舵装置。主操舵装置应在驾驶室和舵机室均设有控制器。

所谓辅助操舵装置指在主操舵装置失效时,为驾驶船舶所必需的设备。它不属于主操舵装置的任何部分,但不包括舵柄、舵扇或作同样用途的部件。

船舶要求设有两套操舵装置,一套是主操舵装置,另一套是辅助操舵装置,小船的辅助操舵装置可以是人力操纵的,大船必须是用动力操纵的,现在较大船舶上的主操舵装置,一般有两套相同的动力,并且使用其中一套动力就能满足操舵要求,因此它可不设辅助操舵装置。

一、电动操舵装置(electric steering gear)

电动操舵装置主要由电动机、传动齿轮、舵扇和舵柄等组成,如图 5-3-1 所示。

当由驾驶室操舵装置控制系统遥控电动机转动时,通过蜗杆、蜗轮、小齿轮带动松套在舵杆上的舵扇旋转,舵扇再通过缓冲弹簧推动键套在舵杆上的舵柄,从而使舵杆和舵偏转。

采用蜗杆蜗轮的传动方式主要是为了获得较大的减速比,以增大转矩,同时也可以利用其机械传动中的自锁作用,防止舵叶在受外界冲击作用下发生逆转现象,从而起保护电动机的作用。

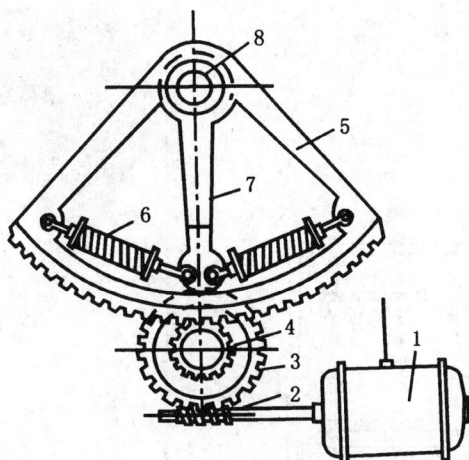

图 5-3-1 电动操舵装置组成
1—电动机；2—蜗杆；3—蜗轮；4—传动齿轮；5—舵扇；6—缓冲弹簧；7—舵柄；8—舵杆

缓冲弹簧的硬度较大，在正常力的作用下，弹簧不会变形，相当于刚体能顺利地传递转舵力矩；当舵叶受到外界巨大冲击力作用时，弹簧能吸收冲击能量，起保护舵机的作用。

这种操舵装置的舵扇下面装有楔形块，停泊时打上楔形块可刹住舵扇，防止舵受波浪冲击而损坏舵机。电动操舵装置的结构简单、操作容易、工作可靠、维修方便，因此被广泛使用于中小型船舶。

二、液压操舵装置(hydraulic steering gear)

液压操舵装置主要由电动机、油泵、管路、转舵机构等组成。这种操舵装置是现代海船广泛采用的一种操舵装置。它的特点是：传动平稳、无噪声、操作方便、易于遥控、能实现无级调速，在操舵次数频繁的情况下，比电动操舵装置具有较高的可靠性。尤其是对大型、高速和转舵力矩大的船舶，如果采用较高的工作油压时，可获得尺寸较小，重量较轻，布置紧凑的转舵装置。

液压操舵装置的种类很多，常见的有往复式(柱塞式)和转叶式两大类。

1. 往复式液压操舵装置

往复式液压操舵装置又称柱塞式液压操舵装置，目前海船上常用的有二缸柱塞式和四缸柱塞式液压操舵装置。图 5-3-2 所示为往复式四缸柱塞式液压操舵装置示意图。由操舵装置控制启动电机带动变量泵，变量泵从一对油缸中抽油，同时向另一对油缸输油，使活塞 2 在油压作用下移动，通过球窝关节 3 带动舵柄 4，从而转动舵叶，如果油泵改变输油方向，舵就反向转动。

2. 转叶式液压操舵装置

图 5-3-3(a)所示为转叶式液压操舵装置原理示意图。油缸体之内有三个定叶和三

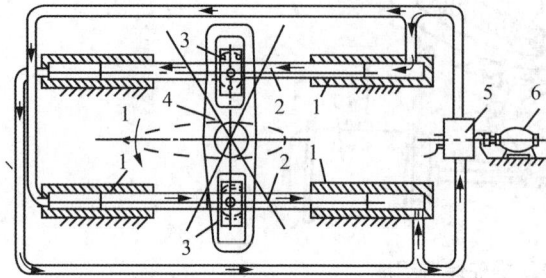

(a)往复式四缸柱塞式液压操舵装置平面示意图　　(b)往复式四缸柱塞式液压操舵装置示意图

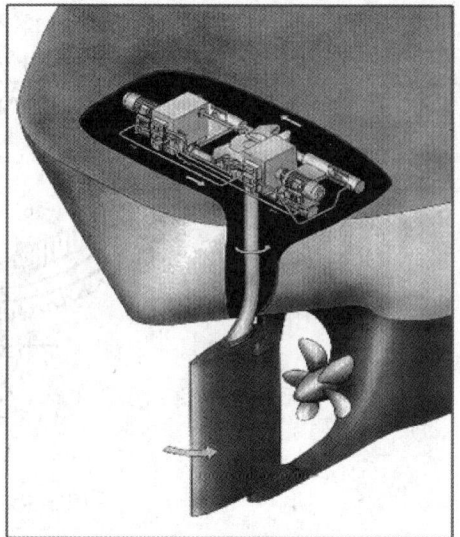

图 5-3-2　往复式四缸柱塞式液压操舵装置
1—油缸;2—活塞;3—球窝关节;4—舵柄;5—泵;6—电动机

个转叶,将油缸体分成六个工作腔,工作腔内充满油液,定叶与缸体固接,转叶用键固连在舵杆上。开动电动机使变量油泵工作。摇控油泵控制杆控制油液流向和流量,通过油管路、向三个对应的工作腔送油,从另三个工作腔排油,如图中箭头所指的流向,则转叶反时针方向转动,带动舵杆使舵叶转出相应的角度。图 5-3-3(b)、图 5-3-3(c)所示为转叶式液压操舵装置平面与立体示意图。

转叶式液压操舵装置将是操舵装置发展的方向,但目前油密和油压这两大技术问题未能得到圆满解决,因此,该操舵装置还没有在海船上得到广泛应用。

三、辅助操舵装置

辅助操舵装置是在主操舵装置失效时,为应急操舵而补设的一种操舵装置,有时也称应急操舵装置。在舵机室内的这些装置不应属于主操舵装置的任何部分,但可共用其中的舵柄、舵扇或其他等效用途的部件。小船的辅助操舵装置是以人力去操纵轴传动、链索传动和液压传动等形式去驱动舵柄舵扇,而大船的辅助操舵装置必须是以独立的动力操作去驱动舵柄或舵角。较大的船舶可不设辅助操舵装置,一般至少设两台相同的动力设备供主操舵装置使用,其中一台作为备用。

四、舵角限位器

航行中船舶使用的最大有效舵角,一般流线型舵为 32°,平板舵为 35°。为防止在操舵时实际舵角太大而超过有效舵角,在操舵装置的有关部位设置舵角限位器(rudder

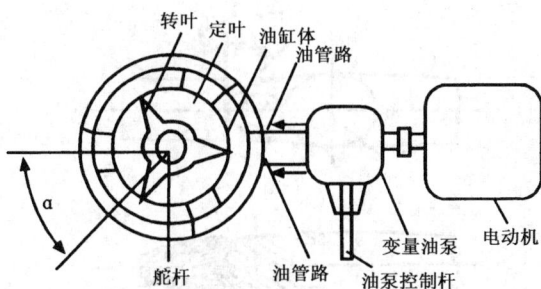

(a)转叶式液压操舵装置原理示意图

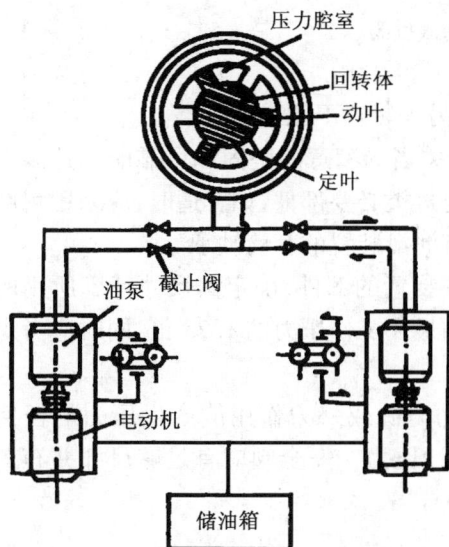

(b)转叶式液压操舵装置平面示意图

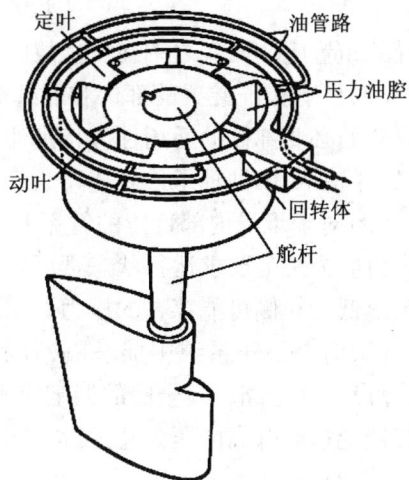

(c)转叶式液压操舵装置立体示意图

图 5-3-3 转叶式液压操舵装置

angle stopper）。舵角限位器有机械、电动等多种类型。机械舵角限位器可以设在舵叶上或下舵杆与舵柱的上部,如图 5-3-4 所示。

另外,还有在舵柄两极限舵角位置处装设角铁架。当舵转到满舵时,舵柄被角铁架挡住,不能继续转动,电动舵角限位器为装于舵柄两侧极限位器的开关,当舵转到满舵时,舵柄与其相连的装置使开关处于断路位置,与开关串连的舵用电动机即停止向某一舷继续转动。当舵机电动机反转时,舵柄或与其相连的装置和开关脱离接触,开关即在弹簧的作用下回到通路位置。

五、操舵装置的基本要求

SOLAS 公约与我国《钢质海船入级规范》对操舵装置的基本要求做了规定。

1.总的要求

（1）每艘船舶应配备满意的主操舵装置和辅助操舵装置。主操舵装置和辅助操舵

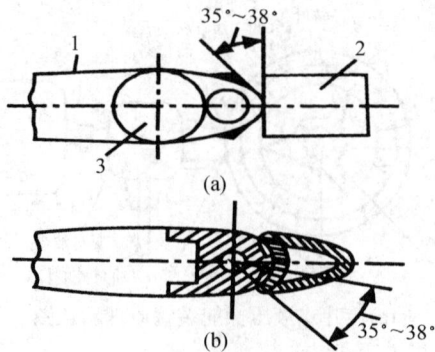

图 5-3-4　舵角限位器

1—舵叶；2—舵柱；3—舵杆

装置的布置应使两者之一在发生故障时，不致另一装置不能工作。

（2）所有操舵装置的部件和舵杆应使用有关当局满意的坚固和可靠的构造。对于非双套的必要部件的适用性应特别注意。任何这类必要部件，如合适时，应采用耐磨轴承，如球轴承、滚柱轴承或能持久润滑或设有润滑装置的套筒轴承。

（3）对于承受内部液压的管系和其他操舵装置的部件，确定其尺寸计算所用的设计压力应为规范要求运行状态下可能再出现的最大工作压力的 1.25 倍，同时应考虑在该系统低压一侧可能存在的压力。

（4）凡在液压系统中能被隔断的和由于动力源或外力作用能产生压力的任何部件，应设置安全阀。安全阀的调定应不超过设计压力。安全阀应有足够尺寸并布置成能够避免过分升高的压力超过设计压力。

2. 监控与供电要求

（1）对于电动或电动液压操舵装置，应在驾驶室和适当的主机控制位置装设指示其电动机正在运转的设备。

（2）由 1 台或几台动力设备组成的每一电动或电动液压操舵装置至少应由两个自主配电板直接供电的专用电路来供电；但是，其中之一可以由应急配电板供电。与电动或电动液压主操舵装置相联系的电动或电动液压辅助操舵装置可与向此主操舵装置供电的电路之一联结。向电动或电动液压操舵装置供电的电路应有足够容量，以便能同时向与它联结且可能需要同时工作的所有电动机供电。

（3）这类电路和电动机应设有短路保护和过载报警装置。包括起动电流在内的过电流保护装置（如有时），应不小于所保护电路或电动机全负荷电流的两倍，并应布置成能允许适当的起动电流通过。如采用三相供电，应设有能指示任一相所发生故障的报警装置。警报应是声光的，并应位于正常控制主机的主机处所或控制室内明显位置上。

3. 主操舵装置和舵杆

（1）具有足够强度，并能在船舶最大航海吃水和最大营运前进航速时进行操舵，能使舵自任一舷35°转至另一舷35°，并且于相同条件下在自一舷的35°转至另一舷30°所需的时间不超过 28 s；

（2）为了满足上述要求，当舵柄处的舵杆直径（不包括航行冰区的加强）大于 120 mm 时，该操舵装置应为动力操纵；

（3）设计成在船舶最大后退航速时不致损坏，但这一设计要求不需要在试航中的最大后退速度和最大舵角进行验证。

4. 辅助操舵装置

设计要求不需要在试航中的最大后退速。

（1）具有足够的强度和足以在可驾驶的航速下操纵船舶，并能在应急情况下投入工作；

（2）应能在船舶最大航海吃水和以最大营运前进航速的一半但不小于 7 kn 时进行操舵，使舵自一舷 15°转至另一舷 15°，且所需时间不超过 60 s；

（3）为了满足上述要求，以及在任何情况下当舵柄处的舵杆直径（不包括航行冰区的加强）超过 230 mm 时，该操舵装置应为动力操纵。

人力操舵装置只有当其操作力在正常情况下不超过 160 N，且确保其结构不致对操舵手轮产生破坏性的反冲作用时，方允许装船使用。

5. 主操舵装置和辅助操舵装置动力设备的布置

（1）当动力源发生故障失效后又恢复输送时，能自动再起动；

（2）能从驾驶室控制使其投入工作；

（3）任一台操舵装置动力设备的动力源发生故障时，应在驾驶室里发出声、光警报。

6. 不必设置辅助操舵装置的情况

如果主操舵装置具有 2 台或 2 台以上相同的动力设备，则在下列条件下可不必设置辅助操舵装置：

（1）对于客船，当任一台动力设备不工作时，主操舵装置仍能按上述第 3 条第 1 款的规定进行操舵；

（2）对于货船，当所有动力设备都工作时，主操舵装置能按上述第 3 条第 1 款的规定进行操舵；

（3）主操舵装置布置成当其管系或一台动力设备发生单项故障时，此故障能被隔离，使操舵能力能够保持或迅速恢复。

另外，非液压形式的操舵装置，应达到等效的标准，并经船级社同意。

操舵装置应设有有效的舵角限位器。以动力转舵的操舵装置，应装设限位开关或类似设备，使舵在到达舵角限位器前停止。装设限位开关或类似设备应该与转舵机构本身同步，而不应与舵机的控制相同步。

操舵装置应有保持舵位不动的制动装置。

7. 布置操舵装置的控制系统的要求

（1）对于主操舵装置，应在驾驶室和舵机室两处都设有控制器。

（2）当主操舵装置按照上述第 6 条的规定设置时,应设置两套独立的控制系统,且每套系统均应能在驾驶室控制。但这并不要求设双套操舵手轮或手柄。如果控制系统是由液压遥控传动装置组成时,则除 10 000 总吨及以上的油船、化学品船或气体运输船外,不必设置第二套独立控制系统。

（3）对于辅助操舵装置应在舵机室进行控制,如辅助操舵装置是用动力操纵,则也应能在驾驶室进行控制,并应独立于主操舵装置的控制系统。

8. 能从驾驶室操作的主、辅助操舵装置的控制系统

其应符合下列要求:

（1）在舵机舱应设有能将驾驶室操纵的任何控制系统从正在运转的操舵装置上断开的设施。

（2）此控制系统应能在驾驶室某一位置被投入工作。

（3）驾驶室与舵机室之间应设有通信设施。

9. 舵角位置

（1）如主操舵装置为动力操纵,则应在驾驶室显示。舵角的显示装置应独立于操舵装置的控制系统。

（2）在舵机室内能看到舵角的指示。

10. 液压动力操舵装置应满足的要求

（1）考虑到液压系统的形式和设计特点,应具有保持液压流体清洁的设备。

（2）每一液压系统的循环油箱应设低位警报器,以尽早地指示液体的泄漏,在驾驶室和机器处所内易于观察的地方发出声、光警报。

（3）当主操舵装置要求动力操纵时,应设有一个固定储存柜,其容量足以使一个动力转舵系统包括循环油箱进行再充液。储存柜应用管路固定连结,使液压系统能在舵机室内便于充液,并应设有液位计。

11. 安全阀

能被隔断的液压系统的任何部分,以及由于动力源或外力作用能产生压力的任何部分均应设置安全阀。安全阀应调整在不大于设计压力时开启。并且,阀应具有足够大的通径,以防止压力的升高超过设计压力。

安全阀开启压力应不小于 1.25 倍的最大工作压力。

12. 舵机室

（1）易于到达,并尽可能与机器处所分开;

（2）布置适当,以保证有通向操舵机械和控制器的工作通道。且为了保证万一液压流体发生泄漏时有适宜的工作条件,这些布置包括扶手、栏杆和格木栅板或其他防滑地板。

13. 操舵装置的应急动力

对于舵柄处舵杆直径大于 230 mm(不包括航行冰区加强)的所有船舶,应设有能

在 45 s 内向操舵装置自动供电的替代动力源。这种动力源,应为应急电源或位于舵机室内的独立动力源,其容量至少满足供应符合上述第 3 条第 2 款要求的操舵装置的 1 台动力设备及与其联用的控制系统和舵角指示器提供足够的能源。此独立动力源应只准专用于上述目的。在 10 000 总吨及以上的每艘船舶上,其替代动力源应具有足够供应至少连续工作 30 min 的能量,而在任何其他船舶上则至少为 10 min。

如操舵装置的替代动力源为 1 台位于舵机室内独立的由发动机驱动的液压泵,其发动机的自动起动装置应符合应急发动机组自动起动的有关规定。

14. 10 000 总吨及以下的特定船舶

10 000 总吨及以下的每艘油船、化学品船或气体运输船和 70 000 总吨及以上的每艘其他船舶,其主操舵装置应设有两台或两台以上符合上述第 6 条规定的相同的动力设备。

15. 10 000 总吨及以上的特定船舶

10 000 总吨及以上的每艘油船、化学品船、液化气体运输船,除满足第 14 条的规定外,其操舵装置还应符合如下规定:

(1)主操舵装置应这样设置,即由于主操舵装置的一个动力转舵系统的任何部分(但除舵柄、舵扇或为同样目的服务的部件或因转舵机构卡住以外)发生单项故障以致丧失操舵能力时,应在 45 s 内能够重新获得操舵能力。

(2)主操舵装置应包括:

①两个独立和分开的动力转舵系统,每个系统均满足上述第 3 条第 1 款的要求;或

②至少两个相同的动力转舵系统在正常运转中同时工作时,能满足上述第 3 条第 2 款的要求。当需要符合此要求时,各个液压动力转舵系统应相互连结。任一个系统中液压流体的丧失时应能被发现,以及有缺陷的系统应能自动隔离,以使其他动力转舵系统保持安全运行。

(3)非液压型式的操舵装置应能达到同等的标准。

16. 10 000 总吨及以上但小于 100 000 载重吨的特定船舶

10 000 总吨及以上但小于 100 000 载重吨的油船、化学品船或液化气体运输船,其操舵装置,如能够达到同等安全衡准和符合下述规定时,可允许采用不同于上述第 15 条所述的办法,即对舵的一个或几个动力转舵系统不必应用单项故障标准:

(1)由于管路或一台动力设备的任何部分发生单项故障而丧失操舵能力时,应在 45 s 内恢复操舵能力;

(2)如果操舵装置只包括单一转舵系统,则应对设计时的应力分析,包括疲劳分析和断裂力学分析(如适用)和对所使用的材料、密封装置的安装、试验检查以及有效维护规定等予以特别考虑。

如舵机制造厂欲使其产品符合国际海事组织通过的《10 000 总吨及以上但小于 100 000 载重吨的油船、化学品船和液化气体运输船的非双套转舵系统的验收准则》的要求,则应提供相应的资料,并经船级社认可。

第四节　操舵装置的控制系统

操舵装置的控制系统是指将舵令由驾驶室传至操舵装置动力设备之间的一系列设备。由发送器、接受器、液压控制泵及电动机、电动机控制器、管路和电缆组成。目前海船上采用的主要有电力和液压两种操舵装置的控制系统。

一、电力控制系统

现代海船广泛使用的是电力控制系统。该系统的主要优点是：轻便灵敏、便于遥控和操舵自动化、线路易于布置、不受温度变化和船体变形的影响、工作可靠及维修管理方便。

根据操舵的实际需要，目前采用电力控制系统的海船都可实现自动操舵、随动操舵和应急操舵的功能。其中，海船都应配备随动操舵控制系统和应急操舵系统。而且，这两套系统的线路必须独立布置，当一套操舵系统发生故障时，可立即转换使用另一套操舵系统。

（一）随动操舵系统

设有舵角反馈装置，并能进行追随控制的操舵系统称为随动操舵系统。目前，海船上常用的有液压舵机的随动操舵系统和电动舵机的随动操舵系统。

1. 液压舵机的随动控制原理

图 5-4-1 为液压舵机的电力控制系统的操作示意图。

当操舵台的舵轮转出一舵角信号并停止在某一舵角后，该舵角信号被放大器放大后送至力矩电机。随后，力矩电机驱动伺服电机控制油泵盘倾斜一个角度，油泵即开始排出相应的液压油。在液压油的作用下，柱塞开始直线运动，并通过舵柄带动舵叶开始转动，来自舵柄处的反馈信号发到操作台并逐渐缩小与舵令信号的电位差。在此过程中，力矩电机驱动机械伺服电机逐渐回到中间位置（0°），直至电位差为零。此时，油泵倾斜盘也返回到平衡位置，吸油与排油停止，舵叶便停止在舵轮所给出的指令舵角上。

2. 电动舵机的随动控制原理

电动舵机的随动控制系统由电阻 r_1 和 r_2 组成的电桥、放大器、继电器和舵角反馈装置等组成。其随动控制的工作原理如图 5-4-2 所示。

由舵轮控制的电阻滑动触臂 L_1 可在电桥电阻 r_1 上移动，电阻 r_1 和 r_2 组成电桥，由交流船电供电，电阻滑动触臂 L_2 电舵角反馈发送器控制，也可在电桥电阻 r_2 上移动。当驾驶台的舵轮位于正舵（零度）和船尾的舵也位于正舵（在首尾线上），即 L_1 与 L_2 分别处于各自电阻中点时，电桥的电位平衡，L_1 与 L_2 引入放大器接线端 a 与 b 两点的电

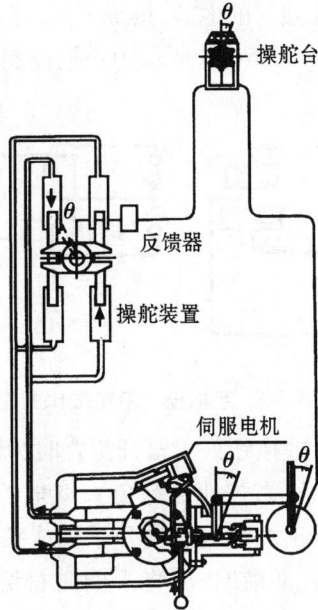

图 5-4-1 液压舵机电力控制系统操作示意图

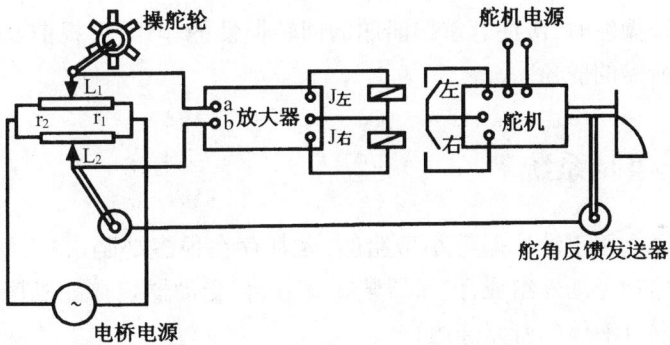

图 5-4-2 随动控制系统工作原理图

压为零,此时舵机不工作。如果转动舵轮,L_1 在电阻 r_1 上移动后使电桥失去平衡,L_1 与 L_2 的电位不一致而产生电位差,放大器 a、b 两点便输入操舵信号电压,经放大整流后输出直流控制电压至继电器 J。操左舵时,继电器 J 左接通,舵机直流电源经 J 左启动舵机工作,带动舵叶转出左舵角。同时,通过机械连接使舵角反馈发送器转动,并通过电路使舵角反馈接受器也同步转动,带动电阻滑动触臂 L_2 在 r_2 上移动,直至 L_2 与 L_1 同位,电桥恢复平衡状态,输入放大器信号电压为零,舵机停止工作。这时舵叶便处于舵轮所给出的指令舵角上。回舵时,反向将舵轮转回零位,舵机也反向转动,使舵回到正中位置。由此可见,改变操舵手轮的转动方向,便可改变舵叶的偏转方向。这种操舵方式的舵轮转动角和舵叶的偏转角度是相当的,操舵时比较直观。

(二)手柄控制系统

手柄控制系统也称直接控制系统或应急控制系统。该系统是在自动和随动操舵控制装置发生故障时使用。它有独立的电源,操纵开关,手柄或揿钮直接控制执行电机使舵机工作,该系统无反馈装置。图 5-4-3 所示为手柄控制系统工作原理图。

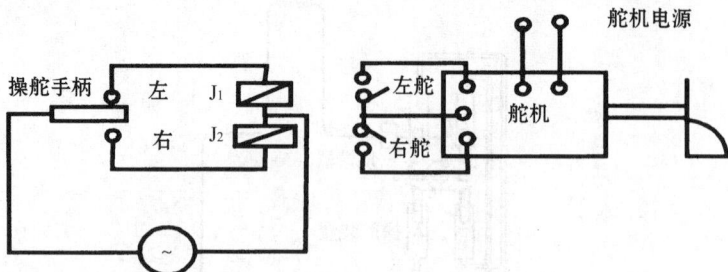

图 5-4-3　手柄控制系统工作原理图

当操舵手柄位于中间位置或按钮处于松开位置时为断电位置,舵机不工作,手柄向左或揿下左按钮(左按钮为红色,右按钮为绿色),继电器 J_1 接通,使左舵触点闭合,舵机电源经左舵触点启动舵机转出左舵角。松开手柄或按钮,舵机停转,舵角保持不变。若需加大舵角,重复上述操作。回航时,应将手柄向右偏转,使继电器 J_2 接通,右舵触点闭合,舵机电源经右舵触点启动舵机,使舵向右回转,当舵角指示器的指针接近零度时,应将手柄提前放在中间位置。

使用该系统操舵时,应注意掌握船舶的回转惯性的作用,要提前及时断电,才能使舵叶准确到达所需的舵角。

二、液压控制系统

该系统主要适用于港作船等小型船舶,因其存在很多缺陷,目前海船上也不再采用。它由发送器和受动器组成,发送器装在驾驶台,受动器装在舵机房,两者之间由充满甘油和水的混合液体的管路连通。

图 5-4-4 为液压控制系统示意图。

转动舵轮 1,通过传动齿轮 2、轴 5、小齿轮 6 和齿条 7,使发送器液缸 3 里的活塞 4 向上移动,把液缸内的油通过管路 A 压入受动器液缸,把受动器的活塞推向右边。受动器液缸右边的油液通过管路 B 压至发送器液缸。由于受动器活塞带动活塞杆向右移动,把曲拐杠杆 10 拉向下方,从而控制液压舵机的变量泵工作,使舵偏转。如果舵轮向相反方向转动,使曲拐杠杆 10 向上推,舵即向相反方向移动。舵轮停止转动时,在舵机随动装置反馈作用下,舵机油泵停止抽油,使舵能停留在所操的舵角上。

图 5-4-5 为液压三点杠杆式追随机构控制的工作原理图。

当舵轮在零度位置时,变量泵 1 虽在持续运转,但因偏心矩为零,油泵不吸排油,舵叶不动处于正舵位置。当操动舵轮时,由受动器控制的操作杆 2 使浮动杆 3 的 A 点移向 A_1。刚开始时,舵叶尚未转动,B 点不动,而 C 点被推至 C_1 点,使变量泵 1 按图示箭头方向向系统供油,推动柱塞 4 右移,并转动舵柄 5 使舵叶偏转。在舵叶偏转的同时,经追随杆 6 拉动浮动杆 3,由原来的 A_1-C_1-B 位置变为绕 A_1 点而从 B 摆向 B_1 点。当

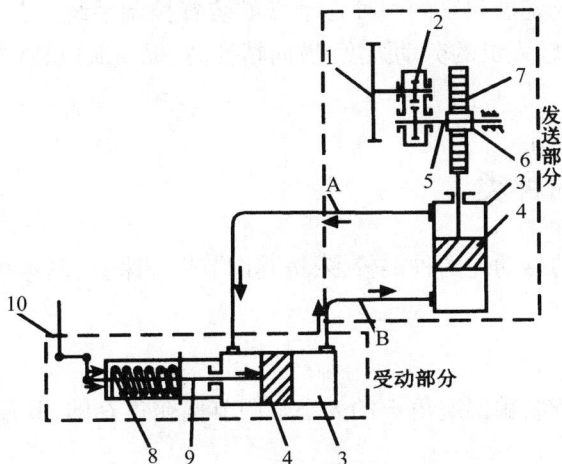

图 5-4-4　液压控制系统示意图

1—舵轮；2—传动齿轮；3—液缸；4—活塞；5—轴；6—小齿轮；7—齿条；8—弹簧；9—活塞杆；10—杠杆

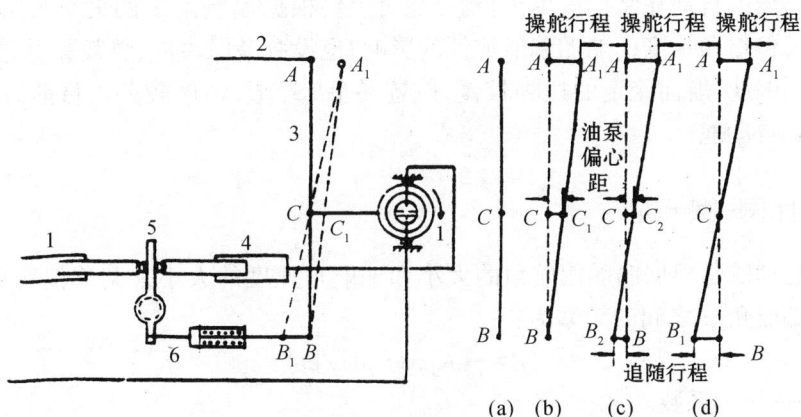

图 5-4-5　液压三点杠杆式追随机构控制工作原理图

1—变量泵；2—操纵杆；3—浮动杆；4—柱塞；5—舵柄；6—追随杆

B 到达 B_1 时，相应的 C_1 点也就回到原来的 C 点，消除了泵的离心距，于是停止供油，完成一个操舵的全过程。这样，舵叶就转到并停留在指令的舵角上。

若改变舵轮的转动方向，使 A 点向相反方向拉动浮动杆时，变量泵 1 将改变供油方向实行反向转舵。而当舵轮停在零度时，舵叶也会回到原来的正中位置。

第五节　自动舵

自动舵是一种自动操舵装置控制系统，能模拟并代替人力操舵，还可以和其他导航设备结合组成自动导航系统，使船舶无人驾驶成为可能，大大提高了船舶自动化水平。

它是在随动舵基础上发展起来的一种自动操舵装置控制系统。其与人工舵相比具有：自动纠正偏航角、减轻人员的劳动强度、航向精度高、提高航速、减少燃料消耗及缩短航程等突出优点。

一、自动舵的种类

海船实际使用的自动舵的种类较多,按其调节规律来分,基本可分为三种。

(一)比例舵

这种自动舵是按船舶偏航角 φ 的大小来调节偏舵角 β 的,其偏航角与偏舵角之间的关系为:

$$\beta = -K_1\varphi$$

式中:K_1——比例系数,负号表示偏舵的方向与偏航方向相反。

比例系数 K_1 可以根据船舶类型、海况、装载情况加以选择和调整。

这种类型的自动舵结构简单,自动操舵时主要根据偏航角 φ 的大小来给出偏舵角 β,没有考虑偏航角速度即船舶偏航惯性的影响,也没有考虑风流、装载等引起的恒值干扰的影响。因此,航向稳定的过程较慢,航迹易呈"S"形,精度较差。目前海船已不采用这种老式自动舵。

(二)比例-微分舵

这种自动舵是根据船舶偏航角的大小和偏航角速度的大小来调节偏舵角的,其偏舵角 β 和偏航角 φ 之间的关系为:

$$\beta = -(K_1\varphi + K_2 \mathrm{d}\varphi/\mathrm{d}t)$$

式中:K_2——比例系数。

偏舵角 β 与偏航角 φ 和偏航角速度 $\mathrm{d}\varphi/\mathrm{d}t$ 成正比,比例系数 K_1 和微分系数 K_2 则根据船舶种类、装载和偏航惯性等加以选择和调整。

由于增加了航向变化率 $\mathrm{d}\varphi/\mathrm{d}t$ 的因素,因而加快了给舵速度,能更好地克服船舶的回转惯性,并大大提高了维持航向的精确度。目前海船上使用的自动舵,大多属于这一类型。

这种舵由于考虑了船舶偏航惯性的影响,所以比较接近人工操舵,其纠正偏航的过程如图 5-5-1 所示。

设航行中由于外界因素的影响使船舶向右偏航,当达到图中(b)位时,所给出的偏舵角为 $\beta_2 = -(K_1\varphi_1 + K_2 \mathrm{d}\varphi_2/\mathrm{d}t)$,此时 $\varphi_2 > 0$, $\mathrm{d}\varphi_2/\mathrm{d}t > 0$。随后,尽管船首继续右偏,但在偏舵角 β_2 作用下,偏舵惯性减少,当船处于(c)位时,偏舵角 φ_3 最大,而偏航惯性为零,即 $\mathrm{d}\varphi_3/\mathrm{d}t = 0$, $\beta_3 = -(K\varphi_3 + 0)$。此时的 β_2 并非整个纠偏过程中的最大偏舵角。

船舶在偏舵角 β_3 的作用下开始返回原航向,当船到达(d)位时,给出的偏舵角 $\beta_4 = -(K_1\varphi_4)$ 由于 $\varphi_4 > 0$,而 $\mathrm{d}\varphi_4/\mathrm{d}t < 0$,故 $\beta_4 < \beta_3$ 因而,船舶在尚未回到原航向时,偏舵角

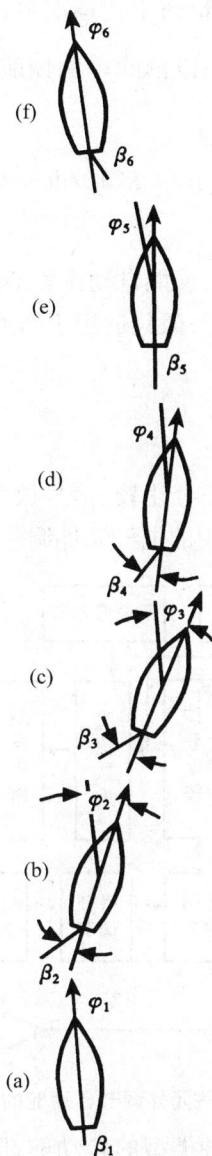

图 5-5-1　纠正偏航示意图

已归于零,如图中(e)位所示。

当船舶回到原航向时,将产生一足够大的反向偏舵角如图中(f)位所示。$\beta_6 = -K_2 d\varphi_6/dt$(因 $d\varphi_6/dt < 0$,故 $\beta_6 > 0$)。这对克服船舶惯性引起的向另一侧偏摆是很有利的,它能使船舶较快地稳定在原航向上。

(三)比例-微分-积分舵

这种舵是在比例-微分舵的基础上经改进而成的。实际上是在比例-微分舵的基础上增加了一个积分器,其目的是为了克服由于风流或螺旋桨不对称等原因而产生的恒值干扰的作用。船舶在一舷受到恒值干扰情况下产生单侧偏航时,它能自动累计偏航角 $\int\varphi\mathrm{d}t$ 使舵机转出一个压舵舵角以消除单侧偏航的影响。其偏舵角和偏航角的关系是

$$\beta = -\left(K_1\varphi_1 + K_2\mathrm{d}\varphi/\mathrm{d}t + K_3\int\varphi\mathrm{d}t\right)$$

式中:K_3——积分系数。

这种自动舵既能加快给舵速度,又能自动压舵消除偏航角,是比较完善的新型自动舵。但其结构复杂、造价昂贵,因此一般只适用于新型的要求较高的商船上使用。

二、自动舵的工作原理

自动舵由自动检测航向偏离、信号比较、信号放大、执行机构和反馈等主要机构组成。图 5-5-2 是目前海船上广为使用的电气元件调节自动舵的工作原理图。

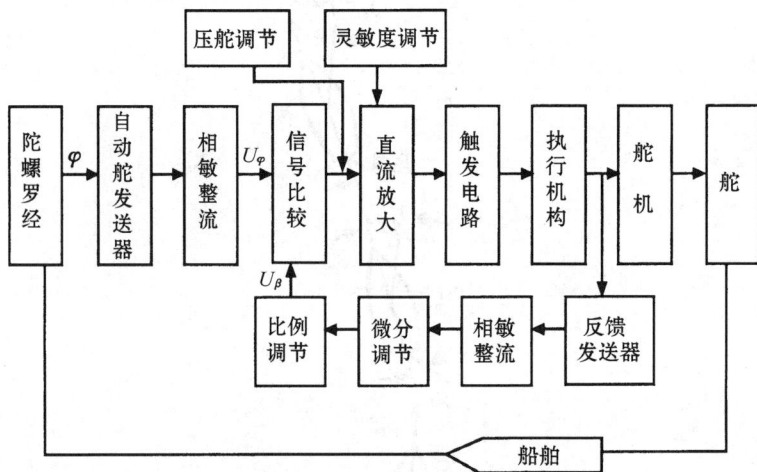

图 5-5-2　电气元件调节自动舵的工作原理图

当船舶在自动操舵状态下,各种类型的自动舵都由陀螺罗经检测船舶是否偏离航向。一旦船舶偏离航向时,陀螺罗经就能检测出偏航角 φ,并带动自动操舵发送器输出与偏航角成正比的交流电压,再经相敏整流变成不同极性的直流电压 U_φ。该电压信号进入比较电路,再经放大器放大,使触发电路接通带动执行电机运转,从而使舵机工作,转出舵角。

在转出舵角的同时,执行机构通过机械传动带动反馈发送器,输出一个相位与偏航信号相反,大小与偏航信号成正比的反馈交流电压,经相敏整流电路整流并经过比例电路和微分电路后产生一个反馈直流电压 U_β。将 U_β 输入比较电路与 U_φ 进行比较,由于 U_β 与 U_φ 的极性相反,当两者的电压值大小相等时,比较电路内的偏差信号为零,放大器无输入,执行机构停止工作,舵叶就停止在所需的舵角上。

船舶在该舵角作用下开始回转,偏航角 φ 随之减少,则 U_φ 也随之减少,这时 $U_\beta>$

U_φ,比较电路又出现偏差信号,其极性服从于 U_β,所以舵机开始反转而回舵。

三、自动舵的操作使用

(一)自动舵的操舵传动方式

每一台自动舵一般均有三种不同的操舵传动方式,即随动、自动和应急操舵方式。

1. 随动操舵

随动操舵通常称人工操舵,由舵工根据舵令操舵,转动舵轮,舵叶随之转动,当舵叶转至所操舵角时停止。这种操舵方式用于进出港、离靠码头、航行于狭水道等航区复杂水域、雾行和避让等时机。

2. 自动操舵

自动操舵是自动仿效人工操舵,用于船舶航行在较长时间的直航向时,可减轻舵工劳动强度、提高操舵精度和船舶航速、缩短航程、节约燃料。

3. 应急操舵

在自动操舵和随动操舵系统发生故障时,应立即使用应急操舵。应将操舵仪上的操舵方向式开关转入"手柄"位置,然后操作手柄开关。有的自动舵操舵台上没有单独专设手柄开关,在这种情况下,只要将手轮轴销拔出,旋转90°后置于凹槽内固定就可将舵轮当手柄进行操舵。

(二)自动舵调节旋钮的使用

为完善自动舵的工作性能,在使用中还要通过自动操舵仪面板上的调节旋钮对自动操舵系统进行调节,以得到最佳使用效果,各旋钮使用调节及特点如下:

1. 转入自动开关

从随动舵转换为自动舵时,应注意先把压舵旋钮和自动改向调节旋钮归零位,同时把船舶稳定在指定的航向上。当船舶处于正航位置时,将选择开关从随动转至自动位置上,船舶即进入自动操舵状态,然后再根据载重情况和海况调节主操舵台面板上的有关旋钮。

2. 灵敏度旋钮

灵敏度旋钮又称天气调节或航摆角调节。它是调节自动舵系统开始投入工作的最小偏航角。在天气好、海况良好的情况下,为了使船舶走得更直一些,即当出现较小偏航角时,就能使舵机工作,产生舵角纠正偏航,可将灵敏度调高一些;而当天气转坏、海况恶劣时,航向偏摆频繁,为防止舵机频繁启动工作而造成舵机受损,应将灵敏度调低一些。

3. 比例旋钮

比例旋钮也称舵角调节旋钮。调节的是自动舵的偏舵角与偏航角的比例。比例系数一般为 0.5~4。万吨船在实际使用中比例系数以 2~3 为宜。刻度的档次越高,比例系数越大,偏舵角越大,调节时应根据海况、船舶装载情况和舵叶浸水面积等不同情况而定。海况恶劣、空载、舵叶浸水面积小,应选用高档;风平浪静、船舶操纵性能好时选用低档。

4. 微分旋钮

微分旋钮又称反舵角调节旋钮或速率调节。根据船舶偏航惯性的大小来调节该旋钮的大小。大船、重载、旋回惯性大时应将微分旋钮调大,反之则应调小,海况恶劣时微分旋钮要调小或调至零。

5. 压舵旋钮

压舵旋钮用以调节压舵的舵角大小,当船舶受到风流等恒值外力干扰而向单侧偏航时,可用此旋钮向相反方向压一舵角,以抵消单侧偏航的作用。压舵的舵角大小可根据船舶偏转情况来选定。

6. 自动改向旋钮

使用该旋钮改向时,应把比例旋钮放在最小位置,而且每次只能进行小度数改向,若需大角度改向,则应分几次进行,一般每次不超过 10°。操作方法通常为:先按下旋钮,然后转动指针至改向的度数,使船舶转到给定航向时指针自动回零,不必人工复位。

7. 零位修正旋钮

用来修正自动舵中航向指示刻度盘与陀螺罗经的同步误差。自动舵的指令来自航向信号,船舶航向以陀螺罗经为准。自动舵上的航向指示器(分罗经)如与主罗经不同步,将产生误差。调节时,应先取下螺帽,用专门钥匙插入,旋转刻度盘,使它的读数与主罗经一致,然后将调节旋钮的指针拨回零位。

(三)使用自动舵的注意事项

各种类型的自动舵都和罗经、舵机组合起来,并且都具有自动、随动和手柄(应急)三种操舵方式。自动舵只是在船舶驶出港不必经常转向的情况下才使用,而船舶在进出港、过狭水道、避让、雾航、大风浪天气、航行于渔区、礁区等复杂海区时,一般都使用随动操舵。应急操舵则是在随动操舵失灵时才使用。下面以图 5-5-3 所示国产红旗-4型自动操舵仪为例,说明自动舵的使用操作程序。

1. 随动操舵

(1)通知机舱接通驾驶室自动舵,然后把驾驶室内的双电源开关(即机组转换开关)放在"1"或"2"的位置上。一般较大型船的操舵装置都使用有两套相同动力的机组,平时只使用一套,另一套备用。

(2)将操舵仪的电源开关放在自(随)动位置。

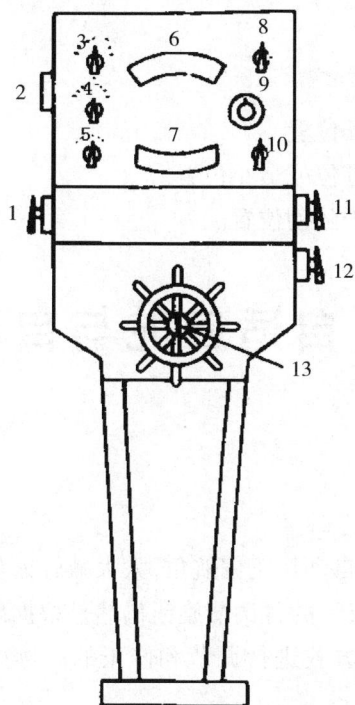

图 5-5-3　红旗-4 型自动操舵仪

1—选择开关；2—分罗经调节孔；3—灵敏度；4—压舵；5—微分调节；6—
分罗经；7—舵角指示器；8—灯光；9—航向改变；10—比例调节；11—机
组开关；12—电源开关；13—应急舵控钮

（3）将操舵仪上的操舵方式选择开关放在"随动"位置。

（4）转动手轮即可操舵。

2. 自动操舵

（1）注意压舵及航向改变旋钮均应放在"0"位上，分罗经刻度与主罗经刻度一致，夜间用灯光调节旋钮将面板的照明亮度调至恰当强度。

（2）先将灵敏度调高一些。

（3）操手轮使船首正好在要求的航向上，驾驶台上及操舵仪上的舵角指示器均正好在"0"上时，将选择开关从"随动"转至"自动"。

（4）根据具体海况及船舶装载情况，转动"天气调节""比例调节""微分调节"等旋钮使之配合得当，得到以最小的偏舵角和最少的偏航次数而有最好的舵向稳定性，必要时再使用"压舵"。对于采用机械断续接触进行调节的自动舵，调节时应将旋钮对准刻度，不能放在两个刻度之间。

3. 应急操舵

当自动操舵及随动操舵失灵时，应立即使用手柄（应急）操舵。

（1）将操舵仪的电源开关放在"手柄"位置。

（2）将手轮轴销拔出，旋转 90°后置于凹槽内固定，便可将手轮当做手柄一样进行操舵。

4. 用毕关机

（1）将电源开关放在断开位置。

（2）各种调节旋钮处于零位或最小位置。

（3）选择开关及舵轮处于随动位置。

第六节　自适应舵与自动驾驶仪

一、自适应舵

采用自动舵航行时可以自动纠正偏航角，大大减轻人员的劳动强度，提高了航向精度和航速。然而，自动操舵仪上的各调节旋钮仍然是根据船舶载重量、吃水及当时风浪等海况凭船员的经验用手动方式进行调节和修正的。例如根据比例-微分-积分舵的偏舵角 β 与偏航角 φ 的关系式：

$$\beta = -\left(K_1\varphi + K_2\mathrm{d}\varphi/\mathrm{d}t + K_3\int\varphi\mathrm{d}t\right)$$

其比例和微分系数必须用经验来确定其调节量，因而也就直接影响舵角的精确度，同时，往往自动舵操舵次数较多，增加了阻力，转舵后船舶阻力增大，加大了主机负荷，导致主机转速下降。为防止转速下降，调速器将开始工作，即增加了燃油消耗量。显然，从节能的角度来看，在自动舵的操作中尚存在不足之处。

为了减少转舵次数和所受阻力，保持船舶沿原航向行驶，以节省油耗，最近几年出现了一种具有自适应控制功能的自适应自动舵（adaptive autopilot），简称自适应舵。

自适应舵能适应船舶运动特性和海况的变化，自动地确定各项系数，从而可以进行最佳控制，减少操舵次数，减小舵角等，弥补了一般自动舵存在的不足。

目前，虽然自适应舵的生产厂家和型号较多，但基本以上由以下主要部分组成，如图 5-6-1 所示。

（一）一般自动舵

自适应舵包含了自动舵控制器、舵机和反馈装置等一般自动舵的部件和功能。

（二）数学模型

自适应舵实际上是一般自动舵加上微机控制。微机内贮存着供计算、比较、鉴别之用的船舶运动特性的模型。

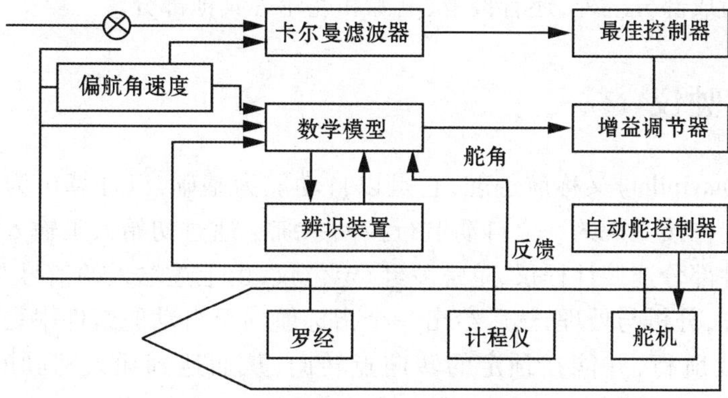

图 5-6-1　自适应舵组成

（三）辨识装置

由于船舶运动特性的模型是随着载重量、吃水差、船速和海况等而变化的,因此,当上述因素有变化时必须建立最新的数学模型,这种检出模型的变化并形成新模型的过程称为"辨识"。当船舶离港用于手动操舵和自动舵时就开始识别,并在操作过程中不断更新模型,这些工作则由辨识装置来完成。

（四）卡尔曼滤波器

其功能是有效地滤除罗经输出信号中所包含的不规则噪声成份,并估算出船在某一舵角下何时开始转向。并且用统计方法处理新模型输出的船舶偏航与由罗经所观测的偏航角不同的差值,从而估算出转舵时船舶的偏航角。

（五）最佳控制器

将卡尔曼滤波器检出的偏航角加到最佳控制器,经最佳控制器处理后,发出使船舶回到原航向的舵角指令。目前,有些自适应舵采用以偏航角、偏航角速度和上述性能指标自动确定,因而不需要像一般自动舵那样凭经验进行人工手动设定。

（六）增益调节器

以上所述的最佳控制器以节能为主要指标。当海况良好时,自适应舵的操纵性能不受影响,能保持既定航向。但当海况恶劣、波浪等噪声增大时,噪声对船舶转向的影响也随之增大,因此,会导致卡尔曼滤波检测的精度下降。在此情况下,如果最佳控制器仍以小舵角、较少的转舵数进行控制,势必造成偏航角增大,为改善操纵性能,需设置增益调节器来调整增益参数。由于船舶运动特性模型和噪声模型事先已存入微型计算机,故检测出海况的变化后,通过软件自动选择节能方式和保向方式。当海况恶劣到一定程度,操纵性能变差时,则可自动转入保向方式上运行。

除上述主要组成部分之外,还有报警、电源和舵轮等其他部分。

二、自动驾驶仪

自动驾驶仪(navipilot)又称航迹舵,它是以自动舵为基础,以计算机为核心,并连接综合导航仪或船位接受机的一个自动航行控制系统。通过初始人工输入航路数据、位置偏移量及硬件部分连接计程仪、陀螺罗经、定位仪,由上述输入的信号及数据通过微机软件进行计算,分析与处理,然后给出一个指标航向至自动舵组件中去执行,使船能够沿着计划航线航行,并能在预定的转向点转向,从而达到无人驾驶的目的。图5-6-2所示为航迹舵方框图。

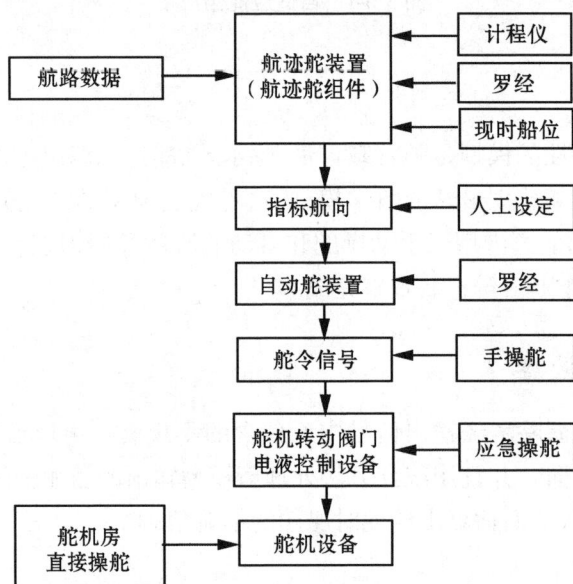

图5-6-2　航迹舵方框图

(一)基本原理

航迹舵组件实际是一台微处理机,对输入的数据通过软件进行计算、分析和处理,然后给出一个指标航向到自动舵中去执行。在执行过程中,因为受风流压的影响,船位要偏离计划航线,而当船位一旦偏离航线,航迹舵组件就立即给出一个新的指标航向,所以指标航向是一连串变化的,而船舶也只能自动航行在所规定的航迹带内,并按指标航向自动转向。

1. 船位数据的获得与处理

获得连续精确的船位是航迹舵正常工作的关键,而船位数据是通过定位传感器输入到航迹舵组件中去的。目前常用的定位传感器是 LORAN-C、DECCA、NNSS 与 GPS。从连续定位和精确程度来考虑,前三种有较大的局限性。GPS 是最理想的定位传感器,它能满足连续性的要求,精确度又比较大(大约误差在±100 m),根据 GPS 的船位特点及航迹舵对船位的要求,还应对 GPS 船位进行三种处理:坐标系误差的修正、船位数据的滤波处理,粗大误差的剔除。

2. 航迹保持原理

向航迹舵组件中输入两个转向点,船舶就能在两个转向点之间航行。两个转向点之间的航线航法有两种选择:一是恒向线航法(RL);二是大圆航法(GC)。在确定是 RL 还是 GC 后,计划航线与计划航向 C 便可以计算出来。对于 GC 航法,在一段时间内(例如 4 h)以认为计划航向是不变的。但是,船舶若以此计划航向 C 作为指标航向 C_s 指令自动舵方式去航行的话,由于有风流的影响,船舶是不能保持航行在计划航线上的。

采用不断地用现时船位去计算到下一个转向点应驶的航向来修正指标航向 C_s,便可保持船舶航行于计划航线上。但由于陀螺罗经的精度与自动舵能保持航向精度的限制,此种方法往往是行不通的。若到转向点航程为 1 000 n mile,位置偏移是 XTE 为 2 n mile,航向的偏差仅为 0.1°,显然,用这样小的偏差去修正 C_s,让自动舵去保持航行在计划航线上是不可能的。

驾驶员应根据海况设定一个允许的位置偏移量 $XTE(d_0)$ 与一个位置偏移量限制 $XTE_{max}(d_{max})$。若船舶航行在计划航线的 $\pm d_0$ 带内,就认为船舶基本航行在计划航线上。若船舶航行在计划航线的 $\pm d_{max}$ 以外,就认为此时航迹舵不能自动保持舵迹,需驾驶员进行处理。若船舶航行在计划航线的 $\pm(d_{max}-d_0)$ 带内,航迹舵组件就根据计算的风流压差去修正 C_s,消除风流的影响,使船舶回到 $\pm d_0$ 带内。每当修正 C_s 后,应过 15~30 min 后进行风流压修正计算。C_s 修正量的 Δ 小数点位处理规定如下:0.1~0.5,取 0.5;0.6~0.9,取 1.0。XTE 的计算是以计划航线为基准的。

3. 自动转向原理

航迹舵组件在自动转向中主要的功能是确定转向时刻与均匀地改变指标航向 C_s。假定实现转向所需的提前量为 $m(min)$(也可根据航向改变量与转向允许速率计算),则自动转向原理如图 5-6-3 所示。

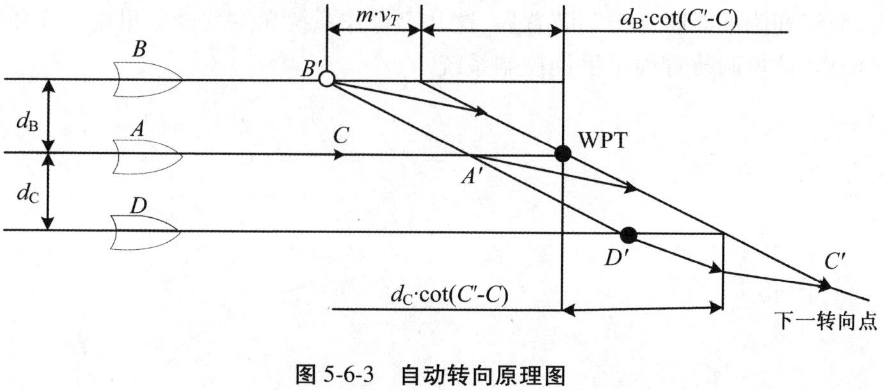

图 5-6-3　自动转向原理图

图中,当船舶航行到 A'、B' 或 D' 时,航迹舵组件就均匀地指令新的指标舵向 C_s 自动舵装置中,从而实现自动转向。

(二)使用航迹舵应注意的事项

(1)航迹舵是自动舵的一种,因此,在规定不能使用自动舵的场合,同样不要使用航迹舵。

(2)在进行避让操船时,应终止使用航迹舵,待驶过让清后,需重新启动航迹舵时,必须提醒驾驶员确认下一个转向点的正确性,因此,还应指示下一个计划航向的数值,要求驾驶员调整船舶的航向使其基本对准下一个转向点。当驾驶员对这两点都认可后,方可重新启动航迹舵。组件的设计中应使这种确认方法是可靠的。而且不易被误操作。

(3)当定位传感器长期无船位时,航迹舵应指示提醒驾驶员转到其他的操舵方式。对作为定位仪所给出的船位,要与其他定位方式予以比较,确认其可靠性。如发现船位不可靠时,应立即转到其他的操舵方式。

(4)在利用航迹舵自动转向时,驾驶员必须对周围的海域、船位与所采用的航迹带宽度、对转向前后的海面状况均了解清楚(包括对转向后的转向点的确认)。只有在确认安全的情况下,才指令航迹舵自动转向。若在转向点附近有岛屿或浅滩时,一定要借助于雷达、陆标定位来确认,保持安全的正横距离,才可自动转向,否则不要用自动转向。

(5)航迹带宽度应根据航行区域与海况确定。

(6)当在自动校正风流压影响及航向修正量过大(例如大于 $10°$)时,应同时发出报警指示。

三、单手柄控制系统

目前,在有些自动化程度高的大型船舶上,还安装了主机、舵机和侧推器联合控制装置。通常装有主机、舵机和首尾侧推器的船舶,其几个操作系统要分开操作。而安装了主机、舵机和侧推器联合控制装置后,这几个操作系统在主驾驶室里由一个单手柄控制就可操作,该控制装置称单手柄控制系统。

第七节　舵设备的检查、保养与试验

舵设备是否处于良好的技术状态,是关系到船舶航行安全的关键。船舶驾驶人员和有关人员必须对舵设备进行检查、保养,并按规范要求进行试验。

一、舵设备的检查、保养

(一)日常检查、保养

1. 平时的检查、保养工作

舵机间不准放置杂物,应保持清洁干燥,切忌电动机受潮。卸货后利用干舷高的条件查看舵叶,舵杆和连接法兰的情况。经过大风浪或冰区航行、搁浅或其他海事后,更要仔细检查,特别要注意法兰上水泥包是否完好。对其他各部位要经常保持清洁、除锈油漆、活动部分要加油润滑。

2. 开航前的检查、保养工作

每次开航前驾驶员应会同轮机长和电机员对操舵装置的工作情况进行校核。轮机部要先做好对舵的准备,启动舵机使油泵工作。甲板部要派人观察舵叶周围有无障碍物,核对主罗经与分罗经误差及舵轮与舵角指示器的一致性,然后进行检查和对舵。

(1)检查内容

检查内容包括操舵装置的完好性、驾驶台与舵机间通信是否良好、舵角指示器的读数是否准确及舵角的校对。

(2)对舵方法

驾驶人员用电话或无线电话在与舵机室取得联系。让操舵人员在驾驶室操舵,先将舵角指示器的指针指向"0"刻度,观察舵机室的实际舵角是否在正舵位置。然后再慢慢将舵轮往左(右)转到满舵,检查舵轮座上的舵角指示器与船尾杆上的指示刻度是否一致。接着用同样的方法向右(左)满舵进行一次,再快速活舵一次,然后操舵人员听令,分别连续地作左(右)5°、15°、25°、满舵操舵和回舵。最后进行从一舷满舵到另一舷满舵、回舵的试验,以判断遥控机构、追随机构、工作系统和舵角指示器的可靠性、准确性、运转速度及平稳性。

舵角指示器在最大舵角时的指示误差,机械的应不超过±2°,电动的应不超过±1°,正舵位置应无误差。

3. 航行中的检查、保养工作

值班驾驶员应经常检查油压、电源和操舵情况是否正常,切忌"跑舵"。遇大风浪时,应检查舵机间可移动物体是否绑扎好。使用自动操舵方式时,每个班次最少要进行自动操舵与随动操舵的一次转换,以观察转换装置是否灵活可靠,工作是否正常。此外,在不影响航行安全的前提下,还要对应急舵进行定期的试操。

4.停靠后的检查、保养工作

应关闭电源或打开油压操舵器的旁通阀,有舵掣的上好舵掣,为防止无关人员进入驾驶台、舵机间随便扳动舵轮及操舵仪上的各种开关旋钮,应及时关闭驾驶台和舵机间。

(二)定期检查、保养

每三个月应对舵设备进行一次全面的检查和保养。其内容如下:

(1)查看舵杆、舵叶各部分磨损及损坏情况,做好记录。舵杆(销)一般在下舵承处(或舵销处)的轴颈应大于非工作部分的轴颈,否则应进行修理或换新。工作轴颈表面允许存在少量分散的锈蚀斑点,但深度不超过舵杆(销)直径的1%。舵杆非工作轴颈允许减少量为原设计直径的7%,舵钮与舵钮或舵叶与舵托平面极限间距一般为安装间矩的50%。

(2)检查电操舵装置的绝缘和触点情况,用不带毛头的细布擦拭清洁。自动部分检查其灵敏度。液压舵机要检查管路有否泄漏及液压油的质量。

(3)检查转舵装置电动机的运转及损耗情况,加以清洁,并做好记录。液压式舵机要检查泄漏情况及油的质量以及时修复并充液。

应急舵还应每三个月至少进行一次应急舵演习,以熟练应急舵操作程序和应急舵设备情况。

每六个月检查备用操舵装置的活络部分,加以润滑,除锈涂油,并作转换操作试验,保证其性能良好。液压操舵系统每年或检修后应将整个系统彻底清洗一次,清除锈垢等,以免影响效用。结合坞内检验时,将舵轴或舵销原地顶高或将舵杆拆下,检查舵轴、舵销及舵承的磨损及腐蚀情况,测量舵承间隙及舵的下沉量,检查舵杆、舵轴法兰盘及其连接螺栓和螺母,检查舵销螺母的止动装置。

对舵叶进行外部检验,检查舵叶有否腐蚀和裂缝,必要时对舵叶作测厚检查,对舵叶水密性有怀疑时或修理后,应进行充气或灌水等水密性试验,试验气压为 2.94×10^4 Pa。

二、舵设备的试验

舵设备安装或修理后,一般要进行系泊试验和航行试验。

(一)系泊试验

试验前应查看工厂提供的各零部件的材料检查报告、舵叶密性试验报告、舵机整体装配验收报告、操舵设备及传动装置的安装质量及完整性检查的验收报告,然后进行下

列各项试验:

（1）设备的可靠性。对于电动或电动液压舵机,舵机的每套电动机组至少连续进行半小时的操舵试验。

（2）主操舵装置的强度。主操舵装置应具有足够能力足以在最大营运航速前进时进行操纵,使舵自一舷的35°转至另一舷的35°,使主操舵装置及上舵杆在船舶以最大速度后退时不致损坏。

（3）舵角极位限制器的正确性。平板舵在舵机上的极限舵角为35°,流线型舵极限舵角为32°。舵扇上的限制器比舵机上的限制器大1.5°,舵叶或下舵杆与船艉柱上部设置的机械舵角限位器比舵机上的限位器大3°,从而保证各部件的安全运行。

（4）转舵周期。主操舵装置在最大前进营运航速时,自一舷的35°至另一舷的30°所需的时间应不超过28 s。辅助操舵装置在最大前进营运航速的一半或7 kn前进时,自一舷的15°转至另一舷的15°所需的时间应不超过60 s。

（5）舵角指示器的极限误差。舵角指示器指示舵叶位置的误差不应大于±1°。如果在坞内进行转舵试验和校对舵角,舵叶位于或平等于船舶纵中剖面,舵机上舵角指示器应为零。

（6）船舶主、辅操舵装置的布置应合理和实际可行。当其中之一损坏时,不致使另一装置失效。主、辅操舵装置间转换,离合器结合和分离应确实可靠。在任何舵位转换时间应不超过2 min,人员不能超过2人。

（7）检查舵制动装置的工作可靠性。

（二）航行试验

（1）全速前进中转舵周期是否符合规定（同系泊试验）。

（2）舵角指示器误差不超过规定。

（3）记录在全速后退时向两舷转舵的速度和工作的可靠性。

（4）主、辅操舵等装置间转换是否符合要求。

（5）人力操舵的速度和工作可靠性。

（6）记录自动操舵装置灵敏度和舵向超出允许偏差时自动报警的可靠性。

（7）舵制动装置的可靠性。

（8）记录"Z"形试验中舵角、旋回角速度、航向变化等曲线。

（9）主驾驶台和应急驾驶台间通信联络的可靠性。

第八节　操舵工作要领及操舵基本方法

一、操舵工作要领

船舶在航行中,驾驶人员根据航行的需要,对舵工下达舵令,由舵工根据口令进行操舵,以控制船舶的航行方向。驾驶人员在下达口令时,应考虑船舶在各种不同情况下的应舵性能和舵工的操舵水平。所下达的口令应确切、明了和清楚。舵工在操舵时应有高度的责任感、思想集中、动作准确。当听到驾驶人员下达舵令后,应立即复诵并执行以防听错。如遇舵工复诵口令错误或操作不当,驾驶人员应立即加以纠正。舵工在未听清口令或不理解驾驶人员下达的口令时,可要求重复一遍。

二、操舵基本方法

1. 按舵角操舵

舵工在听到驾驶人员下达舵角口令后,应立即复诵并迅速、准确地把舵轮转到所需舵角位置,注意查看舵角指示器所指示的舵叶实际偏转情况和角度,当舵叶转到所要求的角度时,应及时报告。在驾驶人员下达新的舵令前,不得随意改动舵的位置。

船舶在进出港和靠离泊时通常采用按舵角操舵。

2. 按罗经操舵

船舶在海上航行时,大都按罗经操舵,使其保持在所需的航向上。

当船舶需要改变航向时,驾驶人员可直接下达新航向的口令,舵工复诵后将新航向与原航向作比较,马上得出转向角的大小。根据转向角的大小和方向,舵工可确定舵角的大小,一般情况下,如转向角超过30°,可用10°~15°舵角;如转向角小于30°,则宜用5°~10°舵角。用舵后船舶开始转向,此时可根据罗经基线和刻度盘的相对转向情况,掌握船舶回转时的角速度。当船舶逐渐接近新航向时,应根据船舶惯性和回转角速度的大小,按经验提前回舵并可向反方向压一舵角以防船舶回转过头,这样船舶就能较快地进入并稳定在新航向上。

在船舶按预定航向航行时,由于受到各种因素的影响,经常会发生偏离预定航向的现象。为此,舵工应注视罗经刻度盘的动向,发现偏离或有偏离倾向时,应及时采用小舵角(一般为3°~5°)进行纠偏,以维持航向。纠偏时要求舵工反应快、用舵快、回舵也快。

船舶由于受单侧风浪、潮流、积载不当或推进器不对称等恒值干扰力矩的影响而始终向固定一侧偏转时,应采用一适当的反向舵角来消除这种偏转,习惯称之为压舵。压舵角的大小可通过实践来确定,通常先操正舵,查看船首向哪一舷偏转,然后操一反向舵角,如所用舵角太小,船首仍将偏向原来一舷;舵角太大,则反之。反复调试压舵角,直至能将船首较稳定地保持在预定航向上。

3.按导标操舵

在近岸航行时,特别是在狭水道或进出港时,经常利用船首对准前方的某个导标航行。舵工根据驾驶人员所指定的导标,操舵使船首对准该导标,并记下航向度数,报告给驾驶人员。如发现偏离,立即进行纠正,并检查航向有无变化。如有变化,舵工应及时提醒驾驶人员是否存在风流压。

4.大风浪中操舵

船舶在大风浪天气下左右前后颠簸剧烈,航向很难稳定,因此,应指派经验丰富的舵工操舵,并细心观察风流影响的综合结果,提前回舵或压舵。

三、操舵注意事项

(1)操舵时要有高度的工作责任感,注意力要集中,时刻注视罗经航向,始终保持船舶驶于指定航向。

(2)严格遵照舵令操舵,未得到舵令不能任意改变航向。驾驶人员与操舵人员要密切配合,如有疑问要互相及时提醒,以防发错或听错舵令乃至操错舵角,还必须及时复诵和报告执行情况。

(3)努力掌握本船的舵性,如左舵与右舵、空载与满载、强风与急流、浅水与波浪、顶流与顺流、快车与慢车等情况下舵来得快与慢,偏转惯性大与小。

(4)熟悉本船操舵装置的转换开关,能迅速转换各种操舵方式。

(5)注意随动舵与应急舵的不同,前者有舵角反馈,而后者则没有,操舵方法亦有所不同。

思考与练习

1.舵设备有哪些组成部分? 其各自的作用是什么?
2.舵设备是依据什么分类的?
3.试述流线型舵的结构与试验方法。
4.试述电动舵机的工作原理及其保护装置的作用。
5.试述液压舵机的种类及其工作原理。
6.舵机的基本要求是什么?
7.试述一般操舵仪的三种操舵方式与使用时机。
8.简述自动舵面板上各旋钮的作用与使用注意事项。
9.舵设备是如何检查与保养的?
10.试述自适应舵的使用注意事项。
11.试述航迹舵的使用注意事项。

第六章

起重设备

第一节 滑车、绞辘与索具

一、滑车与绞辘

滑车与绞辘是起重工作中必备的工具,它既可以改变用力的方向,也可以达到省力的目的。为了保证工作顺利进行,必须掌握它们的构造、性能、使用和保养,这不仅有助于延长使用年限,而且可以防止事故的发生。

(一)滑车(block)

船上常用的滑车有铁质和木质两种,滑车按其滑轮数目的不同,又可分为单轮滑车、双轮滑车和多轮滑车。

不同种类的滑车结构基本上是相同的。滑车的结构及组成如图6-1-1所示。

1. 挂头

滑车的挂头形式很多,有钩子、眼环、旋转环和卸扣等,可根据工作需要来选用。它的强度代表滑车的强度。

2. 车壳和隔板

车壳用铁板或木头制成,用以保护滑轮和防止绳索滑脱。多轮滑车的滑轮之间则用隔板隔开。

3. 车带

它直接连在车壳上,滑轮轴上的力由车带来承受,然后传递到挂头上。

4. 轴

轴用钢制成,它穿过滑轮后固定在车带上。其固定的方法有单头螺丝、双头螺丝和

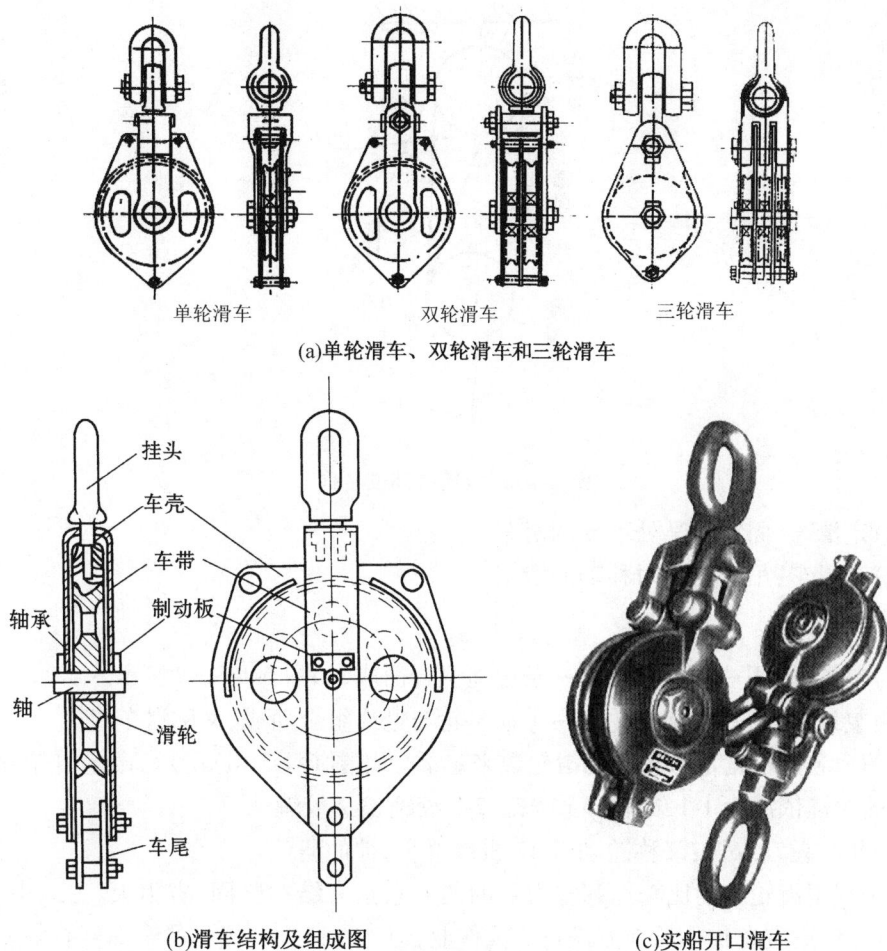

(a)单轮滑车、双轮滑车和三轮滑车

单轮滑车　　　　双轮滑车　　　　三轮滑车

(b)滑车结构及组成图　　　　　　(c)实船开口滑车

图 6-1-1　滑车的结构及组成

压板三种,受力大的滑车的轴都应采用压板固定法。

5. 滑轮和轴承

铁滑车的滑轮是用钢铁制成的,木滑车的滑轮可为铁、铜或硬木的。滑轮的中心为一轴承,系由铜、合金钢等制成。轴穿过轴承,滑轮在轴上能自由转动。

(二)绞辘(tackle)

滑车与绳索配合在一起使用称为绞辘。

1. 绞辘各部位名称

绞辘各部位名称如图 6-1-2 所示。

(1)辘绳:贯穿在滑车上的绳索。

(2)力端:辘绳用力拉的一端。

(3)根端:辘绳固定在滑车上的一端。

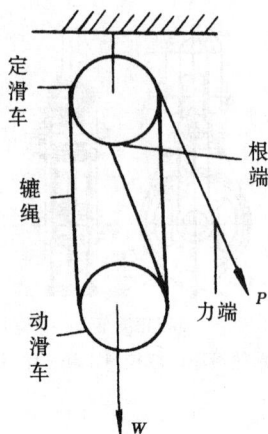

图 6-1-2　绞辘各部位名称

（4）定滑车:固定在某处不动的滑车。

（5）动滑车:吊重受力时移动的滑车。

2.绞辘的种类

（1）单绞辘:用一个单滑车和一条辘绳组合而成,如图 6-1-3(a)所示。

（2）复绞辘:由一个定滑轮和一个动滑轮与辘绳组合而成,又称滑车组。

它的命名是根据定滑轮和动滑轮数来定的。如图 6-1-3(b)所示,由定滑轮和动滑轮组成的绞辘依次为 1-1 绞辘、2-1 绞辘、2-2 绞辘、3-2 绞辘。

（3）机械差动绞辘:又称差动滑车、机械滑车、神仙葫芦。

它是利用齿轮传动比来达到省力目的的。它具有结构坚固、省力大、占地小、使用方便等特点,适宜在狭小的地方进行起重作业,但工作速度较慢且吊升高度有限。其起重能力有 0.5 t、1 t、3 t 或更多,其值烙印在滑车上。

图 6-1-4 为实船机械差动绞辘。

3.绞辘的省力计算

绞辘省力的近似计算公式为:

$$P = W(1+fn)/m \times 9.8$$

式中:P——绞辘力端的拉力(N);

　　W——吊起的货重(kg);

　　n——绞辘穿过的滑轮数;

　　m——动滑轮上的绳索根数;

　　f——每一滑轮的摩擦系数。滑动轴承取 5%,滚动轴承取 2%。

（三）滑车的规格及辘绳的配置

滑车的大小规格是以滑轮的直径来表示的,单位为毫米。木滑车以车壳的长度来表示,单位为英寸。

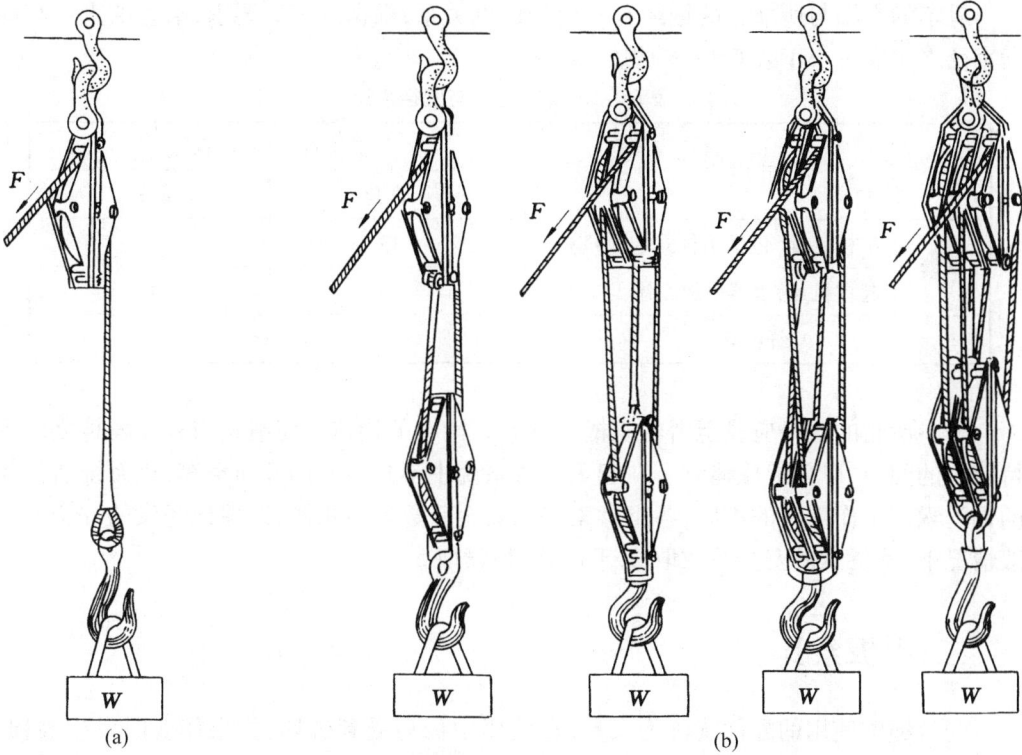

图 6-1-3 绞辘

图 6-1-4 实船机械差动绞辘

滑车的大小与所配置的辘绳有一定的比例关系,根据规范的要求,滑轮的直径与绳索直径之比应不小于表6-1-1的规定值。

表6-1-1　滑轮直径与索径之比

滑轮用途		滑轮直径/绳索直径	
		动索	静索
钢索	吊杆装置(包括吊杆式起重机)	13	8
	起重机、潜水器吊放系统	19	8
纤维索		6	

表中滑轮的直径应量至滑轮索槽底部处。滑车的构造应使滑轮与外壳隔板之间保持较小的间隙,以免卡住绳索。在起重设备系统中不允许使用开口滑车,该系统所使用的钢丝索因工作需要的不同,各钢丝索采用安全系数各不相同,以保证绳索的安全。一般情况下,吊货索的安全系数取6,千斤索、稳索取5。

二、甲板索具

配合绳索使用的配件统称为索具,在使用中极易受到破坏,如果作业时发生破损,往往产生重大工伤事故。因此,应掌握常用索具使用的场合,并按产品强度标准选用合适的索具,使之在作业时确保安全。

目前船上常用的索具有:卸扣、钩、眼环、紧索夹、心环、索头环、松紧螺旋扣、滑车等。索具的许用负荷是通过试验来确定的,一般打印在索具的本体上或在说明书中载明。许用负荷也可用公式来估算。

1. 卸扣(shackle)

卸扣是甲板作业中广泛使用的连接索具,可用于绳索与绳索、索具与索具、绳索与索具之间的连接,具有连接可靠等特点,如图6-1-5所示。

$$直形卸扣许用负荷 = 44.1D^2(\text{N})$$
$$圆形卸扣许用负荷 = 36.26D^2(\text{N})$$

式中:D——卸扣本体直径(mm)。

2. 钩(hook)

钩子用以钩挂物体,强度一般比卸扣小,长期挂重时可用绳子扎在钩间和钩把之间。吊挂的重量大时,使用卸扣比钩子安全。钩子斜钩在甲板、舷墙等处的活动眼环上时,应使钩尖朝上才不易滑脱,如图6-1-6所示。

$$许用负荷 = 9.8D^2(\text{N})$$

式中:D——圆背钩钩背直径(mm)。

3. 眼板(eye plate)

眼板是一块带眼的钢板。三角眼板供拴系吊货索及钩子;甲板眼板焊在舷墙顶板

(a)

(b)

(c)

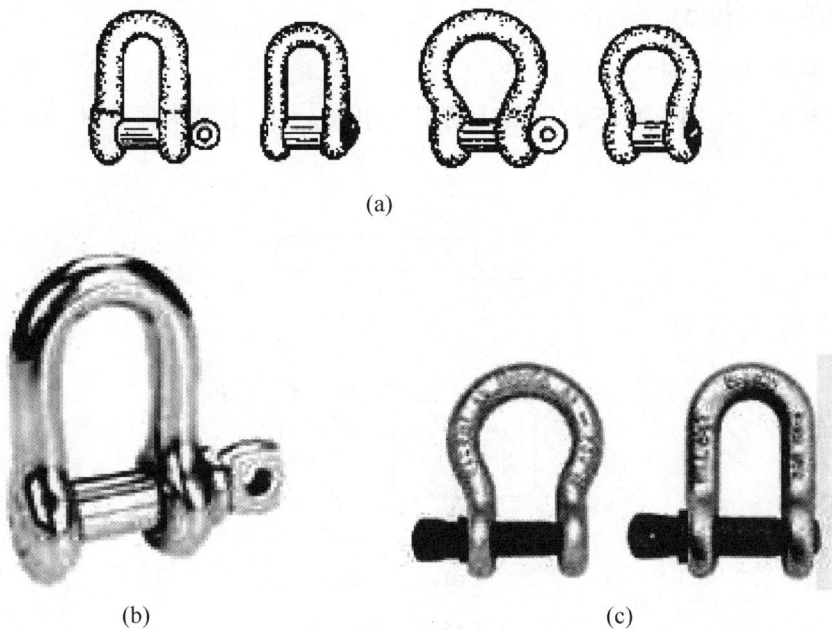

图 6-1-5 实船卸扣

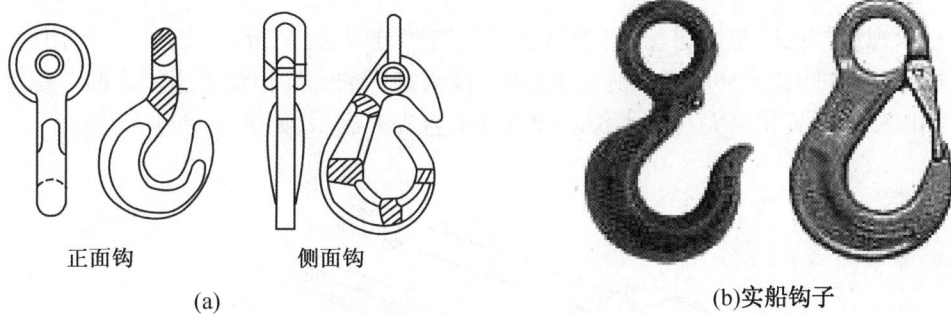

正面钩   侧面钩

(a)

(b)实船钩子

图 6-1-6 钩

或甲板上,供拴系支索或稳索之用,如图 6-1-7 所示。

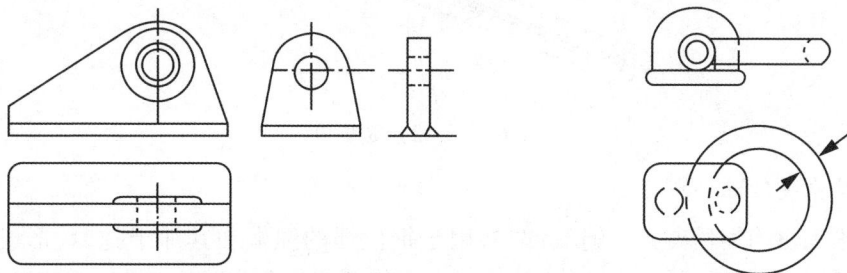

图 6-1-7 眼板

许用负荷 $= 75.46D^2(\mathrm{N})$

式中:D——眼板厚度(mm)。

4. 眼环(ring plate)

眼环由一个固定眼环和一个活动眼环组成,主要用以钩挂各种动索,如图6-1-8所示。

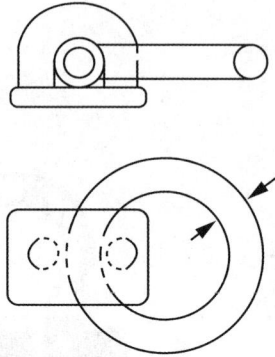

图6-1-8　眼环

$$许用负荷 = 29.4D(N)$$

式中:D——活动眼环直径(mm)。

5. 松紧螺旋扣(rigging screw)

松紧螺旋扣也叫花篮螺丝,用于收紧钢丝绳和链索,是甲板常用索具。使用时,以它螺杆上的钩、卸扣或环的强度为依据,用于露天静索的螺旋扣要采用闭式的。螺旋扣的大小以整个螺旋扣最大与最小长度和螺杆的直径来表示,如图6-1-9所示。

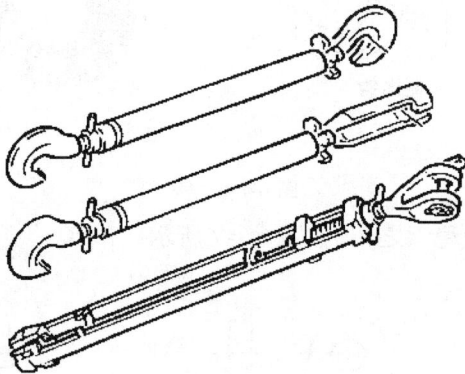

图6-1-9　松紧螺旋扣

6. 紧索夹(clamp)

紧索夹也叫钢丝夹头或绳头卸扣,用于钢丝绳的绳端和其绳干扎紧,形成一个绳环,以便栓系在眼板、眼环或其他物体上;也可将两根钢丝绳接在一起,拆装迅速,使用方便,常用于绑扎货物和支索端部,作为临时连接,如图6-1-10所示。

(a) 实船紧索夹　　　(b) 紧索夹的使用

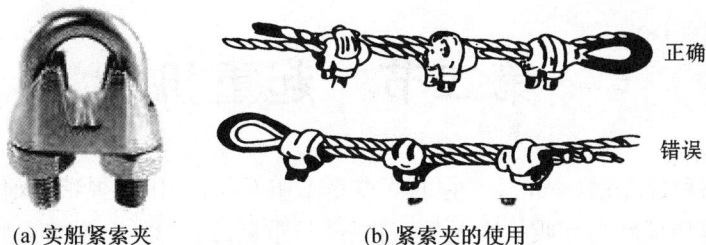

图 6-1-10　紧索夹

7. 心环(thimble)

心环也叫嵌环,用于嵌在索眼中来防止绳索过度弯曲和磨损。选用心环时,应使心环的槽宽比绳索的直径大 0.5～2.0 mm,如图 6-1-11 所示。

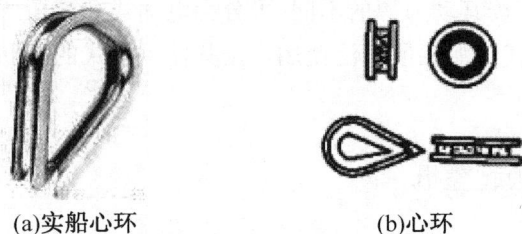

(a)实船心环　　　(b)心环

图 6-1-11　心环

8. 索头环(socket or swaged terminal)

索头环有叉头索头环和环头索头环两种类型。环的下面是一个上大下小的锥形孔,将钢丝绳头由小孔穿入,绳头散开,然后注以铅锌金属液,使绳头与环连成一体。这样既牢固又美观,常用于桅支索等强度要求大的静索上。索头环的强度是以环部或横销的强度来衡量的,如图 6-1-12 所示。

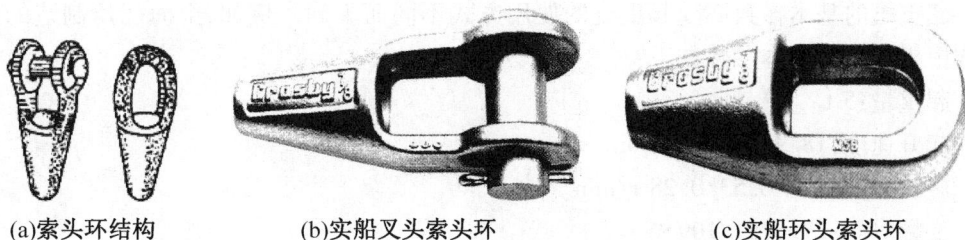

(a)索头环结构　　　(b)实船叉头索头环　　　(c)实船环头索头环

图 6-1-12　索头环

国产索头环的产品有 A6CSC-59 与 B2.1CSC-59 等,其中 A 与 B 分别表示叉头索头环和环头索头环,6 与 2.1 表示安全工作负荷各为 $6×9.8×10^3$N 和 $2.1×9.8×10^3$N,CSC-59 为产品的分类代号。

第二节　起重机

起重机俗称克令吊(crane)。它的优点是工作面积大,机动灵活,操作方便,在装卸作业前后没有烦琐准备和收检索具等工作,并且重量轻,占地少,装卸效率高、且又可为两个舱口服务。起重机是现代海船使用最为普遍的一种起重设备。其缺点是结构复杂,投资高,维修保养困难。

一、甲板起重机

船用甲板起重机,按其动力源的不同,可分为电动式和液压式两种。液压式将逐渐取代电动式为大型现代化海船所广泛使用。按其使用方式的不同,又可分为回转式、悬臂式和组合式三种。

(一)回转式甲板起重机

1. 基本结构及其参数

回转式甲板起重机由基座、回转塔架、吊臂、操纵装置等组成,如图6-2-1所示。基座固定在甲板上,并有旋转支承装置(即上坐圈、下坐圈、外围支承板)和旋转机构(即电动机、小齿轮、大齿轮)。回转塔架支承在基座上,包括上下两层,上层为操纵室,下层装有三部电机(即供吊货索起升、吊臂的变幅和塔架的旋转)。吊臂根部固定在转塔架底部,可绕根部支点上下俯仰,其头部装有两套滑轮组供吊货索和千斤索用,如图6-2-1所示。

起重机的基本参数亦随起重机的使用方式不同而不同。例如,上海船厂制造的电力或甲板起重机基本参数如下:

起重量:5 t。

起升速度:18.9/36/73 m/min。

旋转速度:1.1/0.53/0.28 r/min。

变幅时间:27.8/57/109 s。

工作倾角:27°~79°,最低放置角8°。

工作幅度:3.5~16 m。

回转角度:360°。

船舶倾角:横倾5°,纵倾2°,超过时应以实际情况计算。

2. 操纵主令及基本工作原理

在操纵室内,坐椅两侧装有电机运转控制器。其中控制吊货索起升的为单主令,即手柄向前,吊钩降下;手柄向后,吊钩上升。控制吊臂变幅和塔架旋转为双主令,即手柄

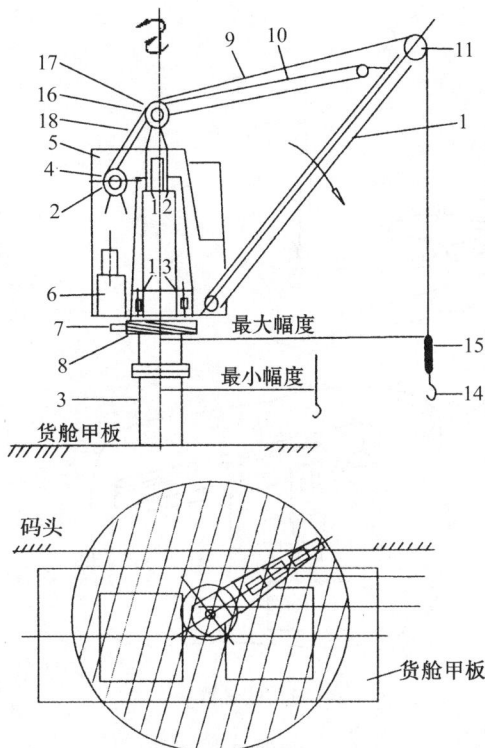

(a) 回转式甲板起重机组成示意图

(b) 实船回转式甲板起重机内部结构

图 6-2-1　回转式甲板起重机

1—吊臂；2—起货绞车；3—定柱；4—变幅绞车；5—机房；6—旋转机构；7—小齿轮；8—大齿轮；9—吊货索；10—千斤索滑车组；11—吊货索导向滑车；12—上支承；13—下支承；14—吊货钩；15—转环；16—吊货索导向滑车；17—千斤索导向滑车；18—千斤索

向前，幅度增大；手柄向后，幅度减小；手柄向左，塔架左转；手柄向右，则右转。旋转手柄在"0"挡为空挡，即刹车合上，定子断电，电子转子为自由状态。上述三个动作可单独，也可两两组合，甚至三个动作同时进行。

（二）悬臂式甲板起重机

这是一种新型的甲板起重机，如图 6-2-2 所示。

它是利用可伸出（或转出）舷外的水平悬臂和在悬臂上行走的滑车组来起吊和移动货物的。其基本工作原理如下：

（1）起重机可沿甲板上的轨道前后移动，悬臂可向两舷伸出，如图 6-2-2（a）所示。

（2）在起重柱子上设水平悬臂代替吊杆，利用悬臂牵索把悬臂拉出舷外，而滑车组可沿着悬臂前后移动，如图 6-2-2（b）所示。水平悬臂可从舷门伸出，如图 6-2-2（c）所示。

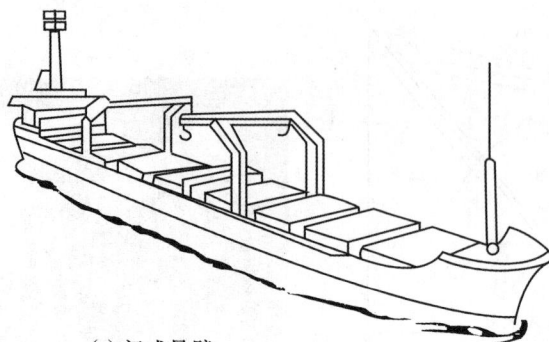

(a) 门式悬臂

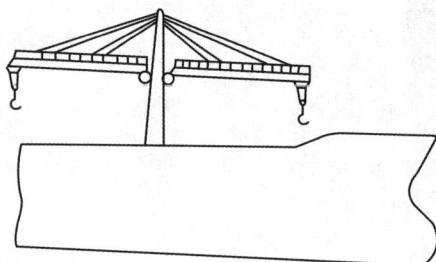

(b) 定柱式悬臂

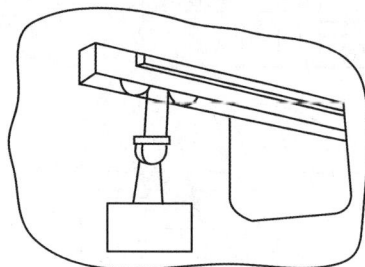

(c) 舷门式悬臂

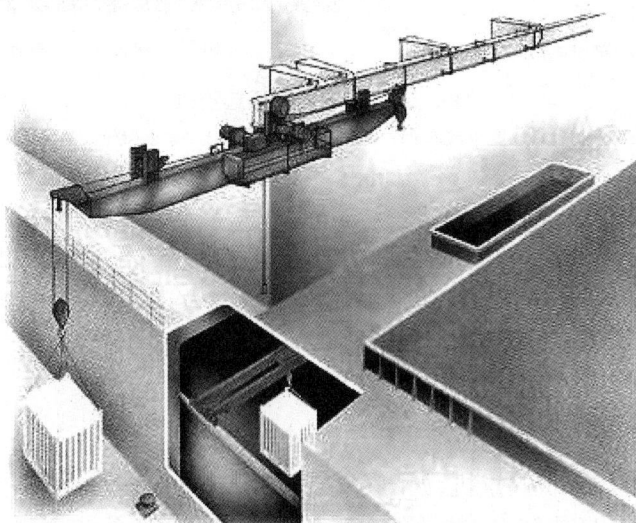

(d) 实船悬壁式起重机

图 6-2-2　悬臂式甲板起重机

（三）组合式甲板起重机

　　组合式甲板起重机俗称双联回转式起重机。它是近年来随着船舶运输货物的多样化，起货设备多用途、大吨位发展而出现的，如图 6-2-3 所示。

　　组合式甲板起重机的结构特点是：两个单回转式起重机同装在一个转动平台上。

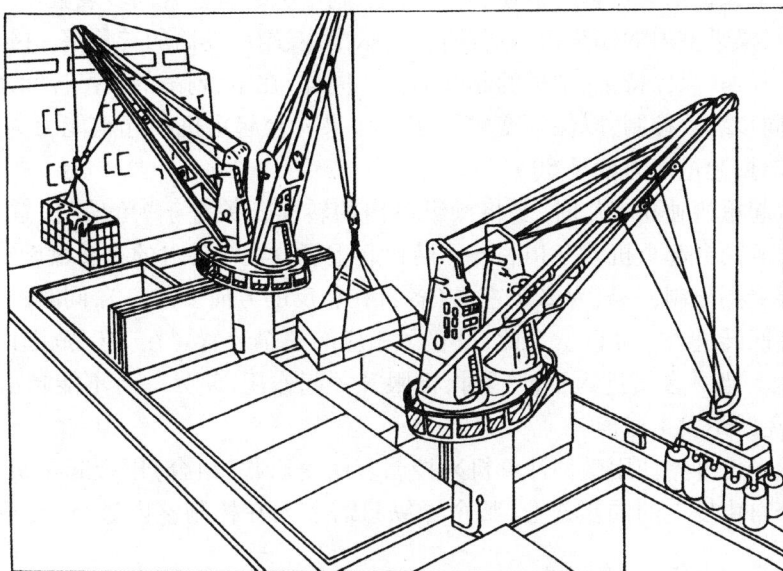

(a) 组合式起重机

(b) 实船组合式甲板起重机

图 6-2-3　组合式甲板起重机

它们可以像两台独立的起重机一样分别进行各自的作业,也能够并联在一起,用以起吊重量大的货物,例如组合体货、大件货等,如图 6-2-3 所示。组合起吊大件货时,两台起重机的吊货钩与一吊货横梁相联结,并有主、副吊之分,主、副吊的吊货钢索分别连接于横梁的两端。将操纵室内的转换开关转到"双吊"位置,两台起重机就互相联锁,一起绕公用大转盘旋转,旋转角度正反 360° 无限制,并由主吊的操纵手柄进行主、副吊的合吊操作。为了保证吊运货物的平稳和安全,主、副吊上装有起升同步装置。当主吊的起升高度大时,操纵室内的偏角指示器偏转,指示出主、副吊卷筒的转角差,并通过电磁阀控制使主吊降速,以保持主、副吊的起升同步。同样,在主、副吊的两吊杆间产生角度偏差时,也有同步装置控制,以保证变幅同步。如果一台起重机的起重能力为 25 t,则两台并联工作时,起重能力就是 50 t。

当两台起重机独立工作时,要将操纵室内的转换开关置于"单吊"位置,安装在公用大转盘上的两台起重机就互相脱开。两台起重机分别绕各自的小转盘旋转。但最大旋转角度要受到限制,一般为 220°左右(各自在相反的方向上起算),同时,应该注意到两吊都能够回转进入干涉区。为此,设置了相应的安全装置。在 140°范围内设置相应的极限开关。当一台吊进入干涉区时,极限开关起作用,使另一台不能越出 140°的范围,从而避免两吊发生碰撞。

新型船舶已开始使用微型计算机来控制多用途双联(组合)甲板起重机,使并机起吊实现三个自由度上的同步作业,整个操纵只需一人在控制室内进行,也可实现遥控操纵。

二、起重机的控制与保安装置

(一)起重机的控制

(1)起重机应设有起升、回转、变幅与行走(如适用时)机构的控制系统。

(2)起重机应设有保险安全装置(简称保安装置)。

(3)如起重机某机构需要越过限位器所限制的位置,则可设有停止限位器动作的越控开关,此开关应适当保护,防止发生意外动作。

(4)起重机应设有超负荷保护或负荷指示器,超负荷保护应调整在不超过 110%安全工作负荷和动作。

(5)具有不同安全工作负荷相应不同臂幅的起重机,应设有在给定臂幅能自动显示最大安全工作负荷的载荷指示器,并在载荷到达 95%安全工作负荷时应发出警报,到达 110%安全工作负荷时能自动切断运转动力。

(6)起重机的各机构应设有制动器,起升与变幅机构的制动器应为常闭式,并应具有应急释放的装置以使任何载荷能下降与就位,制动器的安全系数(制动力矩与额定力矩之比)应不小于 1.5。

(7)行走式起重机应装有夹轨装置,以防止起重机在风力或船倾作用下自动滑行。

(8)行走式起重机并应装有锚定装置,以供起重机停用时予以固定。

(9)起重机应设有声光信号装置,行走式起重机在轨道上行走时,应同时发出声光信号。

(10)具有不同安全工作负荷相应不同臂幅的起重机,应设有臂幅指示器。

（二）起重机的保安装置

1. 起升高度限位器

限制吊钩组合进入吊臂头部是由差动型限位装置来限止的,不管吊臂在什么位置,当吊钩组合向吊臂头部约剩 2 m 时,起升的上升方向与变幅的下降方向自动停止,但吊钩能放下,吊臂能上仰。

2. 最大与最小臂幅限位器

吊臂角度限位:起重机工作幅度的限制由装在塔架转台侧面受吊臂脚撞触的限位开关来保证。当吊臂臂幅达最小工作臂幅时,由安装在塔架头上的两个缓冲器顶住吊臂的横档,使其不再减小。当吊臂需要放置于支架时,脚踏转换开关,就能落下。

3. 回转角度限位器

回转角度限位器适用于回转角度有限制的起重机。

4. 行程限位器

行程限位器适用于行走式起重机(如悬臂式甲板起重机)与桥式甲板起重机的行走吊车。

上述限位器动作后,应发出报警、切断运转动力并应能将吊运的载荷与起重机保持在限位器动作时的位置上,辅助起重机(如食品吊等)除外。

5. 紧急按钮

在双主令上装有紧急按钮,按此按钮可使起重机的三个动作立即停止。

另外,吊臂最高、最低位置的限制系由起升卷筒旁边的限位装置保证,同时防止钢丝绳松脱。吊钩放到最低位置(碰舱底板边角)时,卷筒上留有钢丝绳不少于 3 圈,吊钩升到最高位置时,绞车卷筒凸缘应高出最上层钢丝绳不少于 2.5 倍钢丝绳直径。动力绞车制动器的有效制动力矩应不小于绞车额定值的 1.5 倍。

三、起重机的操作注意事项

以回转式甲板起重机为例,起重机的操作注意事项有:

（一）使用准备

(1)打开水密门以便检查或通风,天热时须启动轴流风机。
(2)检查卷筒上的钢丝排列是否正常。
(2)将吊臂升起,仰角应大于 27°。
(4)检查安全装置和刹车。

（二）运转要点

（1）绝对不允许横向斜拉货物。

（2）注意吊钩的位置，在吊钩着地后不得再松钢丝绳，也不能在地上拖吊钩。

（3）在传动失灵时，可以将货物放到地上和将臂放下，将电机的刹车小心地、慢慢地松开。

（4）发生危险情况时，按紧急开关，使各动作停止。

（5）起升钢丝绳切忌在舱口磨擦，平时应加强检查。

（6）在船舶倾角较大（接近 5°）或刮大风时，避免在最大幅度的旋转。

（7）在吊着货物时，操作者不能离开。

（三）放置

先将吊臂转到支架上方，再把转手柄放在空挡，然后脚踏转换开关，将吊臂落到支架上，再将旋转手柄回到零位。此时变幅钢丝绳稍有收紧，切忌很紧或很松，以免钢丝绳在卷筒上松脱或乱绕，然后关闭各门窗。

第三节　轻型吊杆

船用吊杆根据起重不同可分为轻型和重型两种。按结构和使用形式不同可分为轻型单吊杆、轻型双吊杆、一般重型吊杆和特殊 V 形重吊杆。实际使用中以前者来区分，即安全工作负荷 SWL 等于或小于 10 t 的吊杆称为轻型吊杆，安全工作负荷 SWL 大于 10 t 的吊杆称为重型吊杆。通常，在装卸货物时，其允许吊起的最大货物重量往往小于吊杆自身的安全工作负荷 SWL。

一、轻型吊杆装置的组成与操作

（一）轻型吊杆装置的组成

轻型吊杆主要由起重柱、吊杆装置和起货机三大部分组成。起重柱（桅）是起重设备中主要组件之一，其作用是在柱的下部设置吊杆承座，以支持吊杆旋转和承受吊杆在作业时的受力。在柱的上部设置千斤索眼板座，以承受吊杆作业时千斤索的拉力。轻型吊杆的详细结构、各部名称及布置如图 6-3-1 所示。

轻型吊杆

（二）轻型单吊杆装置的操作

1.普通型单吊杆（general derrick）

如图6-3-1所示,使用操作时,通常是调整好稳索、千斤索使吊杆置于某一合适的位置,吊货索也处于可用状态。当卸货时,使吊杆处于舱口上方,吊杆仰角的大小,由千斤索收放来控制,松放吊货索即入舱吊货。当绞收吊货索把货物吊至超过舱口上沿后,松出吊杆转向相反一侧的稳索,同时收入同向一侧的稳索,松放过程中,吊杆慢慢地转向卸货地点,到达合适的位置停下,松下吊货索将货物卸到指定的位置上;装货过程则相反。

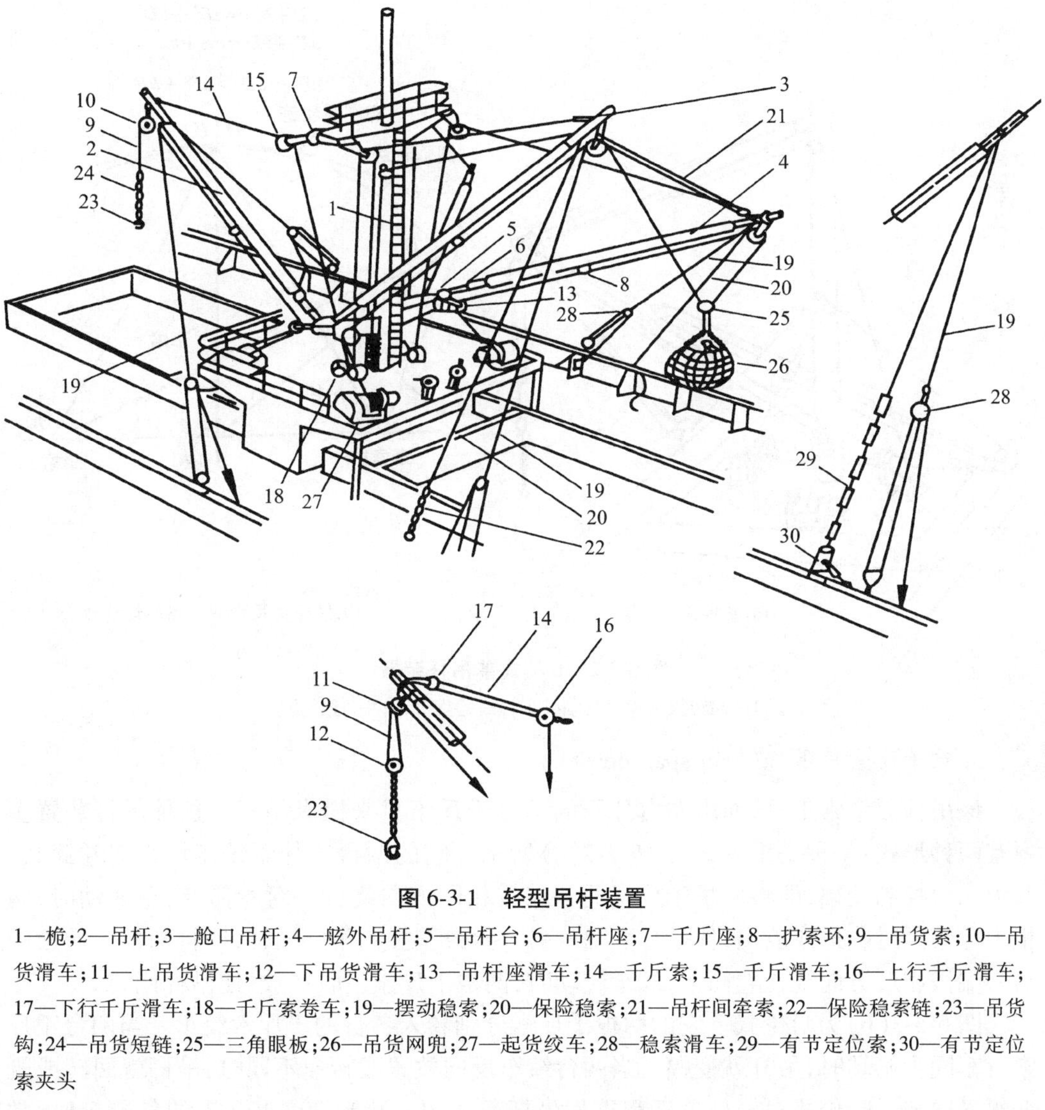

图 6-3-1 轻型吊杆装置

1—桅;2—吊杆;3—舱口吊杆;4—舷外吊杆;5—吊杆台;6—吊杆座;7—千斤座;8—护索环;9—吊货索;10—吊货滑车;11—上吊货滑车;12—下吊货滑车;13—吊杆座滑车;14—千斤索;15—千斤滑车;16—上行千斤滑车;17—下行千斤滑车;18—千斤索卷车;19—摆动稳索;20—保险稳索;21—吊杆间牵索;22—保险稳索链;23—吊货钩;24—吊货短链;25—三角眼板;26—吊货网兜;27—起货绞车;28—稳索滑车;29—有节定位索;30—有节定位索夹头

2. K-7 式单吊杆(K-7 type derrick)

该吊杆是在普通型单吊杆基础上改进的一种轻型单吊杆。图 6-3-2 所示为 K-7 式系列单吊杆形式之一。它配置有两套专用动力绞车的牵索索具,使吊杆既能回转又能变幅。由于两根牵索是以相反的方向缠绕在卷筒绞车上的,当一只卷筒放出牵索时,另一卷筒将收进相同长度的牵索,即左右牵索的长度之和为一定值。因此,吊杆顶端的运动轨迹是一椭圆,而实际吊杆顶端只能作圆弧运动,两者的差异将造成牵索会出现松弛或绷紧的现象,称为吊杆的失稳。为此,实际装置中是将千斤索和牵索以某种方式联系起来,通过连接点的位移来补偿由于牵索长度之和为定值而带来的松弛或绷紧现象,使吊杆能稳定地回转。

$$aD+bD=aD'+bD'$$
$$aD+bD=aB+bB$$
$$aD'+bD'>aB'+bB'$$

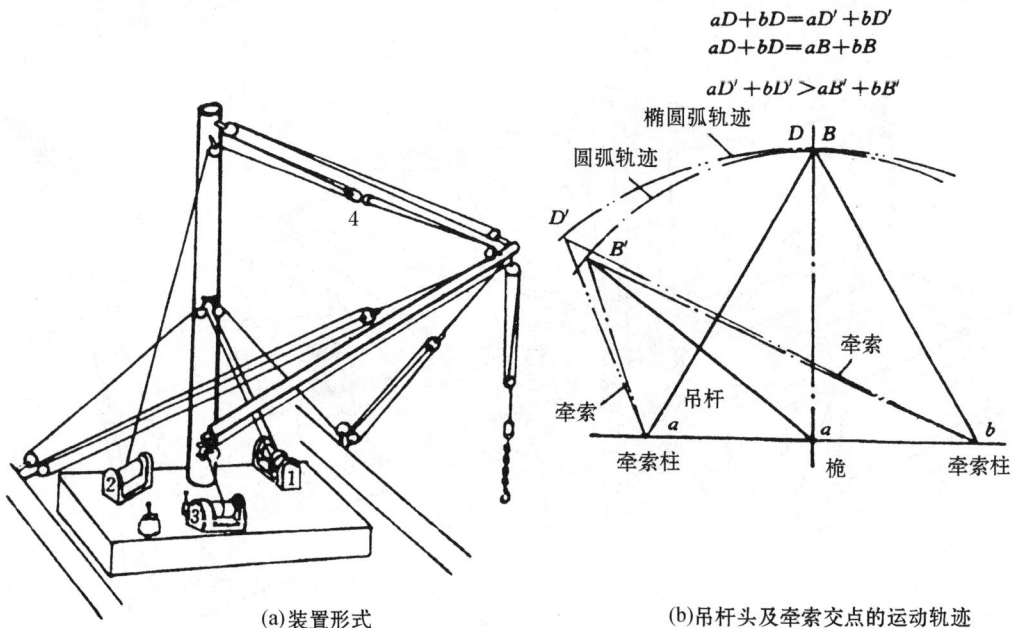

(a)装置形式　　　　(b)吊杆头及牵索交点的运动轨迹

图 6-3-2　K-7 式单吊杆装置
1—回转绞车;2—变幅绞车;3—起货绞车;4—连接点

3. 双千斤索单吊杆(twin span derrick)

该吊杆无牵索工具,而由左右分开的两套千斤索具来操纵吊杆。这种吊杆装置主要有两种形式:一种是维列式,如 6-3-3(a)所示。它的两台千斤索绞车均为双卷筒式。其中一台控制变幅,即将两根千斤索的一端按相同方向绕进一对卷筒,绞车转动时,两根千斤索同时收进或放出,使吊杆变幅。另一台绞车控制吊杆回转,即将两根千斤索的另一端按相反方向绕在卷筒上,绞车转动时,两根千斤索一收一放,使吊杆回转。

图 6-3-3(b)为哈伦式。它的两根千斤索分别卷入各自的千斤索绞车。当两台千斤索绞车同步旋转时,吊杆就变幅。当两台绞车反向放置或转速不同时,吊杆就回转或既变幅又回转。哈伦式对轻型吊杆和重型吊杆都适用。装卸 20~40 t 重的集装箱时,常用双千斤索吊杆,这比使用翻转重吊更为方便。

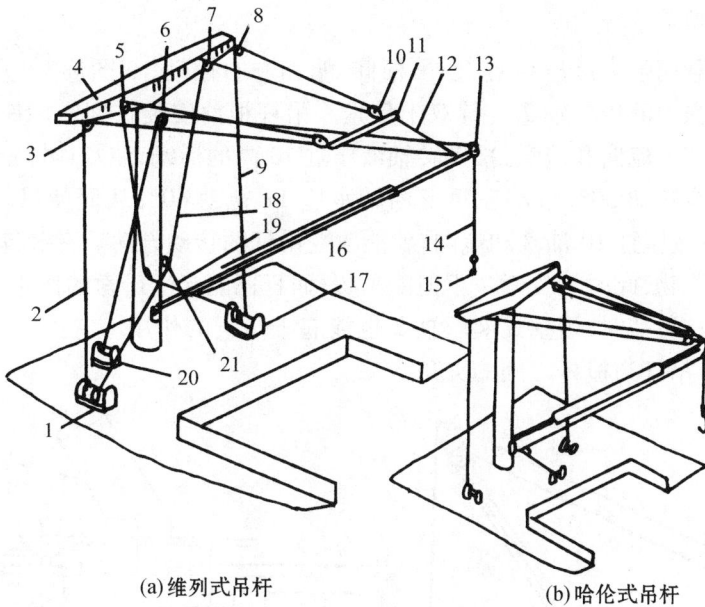

(a)维列式吊杆　　　　　(b)哈伦式吊杆

图 6-3-3　双千斤索单吊杆装置

1、17—千斤索绞车；2、9、18、19—千斤索动端；3、5、7、8—千斤索上导向滑车；4—桅肩；6—吊货索导向滑车；10—千斤索横担滑车；11—横担；12—横担牵索；13—嵌入式吊货滑车；14—吊货索；15—吊货钩；16—吊杆；20—起货绞车；21—千斤索下导向滑车

4. 千斤-牵索单吊杆(span-guy derrick)

由千斤索和牵索相互贯通的两组索具操纵吊杆操作的吊杆装置。图 6-3-4 是这种装置的形式之一。每一根千斤索的起端固定在桅肩上，千斤索经吊杆头部通向牵索下滑车，再回到吊杆头部的滑车和桅肩处的导向滑车。末端通向千斤索双卷筒绞车的一个卷筒上，千斤索绞车的一对卷筒能同时旋转或分开旋转，这样就能实现吊杆的回转与变幅运动，牵索的下滑车生根在两舷侧的牵索短柱上。

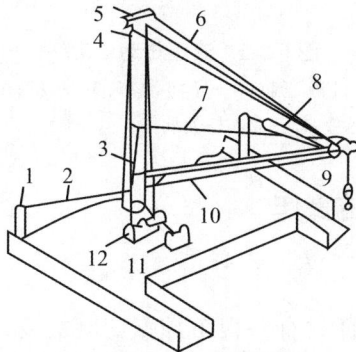

图 6-3-4　千斤-牵索单吊杆装置

1—牵索柱；2—吊杆牵索支索；3—千斤索动端；4—各斤索上导向滑车；5—桅肩；6—千斤索定端；7—吊货物索；8—吊杆牵索下滑车组；9—吊杆牵索端部滑车；10—吊杆牵索下滑车；11—起货绞车；12—千斤索绞车

5.液压传动单吊杆

这种吊杆利用强力液压装置,使吊杆仰、俯和左右摆动,如图 6-3-5 所示。吊杆的左右转动是用强力液压转轴 2 代替双千斤索。吊杆根部安装在回转承座 11 上。操纵电动液压泵油液的流向和流量,推动转轴液压缸 10 内的活塞,使双连杆轴承 12 转至虚线位置。其轴线转动 30°,带动三角形回转承座 11 转动 60°,从而使吊杆向舷外转出 60°。改变转轴液压缸 10 油液和流向,就能改变吊杆的转动方向。在装卸货物时,由于吊货钩上吊有货物,此时吊货索 7 不但能吊货,而且还能起千斤索的作用。

在吊杆没有负荷时,活塞式液压缸 3 也能起千斤索的作用。它由另一个油泵供给油压,用以调节吊杆与桅杆之间的夹角。

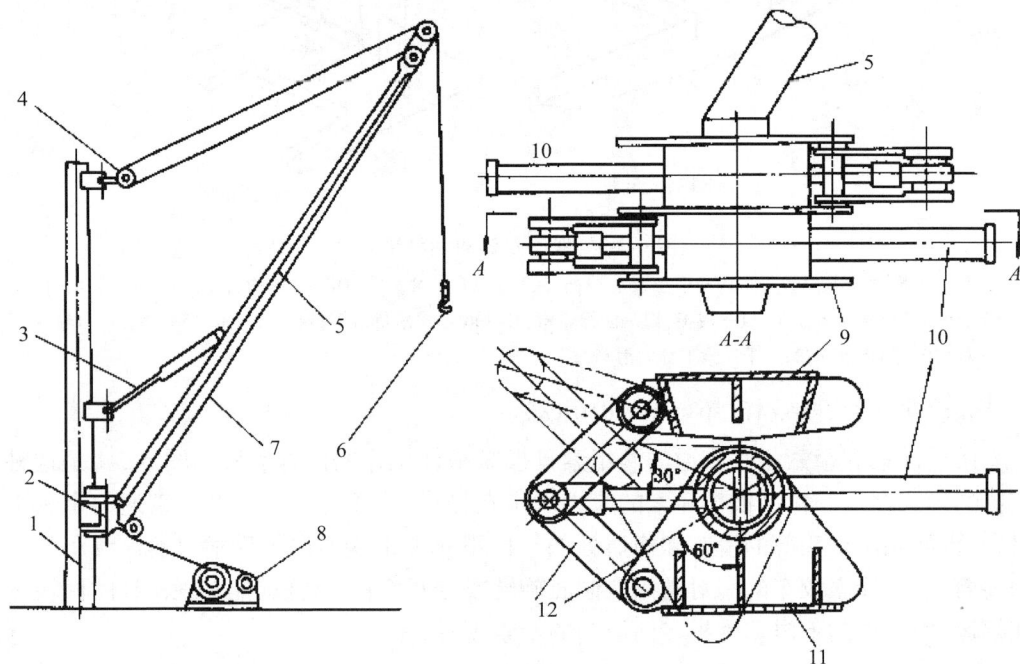

图 6-3-5　液压传动单吊杆

1—桅杆;2—强力液压转轴;3—活塞式液压缸;4—导向滑车;5—吊杆;6—吊货钩;7—吊货索;8—起货机;9—支座;10—转轴液压缸;11—回转承座;12—双连杆轴承

(三)轻型双吊杆装置的操作

1.单千斤索轻型双吊杆

如图 6-3-6 所示,每根吊杆只有一根千斤索,其中一根吊杆放在舷外,另一根放在舱口上方。在两吊杆之间用吊杆牵索(中稳索)4 连接起来,并用吊杆两面舷侧的吊杆稳索 7 将吊杆系固在舷侧面眼环上,这样就可以把双吊杆固定在所需用的位置上。

在卸货物时,可利用货舱口中吊杆 6 的起货机绞进吊货索,把货物从舱内吊出舱口一定高度之后,再用舷外吊杆 2 的起货机绞进吊货索,同时松出货舱口吊杆的吊货索,

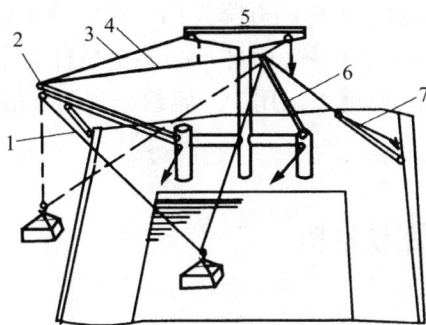

图 6-3-6 单千斤索轻型双吊杆

1—吊货索;2—舷外吊杆;3—千斤索;4—吊杆间牵索;5—桅肩;6—货舱口中吊杆;7—吊杆稳索

使货物吊至舷外,然后两根吊货索同时松出,把货物卸下。装货时的操作顺序与卸货时相反。

2.改良型的轻型双吊杆

如图 6-3-7 所示,它在桅旁设置两台千斤索绞车 3,而千斤索滑车的索端,通过千斤索导向滑车 4 到千斤索绞车 3。在吊杆座同一横向轴线的两舷侧,各设一根吊杆稳索

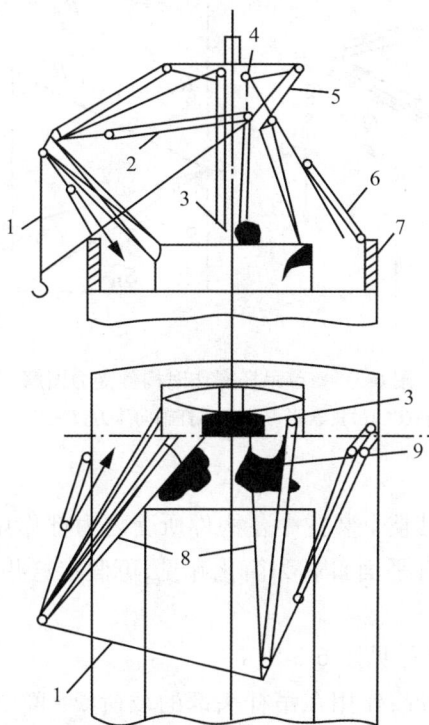

图 6-3-7 改良型的轻型双吊杆

1—吊货索;2—吊杆间牵索滑车组;3—千斤索绞车;4—千斤索导向滑车;5—千斤索滑车组;6—吊杆稳索;7—吊杆稳索固定柱;8—千斤索动端;9—起货绞车

固定柱7,用以固定吊杆稳索。吊杆的升降是用千斤索绞车操纵的。在升降过程中,吊杆上端只会上下移动,不会左右偏移,而且不必调整吊杆间牵索。因此,只要先用吊杆稳索,把吊杆左右位置固定好,就可以用千斤索绞车来调整吊杆的高低。这种改进可以缩短布置吊杆的时间。

二、轻型吊杆的受力分析

(一)轻型单吊杆受力分析

吊杆在装卸货物过程中,由于船舶的倾斜、外力和货物摆动过程中的惯性等影响,各部分的构件及属具可能超出最大工况时的受力,正确地分析和计算某一工况时的各部分受力,对确保装卸货物的安全及发生装卸事故后的正确处理有着极其重要的指导意义。

轻型单吊杆的受力分析比较简单,只不过是根据吊杆装置、千斤索走向不同及有无稳索装置而略有不同。下面仅就普通型单吊杆为例来分析其受力,如图6-3-8所示。

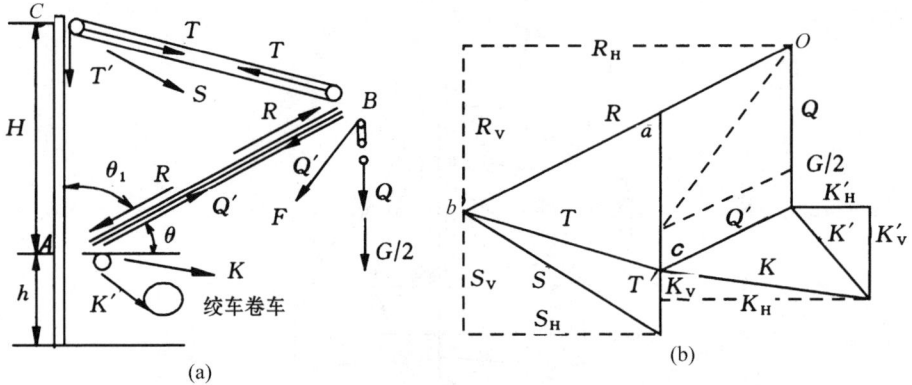

图6-3-8 单吊杆操作时构件受力图解

Q—载荷;Q'—吊货索张力;R—吊杆轴向压力;T'—千斤索张力

1. 图解法

轻型单吊杆操作时,其整个装置中各构件所受之力都作用在吊杆和千斤索所组成的垂直平面(以下简称吊杆平面)内,为简化起见,可假定这些力分别交汇于吊杆头部、根部及千斤索眼板三处。

(1)单杆操作受力分析[见图6-3-8(a)]

①吊杆头部的受力情况:作用在吊杆头部的载荷 $Q = W_s$(安全工作负荷)$+\Delta W_s$(吊钩、滑车组的重力),因滑车组的重力根据滑轮数多少才能确定,为计算方便,通常 ΔW_s 这一项取 W_s 的2%即可。另外,吊杆头部还受到千斤索张力 T、吊杆轴向压力 R、吊货索张力 Q' 及吊杆自重的作用。通常假定吊杆自重 G 的一半由千斤索支持,另一半通过吊杆座作用在桅杆上,故吊杆头上还受到一个大小为 $G/2$ 垂直向下的作用力。当吊杆

头部作用力平衡时,上述诸力所构成的力多边形应该是封闭的。根据这一原理,可利用图解法求解各力的大小。

②吊杆根部的受力情况:在吊杆头部主动力的作用下,引起吊杆根部(吊货索导向滑车处)的受力为吊货索张力的反作用力 Q' 和通向绞车卷筒上的拉力 K'。

③千斤索眼板处的受力情况:在吊杆头部诸动力的作用下,引起千斤索眼板处的受力为千斤索张力的反作用力 T 和通向绞车卷筒上的拉力 T'。

(2)力的图解[见图 6-3-8(b)]

先确定比例尺,以线段的长度代表力的大小,线段的方向代表作用力的方向。

①求吊杆轴向压力 R、千斤索张力 T、吊货滑车受力 F:

据已知起重载荷 Q 及吊杆半自重 $G/2$,从吊杆头 O 点向下作垂直线段,再从线段的末端作载荷经过吊货滑车后平行于吊杆轴线的吊货索张力 Q'(Q' 求取:如只有定滑轮,$Q' = \varepsilon^m Q$;如定动滑轮组成滑车组,末端又从定滑轮引出,

$$Q' = \frac{\varepsilon^m(\varepsilon - 1)}{\varepsilon^m - 1}Q$$

式中:$\varepsilon = 1 + \mu$——摩擦系数;μ——绳索经过滑轮的摩擦损失。

m——绳索经过的滑轮总数)。

最后由 Q' 线段的末点 c 作平行于千斤索的线段至吊杆轴线的交点 b,得到吊杆头部的矢量封闭多边形,从中可以查得 R 与 T 的大小,$R = ob$,$T = bc$。另外,吊货滑车受力 F 可由 Q 与 Q'(虚线段)合成而查得。

②吊杆根部的吊货索导向滑车处受力 K:

吊杆根部的吊货索导向滑车处受力 K 为吊货索的张力 Q' 与通向绞车卷筒上的拉力 K' 之合力。Q' 前面已求得,K' 的大小可由 $\varepsilon Q'$ 求得(或近似取为 Q')。作图时,从 Q' 线段(实线)始端作平等于吊货索导向滑车通向绞车卷筒平行线线段 K' 然后进行 Q'、K' 的合成,得线段 K,即为吊杆根部的吊货索导向滑车处的受力。

③求千斤索眼板处的受力 S:

千斤索眼板处的受力(实际上也就是该处桅杆的受力)S,为千斤索方向张力 T(即千斤索滑车组在千斤索方向所受之张力)与千斤索滑车组动端张力 T' 之合力。T 值前面已求得,T' 值根据千斤索索具的具体情况计算。当千斤索滑车组的滑车组的滑轮数 $m = 2$ 时,T' 值可近似取 T 值的一半。作图时,从 C 点垂直向下画出 T' 的线段,然后进行 T'、T' 的合成,得线段 S,即为千斤索眼板处的受力。

此外,如对桅杆还进行受力计算,通常将桅杆所受之力 S'、K、R 分别分解为垂直分力和水平分力:S_V、S_H'、K_V、K_H、R_V、R_H。

2. 解析法求 R、T

如图 6-3-8 所示,令 ac 表示吊杆头上的荷重 Q 与吊杆重之半 $G/2$ 的和,记作 $[Q]$。根据力三角形 abc 与几何三角形 ABC 相似,即可得:

$$AB/AC = ab/ac \quad ab = AB/AC \times ac = L/H \times [Q] \quad (ac = Q + G/2 = [Q])$$

$$R = ab + Q' = L/H \times [Q] + Q'$$

$$BC/AC = bc/ac \quad BC = \sqrt{L^2 - 2Hl\cos Q_1 + H^2}$$

$$T = bc = BC/AC \times ac = [Q]\sqrt{(L/H)^2 - 2L/H\cos Q_1 + 1}$$

式中：Q_1——吊杆与铅垂线之夹角（吊杆倾角，即 $Q_1 = 90° - \theta$，θ 为吊杆仰角）。

由解析法可以得如下结论：

（1）在同样载荷条件下，吊杆的轴向力 R 与仰角 Q 无关，而取决于比值 L/H（吊杆长度与支悬高度 H 之比）及吊货滑车组的滑轮数目 m 有关，比值 L/H 越大，m 越小（即 Q' 越大），则 R 值越大。

（2）在同样载荷条件下，千斤索张力 T 与吊货滑车组的滑轮组的数目 m 无关，而与比值 L/H 和仰角 θ 有关，L/H 越大，θ 角越大（θ_1 越大），则 T 值越大。

由上可见，千斤索的受力与吊杆工作时的仰角 θ 有关。在我国起货设备规范中规定，进行吊杆装置受力计算时，对轻型吊杆取仰角 $\theta = 15°$，或按实际可能出现的最小仰角计算。

单杆作业时的稳索只是起克服吊杆承座处的摩擦力和船舶倾斜时货物摆动的惯性力，因此，稳索受力较小，可按载荷的 20% 来估算。

（二）轻型双吊杆布置及受力分析结论

对双杆操作系统，当舷内、外吊杆处于同一实际工作中的最小仰角时，吊货杆的工作范围与长度应满足如下要求：

（1）舷外吊杆的舷外跨距应不小于中部船宽舷外 3.5 m，或船舶所有人要求的舷外跨距。

（2）舷内吊货杆头部在货舱口内的投影位置应位于：

①当货舱口配有 1 对吊杆时，离货舱口对边距离不大于 $L/5$（L 为货舱口长度）；

②当货舱口配有 2 对吊杆时，离货舱口对边距离不大于 $L/3$；

③离货舱口边的距离为 1.5 m。

（3）当起货索夹角为 120° 时，其连接点（三角眼板）距舷墙或货舱口围板上缘的高度 H 应为：

$$H \geqslant 5 \text{ m（当 } SWL \leqslant 19.6 \text{ kN 时）}$$

$$H \geqslant 6 \text{ m（当 } SWL > 19.6 \text{ kN 时）}$$

式中：SWL——双杆安全工作负荷，kN。

（4）当起货索间的夹角取 120° 时，连接两吊货索的三角眼板位于最低位置。

（5）双杆操作的吊杆，应使吊货杆在任何工作位置不发生倾翻情况，为满足此要求，一般应使千斤索上受力的减轻量（起货索和保险稳索水平分力的合力）乘以吊杆仰角的正切所得之值不大于起货索和保险稳索垂直分力之和。

（6）双杆系统中连接两根吊杆头部的内牵索（中稳索）工作负荷应取双杆系统安全工作负荷的 20%，但不小于 9.8 kN。

三、双杆联合作业时的布置要领及操作注意事项

（一）双杆联合作业时的布置要领

舷内吊杆的仰角不要太大，最大仰角应小于 75°，以防止翻关，保险稳索的布置应尽量使其的水平投影与吊杆水平投影成 90°，以减少吊杆的水平分力，同时保险稳索应尽量布置在舷墙的地令上，以减少保险稳索的张力。如果吊杆的仰角较大，保险稳索可略向前布置一些，这样可增大稳索与吊杆的夹角。

舷外吊杆的仰角应大于 15°，吊杆仰角太小会导致千斤索张力太大。吊杆与船舶纵中线的水平投影夹角宜保持在 45°~65°之间，这样既可以保证吊杆在舷外有一定的跨度，又可以防止两吊杆头部的距离过大，同时可避免使两吊货索受力过大。保险稳索的布置应尽量向后并高些，以减少对吊杆的作用力。

舷外吊杆的跨距应保证在 3.5 m 以上。

双杆操作时，在轴向压力相同的条件下其安全工作负荷为单杆操作的 40%~60%。

（二）吊杆的安全操作注意事项

吊杆的起落操作应在水手长的指挥下进行，操作前应将操作要点和注意事项交代清楚，并试转起货机。起落吊杆可按下列步骤进行：

1. 起吊杆

（1）先打开吊杆支架的铁箍，并将稳索、吊货索、千斤索整理清楚，检查各个卸扣插销、细铁丝有无松动、脱落现象，再将吊货索松出。

（2）将调整稳索活端扣结在舷边眼环上，再将辘绳在羊角上挽一道，握住尾端，起吊杆时做适当松溜，使吊杆不左右摆动，同时由一人将中稳索作适当的松放。

（3）操纵千斤索升降机使吊杆升起，同时松出稳索，当吊杆升至需要高度时，按止动开关使升降机停住，插上保险销子。

（4）调整好吊杆位置，将调整稳索收紧挽住，然后将保险稳索系妥。

2. 落吊杆

（1）解开保险稳索，将舷外吊杆拉入舷内。

（2）拔出千斤索升降机的保险销子，脱开制动铁舌，启动升降机反转，松落吊杆。

（3）在松落吊杆接近支架时，此时的吊杆下垂力非常大，必须特别缓慢细心操作，以免发生事故。

（4）支架受力后，扣上铁箍，将稳索、吊货索整理清楚，检查保险销子。

3. 起落时应注意的事项

（1）操作人员要集中精力，注意指挥者的指挥，不要左顾右盼。

（2）指挥者应站在适当的位置，使作业人员能清楚地看到指挥动作，以便正确

双杆的调整

双杆联合作业时的布置

执行。

（3）吊杆起落时,不准人员站在吊杆底下。

（4）起落吊杆时应配备足够的作业人员,尤其是双吊杆同时起落时,如人员不足,应一根一根地起落。

（5）双杆同时起落时,操纵起货机者应互相配合好。

（6）在起落中如发现滑车或起货机的转动有不正常的声音时应暂时停止工作,进行详细检查,以防事故发生。

（7）一切绳索必须整理清楚,勿使在吊杆的起落过程中有攀住或钩住他物的现象发生。

（三）双杆作业时操作注意事项

（1）严禁超关、拖关、摔关和游关。

（2）货物不应吊起太高,防止两吊货索之间的夹角超过120°,以免吊货索张力剧增而导致严重后果。

①双杆操作时,两吊货索的水平分力是影响吊杆、稳索、千斤索受力的主要因素,货索夹角达120°时,每根吊货索的张力将达到所吊货物的重量;

②双杆操作系统中,受力最小的绳索是中稳索。

（3）装卸货时应避免突然的换向或急刹车。

（4）在作业中发现有异常情况或异常声响应立即停止工作,待检查并消除故障后再使用。

（5）吊杆的布置应由值班驾驶员负责,不能让装卸工人任意改变布置。

（6）起吊时,吊杆下严禁站人。暂不工作时,吊货索应收绞起来,使吊货钩不碰到人头。吊货索不应盘在甲板上。

（四）起重设备有关绳索的安全系数

绳索的安全系数 n 如表 6-3-1 所示。

表 6-3-1　绳索的安全系数 n

绳索种类与用途		安全系数
钢索	动索:吊货索、千斤索、摆动稳索	$3 \leqslant n \leqslant 5$
	静索:桅支索	$3 \leqslant n \leqslant 3.5$
	保险稳索	4
纤维索		8

四、起重设备动力机械

（一）起重设备动力机械的种类和特点

目前船用起货机（cargo winch）的类型较多，但大多以电动或电动液压为动力。

电动起货机线路比较复杂，需要较高的管理维护水平，但其具有操作简单，运转平稳等特点，在船上得到广泛的应用。

液压起货机与电动起货机相比具有重量轻，体积小，操作轻便，工作平稳等优点，并具有良好的制动能力（绞车的制动器应能停住绞车额定载荷 1.5 倍的静载荷），但制造安装比较复杂，维护管理要求高，若使用不当则容易造成漏油。随着液压技术的发展，船上液压起货机已得到广泛的应用，并日益显示出其独特的优越性。

（二）起货机的操作步骤

1. 电动起货机的操作步骤

（1）通知机舱供应电源。

（2）接通控制箱上的电源启动开关。

（3）扳动操纵手柄在相应位置，即可获得相应的转动方向和回转速度。

（4）在增减操纵速度时，须逐步慢慢开动，若突然加快，电动机可能被烧坏。在变换顺倒车时，应先将操纵柄置于断电点，随后才可变换操纵方向。

（5）起货机使用完毕后通知机舱停止供应电源。

2. 液压起货机的操作步骤

（1）通知机舱接通起货机电源，开启高压油泵阀门。

（2）检查高压油泵的压力是否正常，如不正常，须调节至适当的压力。

（3）启动操纵室内油泵开关时，先按辅助油泵开关，过 1 min 后再按主油泵开关，并检查压力表指针是否正常。

（4）扳动操作手柄，转动起货机和改变转向。

（5）操纵时应缓慢地加大油压，以防止油压过大造成油管接头破裂，导致漏油。

（6）使用结束，应先关主油泵，再关辅助油泵，然后通知机舱停止供电，最后关闭高压油泵阀。

（7）在使用中如发现升降速度不一致时，可按下述方法进行零位调整：

①扳动手柄使零位指示灯亮；

②开启手柄边的小阀；

③将手柄置于中间位置；

④再将小阀关闭。

第四节　重型吊杆

重型吊杆是指安全工作负荷(*SWL*)大于 98 kN 的吊杆装置。为了满足装运大件货物的需要,有些杂货船除了配备轻型吊杆外,还在中间货舱口或重点货舱口设置重型吊杆(heavy derrick)。由于其起重超过了 10 t,它的结构装置与轻型吊杆有所不同,主要表现在吊杆的根部、头部和索具三方面。船上常用的为摆动式重型吊杆,如图 6-4-1 所示。

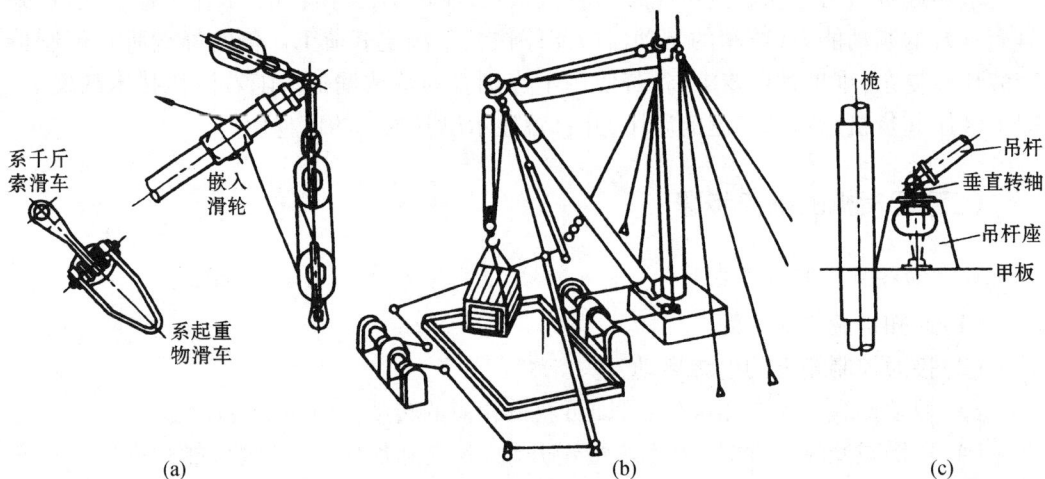

图 6-4-1　摆动式重型吊杆

一、重型吊杆的特点与种类

(一)重型吊杆的特点

(1)吊杆根部的承座通常不设在桅或起重柱下部,而是直接安装在甲板或专用平台上,来承受巨大的吊杆轴向压力,以减轻桅的受力。

(2)吊杆头部不用吊杆环眼箍,而采用如图 6-4-1 所示的装置来承受吊货绞辘的重大负荷。吊货索的力端从吊货滑车组动滑车引出,经过吊杆头部所设的嵌入滑轮和桅杆上的导向滑车,由相邻货舱口上的起货机来操纵。

(3)吊货索和千斤索均采用滑车组(绞辘),以减轻起货机的负荷。

(4)为了提高重吊的利用率,有的重吊通过舱口倒换可供相邻的货舱使用。

（二）重型吊杆的种类

1. 普通型重吊

普通型重吊又称带嵌入滑轮重型吊杆,结构如图6-4-1所示。

普通型重吊的吊杆头部设有一个嵌入滑轮,吊货索的力端从吊货索滑车组的下部引出,经过嵌入滑轮和设在桅肩上的吊货索导向滑车引向起货机,这样通过嵌入滑轮的设置改变了吊货索的走向,从而减少了吊杆的轴向压力和千斤索的张力。千斤索也采用多饼滑车组,其动端从吊杆头部的千斤索滑车引出,穿过在桅肩上的千斤索导向滑车引向千斤索绞车。设置在吊杆头部左右的两根稳索则通过设在甲板上的导向滑车,由相邻货舱口上的起货机来操纵,吊杆的摆动是由收绞一边的牵索和松放另一边的牵索来完成的。

2. V形重吊

V形重吊又称施特尔根(Stulken)重吊,它不仅改善了普通型重吊的操纵使用性能,而且起重能力也大大增加,最大的可达500 t以上。其结构如图6-4-2(a)所示。V形重吊主要由两根或呈V形布置的起重柱、一根重型吊杆、两台起货绞车、两台千斤索绞车、左右两套千斤索索具和适用于其相邻两舱的吊货索索具等组成。

图6-4-2(b)为V形重吊实图。

V形重吊无稳索装置,吊杆头部由两副千斤索滑车组引导,每一副滑车组由一个起货机带动,吊杆的变幅与旋转通过收绞或松放两根千斤索完成。同时收绞或松放千斤索可使吊杆仰起或俯下,单独收绞一舷的千斤索将使吊杆向同一舷旋转并慢慢仰起,单独松放一舷的千斤索将使吊杆向另一舷旋转并慢慢俯下。如果以同一速度收绞一舷的千斤索并松放另一舷的千斤索将使吊杆以大约同样的高度向收绞一舷作较快的旋转。如果两千斤索以不同的速度收绞,吊杆将向收绞速度较快的方向旋转,如果以不同的速度松放,吊杆将背向松出速度较快的方向旋转。

吊杆滑车组采用无端法穿引,由两个上部吊货滑车和两个下部吊货滑车组合。滑车组钢丝绳的每一端先引向对应的转动头的滑车支座上的导向滑车,再引向吊货绞车。吊货滑车组由两部绞车来绞动。若只开动其中一部绞车,吊货钩升降的速度减半。

使用双吊货滑车组时,两个下部吊货滑车并接于一个连接横杆、山字钩,能吊起全部安全负荷。若使用单滑车组时则不需要连接横杆,山字钩与作业的滑车组相连接,只能吊起安全负荷的一半。

3. 哈列恩式重吊

哈列恩(Hallen)式重型吊杆与双千斤索轻型吊杆的结构大致相同。其主要特点是在桅肩上设有两个水平臂杆,千斤索滑车组的定滑车系在臂杆上,千斤索的力端经过导向滑车引向千斤索绞车。吊货索采用滑车组,其力端经吊杆头部的嵌入滑轮和桅肩上的导向滑车引向起货机。

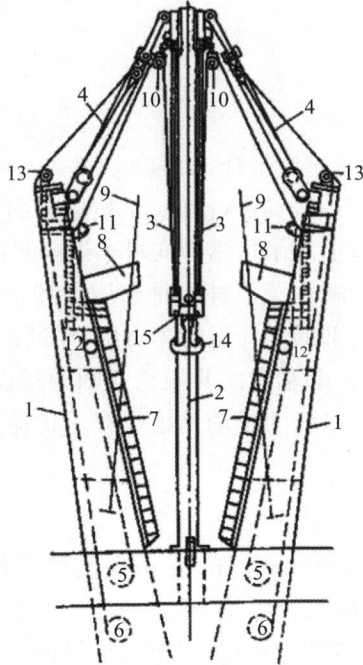

(a)V 形重吊结构

(b) 实船 V 形重吊

图 6-4-2　V 形重吊

1—起重杆；2—重型吊杆；3—吊货滑车组；4—千斤索滑车组；5—重吊起货绞车；6—重吊千斤索绞车；7—梯；8—控制台；9—轻型吊杆；10、11、12—吊货索导向滑车；13—千斤索导向滑车；14—三字吊货钩；15—连接横杆

二、普通重型吊杆受力分析

普通重型吊杆都是单杆操纵的,除双千斤索重型吊杆外,其受力情况和单杆类似。

图 6-4-3 为重型吊杆装置的布置图。

通常重型吊杆的吊货索和千斤索都采用滑车组。为了简化起见,忽略吊货索的嵌入滑轮与吊杆头之间的距离及千斤索眼板座与导向滑车座之间的距离,即假定作用在吊杆头处及桅杆的千斤索眼板处的力系为共点力系。此外,还假定经过嵌入滑轮后吊

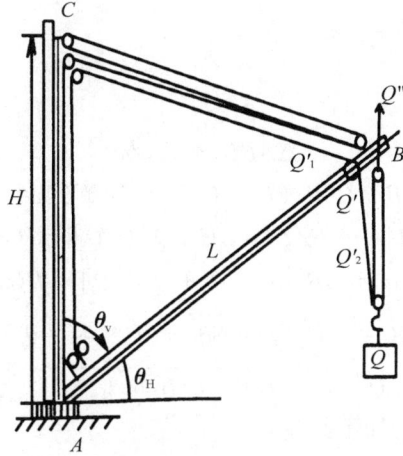

图 6-4-3　重型吊杆装置布置图

货索与千斤索方向一致。

因为吊货索的动端系由吊货滑车组的动滑车引出,所以当起货时,吊杆头上的作用力 Q'' 及吊货索 Q' 可根据 $Q''=Q-Q'=\dfrac{\varepsilon^m-1}{\varepsilon^{m-1}-1}Q$ 及 $Q'=\dfrac{\varepsilon^m(\varepsilon-1)}{\varepsilon^{m+1}-1}Q$ 来确定($\varepsilon=1+\mu$,为滑轮摩擦系数,m 为滑轮数),经过嵌入滑轮后的吊货索张力 $Q_1'=\varepsilon_1 Q'$,ε_1 为嵌入滑轮的摩擦系数。

(一)图解法

图解法求吊杆轴向 R、千斤索 T、千斤索眼板处 S:

如图 6-4-4 所示。首先在嵌入滑轮处,垂直向下绘出前面求出的 Q' 和平行于千斤索绘出前面求出的 Q_1',得合力 F 为对吊杆部分轴向压力,然后再从 B 点依次画出 Q''、F、$G/2$,从 $G/2$ 末端作平行于千斤索并交于吊杆轴线的矢量,即得到力的多边形封闭,可求得千斤索张力 T 和吊杆轴向 R。在 C 点(即千斤索眼板处)受力 S 应为千斤索受力 T 与 T_1' 之合力。T_1' 根据千斤索滑车组的形式求得。

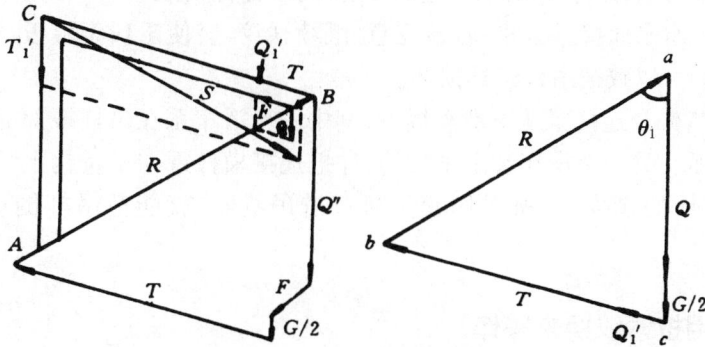

图 6-4-4　重吊受力及图解

（二）解析法

如图 6-4-4 所示。

因为
$$\triangle ABC \backsim \triangle abc$$

所以
$$ab/ac = AB/AC, R/(Q + G/2) = L/H \quad (Q = Q' + Q'')$$

$$R = L/H(Q + G/2) = L/H[Q] \quad ([Q] = Q + G/2)$$

又
$$ab/ac = AB/AC \quad T + Q'/[Q] = BC/H$$

$$BC = \sqrt{L^2 - 2Hl\cos\theta_1 + H^2} \quad (\theta_1 = \theta_v)$$

$$T = [Q]\sqrt{(L/H)^2 - 2L/H\cos\theta_1 + 1} - Q'_1$$

由以上受力分析可得出如下结论：

（1）重型吊杆由于吊杆采用了嵌入滑轮，改变了吊货索牵引力的方向，与轻型单杆比较在同样载荷情况下，可使吊杆与千斤索受力均减小。

（2）采用吊货索滑车组，在轻型吊杆装置的情况下，对 R 有影响，而对 T 无影响。但是在重型吊杆装置的情况下，则反之（见解析式子）。

（3）吊货索与千斤索在到达绞车之前均还要经过若干导向滑车。其张力逐渐增大，故应按最后的末端张力来选取吊货索及千斤索。

（4）重型吊杆稳索受力与轻型吊杆类同，但要充分估计到因吊举重大物件引起船舶横倾所生产的惯性力及吊杆支承转轴转动时的摩擦力。

三、V 形重吊倒换舱口操作

V 形重吊倒换舱口操作可大大提高重吊的利用率，操作前，应严格按使用说明书允许的纵倾（吃水差）角度要求进行。倒换舱口有两种操作方法：

（一）依靠吊货滑车组来操作

（1）将两副千斤索同时以同样速度绞紧，使吊杆仰角达 86°~88°。这时应特别注意，由于吊杆与水平面接近垂直，若不注意，继续猛绞，会使千斤索眼板、滑车受到向下的拉力越来越大，以致把吊杆索具损坏。

（2）将吊货钩及连接梁从下滑车拆下，其中一个滑车系在吊杆根部的固定眼板上，如图 6-4-5 所示。另一个滑车装上吊货钩，并把连接横杆系在吊货钩上，再用一绳索把吊货钩系在甲板的眼板上，所以用起货机绞进吊货索，就能把吊杆倒换到另一个舱口上。

（二）利用拉索绞换来操作

如图 6-4-6 所示为操作过程。首先用同样的速度绞紧两副千斤索滑车组，使吊杆缓慢上升至仰角约 85°为止。这时不能再绞，然后用拉索缠在绞车上，将吊杆拉过死点

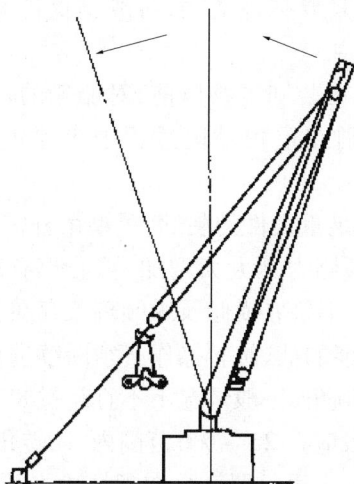

图 6-4-5 依靠吊货滑车组倒换舱口操作

（仰角为 90°）。千斤索配合绞紧或放松，以免吊杆拉过死点时产生摇晃。在操作过程中，不可操之过急，以免拉坏索具。当吊杆越过死点后，利用吊杆重力即可倒换过去，而无须再用拉索来收绞。

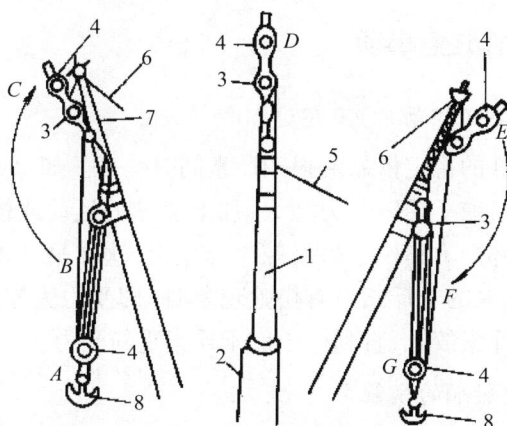

图 6-4-6 利用拉索倒换舱口操作

1—吊杆；2—起重柱；3、4—吊货滑车组；5—拉索；6—吊货索；7—吊杆端部叉头；8—三字吊货钩

四、重吊操作注意事项

（一）普通型重吊操作注意事项

除按轻型单杆操作方法以外，还必须注意以下各点：

（1）增加桅和起重柱的强度：根据各船重吊的布置特点，若要配临时桅支索时，吊货前应先将桅支索装好，防止摇晃。

（2）清理好索具：一切索具要整理清楚，对滑车及转动部件事先进行检查并加油，选用的索具应有足够的强度。

（3）切实掌握船舶稳性：在装卸重物以前，对船舶的稳性，操作人员心中有数。如果船舶的稳性不能确定时，则在重物吊运过程中应停止数次，以便观测船舶的倾侧情况。

（4）增大稳性力矩：为满足重大件的装卸，重型吊杆需要较大的舷外跨距。当装卸货物到达舷外最大跨距时，倾侧力矩大大增加，重心也有所提高，致使稳性力矩减弱。因此，装卸时，船身力求正浮，不要有横倾及纵倾现象存在。压载舱要注满，油水柜不应有自由液面存在。如果不可能的话，旋转操作必须断续进行，使液体有时间跟随船舶流动。待船舶静止后确定其横倾角，一般情况下不宜超过8°。

（5）重吊作业的仰角一般应在25°~75°范围内，回转角不大于80°。

（6）正确指挥操作：大副、水手长要亲自在现场检查并指挥操作。起货机操纵力求平稳，货物吊起后应仔细检查吊杆及属具情况，认为确实可靠后再继续吊起。货物离甲板不宜过高，吊杆旋转要慢，在旋转过程中还得停下几次，仔细观察稳性状态，尤其是向舷外旋转更应缓慢，以免随着吊杆向外旋转而使船的横倾加大。

（7）为了防止吊货滑车座扭结及货物的悠荡，应在货物两端系上牵索。

（二）V形重吊操作注意事项

1. 控制吊杆的回转角（摆动角）不超过60°

当吊有重物时，吊杆的稳定依靠两根千斤索同时受力。如果回转角太大，致使摆出舷的千斤索松弛，而另一舷千斤索受力加大，加上船舶的晃动或横倾，很可能使松弛一舷的千斤索不受力，全部受力集中于另一舷千斤索上，这样吊杆将失去稳定性，有倒下来的危险。当发现摆出舷的千斤索一有松弛现象时（即受力为零），应立即停止继续摆出，并同时将另一舷千斤索绞入，直到摆出舷千斤索重新受力。

2. 掌握吊杆负重时船舶的横倾角

在重吊旋转中，当吊杆头未超过船舷时，横倾不得大于8°，超过船舷时，一般不得超过12°。另外，在重吊摆向舷外上，速度应缓慢，并作几次停歇，以观察船体横倾情况，防止摆出太快造成船体横倾角突然增大而影响船的动稳性。

第五节　其他装卸设备

一、岸边集装箱起重机

岸边集装箱起重机又称集装箱桥吊，是专门用于集装箱码头对集装箱进行装卸作业的专业设备。安装于港口码头岸边,其作业能力决定集装箱码头的货物吞吐能力。图 6-5-1 所示为集装箱桥吊。

图 6-5-1　集装箱桥吊

(一)集装箱桥吊的发展概况

集装箱桥吊的发展主要体现在其技术指标的发展上,集装箱桥吊的装卸能力、起升高度、前伸距离等技术指标大体经历了四个大的跨越式发展,完成集装箱桥吊的更新换代。

第一代桥吊:约 20 世纪 70 年代出现,能起吊 30 t 的货物,起升高度可达 25 m,前伸距离可达 35 m,采用电动进组发动机。

第二代桥吊:约 20 世纪 90 年代初出现,世界上主要港口配备的装卸桥吊的起重量增加到 40~45 t,起升高度增加到 32 m,前伸距离增加到 40 m,采用可控硅直流调速系统。

第三代桥吊:约 20 世纪 90 年代末出现,装卸桥吊的起重量增加到 50 t,起升高度增加到 36 m,前伸距离增加到 50 m,采用智能交流变频驱动控制系统。

第四代桥吊:进入 21 世纪后,随着超巴拿马型集装箱船舶的投入运营,超巴拿马型桥吊成为 21 世纪主要港口的主要设备。装卸桥吊的起重量增加到 65~100 t,起升高度增加到 45 m,前伸距离增加到 70 m,采用智能交流变频驱动控制系统。

随着集装箱船舶的班轮化、大型化发展,特别是超巴拿马型船舶的出现,码头公司对装卸效率的要求越来越高,桥吊制造厂商又制造出了可以提高装卸效率的桥吊。

1. 双小车桥吊

双小车桥吊一般采用前后两个小车,前小车将集装箱卸到中转平台,后小车将集装箱吊装到集卡上。采用这种桥吊,可以使装卸效率提高很多。

2. 双吊具桥吊

双吊具桥吊一般采用两个伸缩的中锁可移动的双箱吊具,可以同时装卸四个 20 ft 或两个 40 ft 的集装箱,装卸效率大为提高。

3.双小车双吊具桥吊

双小车双吊具桥吊一般采用前后两个小车,两个伸缩的中锁可移动的双箱吊具。该桥吊综合双小车桥吊和双吊具桥吊的优点,同时克服了两者的不足,理论上装卸效率提高了70%。

(二)集装箱桥吊的组成

集装箱桥吊由四个部分组成,分别是:起升机构、俯仰机构、小车机构和大车机构。

1.起升机构

起升机构通过两个起升电机带动卷筒卷起和释放钢丝绳来完成集装箱或吊具升降运动,是桥吊最主要的工作机构。

起升既可以用司机室联动台主令操作手柄来人工操作,也可以从机房操作站或大车操作站启动半自动控制来自动运行。

起升机构与大车机构共享一台驱动器,采用先到先服务的原则。所以起升与大车不可以同时运行。起升减速为智能减速,不同的速度和高度设置不同的减速区域,以使吊具在指定高度停止。

2.俯仰机构

俯仰机构是通过一个电机带动卷筒卷起和释放钢丝绳来完成悬臂的俯仰动作的一套机构。

俯仰操作分司机室操作和俯仰操作室操作两种。司机室操作可以将前大梁收至60°位置,便于大车做大船时移位做箱。俯仰操作室操作可以将前大梁全程收放,并提供了手动和自动两种操作模式,以及快速和慢速两种收放速度。悬臂有三种状态:水平位置、60°位置、挂钩位置,其中水平位置为正常作业位置。悬臂俯仰全程大约需要5 min。

俯仰机构与小车机构共用一个驱动器,采用先到先服务的方法。小车不动作时俯仰允许动作,此时小车必须在停车位置,同时起升和大车都不允许动作。俯仰机构设有上停止限位、上极限限位、松绳限位、进购限位等安全装置,用于控制前大梁在水平位置和收起位置时的状态。

3.小车机构

小车机构是通过一个电机带动卷筒卷起和释放钢丝绳来完成小车在轨道上移动,最终使集装箱或吊具实现水平往复运动的结构。小车采用牵引式居多,既可以用司机室联动台的操作手柄来人工操作,也可以通过机房操作站控制运行。

小车机构和俯仰机构共用一个驱动器,所以当俯仰运行时,小车不能运行。小车轨道上设有后极限、后停止、后减速检测、停车位、前停止(悬臂收起)、前减速检测、前停止、前极限等位置用来进行位置和速度控制。小车的减速与起升一样是智能减速。小车只能在俯仰水平位置或挂钩位置时才能动作,在俯仰挂钩位置时,小车只能慢速行驶。

4. 大车机构

大车机构是通过 16 个电机驱动大车在轨道上左右行走,实现整机沿着轨道做水平运动的机构。

大车运行可在司机室或地面操作站操作,司机室操作可以用挡位控制大车速度,地面操作站只能进行快速和慢速操作。

起升机构和大车机构共用一个驱动器,起升和大车不能同时动作,一旦大车机构启动,起升被禁止直到大车完全停止。大车根据大车电缆所在电缆坑位置可相应左右移动约 300 m 距离,当高压电缆凸轮卷空和卷满限位装置动作时,说明大车已到行驶极限,不能再继续向这个方向行走,只能往反方向行走。在大车机构每侧支腿两端,装有红外线减速限位装置和大车行进停止限位装置,用于两车接近时减速和防止两车发生直接碰撞。大车机构设有 16 个夹轮器,它们的释放都有相应的限位感应,大车行走时应首先释放这些装置。大车机构还有两个锚定装置,用于桥吊不使用时泊车之用。桥吊使用时应首先解除锚定。

大车行走可以分别在司机室或大车操作站进行,且同一时间只能有一个操作站可以进行操作。司机室操作时,可以通过右联动台的按钮释放夹轮器,指示灯亮后通过操作手柄的左右拨动实现大车的左右行走,改变手柄挡位来改变行走速度。大车操作站操作时,应先在站内合上主控,释放夹轮器和顶轨器,当指示灯亮后,可以按住左行按钮和右行按钮实现行走,站内有速度开关,可选择快速和慢速行驶。

(三)集装箱桥吊的安全装置

为保证安全作业,桥吊的每一个机构都有许多相应的安全联锁装置来控制其在规定的安全范围内运行。

1. 起升机构主要安全联锁装置

(1)超负荷保护:当吊具下起升负荷达到额定负荷时,在司机室给司机延时声光报警;当吊具下起升负荷达到 110% 额定负荷时,给司机以声光报警,并自动停止起升动作。

(2)过速保护:当起升或下降速度超过 115% 的电机额定速度时,切断主控制电源,并紧急制动。

(3)接近起升正常停止位置前的上下减速限位联锁。

(4)达到起升正常停止位置前的上下停止限位联锁。

(5)吊具下降至距离码头面 6 m 高度时进行减速运行的限位开关。但在离开码头边沿时解除。

(6)防止钢丝绳过度松弛的限位联锁。

(7)正确判断 40 ft 箱或 20 ft 箱的限位联锁。

2. 俯仰机构主要安全联锁装置

(1)外伸梁的俯仰速度超过额定速度 115% 时,使外伸梁紧急制动的超速保护限位开关。

（2）接近俯仰正常停止位置前的上下减速限位联锁。

（3）达到俯仰正常停止位置前的上下停止限位联锁。

（4）防止钢丝绳过度松弛的限位联锁。

（5）俯仰钢丝绳松绳开关与起升机构和小车的联锁。

3. 小车机构主要安全联锁装置

（1）小车运行至正常停止位置前后减速限位联锁。

（2）小车运行至正常停止位置前后停止限位联锁。

（3）小车未离开外伸梁时，防止外伸梁仰起的联锁。

（4）当外伸梁处于仰起挂牢状态时，小车只能在主梁指定区域内慢速运行联锁。

（5）当去司机室的通道的门未关闭时，小车不能运行的联锁。

（6）当外伸梁未处于水平状态时，小车不能运行的联锁。

4. 大车机构主要安全联锁装置

（1）大车锚定、夹轮器、防风系缆、防撞装置及电缆卷筒等与大车机构运行有联锁。

（2）大车运行至终端前的两边减速限位联锁。

（3）大车运行至终端前的两边停止限位联锁。

（4）两台桥吊互相接近时的停止和减速限位联锁。

（5）为方便大车机构锚定时的对位，在机侧操作屏（陆侧支腿中部距地面 1.4 m 处）设有慢速运行按钮。

二、散货装船机

（一）散货装船机的结构与原理

散货装船机是与后方供料输送机系统相衔接，用于大宗散货装船作业的连续式装卸机械。按整机的结构特点及作业方式可分为固定式、移动式和摆动式三大类。各类装船机主要由机上输送机、装船溜筒、工作机构、金属结构、驱动系统和控制系统等组成。

散货装船机工作原理：码头供料输送机上的物料经装船机上的漏斗转接至机上输送机，机上输送机将物料输送到臂架端部的溜筒，然后由溜筒落料装船。为减少装船作业时的扬尘，溜筒通常设计为可伸缩作业方式。

散货装船机设计装船能力时一般与后方供料输送机的能力相匹配，同时需要考虑船型大小、物料特性等参数，装船能力从每小时几百吨到几千吨不等。

（二）散货装船机的发展趋势

全球贸易一体化的发展促进了全球范围内对散货运输的需求，从大类商品来看，铁矿石、煤、粮食等散货的海运量上升呈快速增长的态势。伴随这一发展的是远洋散货运输船舶的补档更新。随之而来的是能够停靠和装卸这些大型船舶的超级大港的建设对散货装卸船设备的需求,散货船型的加大也为散货装卸船机设备的设计和制造提出新的挑战。根据散货自动化发展的趋势,可预测装船机的发展趋势。

1. 自动化

目前散货装船机系统自动化程度较低,基本上靠人工现场操作。采用现场人工操作,一方面散货码头恶劣的工作条件(高温、高粉尘、高噪声等)会危害现场工作人员的身心健康,另一方面恶劣的工作条件和长时间的货物装卸,极易引起工人疲劳或不规范操作,造成装船过程中的事故。因此,未来装船机的一个最大发展趋势为自动化程度越来越高。

2. 大型化

大型装船设备所占比例越来越大,目前世界上最大矿石装船机生产率高达每小时2万吨,外伸距离适用于32万吨船型。

3. 专业化

运送物料的不同使装船机的设计也越来越专业化,如防爆、防腐、防尘、防污染等的设计要求,设计标准也日趋完善。

4. 环保化

环保是发展的前提,开发和应用机械密封、水雾压尘、气流导向或阻隔等有效方式,设置独立运行的防尘集料系统成为现代化装船机设计的研究课题之一,将不断加强设备的防爆、防腐、防尘、无污染、低噪声等方面的技术。

5. 人文化

人文化设计是设计发展的标志,设备的主要部件满足安装、操作、维护的简易、快捷的要求,不但保证其内在性能,也同时考虑外观简洁、美观,考虑设备、部件的色彩搭配,使设备符合时代的审美观。

三、散货卸船机

散货卸船机可分为间歇式卸船机和连续式卸船机两大类。间歇式卸船机是指各类抓斗式卸船机,如船吊抓斗、门机抓斗、桥式抓斗卸船机等。连续式卸船机主要有气力式、夹带式、埋刮板式、螺旋式、波纹挡边带式、链斗式、斗轮式、绳斗式卸船机等,其中前五种卸船机常见于粮食卸船作业。本节主要介绍常见的抓斗式、气力式、螺旋式、链斗式、斗轮式几种卸船机。

(一)抓斗式卸船机

目前我国煤炭、矿石码头的卸船机大部分采用抓斗式卸船机。桥式抓斗式卸船机由起升机构/开闭机构、小车牵引机构、俯仰机构、大车行走机构、落料回收装置、臂架挂钩、金属结构、电气与控制系统设备等组成。图6-5-2所示为桥式抓斗式卸船机。

抓斗式卸船机的使用特点：

（1）结构简单、造价低、维修保养方便。

（2）对船型和货种的适应性强。

（3）船舶装卸效率低、能耗大。

（4）抓斗闭合不严密，卸船作业过程中散货洒落现象较为严重。

（5）粉尘污染大。

图6-5-2　桥式抓斗式卸船机

（二）气力式卸船机

气力式卸船机又称为吸粮机，主要用于散粮卸船作业，在国外已成为现代化散粮专业码头的主要卸船设备，我国也有不少地方使用。目前吸粮机单机产量最大可达每小时1 000 t。需注意的是，在实际工作中，气力式卸船机不宜接卸如烘干玉米等易碎、不耐冲击的物料。

气力式卸船机主要构件包括吸嘴、输送管、分离器、除尘器、卸料器、风机和消声器等。对风机的要求尤为高。

作业时，将配有软管的吸嘴贴近粮食表层，通过风机的作用，产生足够速度的气流克服粮粒的重力和摩擦力，使进入吸嘴的粮食处于悬浮状态而在垂直和水平输送管道中运动，通过分离器、卸料器及输送机把物料送到码头的指定区域。

气力式卸船机的使用特点：

（1）结构简单紧凑、操作简单、性能可靠、维修方便。

（2）作业时不损伤舱底，对船舶的适应能力强。

（3）清舱效果好，作业现场无扬尘。

（4）作业噪声大,动力消耗相对较大,效率低,在目前使用的连续卸船机中,同等作业条件下其能耗最高。

图6-5-3所示为国产气力式卸船机,图6-5-4为气力式卸船机的结构原理示意图。

图6-5-3 国产气力式卸船机

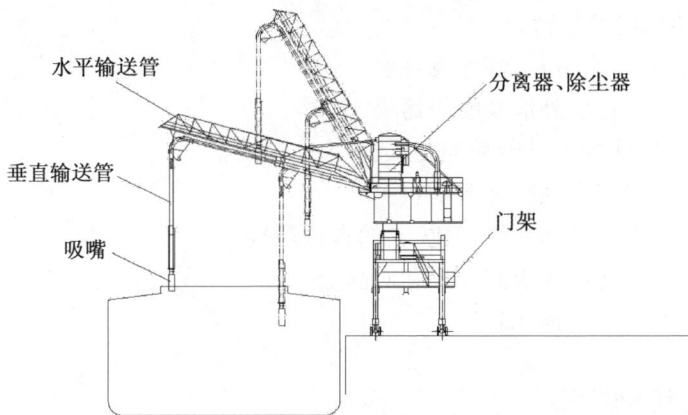

图6-5-4 气力式卸船机的结构原理示意图

（三）螺旋式卸船机

螺旋式卸船机是以螺旋机取料并利用垂直螺旋输送机提升的卸船机,常用卸量为每小时500~2 000 t,国内外很多港口在使用,主要用于接卸煤炭、矿石和化肥的场合,有时也用于粮食卸船。图6-5-5所示为螺旋式卸船机。

螺旋式卸船机主要由垂直臂、水平臂、旋转塔、末端螺旋输送机和门架等构件组成。垂直臂包括箱型罩和垂直螺旋输送机。垂直螺旋输送机由内螺旋、机壳外螺旋组成,内螺旋用于垂直提升物料,外螺旋用于物料松散及供料。水平臂包括箱型臂架和水平螺旋输送机两部分。

图 6-5-5　螺旋式卸船机

卸船时,先把反面螺旋喂料装置降入待卸物料中,物料在喂料装置中的正向螺旋的作用下向下推送,继而由取料螺旋向中心提升反向螺旋处挤送,反向螺旋则将物料输送到螺旋提升管中,接着内螺旋便把物料垂直提升,然后通过水平输送机把物料输送到预定的接料处。

螺旋式卸船机的使用特点:

(1)结构轻巧,完全密封,性能良好。

(2)可较好防止粉尘外泄及噪声污染。

(3)操作容易,现场人员劳动强度低。

(4)比较适用于流动性较差的物料。

(5)与同样生产率的卸船机相比,它的自重最轻。

(6)能耗比其他连续散粮卸船机相对高。

(7)对物料的额外破损比较大。

(四)链斗式卸船机

链斗式卸船机主要用于铁矿石、煤炭等大宗散货的接卸,单机额定生产能力可达每小时 3 600 t。其主要由链斗取料提升机构、斗式提升机头旋转机构、受料机构、臂架旋转机构、臂架俯仰机构、行走机构及带式输送机系统组成。图 6-5-6 所示为链斗式卸船机。图 6-5-7 为链斗式卸船机结构原理示意图。

链斗式卸船机卸船作业时,链斗从船舱内将物料挖起,通过提升卸入受料机构,再转入臂架中的带式输送机,最后通过中心漏斗、出料带式输送机进入码头上的带式输送机系统。

链斗式卸船机的使用特点:

(1)卸船效率高,后续投资少。

(2)环境污染小,不会造成物料的撒漏及扬尘。

(3)节约能源。

图 6-5-6　链斗式卸船机

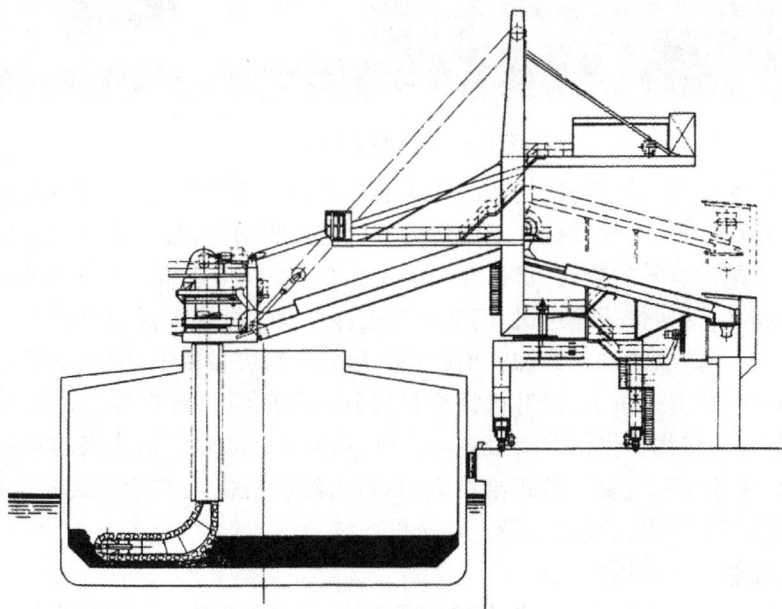

图 6-5-7　链斗式卸船机结构原理示意图

（4）受波浪力影响大，一旦波浪力产生超过 600 mm 的舱底高差，将不同程度地对卸船机或散货船的舱底产生损坏。

（5）对超大块和异形块比较敏感，易引起堵料，链轮和链斗易磨损，维护成本相对较高。

(6)须配备专门的链斗清洗池对链斗进行清洗整理。

(五)斗轮式卸船机

斗轮式卸船机取料装置采用低速旋转的斗轮,由于刚性斗轮具有巨大的挖掘能力,它几乎可用来卸载任何散粒物料,如易结块的或磨削性大的散盐、煤炭和铁矿石等。图6-5-8所示为斗轮式卸船机。图6-5-9为斗轮式卸船机结构原理示意图。

图 6-5-8　斗轮式卸船机

斗轮式卸船机有如下各种机构:沿码头前沿轨道移动的大车运行机构,使机身绕中心旋转的旋转机构,使水平臂做上下俯仰的液压油缸驱动装置,使斗轮和波纹挡边带式提升机绕臂架端部旋转的旋转机构,斗轮驱动机构,波纹挡边带式提升机驱动机构,臂架端部转载漏斗,臂架带式输送机,门架中心缓冲仓及伸缩式带式输送机等。

卸载时,斗轮挖取的物料经卸料槽卸在一短的喂料皮带机上,喂料皮带机将物料转载到波纹挡边带式提升机上,提升机将物料提升到顶部经卸料管落入臂架端部的转载漏斗中,转载漏斗将物料供给臂架带式输送机,从臂架带式输送机出来的物料经料槽落入缓冲仓内,缓冲仓下安装一带式给料机,物料由给料机供给伸缩带式输送机,伸缩带式输送机将物料供给码头敷设的带式输送机系统。

斗轮式卸船机的使用特点:

(1)工作时卸船机作用于码头上的载荷比较小,对码头建造的要求低。

(2)所需动力小。

(3)具有较高的平均卸船能力。

(4)能适应多种尺寸的船舶和潮位条件。

(5)因料流是封闭的,最大限度降低了噪声和扬尘,码头的清扫工作大大减轻。

(6)工作可靠性高,设备维修工作量少。

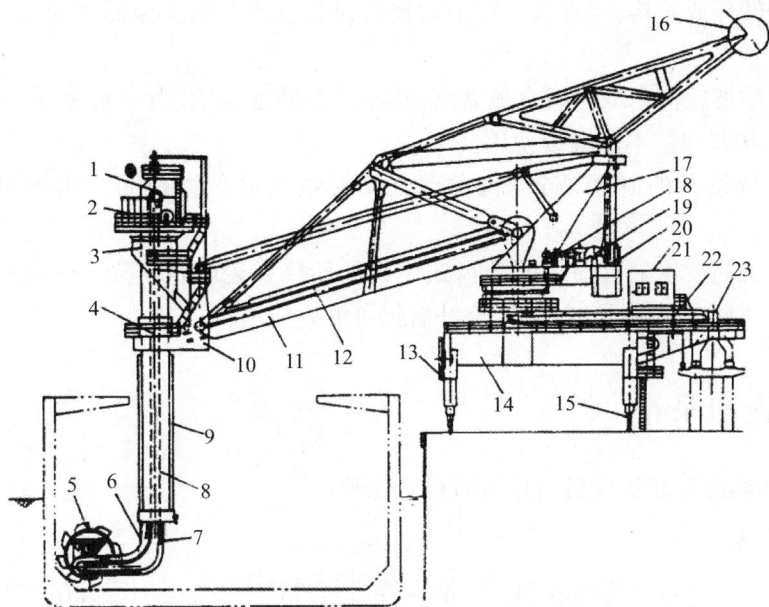

图 6-5-9　斗轮式卸船机结构原理示意图

1—抛料箱;2—液压泵站;3—螺旋漏斗;4—机头回转机构;5—斗轮机构;6—防顶升保护系统;7—提升机构;8—提升筒体;9—安全保护装置;10—L 形支撑架;11—臂架系统;12—臂架皮带机;13—电缆卷筒;14—门架;15—运行机构;16—动配重;17—转台塔架;18—臂架回转机构;19—起伏机构;20—浮动配重;21—电气房;22—门架皮带机;23—分叉漏斗

第六节　起重设备的试验、检查和保养

一、起货设备零部件不允许存在的缺陷

(1)吊杆、臂架、桅柱等金属构件的焊缝表面应均匀,不得有裂纹、焊瘤、咬口、气孔、夹渣及未填满的凹陷存在。任何情况下钢质吊货杆的壁厚应不小于 4 mm。

(2)吊杆轴线挠度不应超过其长度的 1/1 500,臂架轴线挠度不应超过其长度的 1/1 000。

(3)起货设备固定及活动零部件的最大磨损超过原尺寸的 10%、销轴的最大蚀耗超过原直径的 6%或发生裂纹或有显著变形者均不得使用。绞车基座及周围构件的腐蚀极限为 25%。

(4)使用吊钩前,需做变形、磨损、锈损和裂纹检查,如有裂纹或钩尖开口部分的伸长超过原有间距的 15%时,必须换新。

(5)钢丝绳在其 10 倍于直径的长度内,发现有 5%钢丝断裂或钢丝绳有过度磨损(大于 10%)时,不能继续使用。

（6）对于转环或转钩,当在其环栓上发现有显著变形或不能保证转动时,则不许继续使用。

（7）滑车的滑轮衬套或轮毂有显著磨损、轮缘折断或裂纹、滑车轴及耳环弯曲或显著磨损（大于10%）时,不能继续使用。

（8）对起货设备的制动装置,当发现制动衬垫有显著磨损而露出铆钉时,必须换新。

（9）起货机的齿轮上有损坏的牙齿或弯折的轮缘或轮毂及车壳上有裂纹时,则不许继续使用。少数牙齿损坏时,进行修补后仍可继续使用。

二、检查和保养

在检验期间应对起货设备定期进行检查保养。

1. 航次检查

（1）对于吊杆顶箍相连的卸扣、环、滑车等进行外部验视,用小锤轻敲,听听是否有碎声。

（2）要特别注意绑扎卸扣销子的细钢丝,如已锈断要及时换新。

（3）吊货滑车、导向滑车、夹制品、卸扣及长环等应加油。

（4）活动零部件和钢丝绳在每次使用前,应由船上专门人员进行检查,但在最近三个月内检查过者例外,发现有断丝的钢索则每月应至少检查一次。

2. 季度检查

（1）吊货滑车、导向滑车的拆装、清洁加油时,应记录有关磨损情况。

（2）检查吊杆顶箍的螺栓。

（3）检查稳索的眼板（环）及和它们相连的转环、卸扣、眼环、吊货钩等磨损情况。

3. 半年检查

（1）千斤索滑车拆下检查加油时,记录几个受力部分的磨损程度,如滑车车轴、衬套及旋环等。

（2）检查千斤索攀头竖销、横销的磨损情况。

（3）保证千斤索清洁,并除锈加油,查看有无断丝。此外,还需检查千斤索及保险索眼环插接处的锈蚀情况。

（4）检查稳索及稳索上的滑车,并保证其清洁。

（5）把鹅颈头拆下后检查,并保证其清洁,测量颈径及颈座内径,检查垫片的磨损情况。

（6）检查吊杆承座横销磨损情况。

在各阶段的检查中,如发现有不允许存在的缺陷应立即换新或停止使用,以免发生事故。此外,还应注意到保险索在甲板或舷墙上固结的眼板,其位置系设计部门经过计算确定的,除非经过核算证明,否则不应随意更动眼板位置。

三、试验、检验和发证

(一)试验

1. 一般规定

(1)起重设备在首次使用前应进行试验。起重设备在投入使用后应定期进行重复试验。

(2)起重设备在投入使用后,如有影响强度的部件进行更换或修理,应按规定进行重复试验。

(3)可卸零部件在首次使用前以及进行更换或修理影响强度的部件,应按规定进行验证试验。

2. 可卸零部件的试验

每个可卸零部件应进行验证试验,验证负荷应符合表6-6-1及附注的要求,验证负荷可用试验机或悬重法进行,保证验证负荷的时间应不小于 5 min。

表 6-6-1 活动零部件的验证负荷

序号	名称	验证负荷
1	单饼滑车	$4 \times SWL$
2	多饼滑车 $SWL \leq 245$ kN 245 kN$<SWL \leq 1\ 568$ kN $SWL > 1\ 568$ kN	$2 \times SWL$ $0.933 \times SWL + 265$ kN $1.1 \times SWL$
3	链条、吊钩、环、卸扣、转环等 $SWL \leq 245$ kN $SWL > 245$ kN	$2 \times SWL$ $1.22 \times SWL + 196$ kN
4	吊梁、吊框、吊架与类似设备 $SWL \leq 98$ kN 98 kN$<SWL \leq 1\ 568$ kN $SWL > 1\ 568$ kN	$2 \times SWL$ $1.04 \times SWL + 94$ kN $1.1 \times SWL$

注:①单饼滑车的安全工作负荷应取吊环上负荷的一半。

②多饼滑车的安全工作负荷应取吊环载荷。

可卸零部件验证试验后,应进行全面检查,不允许存在残余变形、裂纹或其他缺陷;对能转动的部件,应检查其是否能自由转动。

链条(长环或短环)除按规定进行验证试验外,尚应进行破断试验,一般每 55 m 链条长度割取 5 环试样做破断试验,破断负荷应不小于 4 倍链条的安全工作负荷。

3. 吊杆装置与吊杆式起重机的试验

（1）每根吊杆应按表 6-6-2 规定的试验负荷进行试验，试验程序应经同意。吊货杆应放置在经审查批准的设计图纸所规定的仰角位置。试验应使用具有质量证明的重物悬挂于吊钩或吊具上进行。重物吊离甲板后保持悬挂时间不少于 5 min。

表 6-6-2　起重设备的试验负荷

安全工作负荷 SWL	试验负荷
$SWL \leqslant 196$ kN	$1.25 \times SWL$
196 kN$<SWL \leqslant 490$ kN	$SWL+49$ kN
$SWL>490$ kN	$1.1 \times SWL$

（2）保持悬挂试验认为合格后，尚应进行慢速升降重物，并进行绞车的制动试验；吊杆应向左右两舷摆动，并尽可能使摆幅增大。

（3）吊杆装置或吊杆式起重机有负荷指示器或超负荷保护器时，应进行校核或动作试验对绞车做紧急制动试验时，检查重物是否能保持在原来的位置上。

（4）需作双杆操作的吊杆装置经规定的试验后，应进行双杆试验，试验负荷见表 6-6-2 规定。试验时应检查两根起货索连接点的净空高度、起货索夹角与保险稳索位置是否符合经批准的图纸要求。

（5）吊杆式起重机尚应连同试验负荷进行慢速变幅试验与回转试验。变幅角度按设计的工作角度，回转试验应在最低设计变幅角度下进行，回转极限角度按批准的设计图纸规定。

（6）吊杆装置或吊杆式起重机按规定的试验完毕后，应进行全面检查，核实是否有变形或其他缺陷存在。

4. 起重机试验

（1）每台起重机应按表 6-6-2 规定的试验负荷进行，臂架应放置在经批准的设计图纸所规定的最大臂幅位置。试验应使用具有质量证明的重物悬挂于吊钩或吊具上进行。重物吊离甲板后保持悬挂时间不少于 5 min。

（2）负荷试验前，应进行空载试验，即变幅、回转、制动、上下仰角的限位和可行走的起重机行走试验，检查起重机系统是否处于有效的工作状态。然后在试验负荷下进行慢速起升、回转与变幅试验，同时还应进行起升、回转与变幅机构的制动试验。可行走的起重机尚应在试验负荷下进行慢速全程行走试验。

（3）具有不同臂幅对应不同安全工作负荷的起重机，应在各个不同臂幅对应的试验负荷下进行试验，对要求减少中间臂幅试验负荷的试验，将予以特别考虑。

（4）对超负荷、超力矩保护装置应进行动作试验。

（5）液压起重机如起升全部试验负荷为不现实时，可减少试验负荷进行试验，但在任何情况下所采用的试验负荷，应不少于 1.1 倍安全工作负荷。

（6）起重机经超负荷试验后，应进行安全工作负荷下的操作试验，试验起升、回转和变幅的各挡运转速度以表明运转情况、超负荷效能、负荷指示器与限位器等处于良好工作状态。

(7)起重机试验完毕后应进行全面检查,核实是否有变形或其他缺陷存在。

(二)检验

1.一般要求

(1)起重设备在投入使用前应进行初次检验;起重设备投入使用后,应进行定期试验和检验。

(2)起重设备可卸零部件在首次使用前,以及在使用中更换或修理影响其强度的部件,应进行验证试验和全面检查。

(3)当起重设备发生重大事故或发现重大缺陷,更换或修理影响其强度的部件时,船长或船东应及时报告船级社,以便能及时对起重设备进行检验。

(4)可卸零部件和钢索在每次使用前,应由船上职能人员进行检查但在最近3个月通过检查者可例外。对发现有断丝的钢索,每月至少应检查一次。

2.起重设备的检验种类

(1)初次检验

初次检验应包括:

①申请单位应按规定提供图纸资料一式三份供批准和备查;

②核查业经批准的起重设备设计图纸和技术文件;

③对起重设备主要结构件、尺寸、装置、布置、材料、焊接和制造工艺的检查;

④逐个检查起重设备的零件,并检查证件,核对标记;

⑤起重设备在安装过程中应进行全面检查,安装完毕后,应按要求进行试验,确认整个设备有效地和安全地工作,任何停车、控制和类似装置的功能应正确,试验后,装置及其支承结构均应经检验确信无变形或扭曲。

起重机的产品出厂试验不能代替船上安装后的试验。

初次检验合格后应签发相应的证书,并在"起重和起货设备检验簿"上签署。

(2)年度检验

年度检验应在初次检验或换证检验每周年日前或后3个月内进行,检验的项目有:

①吊杆装置的吊货杆和附连于吊货杆、桅或起重柱和甲板上的固定零部件应进行外部检查;

②可卸零部件应进行全面检查;

③钢索应进行外部检查;

④绞车、起重机、货物升降机、车辆跳板,应进行全面检查;

⑤检查起重机械、绞车等装置的使用、保养和修理记录,以确认其装置处于正常的维修保养状态。

年度检验合格后应在"起重和起货设备检验簿"上签署。

(3)换证检验

在初次检验或换证检验后,每隔4年,应进行以下项目的换证检验:

①吊杆装置的吊货杆和附连于吊货杆、桅或起重柱和甲板上的固定零部件应进行全面检查。吊杆装置应按要求进行负荷试验;

②起重机、货物升降机、车辆跳板及可卸零部件应进行全面检查,起重机、货物升降机、车辆跳板应按要求做负荷试验,确认在试验负荷下操作状况是满意的,超负荷和负荷指示器和限位开关工作有效。

换证检验合格后应签发起重设备检验与试验证书或双杆检验与试验证书(如适用时),并在"起重和起货设备检验簿"上作相应的签署。

(4)损坏和修理检验

起重设备的损坏和修理,应及时通知船级社进行检验,其检验范围应为验船师能查明的损坏程度和原因所必需的范围。

起重设备检验时,发现显著磨损或锈蚀超过以下规定时,应立即予以更换或修理:

①起重设备的金属结构件和固定零部件的最大蚀耗超过原尺寸10%或有裂纹、显著变形者;

②可卸零部件的耳环、链条环、环栓、拉板与吊钩等的最大蚀耗超过原尺寸10%,最大蚀耗超过原直径6%,或有裂纹、显著残余变形者,以及滑轮轮缘有裂纹或折断者;

③钢索有过度磨损、严重腐蚀或钢索在其10倍直径长度内有5%钢丝折断者;

④起重设备的制动器衬垫有显著磨损,在摩擦面上露出固定衬垫的铆钉者;

⑤传动齿轮牙齿损坏或轮缘、轮辐与轮壳上有裂纹者。

修理中更换的零件应附有试验证明,更换的构件材料应与原材料相当。

修理完成后应按规定进行负荷试验,合格后签发起重设备试验与检验证书,并在"起重和起货设备检验簿"上签署,尚未完成修理的设备应签注,该设备直到完成修理和试验前不能使用。

损坏和修理检验完成后,可签发检验情况报告,其内容应清楚地阐明以下方面:出席损坏检验人员、说明损坏原因、发现的损坏程度和特征、进行过修理的范围和性质以及是否修复、试验负荷。

(5)展期检验

应船东申请,换证试验可推迟进行,但两次换证试验的间隔期不超过5年,并应是船旗国当局同意并授权CCS进行。

展期检验范围应不少于规定的年度检验范围,以确认其适合于预定用途并处于正常工作状态。

展期检验合格后应在"起重和起货设备检验簿"上作相应的签署。

(6)若起重设备搁置或修理时间为12个月以上时,在重新投入使用之前应进行一次检查。试验和检验的范围根据搁置和修理期间应进行的检验种类而定,如:换证检验和负荷试验到期,则应按规定完成试验和检验,并签发证书,新的换证检验周期应从此次试验和检验完成的日期开始。

(三)发证

1.签发证书的种类

(1)起重和起货设备检验簿;

(2)起重设备试验和检验证书;

(3)双杆试验和检验证书;

(4)可卸零部件试验和检验证书;

(5)铁制可卸零部件热处理证书;

(6)钢索试验和检验证书;

(7)起重设备检验报告;

(8)起重设备入级附加标志。

2.起重和起货设备检验簿的签发和签署

起重设备经初次检验发证的全部要求都满意地完成,应签发检验簿和起重设备试验和检验证书及相应的主管当局格式的证书(如适用时)。各类可卸零部件、绳索和设备的试验证书应附在检验簿上。

(1)检验簿第一部分:适用于吊杆装置的换证试验(即4年度全面检验)和年度检验完成后的签署。

(2)检验簿第二部分:适用于吊杆装置的绞车和起重机的年度全面检验完成后的签署。起重机每隔4年一次的负荷试验周期时也在此栏签署。

(3)检验簿第三部分:适用于钢制可卸零部件的年度全面检验完成后的签署。

(4)检验簿第四部分:适用于铁制可卸零部件的热处理完成后的签署。

(5)由船东申请停止起重设备时,应在检验簿第一部分或第二部分备注栏内说明停用的设备的位置和编号,并做签署。

(6)在检验中,如发现某些结构、设备和布置影响起重设备安全工作时,应在检验簿相应部分的备注栏内简要写出建议和要求,并做签署。

(四)船舶应备的起重设备资料和证书

为了对船舶起重设备进行检验和维修,船舶应配备以下资料和证书。

(1)全船起货设备布置图;

(2)起货设备主要金属结构图;

(3)起货设备计算说明书;

(4)起重机总图和机构图;

(5)起重和起货设备检验簿。

四、起重设备的标记

1. 可卸零部件的标记

(1)标记应包括以下各项：

①可卸零部件的安全工作负荷,kN；

②试验年月；

③可卸零部件的编号；

④制造厂或试验单位的标记。

(2)标记应打在明显的部位,以便检查,但应避免打在高应力区或应力集中的部位：

部位规定如下：

①吊钩:打在吊钩本体宽阔处,但不打在弯曲处。

②滑车:打在滑车的拉条或夹板上。

③卸扣:打在销孔附近的侧臂上。

④转环:打在耳环的两个侧面上。

⑤链条:打在链条两端的链环两侧。

⑥有节定位索:打在每个定位节上。

对于小尺寸的可卸零部件,打标记的位置受限制时,允许不打零部件的编号和日期。

2. 起重设备的标记

(1)起重设备经初次试验与检验完毕后,应在吊货杆、臂架或相应的部件上离根部约50 cm 处打上试验标记。营运中的起重设备经改建或变更安全工作负荷,并经试验与检查完毕后,应在上述位置打上新的标记。

(2)标记应包括下列各项：

①安全工作负荷,kN；

②试验年月；

③试验时吊货杆与水平所成的仰角或臂架幅度；

④检验单位钢印标记。

第七节　货舱盖与舱内设施

一、货舱盖

货舱盖是保证船舶货物安全并使之保证船体水密的一种封闭设备,同时还应具有一定的抵抗大件货压力的能力,如图 6-7-1 所示。舱口盖开启与关闭的机械化、自动化程度高低,直接关系到船舶货物的装卸效率与质量以及人员的劳动强度和船舶的停港时间。

图 6-7-1　实船舱口盖

舱口盖的形式很多,按制造材料可分木质、钢质、铝质及玻璃钢三种。木质舱口盖制造简单、重量轻,但开闭费时,劳动强度大,目前仅在内河较小的货船上还能看到。较大的船舶已普遍采用钢质舱口盖。铝质和玻璃钢舱口盖具有重量轻、耐腐蚀的优点。但铝质舱口盖制造复杂,造价昂贵。玻璃钢舱口盖的刚度差,容易老化腐蚀,目前只用作某些小船的轻型舱口盖。

按启闭动力不同,舱口盖可分机械牵引式和液压启闭式两种。

(一)滚动式舱口盖

滚动式舱口盖又可分为滚翻式、滚移式和滚卷式三种,本书主要介绍滚翻式和滚移式。

1. 滚翻式

滚翻式舱口盖由盖板、水密装置、导向曳行装置和压紧装置四部分组成。各盖板之间用链条连接,每一块盖板上都有一对行走滚轮(偏心轮),可沿舱口围板两边的面板行走,还有一个平衡轮,它不设置在板宽的中点处。当盖板进入舱口端的收藏坡道时,在重力作用下盖板便翻转成直立状态而存放,如图 6-7-2(a)所示。舱口较长时可将全部盖板分成两半,开启后,分别存放在舱口的两端。

关闭时,将钢索穿入在舱口正前方的开口导向滑车内,再用卸扣与收藏处的首端盖板相连接。操纵起货绞车或克令吊,绞动钢索拖带前面的一块盖板,导轮沿导板滚动,继后盖板之间相互由链条拉动。当盖板后部滚轮与导板接触后,则盖板绕导轮轴转动,直至其衔接轮与前块盖板上的衔接轮座吻合为止,以后继续沿舱口围板水平材上滚动,至首端盖板与制动器相碰时为止。

滚翻式舱口盖开舱

滚翻式舱口盖关舱

滚翻式舱口盖最大优点是结构比较简单,相对于其他类型的机械舱口盖,价格便宜,便于(分块)维修,在尺度、布置和用途上限制较少,因而在各种类型的船上获得最为广泛的应用。它的不足之处是所需的存放空间较大,提升及压紧所需的时间也较长。图 6-7-2(b)所示为实船滚翻式舱口盖。

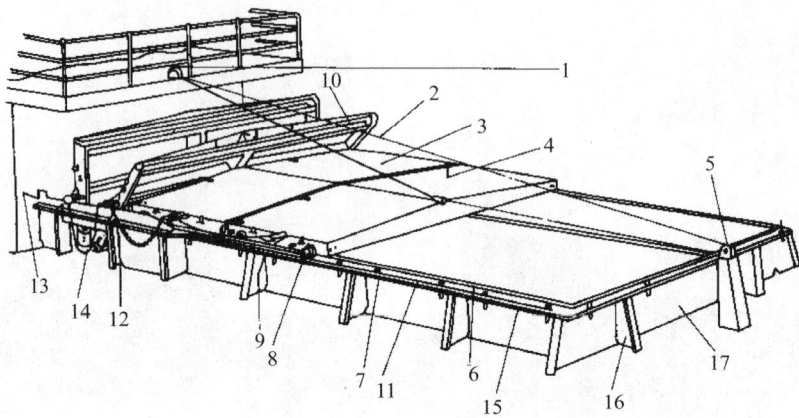

(a)滚翻式舱口盖装置

(b)实船滚翻式舱口盖装置

图 6-7-2　滚翻式舱盖

1—钢索(至绞车或吊钩);2—拖索;3—顶板;4—连接处压紧器;5—滑轮(关闭舱口索具);6—承压条;7—螺旋扣;8—偏心轮;9—平衡轮;10—橡皮填料;11—滚轮;12—下落轨(在舱口围板后面);13—上升轨;14—板边链;15—舱口围板面板;16—舱口围板防挠材;17—舱口围板

2.滚移式

滚移式舱口盖主要有横移式和背载式两大类型。

(1)横移式货舱盖

横移式货舱盖通常由两块舱口盖板组成,舱口较小的船则用一块盖板制成,围舱口四周的盖板边缘设有规定数量的盖板压紧装置。每块盖板的四角都安装有行走滚轮,用液压动力驱动。按盖板数量的不同,该类型的货舱盖可分为单侧横移式和两侧横移

横移式货舱盖
开关操作

式两种,如图 6-7-3 所示。

(a)实船单侧横移型　　　　　　　(b)实船两侧横移式

图 6-7-3　横移式货舱盖

横移式货舱盖具有结构简单,操作方便,便于修理,不需要翻转或折叠的优点。但其具需要较大的存放空间,人员行走也不便。因此,对配备两侧横移型货舱盖的船舶,其舱口宽度不得超过船宽的一半。

横移式舱口盖适用于大型散货船和油/矿兼运船。

(2)背载式货舱盖

背载式货舱盖与侧移式货舱盖类似,也为横移式,不同点是其两块盖板中有一块带有动力滚轮,另一块不带。开舱时,先利用安装在舱口围板的四个液压顶杆将不带动力的盖板顶到足够的高度,以便带有动力的盖板滚到其下方,再将不带动力的盖板放置在带有动力盖板之上,两块盖板便可一起移向存放处。如不将舱口完全打开,则可将盖板存放在舱口的一侧,这样可减少占用甲板的存放空间,这种类型的货舱盖船上较少使用。

(二)折叠式舱口盖

折叠式舱口盖(或称铰链舱口盖),按其驱动方式可分为液压驱动式(用液压)、直接拉动式(用船上起重机或吊杆)、钢索拖曳式(用绞车)。折叠式舱口盖装置与滚动式舱口盖装置类似,不同的是盖板间用铰链连接。图 6-7-4 所示为实船折叠式舱口盖。

1. 液压驱动式折叠舱口盖

(1)两页液压铰链式折叠舱口盖,如图 6-7-5 所示。

两页液压铰链式折叠舱口盖开关过程比较简单:开启时,油缸柱塞伸长,使铰接点上升,两块盖板便翻转折合起来,其中靠近舱口端的盖板较短,因为它与铰接臂相连,所以它的转轴离开舱口有一定的距离。

(2)四页液压铰链式折叠舱口盖,如图 6-7-6 所示。

图 6-7-4　实船折叠式舱口盖

(a)两页液压铰链式折叠舱口盖

(b)实船两页液压铰链式折叠舱口盖

图 6-7-5　两页液压铰链式折叠舱口盖

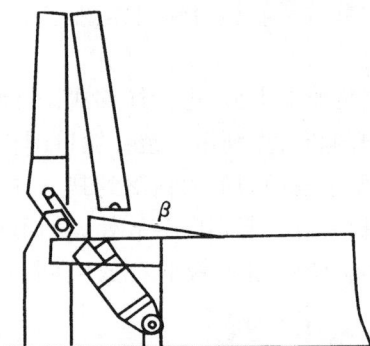

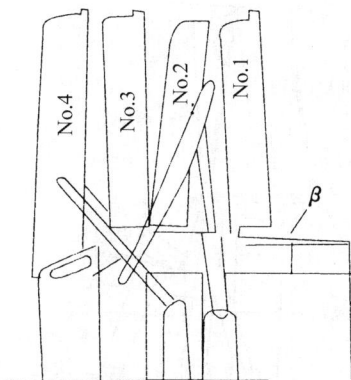

图 6-7-6　四页液压铰链式折叠舱口盖

四页盖板启闭过程的顺序必须是：

①开启过程

第二组盖板(No.3+No.4)开始起升,同时拖动第一组盖板(No.1+No.2)。第二组盖板起升结束,第一组盖板才开始起升,直至全部开启完毕。当舱口盖开启到储存位置时,收藏钩自动落下,扣住舱口盖,达到完好固定。

②关闭过程

第一组盖板下滑完毕,第二组盖板开始下滑同时推动第一组盖板,第二组盖板下滑结束,全部关闭完毕。

处于收藏位置时两盖板间的张角大小应适当,使盖板易于滑下又不致倾倒。

除四页液压铰链式折叠舱口盖以外,还有五页液压铰链式折叠舱口盖(海船不常用)。如图 6-7-7 为实船五页液压铰链式折叠舱口盖的关舱过程。

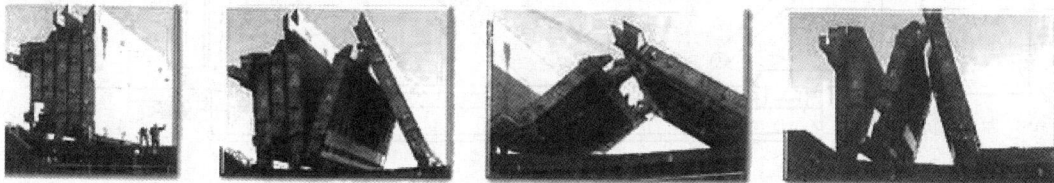

图 6-7-7　实船五页液压铰链式折叠舱口盖关舱过程

2. 直接拉动式折叠舱口盖

直接拉动式折叠舱口盖由三块铰接的盖板组成。它利用船上的起货机械将盖板收藏于舱口端部。钢索穿过铰链接于端板上的滑车,再与中间盖板相连接,拉紧(或放松)钢索可开启(关闭)舱口。图 6-7-8 中铰接滑车、拖曳眼板置于板宽之中点,其余构件成对地安装在盖板的两边。

直接拉动式折叠舱口盖便于采用自动压紧装置,使压紧的操作与关闭舱口的过程同时进行,因而与滚翻式相比操作更为简捷,而液压折叠式相比价格又较便宜,但是需利用船上的吊杆(或起重机)相配合。

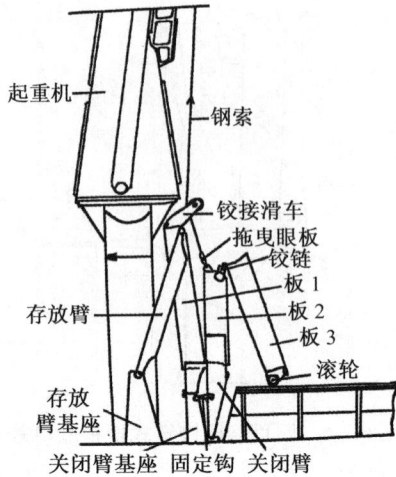

图 6-7-8　直接拉动式折叠舱口盖

3. 钢索拖曳式折叠舱口盖

如图 6-7-9 所示,钢索拖曳式折叠舱口盖在操作时,其相应的构件动作与液压式完全相似,但由于穿导钢索比较麻烦(尤其是多块折叠时),因而启闭舱口所需的时间长。

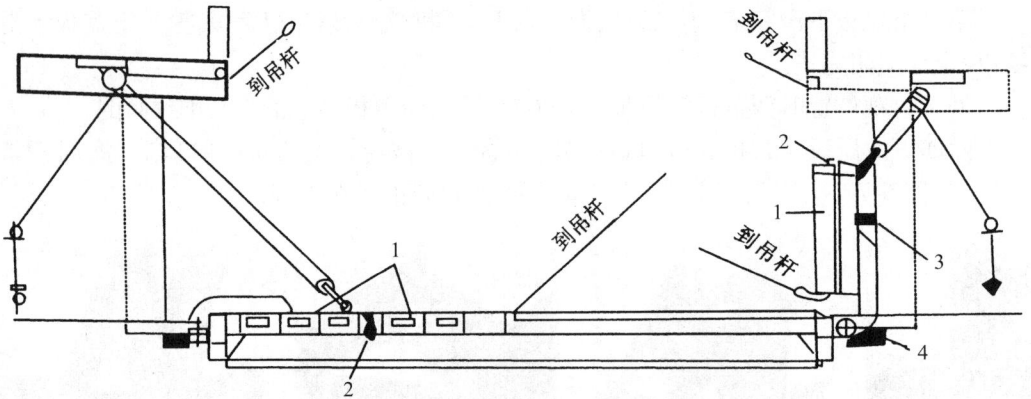

图 6-7-9　钢索拖曳式折叠舱口盖
1—舱盖板;2—铰链;3—保险钩;4—缓冲器

无论是滚动式或折叠式舱口盖,开舱前都应先松脱压紧装置,并检查滚轮及导向装置,当确认无阻碍时,按操作规程规定的顺序开启,开启后应用固定钩或链条固定于收藏处所,以防滑动。关舱时应检查导板周围确无障碍后,脱开固定钩或链条按顺序关闭,并将压紧器及压紧锲压上,以保证舱口盖水密。

(三)提升式舱口盖

提升式舱口盖又称箱形舱口盖。它通常是由金属或玻璃钢拼制而成的箱形舱口盖,其盖板平面内设有若干埋置吊环,如图 6-7-10 所示。箱形舱口盖本身不带专门的

驱动机构,由船上或港口的起货机械来吊移。开舱时,可将舱口盖板堆放在甲板上、码头边,如制成密封可提供浮力,还可存放在舷边的水中。箱形舱口盖的结构简单,操作十分简便,而且可获得最大的甲板开口面积,因而最适宜集装箱船采用。箱形舱口盖的尺度一般都比较大,设计时应注意使箱形舱口盖重量不超过起货设备的起重能力。

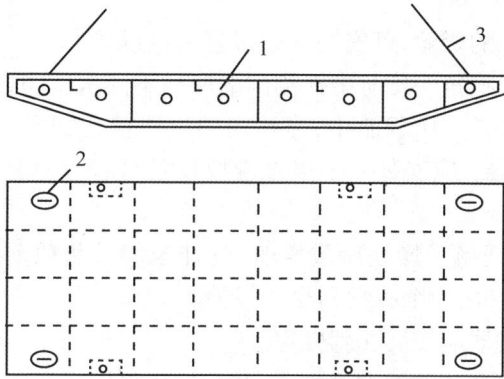

(a)箱形舱口盖

(b)实船箱形舱口盖

图 6-7-10　箱形舱口盖

1—舱盖桁材;2—埋置吊环;3—钢索

二、舱内设施

(一)散货船舱内水位探测系统

1. 规定

500 总吨及以上国际航行的所有散货船,均应在货舱、压载舱和干燥处所安装符合规定要求和型式认可的水位探测器。

2.要求

(1)每一货舱内安装的水位探测器,均应能在该舱水位达到或高出货舱内底0.5 m时发出一个听觉和视觉报警,并在水位高度达到不小于货舱深度15%但不超过2 m时也应发出一个听觉和视觉报警。

(2)对于用作水压载的货舱,可安装一个报警越控设备。

(3)视觉报警器应能将每一货舱中探测到的两种不同水位明显分开。

(4)防撞舱壁前方的任一压载舱中,当舱内的液压位达到不超过舱容的10%应发出一个听觉和视觉报警器。应安装一个报警越控设备,以便使用该舱时使其水位报警越控。

(5)除锚链舱以外,任何干燥处所或空舱,延伸至船首货舱前方的任何部分,在水位高出甲板0.1 m时应发出一个听觉和视觉报警。

(6)听觉和视觉警报器应安装在驾驶室。

(7)水位探测器由两个独立的电源供电,并有故障报警指示。

(8)对水位探测器的安装要求:

①传感器应安装在货舱后部尽可能靠近中心线或在货舱的左右舷有保护的位置上,该位置能使传感器测出的水位代表货舱实际水位;

②探测器的安装不应阻碍任何测深管或其他用于测量货舱或其他舱室水位的测量器具的使用;

③传感器和设备应安装在便于对其进行检验、维护和修理的地方;

④探测器设有的任何过滤器部件应能在装货之前予以清洗;

⑤任何与安装在货舱内的电缆盒相关联的设备应采取防护措施,例如装在结构牢固的管道内或有类似防护的位置上,以免其被货物或与散货船操作相关装卸机械损坏。

(二)舱底木铺板

在单层底船的肋板、舭肘板上以及双层底船的舭部污水沟上,应铺设遮蔽板并应设有局部的活动铺板,以便打开进行检查。如果在货舱口下方的内底板上铺设木铺板,则木铺板下面应垫木条,该木条的厚度至少应为30 mm。如在双层底舱内不装燃油,则可直接铺设在先涂好一层沥青化合物或其他有效敷料的内底板上。图6-7-11为舱内设施示意图。

无论是单层底还是双层底船,如果在货舱内铺设木铺板,则其厚度应根据船长 L 按下列规定选取:

(1)L≤60 m,木铺板应不小于50 mm;

(2)60 m<L≤90 m,木铺板应不小于55 mm;

(3)L>90 m,木铺板应不小于60 mm。

但位于货舱口下方的内底板或轴隧顶板如增厚2 mm,可免铺设木铺板;如使用抓斗或其他类似机械进行装卸,则在货舱口下方的内底板上铺设符合上述要求的双层木

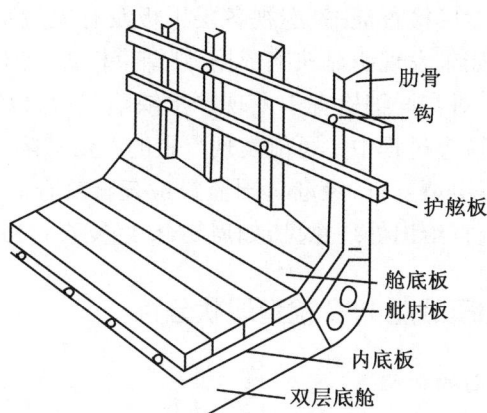

图 6-7-11　舱内设施示意图

铺板,如内底板已增厚 5 mm,则可免铺设木铺板。

货舱内的人孔盖及其附件,应尽量不高出内底板或木铺板,如高出内底板,则对每一个人孔盖应先加钢镶框,再加上木铺板或钢盖板,使其逐渐过渡。

对在舱内设有二层舱或三层舱的,则二层舱或三层舱通常不铺设木铺板。

(三)护舷板

在装运杂货的舱内,其两舷侧的肋骨上沿船长方向由上向下每隔一定间距焊上朝上的铁钩,护舷板可直接架在铁钩上,护舷板边缘之间距不超过 300 mm,其宽度与厚度应根据船长 L 按下列规定选取:

(1)$L \leqslant 60$ m,护舷板的宽度应不小于 100 mm,厚度应不小于 30 mm;

(2)60 m$<L \leqslant 90$ m,护舷板的宽度应不小于 120 mm,厚度应不小于 40 mm;

(3)$L>90$ m,护舷板的宽度应不小于 150 mm,厚度应不小于 50 mm。

护舷板亦可采用钢质材料。

木铺板及护舷板经常在装卸货物时被碰断。舱底板受水湿后易腐烂,因此舱内应尽量保持干燥,发现腐烂及折断的木板,应及时更换。

三、货舱、舱盖及压载舱的检查与评估

港口国监督(PSC)在世界各地普及发展,随之带来了监督标准的提高、检查程序的更加严格及检查范围与频率的进一步扩大和增高。为应对 PSC 检查,对船舶的货舱、舱盖及压载舱进行有效的检查、评估和报告显得十分必要,以免被滞留而使船期延误,甚至严重影响船公司和船旗国的声誉。

(一)PSC 检查的一般过程

港口国监督检查官(PSCO)在登船前,一般首先要观察船舶外观的总体状况,以获得对船舶的最初印象。然后检查证书、巡视各层甲板及有关舱室、设备等,从而获得对船舶的实际总体印象。如未发现明显缺陷依据,则结束检查,如怀疑船舶可能存在严重缺陷,则进行详细检查。对在详细检查中发现严重缺陷,且足以构成滞留的,便采取滞留船舶的措施。在初步检查过程中也可能发现严重的滞留缺陷,从而滞留船舶。

船舶纠正缺陷后,可申请复查,经港口国监督检查官复查后,解除船舶滞留。对一般缺陷,港口国监督检查官给出处理意见,如需复查,经复查合格后,船舶可以开航。

(二)货舱、舱盖和压载舱 PSC 检查现状分析

1. 涉及船体结构方面的缺陷

(1)甲板、舱口盖及其加强结构;

(2)舷侧外板、舱壁板、肋骨及连接肘板;

(3)压载舱的腐蚀、肋骨脱焊及顶边舱框架腐蚀渗漏等。

2. 涉及载重线方面的缺陷

(1)货舱盖及水密压条;

(2)风雨密门、通风筒、空气管等风雨密关闭装置损坏或严重锈蚀,不能保证水密完整性;

(3)上甲板人孔盖及测量管管口旋塞或螺纹盖丢失或严重锈蚀,不能保证水密完整性;

(4)舱口盖洞穿。

与货舱、舱盖及压载舱有关的缺陷分布如表 6-7-1 所示。

表 6-7-1　与货舱、舱盖及压载舱有关的缺陷分布

主缺陷类别	缺陷数量	占比
航行安全	28 155	16.23%
载重线	12 967	7.48%
稳性结构	12 307	7.10%
MARPOL	11 162	6.44%
ISM 相关	7 787	4.49%
SOLAS 公约相关	7 881	4.54%
STCW	3 992	2.30%
其他	16 079	9.27%

（三）货舱、舱盖和压载舱的自我检查与报告

1. 自查与报告

船体和甲板基本养护状况的优劣程度是 PSCO 对船体结构好坏认定的第一印象，尤其是船壳板、舱盖及舱口、梯道、栏杆和管路盖板的锈蚀程度与损坏情况将直接影响到检查官是否需要进行"更详细检查"，因此，优秀的保养状态、良好的船容船貌是顺利通过船体结构检查的首要因素。

其次，按船舶抵港前关于货舱、舱盖与压载舱部分 PSC 自查项目表进行自查，也是顺利通过检查的有效手段之一。自查项目表如表 6-7-2 所示。

表 6-7-2　自查项目表

类别	检查项目	检查要求	自查结果
文件	维护计划	船舶结构与设备的维护保养已按计划进行，状况良好，无明显缺陷或缺陷已按程序要求上报公司	
与载重线有关的结构与设备	通风筒	通风筒的围壁、支撑结构状况良好，无明显锈迹及破损洞穿或其他临时性修理措施	
		通风挡板完整、活络、无破损洞穿	
		风雨密关闭装置结构完好，开关活络，能有效开启和关闭，"开""关"方向及标志清晰	
与载重线有关的结构与设备	空气管	空气管及管头结构良好，无明显锈迹及破损洞穿。浮球活络、水密，工作正常，防火网无破损	
	载重线标志	甲板线、所有载重线标志清晰、准确且与背景颜色反差明显	
	货舱舱口	舱口盖、舱口围板及附连的肘板结构良好，无明显锈迹、裂纹、破损洞穿及变形	
		舱口盖关闭正常，橡皮胶条完整且有弹性，表面无油漆，无明显漏水痕迹	
		开关装置的滚轮、导轨、铰链状态正常，无过度腐蚀，液压管路无泄漏，系固螺栓完好且无过度腐蚀，舱口盖上的卡扣及舱口围下的止回泄水阀状况良好	
	干舷甲板上除货舱口外的各种开口	盖板、围板及附连的加强结构良好，无明显锈迹、破损洞穿及变形	
		盖板关闭正常，橡皮胶条完整且有弹性，表面无油漆，无明显漏水痕迹	
		各种人孔、小导门、测量管结构良好，无明显锈迹、破损洞穿及变形	
		盖板关闭正常，橡皮胶条完整且有弹性，表面无油漆，无明显漏水痕迹	
		各种标志清楚	

续表

类别	检查项目	检查要求	自查结果
船体结构	船壳板	水线上船壳板无开裂、破损洞穿及严重变形(每挡肋距范围内不超过 8 mm),无漏水现象	
	压载舱	压载舱液位无异常变化,其周围处所无进水发生,压载舱导门状况良好,无严重锈蚀、螺栓丢失	
		压载舱内构件无严重腐蚀、裂纹或洞穿	
	货舱	货舱污水井液位无异常变化,具备条件时进入货舱对货舱内部构件进行目视检查,无明显锈蚀、洞穿、裂纹及严重变形(每挡肋距范围内不超过 8 mm),无明显渗水痕迹	
	水密门	水密门结构状况良好,能有效关闭,就地及遥控开关正常,声光报警正常,液压系统无渗漏痕迹	
	甲板	主甲板结构良好,无明显破损、洞穿及严重变形(每挡肋距范围内不超过 8 mm),无明显渗水痕迹	
其他	散货船舱内水位探测系统	散货船货舱、压载舱、干隔舱进水报警系统试验正常	

2. 平时维护保养和自查时应注意的事项

(1)船体结构因锈蚀或受损而造成的穿孔、裂口、裂缝等应进行永久性修复;

(2)舱口盖、通风筒、水密门、货舱道门都要保持良好水密性能与封闭功能;

(3)测量孔盖齐全有效;

(4)压载舱空气管透气正常;

(5)载重线标志、水尺标志、船名、船籍港标志清晰;

(6)积载应符合船体局部强度和总纵强度要求,不能超载且要达到试航的稳性值和浮态;

(7)散装船要特别注意各横舱壁、上边舱的纵桁、横框架、斜底板等处是否有扭曲变形现象。

思考与练习

1. 绞辘各部分的名称及复合绞辘是如何命名的?

2. 何谓船用索具?船用索具主要有哪些种类及它们的作用是什么?

3. 轻型双吊杆的布置有哪些要求?

4. 试述轻型双吊杆作业的操作注意事项。

5. 某一单吊杆自重 0.6 t,吊起的货物重量为 6 t,吊杆的仰角 60°,吊杆长度为 12 m,吊杆承座与千斤索眼板座的的间距为 10 m,若滑轮的摩擦系数取 0.1,求吊杆的轴向压力和千斤索的张力各为多少?

6. 重型吊杆的特点有哪些？

7. 试述使用重型吊杆时应注意的事项。

8. 试述电动起货机的特点及使用时的注意事项。

9. 试述液压起货机的特点及使用时的注意事项。

10. 试述甲板起重机的种类、结构及其工作原理。

11. 简述回转式起重机的操作注意事项。

12. 起重设备零部件不允许存在的缺陷有哪些？

13. 起重设备的检验有哪些？各自检验的内容是什么？

14. 货舱盖的种类有哪些？它们各自的结构特点是什么？

第七章

船舶系固设备

根据《1974 年国际海上人命安全公约（SOLAS 公约）》1994 年修正案第 Ⅵ/5 和 Ⅶ/6 的要求,除移动平台、渔船、仅装载散装液体或固体货物的船舶及符合 IMO《国际高速船安全规则》的高速船外,所有国际航行的船舶均应在装载货物单元时随船配备经批准的《货物系固手册》。我国为履行国际公约,保障船舶航行安全,于 2006 年 1 月制定发布了《编制〈货物系固手册〉导则》。本章仅就货物系固设备作一专门介绍。

第一节　定义

1. 货物系固手册(cargo lashing manual)

货物系固手册是船公司根据船舶的实际情况按公约要求编写,并由主管机关批准后配备于营运船上,作为货物积载与系固的操作指南,也是装载货物单元系固的国际航行船舶必备的法定文书。

2. 货物单元(cargo unit)

货物单元是指车辆(如公路车辆、拖车)、铁路车辆、集装箱、板材、托盘、便携式容器、可拆集装箱构件、包装单元、成组货件,其他货物运输单元如船运箱盒、件杂货如线材卷、重货如火车头和变压器。未永久固定在船上的船舶自带装载设备或其他部件,也被视作货物单元。

根据船舶为其货物单元装备的货物系固情况,将货物单元分成标准货物、半标准货物和非标准货物等三类。

3. 标准货物(standardized cargo)

标准货物系指已根据货物单元的特定形式在船上设置了经批准的系固系统的货物单元(如格栅式集装箱船装载的集装箱)。

4. 半标准货物(semi-standardized cargo)

半标准货物系指在船上设置的系固系统仅适应有限变化的货物单元,如车辆(包

括车辆、滚装拖车)及铁路车辆等。

5. 非标准货物(non-standardized cargo)

非标准货物系指需要专门积载和系固安排的货物,如普通件杂货等。

6. 货物系固设备(cargo securing devices)

货物系固设备系指所有用于系固和支持货物单元的设备,有固定式和便携式两种。

7. 最大系固负荷(maximum securing load, *MSL*)

最大系固负荷系指船上系固设备的许用负荷。当能提供等同或较高的强度时,安全工作负荷可代替最大系固负荷。

8. 固定式系固设备(fixed securing device)

固定式系固设备系指焊接在船体结构内部(主要指货舱)及外部甲板、舱盖与支柱上的货物系固点及其支撑结构。

9. 便携式系固设备(portable securing device)

便携式系固设备系指用于货物单元系固和支撑的移动式设备。

第二节　非标准与半标准货物系固设备

一、非标准货物系固设备

根据非标准货物的定义,用于固定于货船、多用途船、滚装船、装载货物单元的散货船和客船及近海供应船与电缆铺设和管道铺设专用船等在装载集装箱(无专用系固设备)、钢卷、重件货、普通件杂货及木材(货舱内)等时所用的设备即为非标准货物系固设备。

(一)固定式系固设备

该类船舶的固定式系固设备直接焊接在舱壁、舷侧强肋骨、支柱及甲板上,必要时也可直接焊接在舱底及舱盖上。其主要类型有:

(1)眼板:为一带眼的钢板。

(2)眼环:由一固定眼环和一活动眼环组成。

(3)地令:为一固定焊接眼环。

(二)便携式系固设备

该类船舶所用的便携式系固设备种类主要有:

(1)系固链条(lashing chain)及紧链器(tension lever),如图7-2-1和7-2-2所示;

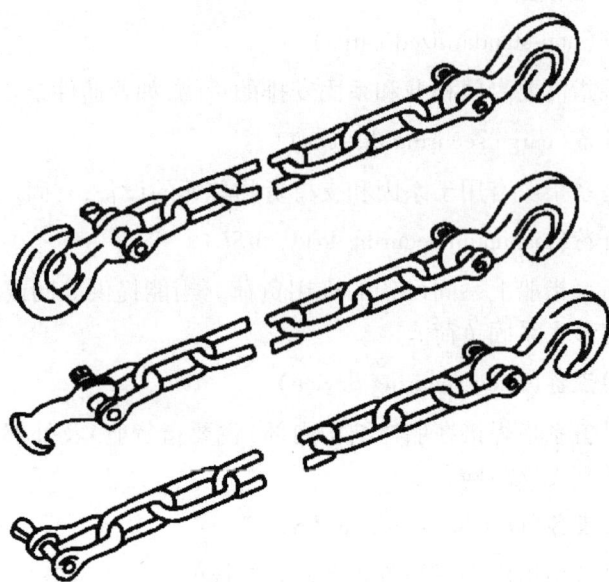

图 7-2-1　系固链条

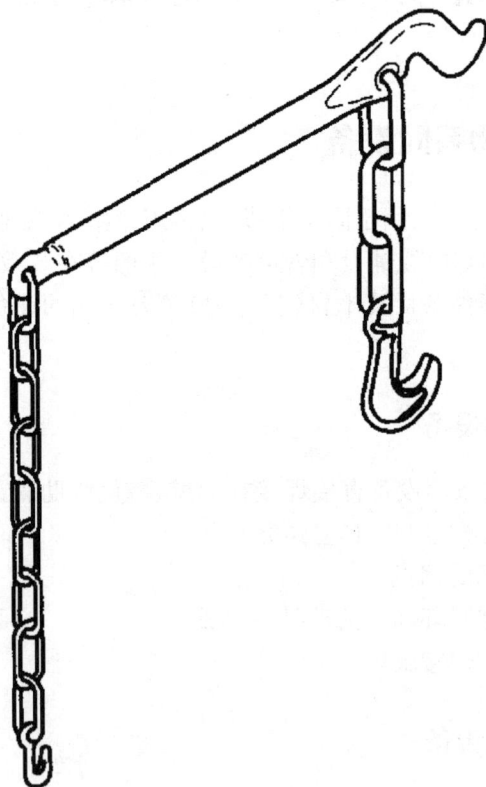

图 7-2-2　紧链器

（2）钢丝绳；

（3）系固钢带；

（4）卸扣；

（5）花篮螺丝；

（6）紧索夹。

（三）便携式系固设备的配套使用

便携式系固设备的种类较多,在实际使用时必须紧密结合各自的特点与要求配套使用。如钢丝绳必须与紧索夹、花篮螺丝配套或与紧索夹、花篮螺丝及卸扣配套;系固链条只有在利用紧链器的情况下,方可系紧货物。

二、半标准货物系固设备

依据半标准货物的定义,用于固定滚装船在装载车辆(包括公路车辆、滚装拖车)及铁路车辆时所用的设备即为半标准货物系固设备。

（一）固定式系固设备

（1）系固槽座(lashing pot),其结构型式如图 7-2-3 所示;

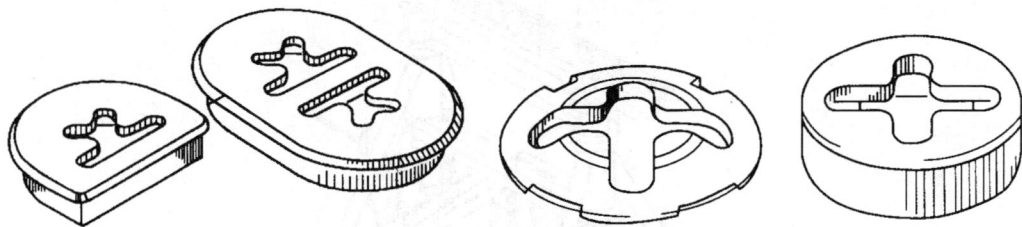

图 7-2-3　系固槽座

（2）可折地令(lashing eye),其结构型式如图 7-2-4 所示。

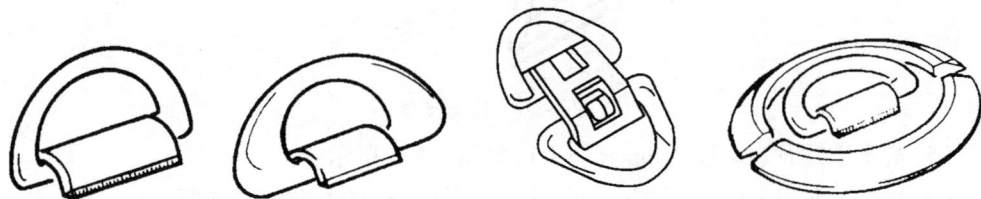

图 7-2-4　可折地令

（二）便携式系固设备

（1）系固链条及紧链器;

（2）绑扎带(lashing band):系固车辆及滚装拖车专用设备,如图 7-2-5 所示;

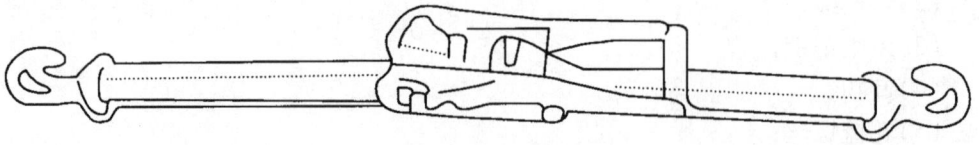

图 7-2-5　绑扎带

（3）象脚（elephant feet）：插入槽座并通过其与其他便携式系固设备相连，如图 7-2-6 所示；

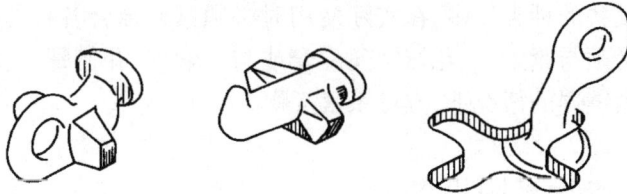

图 7-2-6　象脚

（4）拖车支架（trailer trestle）：作拖车支架并固定拖车，如图 7-2-7 所示；

图 7-2-7　拖车支架

（5）拖车千斤顶（trailer support jack），如图 7-2-8 所示；

（6）轮楔（wheel chock）：固定车轮用，以增大摩擦力，如图 7-2-9 所示；

（7）系固钢丝（lashing wire），如图 7-2-10 所示；

（8）快速释放紧索器（quick release lashing）：用于收紧并可快速释放系固钢丝，如图 7-2-11 所示；

（9）花篮螺丝（turnbuckle）：用于收紧系固钢丝或系固链条。

图 7-2-8　拖车千斤顶

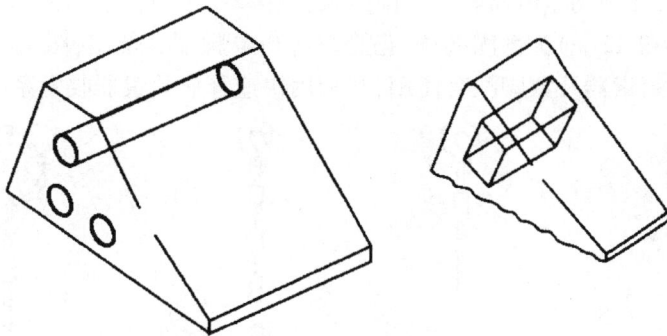

图 7-2-9　轮楔

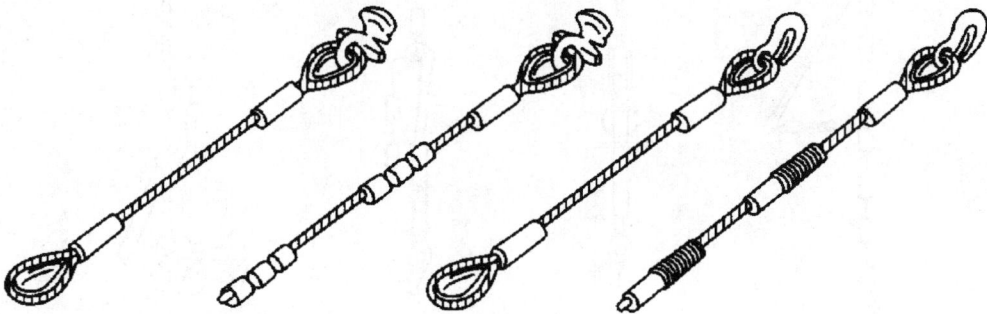

图 7-2-10　系固钢丝

（三）便携式系固设备的配套使用方法

便携式系固设备的配套使用方法如图 7-2-12 所示,其中图 7-2-12(a)为系固链条与

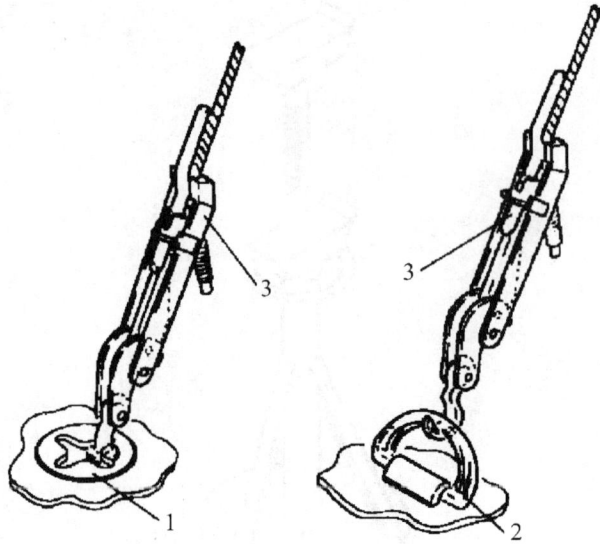

图 7-2-11　快速释放紧索器

1—紧固螺座；2—可折地令；3—快速释放紧锁器

紧链器配套使用，并利用紧链器收紧系固链条；图 7-2-12(b) 为系固钢丝、花篮螺丝与象脚配套使用；图 7-2-12(c) 为系固链条、花篮螺丝与象脚配套使用；图 7-2-12(d) 为系固钢丝与快速释放紧索器及象脚配套使用，并利用快速释放紧索器收紧系固钢丝。

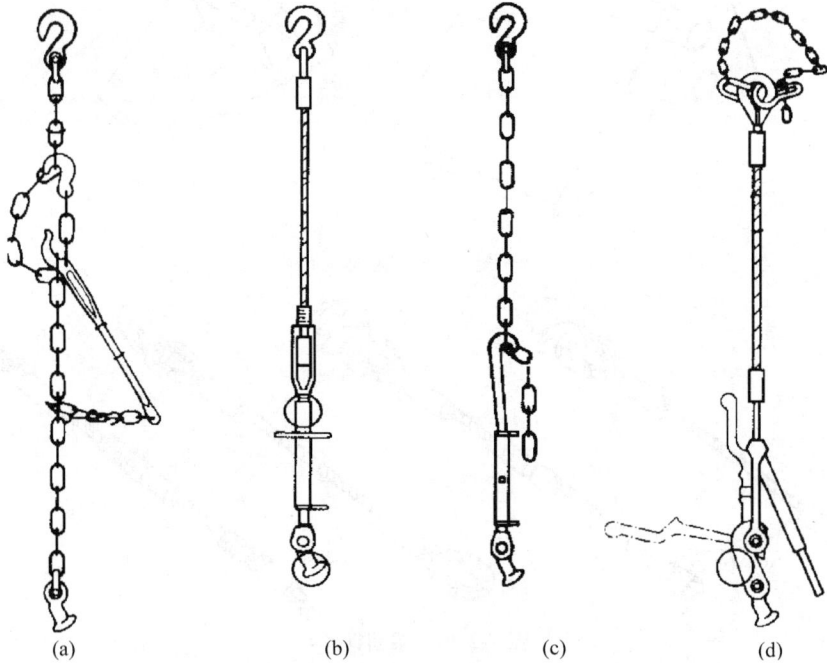

(a)　　　　　　　(b)　　　　　　　(c)　　　　　　　(d)

图 7-2-12　便携式系固设备的配套使用

　　典型半标准货物的系固方法如图 7-2-13 所示的汽车系固和图 7-2-14 所示的拖车系固。

图 7-2-13　汽车系固

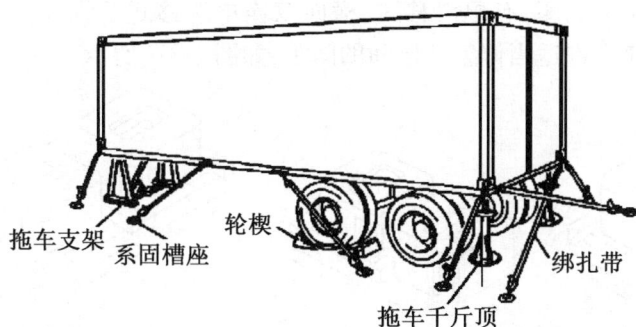

图 7-2-14　拖车系固

第三节　标准货物系固设备

按标准货物的定义,经批准的用于固定专用集装箱船及多用途船(适用时)在装载集装箱时所用的设备即为标准货物系固设备。

一、固定式系固设备

(一)底座(foundation)

底座直接焊接在舱底、甲板、支柱及舱盖上,相互之间的间距按集装箱四角角件孔的尺寸设计,并通过安放在其上的扭锁、底座扭锁或定位锥来对集装箱进行定位和固定。底座的种类主要有以下几种:

1.突出式底座

突出式底座主要用于舱盖、支柱及甲板上,其主体部分突出在上述结构的表面,用于安放并固定扭锁。有单式、纵向双式、横向双式三种形式,如图 7-3-1 所示。

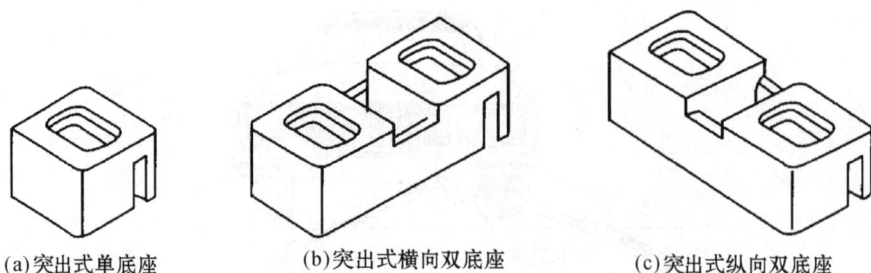

(a)突出式单底座　　(b)突出式横向双底座　　(c)突出式纵向双底座

图 7-3-1　突出式底座

2. 突出式滑移底座(sliding foundation)

焊接位置同突出式底座,有单滑移式、横向双连单滑移式及纵向双滑移式三种形式。这种滑移式底座允许适当调整底座间的间距,如图 7-3-2 所示

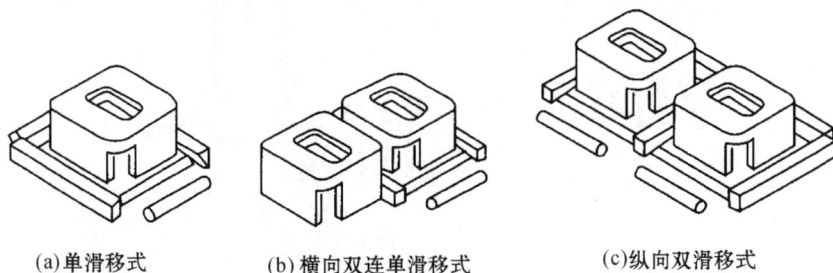

(a)单滑移式　　(b)横向双连单滑移式　　(c)纵向双滑移式

图 7-3-2　突出式滑移底座

3. 埋入式底座(imbed foundation)

埋入式底座主要用于舱底,也有用于舱盖上的,其结构表面略高于前述结构表面,有单式、横向双式、纵向双式及四连式四种,如图 7-3-3 所示。

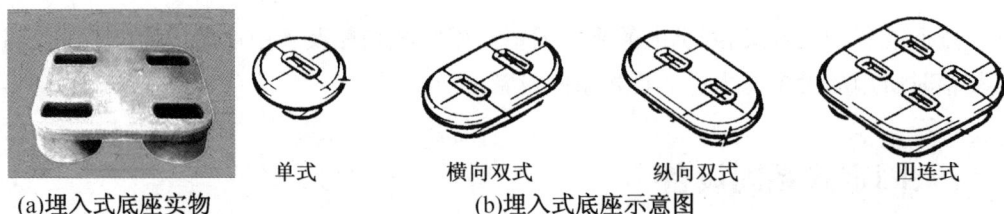

单式　　横向双式　　纵向双式　　四连式

(a)埋入式底座实物　　(b)埋入式底座示意图

图 7-3-3　埋入式底座

4. 燕尾式底座(dovetail foundation)

燕尾式底座又称燕尾槽,主要用于舱盖及甲板支柱上,并专用于固定底座扭锁,有单式与横向双式两种,如图 7-3-4 所示。

5. 板式底座(doubling plate foundation)

板式底座主要用于舱底,并与堆锥配套使用,如图 7-3-5 所示。

6. 插座(socket)

插座一般用于舱内,并与底座堆锥配套使用,如图 7-3-6 所示。

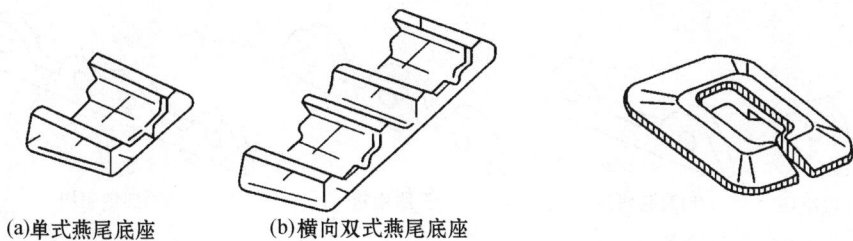

(a)单式燕尾底座　　　　(b)横向双式燕尾底座

图 7-3-4　燕尾式底座　　　　　　　　图 7-3-5　板式底座

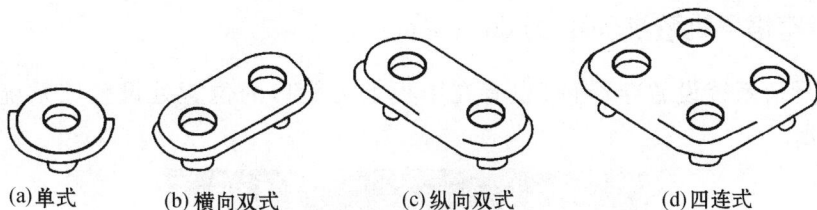

(a)单式　　(b)横向双式　　(c)纵向双式　　(d)四连式

图 7-3-6　插座

(二)固定锥(welding cone)

固定锥通过一覆板直接焊接在舱底的前后端导轨底脚处,用于固定舱内最底层集装箱(固定锥插入集装箱的角件孔内),如图 7-3-7 所示。

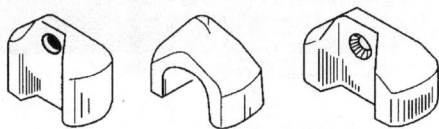

图 7-3-7　固定锥

(三)可折地令(lashing eye,D-ring)

可折地令又称 D 形环,主要用于舱盖、甲板、集装箱支柱及绑扎桥上,多用途船也将其用于舱底。主要作用是作为一个系固点与花篮螺丝、绑扎杆等组成一系固系统固定集装箱。可折地令如图 7-3-8 所示。

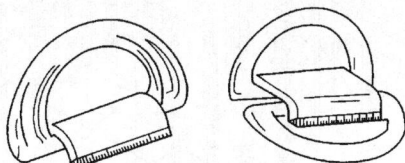

图 7-3-8　可折地令

(四)眼板(lashing plate)

眼板的使用位置与作用同地令。但一般不用于舱内。眼板有单眼、双眼、三眼及四眼等几种,其形式如图 7-3-9 所示。

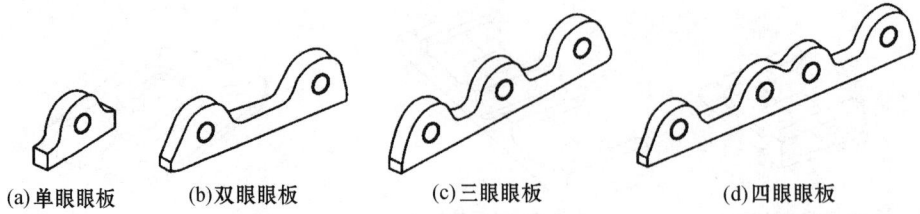

(a)单眼眼板   (b)双眼眼板   (c)三眼眼板   (d)四眼眼板

图 7-3-9　眼板

(五)箱格导轨系统(cell guide system)

箱格导轨系统设置于舱内,也有在甲板上无舱口的位置处设置该系统的,如图 7-3-10 所示。

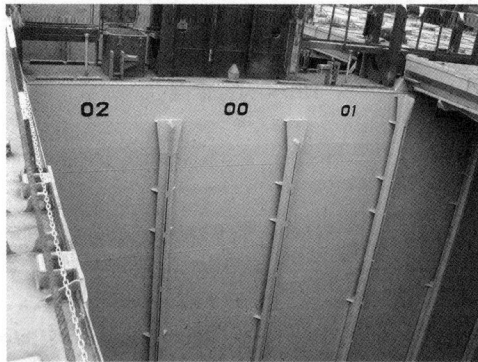

(a)箱格导轨系统实物

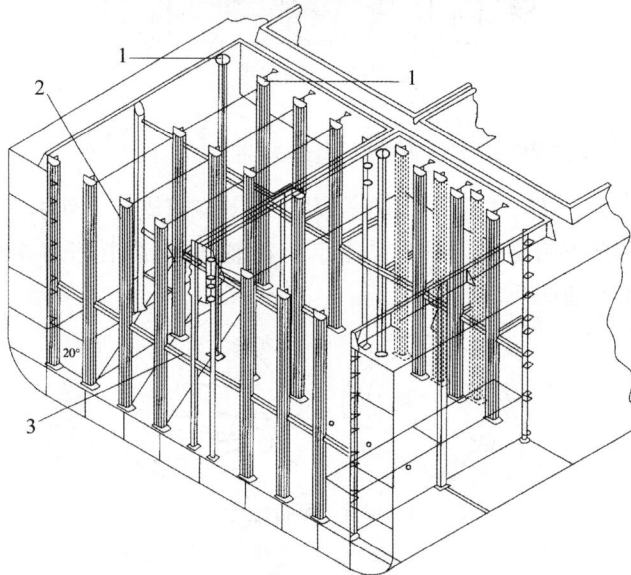

(b)箱格导轨系统

图 7-3-10　箱格导轨系统

1—导箱构件;2—导轨;3—横撑材

箱格导轨系统一般由钢板和型钢构成,主要由导轨、横撑材和导箱构件等组成。导轨从内底延伸至导箱构件的下缘。整个系统的作用是控制集装箱的歪斜、倾覆与滑移。其中导箱构件又是引导集装箱进入箱格导轨系统的重要构件,一般安装在导轨的顶部。

按《钢质海船入级规范》的要求,专用集装箱船箱格导轨系统应满足:

(1)不应与船体构件形成整体结构,且应不受船体主应力的影响;

(2)应能将因船舶运动产生的集装箱负荷传递到船体结构,并能承受由集装箱装卸时产生的负荷及阻止集装箱移动;

(3)为确保顺利吊装集装箱,每只集装箱与导轨之间的横向间隙之和不超过25 mm,纵向间隙不超过40 mm。

(六)横向支撑底座(lateral support foundation)

横向支承底座一般设置于多用途船舱内两舷侧,其作用是与横向支撑装置组成支撑系统,以控制舱内上层集装箱因船舶运动可能产生的横向歪斜、倾覆、移动。横向支撑底座如图7-3-11所示。

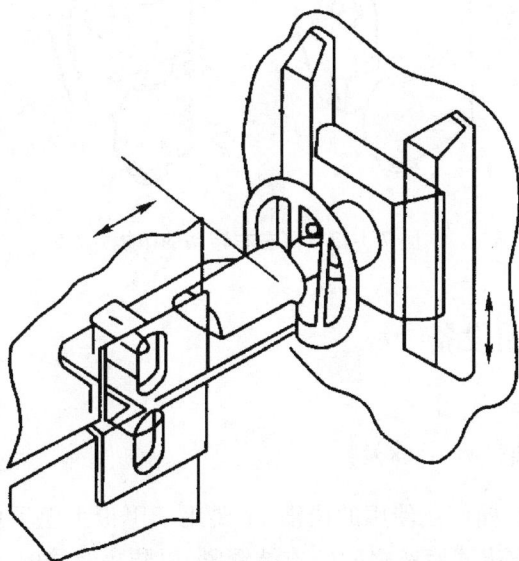

图7-3-11 横向支撑底座

(七)集装箱绑扎桥(lashing bridge)

集装箱绑扎桥设置于大型集装箱专用船甲板,其上设有眼板、D形环或可左右转动的眼板,用于系固高层集装箱。集装箱绑扎桥及桥上可左右转动的眼板如图7-3-12及7-3-13所示。

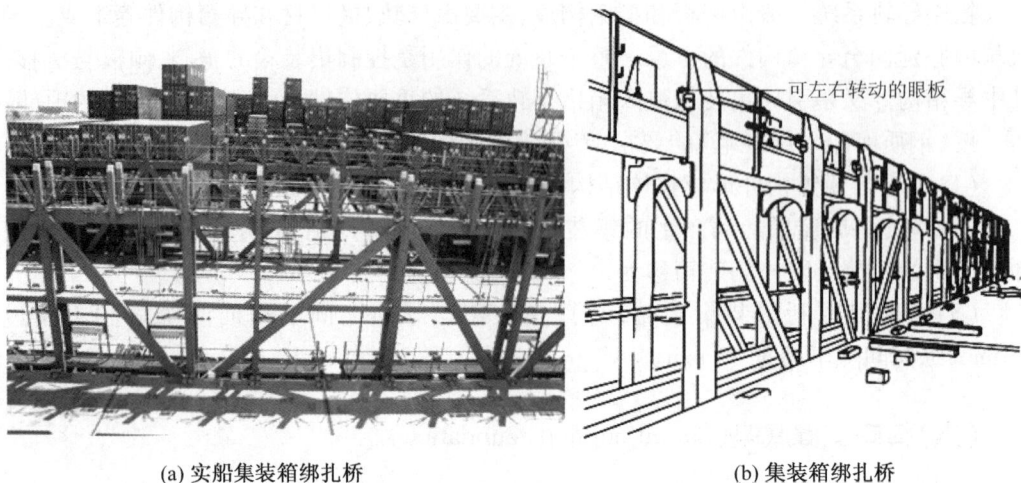

(a) 实船集装箱绑扎桥   (b) 集装箱绑扎桥

图 7-3-12　集装箱绑扎桥

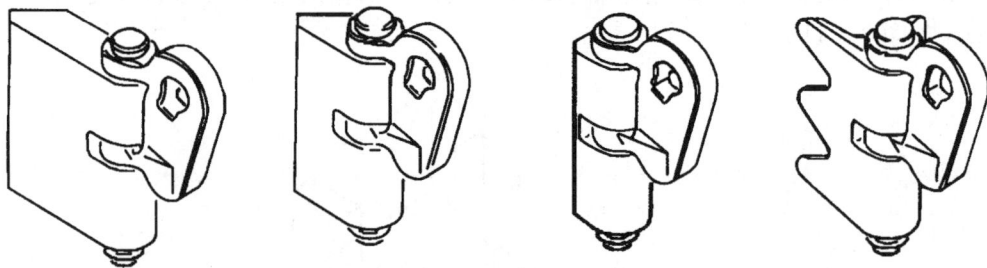

图 7-3-13　可左右转动的眼板

二、便携式系固设备

(一)手柄式扭锁(twistlock)

图 7-3-14 所示为目前广泛使用的扭锁,主要用于甲板上上下层集装箱之间的连结锁紧或底层集装箱与突出式底座之间的连结锁紧,以防集装箱的倾覆及滑移。

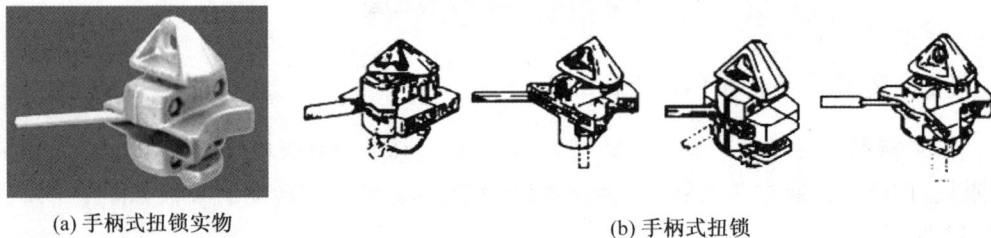

(a) 手柄式扭锁实物   (b) 手柄式扭锁

图 7-3-14　手柄式扭锁

扭锁有左旋锁和右旋锁之分,图 7-3-14 所示的为左旋锁,即当操作手柄位于图中虚线位置时,扭锁处于非锁紧状态,当将操作手柄从右向左旋转至极限位置时,扭锁达锁紧状态。为此,使用时,应首先将操作手柄置于非锁紧状态并将其置放到下层集装箱顶部的角件孔或突出式底座内,待上层集装箱堆放妥当后,转动操作手柄,即可将箱与箱或箱与底座连结起来。卸箱时应首先用扭锁操作杆将操作手柄转至扭锁非锁紧位置方可卸箱。

(二)半自动扭锁(semi-automatic twistlock)

半自动扭锁如图 7-3-15 所示,其作用同扭锁。因半自动扭锁具有无需装卸工人爬到集装箱上将其安装和取下的过程这一优点,故能最大限度地降低工人上高作业的危险,从而保证安全,该种扭锁已得到了大力推广应用。

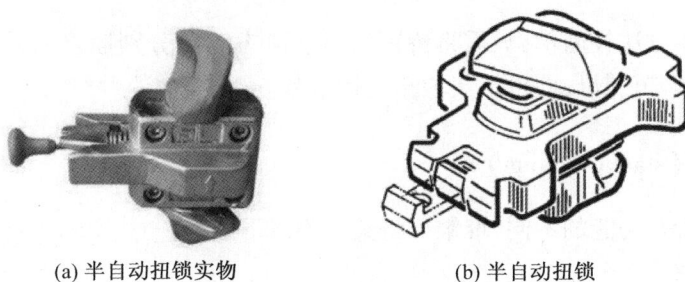

(a) 半自动扭锁实物   (b) 半自动扭锁

图 7-3-15　半自动扭锁

半自动扭锁是在码头上当桥吊将集装箱吊起至人手臂举起的高度时,从下向上将其插入集装箱角件孔内,待吊上船并对准突出式底座或另一集装箱角件孔时放下,该锁的自动装置即起作用并转动锁锥将箱与底座或箱与箱连接锁紧。

卸箱时,应首先用操作杆将锁销拉出,从而打开扭锁与突出式底座或另一集装箱顶部角件孔的连接,吊起集装箱至码头,用人工将其卸下。

(三)底座扭锁(bottom twistlock)

底座扭锁如图 7-3-16 所示,仅与燕尾底座配套使用。其作用与操作使用方法同扭锁。

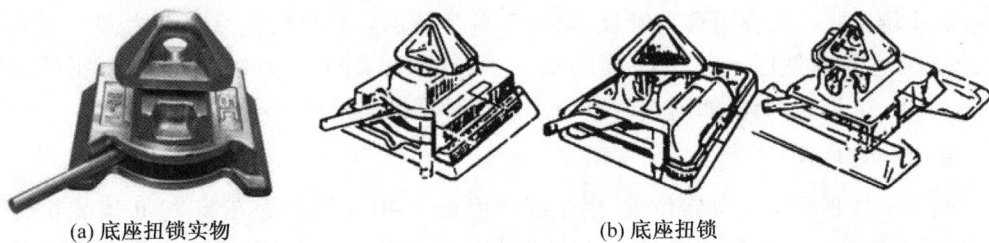

(a) 底座扭锁实物   (b) 底座扭锁

图 7-3-16　底座扭锁

(四)桥锁(bridge fitting)

图 7-3-17 所示为桥锁,用于对相邻两列最上层的集装箱进行横向连接,以分散主绑扎设备的负荷。

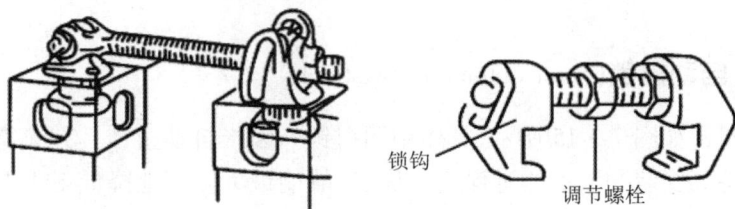

图 7-3-17　桥锁

桥锁的使用方法较简单,只需将桥锁的两个锁钩(头)分别插入相邻两集装箱的角件孔中,再旋转调节螺母,即可把集装箱连接拉紧。

(五)堆锥(stacking cone)

按使用位置及功能的不同,堆锥可将其分为以下同种:

1. 中间堆锥

中间堆锥上下锥头固定,垂向方向无锁紧功能,故仅用于舱内箱与箱之间的连接。有单头与双头堆锥两种,如图 7-3-18 所示。

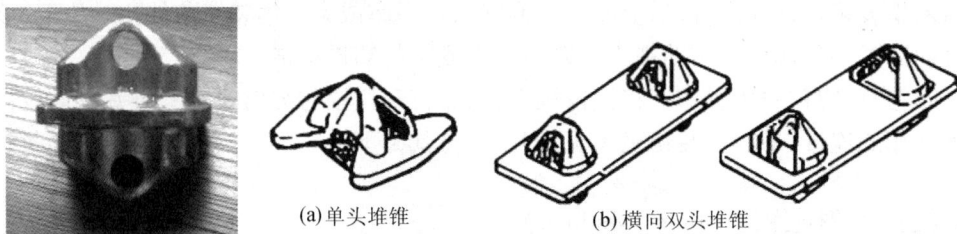

(a)单头堆锥　　　　　(b)横向双头堆锥

图 7-3-18　中间堆锥

2. 底座堆锥

底座堆锥之一又称可移动锥板,如图 7-3-19 所示。其结构特点是上为锥头下为插杆,仅与插座配套使用。有单头、横向双头、纵向双头及四连四种。另一种底座堆锥为单头,但上、下均为锥头,如图 7-3-20 所示。这种堆锥与板式底座配套使用。

3. 自动定位锥

图 7-3-21 所示为自动定位锥,用于固定甲板上 40 ft 箱位处在装 20 ft 集装箱时处于中间的箱脚,并与半自动扭锁、中间锁配合使用,即 40 ft 箱位的前后向端用半自动扭锁,中间(20 ft)用自动定位锥,这样不仅可起到半自动扭锁的作用,同时也克服了 40 ft 中间狭窄空间处无法操作的缺陷。目前自动定位锥已得到较广泛的应用,并被美国等

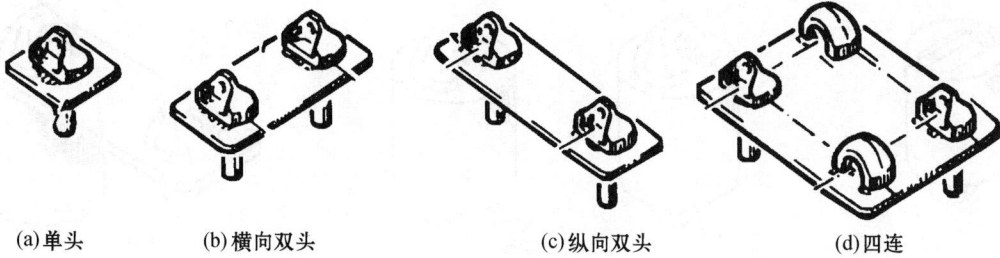

(a)单头　　　　(b)横向双头　　　　　(c)纵向双头　　　　　(d)四连

图 7-3-19　可移动锥板

图 7-3-20　单头底座堆锥

少数发达国家港口当局要求强制配备。

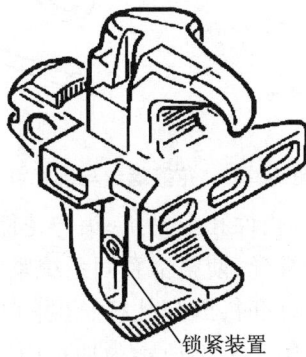

锁紧装置

图 7-3-21　自动定位锥

自动定位锥的使用方法与半自动扭锁相似,不同的是它不存在在卸箱时必须先由人工将锁销拉出这一过程,而是靠锁紧装置自动将定位锥转换成非锁紧状态。即首先将 20 ft 集装箱一端的半自动扭锁由人工将锁销拉出,使之转为非锁紧状态,桥吊缓慢起吊,此时自动定位锥将会在桥吊的拉力作用下,锁紧装置动作并解锁,从而完成卸箱工作。

4.调整堆锥

调整堆锥又称高度补偿锥,用于在装载某些非标准高度的集装箱时调整其高度至标准态。调整堆锥如图 7-3-22 所示。

(六)花篮螺丝与绑扎杆(turn buckle & lashing bar)

花篮螺丝(又称松紧螺旋扣)与绑扎杆(又称绑扎棒)如图 7-3-23 所示,这两种设备通常需组合成一个整体后,方可达到系固集装箱的目的。

图 7-3-24 为利用花篮螺丝与绑扎杆组合后系固集装箱的示意图,其操作方法是首

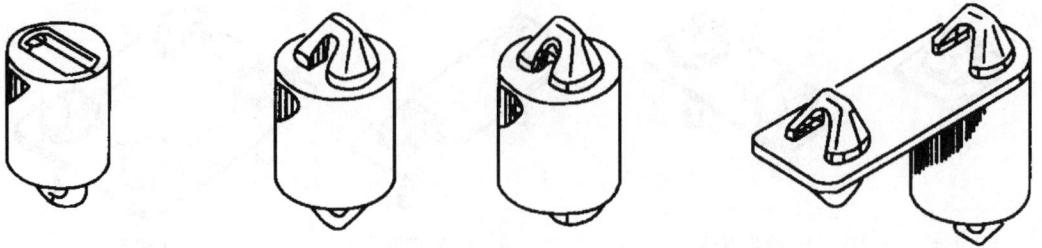

图 7-3-22　调整堆锥

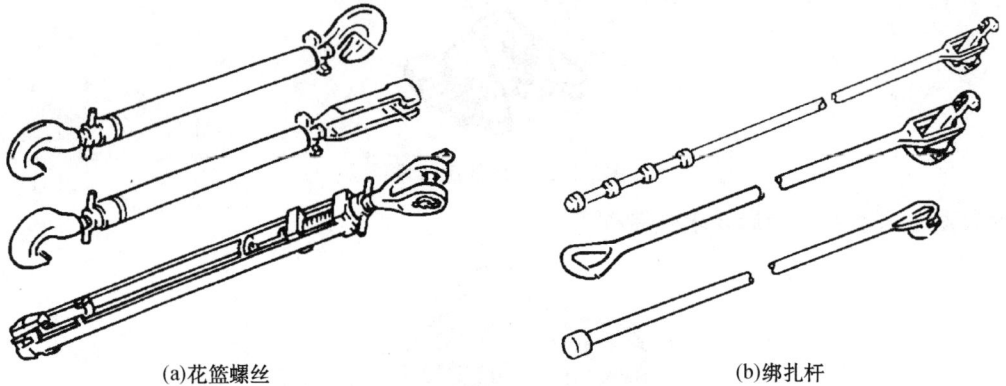

(a)花篮螺丝　　　　　　　　　　(b)绑扎杆

图 7-3-23　花篮螺丝与绑扎杆

先将绑扎杆的一头插入集装箱的角件孔中,另一头与花篮螺丝相连,再通过花篮螺丝与地令或眼板相连,最后调整花篮螺丝,使整个系固系统紧固。

有时在利用上述系固系统系固时,因绑扎杆长度的原因,或有特殊系固要求,需加长绑扎杆,为此需使用加长钩。图 7-3-25 所示为加长钩。

(七)横向撑柱(lateral support element)

横向撑柱用于舱内无箱格导轨或多用途船舱内装载集装箱时,对舱内紧靠两舷舷侧的最上层集装箱进行支撑,以防集装箱歪斜、倾覆或横移。

使用时,将横向撑柱的一端插入其专用底座,另一端插入紧邻的集装箱角件孔内,再利用调整装置使其拉紧受力。

(八)辅助工具(accessory appliances)

便携式系固设备所用辅助工具主要有两类:一类是扭锁操作杆;另一类是花篮螺丝操作工具。扭锁操作杆的作用是控制扭锁的手柄或锁销,达到解锁的目的;花篮螺丝操作工具的作用是将花篮螺丝收紧或松开。

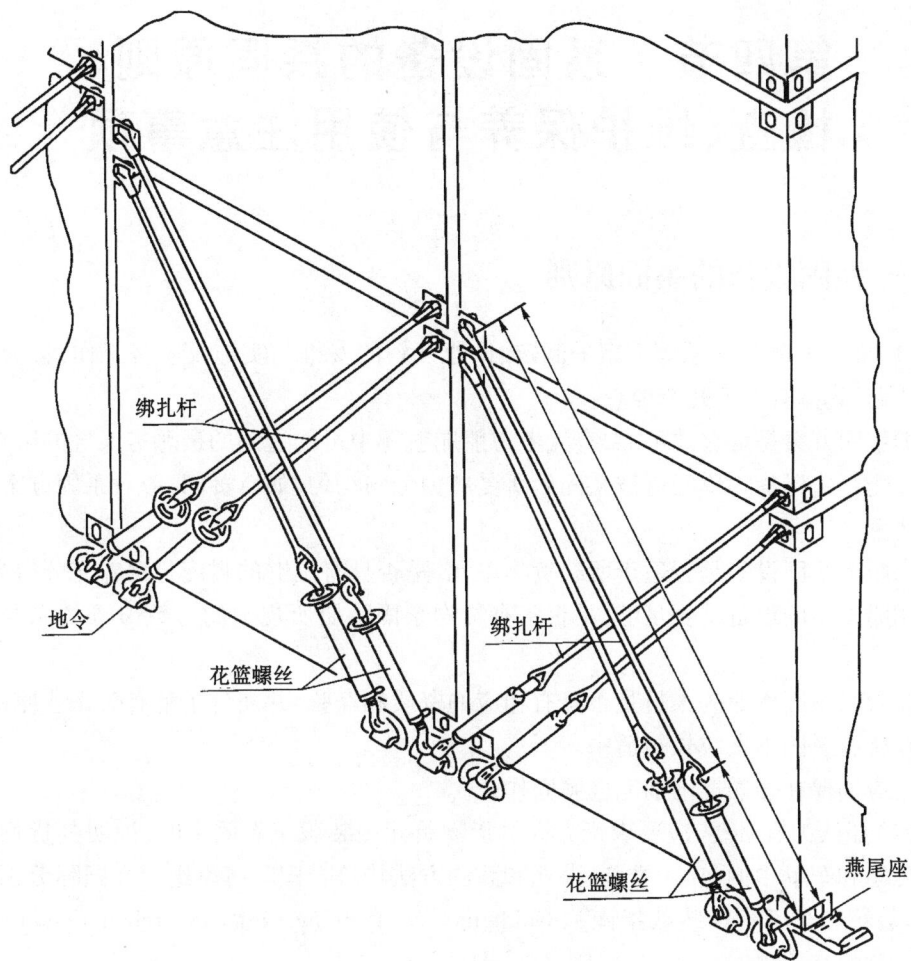

图 7-3-24　花篮螺丝与绑扎杆组合系固集装箱的示意图

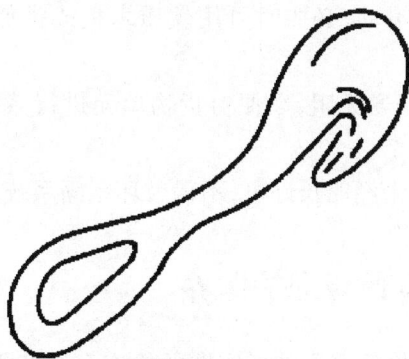

图 7-3-25　加长钩

第四节　系固设备的系固原则、检查、维护保养与使用注意事项

一、系固设备的系固原则

（1）船长必须关注系固方案的制定、作业计划的安排与实施及监督工作，且应事先做出计划，具体有以下几个要点：

①系固方案是否有效可靠，有无考虑船舶航行中可能遇到的最恶劣天气的影响。

②能否确保货物单元再被系固后所受应力分布均匀，如有疑问，应对系固方案进行核对计算。

③船上系固设备是否适于所载货物单元，是否具有足够的强度且保养充分得当。

④船上系固设备是否足够，是否备有货物系固手册所规定的总数10%的系固设备备品。

⑤参与系固作业的人员是否具有相应的资质和经验，并充分了解有关作业原则。

⑥所有系固钢索应长短适中。

⑦应确保在船舶离港前完成系固作业。

（2）如认为有必要，应要求货方提供货物单元的装载于系固声明，说明其货物单元在集装箱和车辆中的包装、堆装、绑扎和系固方法均符合国际海事组织和国际劳工组织的《集装箱和车辆货物装载指南》（Guidelines for Packing Cargo in Freight Containers or Vehicles）的有关规定。

（3）系固布置应确保货物单元不会发生危及船舶安全的移动，如采取措施避免因货物单元变形和收缩致使系固系统松动。对摩擦系数较小的货物单元，应在横向上紧密积载以防止其在航行中滑动，必要时可用软质木板或类似垫料加以衬垫，以增加摩擦力。

（4）应确保系固通道畅通无阻，以便对货物单元进行系固和在航行中对系固的有效性作进一步的检查。

（5）船舶靠妥泊位前，未经船长许可，不得破坏系固系统的完整性。

二、系固设备的检查与维护保养

船上系固设备应在船长负责下进行定期的检查和维修保养，这些检查和维修保养至少应包括：

（1）对所有零部件的日常外观检查和保养。

①所有固定式系固设备，在使用完以后，应立即进行受损检查。重新使用前，对已

损坏或怀疑受损部件应进行修复并进行适当的强度测试。

②所有便携式系固设备在使用完以后及再次使用前应由专门人员负责损坏检查。种类不同的设备、已检查和尚未检查过的设备、常用和备用的设备均应分类整齐地存放。每隔3个月,应对所有可移动系固设备进行一次详细检查和加油活络。

③上述检查和维修保养在经历了恶劣天气、海况以后和特别加固用途以前应更加严格。

(2)应按主管机关的要求接受各项检查和重新测试。

(3)船上应备有足够数量的系固设备备品(一般规定为总数的10%)。

(4)对不同种类系固设备具体的检查和维修保养要求如下:

应对每一设备的损坏和磨损情况进行检查,以发现有损于充分、安全地发挥其设计性能以及可能导致人身伤害的缺陷。如需用于特殊目的,使用前应对其进行检查,以确定其强度和功效是否适用。

①各种底座、系固眼板、地令、固定锥、槽座及集装箱箱格导轨系统

i.应检查这些固定式系固设备与船体结构的焊接部位,如有缺陷和裂缝,则应开槽后覆焊。如船体本身有缺陷(如不平整),则应先将该设备将要重新焊接处的船体部分用合适方式予以修复。该船体部分包括舱底、横舱壁、舱盖、舷侧、集装箱支柱和甲板等。

ii.应检查其磨损、变形和其他缺陷。如该设备缺陷轻微且不影响其功能,可暂不修理。如有较严重的缺陷,则应用至少同等强度的设备进行更换(同型或其他型号),该设备重新附着船体的焊接操作应由持有相应证书的电焊工进行,并严格按焊接工艺操作,特别是靠近油舱的焊接操作。

iii.在使用该设备前,应将该设备处的灰尘、碎石以及前几航次的残留物清除干净。

iv.集装箱箱格导轨系统应定期检查,以防止因变形、损坏而影响装卸货及货运安全,对变形或损坏的部分应及时修复。

v.正常的除锈和油漆保养工作。

②花篮螺丝与绑扎杆

i.花篮螺丝应经常加油活络,防止因腐蚀而咬死无法转动。

ii.应检查花篮螺丝的螺纹损坏情况,防止由于错咬而无法转动,当螺纹损坏严重时应予换新。

iii.应检查与绑扎杆连接端的磨损情况,如磨损严重应予换新,同时应检查卸扣端弹簧栓的状况。

iv.绑扎杆除应注意检查本体外,还应注意检查两头的磨损状况,若磨损严重或不能有效地绑扎时,应予换新。

v.上述本体如有裂纹出现,则应立即更换。

③扭锁、桥锁、堆锥(包括自动定位锥)及横向撑柱

i.在使用前,应检查其变形、损坏情况,如发现扭锁转不动、手柄断裂,应予修复,使其恢复功能,对损坏严重以致影响其功能的,应予换新。这里应特别注意半自动扭锁及

自动定位锥的自动功能,如已失去,则应及时修复,无法修复的换新。

ii. 桥锁及横向撑柱应经常加油活络,并检查螺纹情况。

iii. 如发现上述本体有裂纹,则应立即更换。

iv. 在集装箱的装卸、系固和拆系过程中,上述设备容易受到损坏,特别是在提升和放落这些设备时应避免野蛮操作而造成损坏。

v. 该类设备应及时收集在专用的箱子内,以防丢失。

④系固钢丝、系固链条、快速释放紧索器及紧链器

i. 系固钢丝(包括一般系固用钢丝绳)应被检查,看其是否有永久性拧节、压扁、油麻芯或纤维芯干枯和外露。如有发现应予更换。

ii. 在系固钢丝的整个长度范围内,若发现在其 10 倍直径的任何长度内有超过 5%的钢丝断裂、磨损或严重锈蚀,则应予换新。

iii. 系固钢丝应定期涂钢丝油,以防因锈蚀而缩短使用寿命。

iv. 存放于露天甲板的系固钢丝应用帆布罩罩好。

v. 必须注意检查快速释放紧索器,以保证其操作灵活、可靠。

vi. 系固链条和紧链器如发现严重锈蚀或损坏,则应予换新。

vii. 应仔细检查系固链条和紧链器每一链环的状况,若发现本体有裂纹出现,则应立即换新。如仅为轻微变形、磨损、腐蚀但不影响其强度和功能,则无须更换。

⑤卸扣和紧索夹

i. 应经常加油活络,防止应腐蚀而咬死无法转动。

ii. 本体如有裂纹出现,则应立即更换。

iii. 应检查螺纹损坏情况,防止由于错咬而无法转动,当螺纹损坏严重时应予换新。

(5)系固设备的检查和维修保养记录簿:

船上应有系固设备检查和维修保养的记录簿,以证明船舶对系固设备进行检查和维修保养所采取的行动。

(6)船舶"系固设备记录簿"应由大副记录和保管。

三、系固设备的使用注意事项

为保证系固的可靠性,确保航行安全,在使用系固设备的过程中必须注意下列事项:

(1)所有系固设备必须具有由主管机关签发的证书。对正在使用但又无相应主管机关签发证书的现有系固设备,使用前务必确认其系固的可靠性,如无法确认,则应弃之不用。

(2)配套使用系固设备时,必须注重考虑各自最大系固负荷(MSL)的协调性,应以系固系统中最小的 MSL 作为整个系固系统的 MSL。

(3)某些系固设备 MSL 的确认方法如表 7-4-1 所示。

表 7-4-1　由破断负荷确定 *MSL*

系固设备	*MSL*
卸扣、环、甲板孔、低碳钢花篮螺丝	50%破断强度
纤维绳	33%破断强度
纤维网状绑扎件	70%破断强度
钢丝绳(一次性使用)	80%破断强度
钢丝绳(可重复使用)	30%破断强度
钢带(一次性使用)	70%破断强度
链	50%破断强度

(4)补充或更新普遍扭锁时,应注意新上扭锁与现有扭锁的转锁方向,必须保持一致,否则将会给装箱后的系固带来极大麻烦。

第五节　系固设备的检验

船舶系固设备应接受的检验种类与船舶应接受的检验种类相同,具体如下:

1. 初次检验

对系固设备的初次检验与对船舶的入级检验同时进行。

2. 年度检验

年度检验与船舶的年度检验同时进行,目的是对系固设备进行一般性检查,以确认其是否处于有效的技术状态。

3. 中间检验

中间检验与船舶的中间检验同时进行。其要求与年度检验的要求相同。

4. 特别检验

特别检验与船舶的特别检验同时进行。检验项目有:

(1)对箱格导轨结构作全面检查,特别是垂直导轨与横撑材间的连接节点,导轨与导箱装置应处于良好的技术状态。

(2)全面检查可拆卸式框架或其他的约束装置。

(3)检查固定在船体结构上的配件,对位于液舱区域的配件,其四周应无泄漏。

(4)对照货物系固手册全面检查所有的便携式系固设备。

(5)若发现系固钢丝绳在等于其直径 10 倍的任何长度内有超过 5%的钢丝断裂、磨耗或腐蚀,则应予换新,若发现钢链发生蚀耗或损坏,也应予换新。

(6)如需要更新系固设备,则新的系固设备应为认可的型式和产品;如无试验证书,则应按有关要求对新的系固设备进行相应的试验。

(7)应尽可能减少初始纵倾,若纵倾超过船长的 1%,则应按实际纵倾状态进行静水力参数计算。试验时的初始横倾角不应超过 0.5°。

思考与练习

1. 什么叫货物系固手册?
2. 什么是货物系固单元?
3. 什么是标准货物、半标准货物和非标准货物?
4. 简述便携式系固设备的配套使用方法。
5. 专用集装箱导轨系统应满足哪些要求?
6. 自动定位锥有什么作用?
7. 系固设备的使用有哪些注意事项?
8. 系固设备应接受的检验有哪些?

第八章

船舶检验与修理

第一节　船舶入级与检验

　　船舶入级是评定船舶技术状态的重要手段,海上营运船舶必须入级。船舶是否具有船级、船级等级的高低以及所入船级的船级社的声誉,都会直接影响到船舶的运费和保险费,即决定货主和保险公司对船舶的信任程度。同时也会影响到船舶在买卖和租赁时的船价及租金。

　　船舶在运输生产中,经受外界的各种因素影响,致使船体和设备腐蚀、磨损、变形、扭曲甚至断裂,危及航行安全。经常、定期地检查船体和设备的技术状况显得尤为重要。船舶检验是船舶检验部门为保证船舶具有安全航行的技术条件而对船舶进行的技术监督检查,船舶在参加营运前,必须经船检部门的技术鉴定和法律登记注册并获得有关证书后方可被认为是适航船舶。

一、入级

　　本节简要介绍中国船级社(CCS)《钢质海船入级规范》中有关船舶入级的主要内容。

(一)入级条件

　　(1)船舶的船体(包括设备)和船舶机械(包括电气设备)应符合《钢质海船入级规范》或等效要求。

　　(2)国际航行的新船,其完整稳性应符合主管机关的要求,如果完整稳性已由主管机关批准,或无主管机关批准,但经船级社审核,认为船舶的完整稳性不低于IMO有关决议及其修正案的规定或IMO特殊船型(如适用时)的有关标准。

　　(3)对分舱和破舱稳性符合IMO有关公约要求的国际航行的新船,若其分舱和破舱稳性已由主管机关批准,或无主管机关批准,但经船级社审核,认为船舶的分舱和破舱稳性不低于 IMO 有关公约及其修正案的规定或 IMO 特殊船型(如适用时)的有关标准。

(4)如船体船级证书和轮机船级证书之一失效,则另一证书也同时失效。

(二)入级证书

入级证书分为船体(包括设备)入级证书、轮机(包括电气设备)入级证书和货物冷藏装置入级证书。证书中记载着入级的符合、附加标志或说明,以此可大致了解船舶种类和技术状态,船舶入级时存在的问题和船级社的要求、建议等有关的内容,并详细地记载在入级证书和相关的报告中。有关船舶技术状态的内容直接影响船舶租赁信誉和船舶买卖的价格,船舶所有人对此很关注,一般情况下应尽可能避免在入级证书上加任何批注。目前,有的船级社将船体入级和轮机入级合二为一,称为船级入级证书。船级证书又分为国际和国内,凡航行在国际航线船舶所签发的证书称"船级证书",而国内航线的则称"船舶检验证书"。

(三)入级符号

各船级社都规定有入级符合、标志和说明的表示方法。中国船级社(CCS)的船级符号、标志和说明由三个部分组成。

(1)船级社的符号

★ ——该船的船体(包括设备)、轮机(包括电气设备)和特殊设备(冷藏装置)在中国船级社监督下建造、安装和试验,并保持良好有效的技术状态,适宜于海上航行。

★ ——该船的船体、轮机和特殊设备不在中国船级社承认的船级社监督下建造、安装和试验,但经中国船级社检验和审查,认为符合中国船级社的入级要求和条件,适宜于海上航行。

(2)入级的设施和部位

CSA、CSM、CSR 分别表示船体(包括设备)、轮机(包括电气设备)、冷藏装置的入级符号。

(3)船级的有效期

船级有效期是用分数来表示的,例如 4/5,分母中的"5"表示特别检验间隔期为 5 年,分子中的"4"表示根据船舶的技术状态和保养情况授予的特别检验期年限。船级有效期标志只授予船体(包括设备)。

★(★)CSA(5/5)——完全符合 CCS 的要求的入级符号,特别检验年限为 5 年。

★(★)CSA(4/5)或 CSA(3/5)——根据船舶的技术状态和维护保养情况,CCS 认为尚可给予船级,但特别检验间隔期缩短为 4 年或 3 年。

★CSM——不在 CCS 检验下进行建造、安装和试验,但经本社检验、试验和审查认为可以接受轮机入级的符号。

（四）附加标志

附加标志是入级符号的注释标志,常用英文词汇加注,一般在入级符号后有一个至若干个附加标志,主要用来表示船舶类型、任务、航区和航线等。

1. 船舶类型附加标志

除普通干货船外均需加注船舶类型标志,如:

船舶类型	附加标志
油船	Oil Tanker
化学品液货船	Chemical Tanker
液化气体船	Liquid Gas Carrier
集装箱船	Container Ship
滚装船	Ro/Ro Ship
散货船	Bulk Carrier
矿砂船	Ore Tanker
矿/油船	Ore/Oil Carrier
矿/散货/油船	Ore/Bulk/Oil Carrier
冷藏船	Refrigerated Ship
救助船	Rescue Ship
破冰船	Ice Breaker
打捞船	Salvage Ship
木材运输船	Timber Carrier

注:对于油船应注明允许装载货油的闪点,闪点以 F.P 表示,F.P≤60 ℃表示货油的闪点低于或等于 60 ℃。对于具有重货加强的普通货船加注 Strengthened for Heavy Cargoes。对于具有重加强且指定某些货舱可以空舱的散装货船,尚应加注 Strengthened for Heavy Cargoes,Holds Nos... may be empty。对不属集装箱船,但具有装载集装箱装置的货舱,应加注 Equipped With Container Securing Arrangements。

2. 特种任务附加标志

加注于从事特种任务的船舶,如:

特种任务	附加标志
科学考察船	Research Ship
海上人员训练船	Training Ship

3. 航区限制附加标志

加注于航区受限制的船舶,如:

航区限制	附加标志
近海航区	Greater Coastal Service
沿海航区	Coastal Service

遮蔽航区　　　　　　　　Sheltered Water Service

4.特定航线附加标志

加注于专门从事航行于两个或两个以上指定港口之间的船舶,如:

特定航线　　　　　　　　附加标志
上海—大阪　　　　　　　Shanghai—Osaka Service
大连—香港　　　　　　　Dalian—Hongkong Service

5.冰区加强附加标志

加注于具有冰区加强结构的船舶,如:

冰况　　　　　　　　　　附加标志
最严重冰况　　　　　　　Ice class B1*
严重冰况　　　　　　　　Ice class B1
中等冰况　　　　　　　　Ice class B2
轻度冰况　　　　　　　　Ice class B3
除大块固定冰以外的漂流浮冰　Ice class B

6.腐蚀控制附加标志

加注于具有腐蚀控制的船舶或有效防腐蚀涂层保护的压载舱或货舱。腐蚀控制附加标志为 CC(corrosion control)。

7.加强检验附加标志

凡船舶类型符合规范所列要求者,在船舶类型附加标志后还应加注加强检验的附加标志 ESP,且此附加标志除经过特别改建者外,在船舶以后的营运中,不得以改变船舶用途为由予以更改。

8.轮机部分的附加标志

体现了机舱自动化水准的状况,常加注如下附加标志:

Aut-0——加注于能由驾驶台控制站进行遥控运行的推进机械装置,机舱控制室周期无人值班。

Aut-1——加注于能由驾驶台控制站进行遥控运行的推进机械装置,但机舱控制室需要有人值班。

MCC——由机舱控制室进行控制运行的推进机械装置。

BRC——由驾驶台进行遥控运行的推进机械装置,机器处所有人值班。

IGC——装有符合规范规定的惰性气体系统应用于从事装运散装油类或散装化学品船舶。

(五)入级证书中完整的入级符号及附加标志

★ CSA5/5 Oil Tanker ESP F.P <60 ℃ Ice class B3——在本社检验下建造的无限航区加强检验载运闪点低于 60 ℃ 货油的油船,该油船具有 B3 级冰区加强。

★ CSM Aut-0 IGS——在本社承认的船级社监督下制造,并在本社监督下安装、检验和试验的推进机械和重要的辅助机械(包括电气设备),能以周期性无人机舱运行,装有惰性气体系统。

(六)航区划分

中国船级社对航区的划分做了如下规定:

1. 无限航区

无限航区又称Ⅰ类航区或远洋航区,系指中国黄海、东海距岸 200 n mile 以外的海域,南海距岸 120 n mile 以外的海域。

2. 近海航区

近海航区又称Ⅱ类航区,系指中国渤海、黄海及东海距离岸不超过 200 n mile 的海域,台湾海峡、南海距海岸不超过 120 n mile(台湾岛东海岸、海南岛东海岸及南海岸不超过 50 n mile)的海域。

3. 沿海航区

沿海航区又称Ⅲ类航区,包括:

(1)台湾岛东海岸、台湾海峡东西海岸、海南岛东海岸及南海岸距离不超过 10 n mile 的海域和除上述海域外距岸不超过 20 n mile 的海域。

(2)距沿海有避风条件且有施救能力的岛屿海岸不超过 20 n mile 的海域。

(3)对距海岸超过 20 n mile 的上述岛屿,根据中国国家主管机关的规定执行。

(4)遮蔽航区,系指在沿海航区内,由海岸与岛屿、岛屿与岛屿围成的遮蔽条件较好,波浪较小的海域,在该海域内岛屿间、岛屿与海岸间的横距不超过 10 n mile。

二、船舶检验

为保证船舶及其机械设备处于良好的技术状态,确保航运安全,每一营运船舶都必须接受检验,在此就我国船级社《钢质海船入级规范》及我国船舶检验局《船舶与海上设施法定检验规则》之《国际航行海船法定检验技术规则》中有关检验的类型、内容和年限等进行简要介绍。

(一)《钢质海船入级规范》规定的检验

1. 初次检验(classification survey)

凡向中国船级社申请入级的船舶均应接受入级检验,包括以下内容。

(1)新建船舶入级检验

新建造船舶向中国船级社申请入级而进行的检验称为新建船舶入级检验。检验内容主要有:有关船舶构造、设备和机械电气等方面的技术设计图纸和资料文件的审查、建造材料的试验和检查,各种设备仪器的检验、安装验收,各工艺的检验报告,船舶证书和重要试验记录的签发和认可。

（2）初次入级检验

用于未在中国船级社检验下建造的船舶申请入级时所进行的检验。船舶所有人或其代理人应按船级社要求,将该船原有船舶证书、文件、检验报告和技术资料提交船级社审查,并接受检验。未在船级社检验下建造的船舶包括:已经开工但未向船级社申请入级检验的船舶;已经完工但尚未投入营运的船舶;已投入营运的现有船舶。

（3）转级检验

现有国际船级社协会(IACS)成员船级社的船舶向中国船级社申请入级的检验称为转级检验。检验内容和要求详见规范。

2. 保持船级检验(survey for class maintenance)

凡已入级的船舶,若要保持原有的船级,必须按船级社的要求进行下列各种检验:

（1）年度检验(annual survey)

所有船舶应接受年度检验。年度检验应于完工、投入使用或特别检验完成日期(按其适用情况)的每周年日的前后3个月内进行,目的是检查船体和各种设备等是否处于有效的技术状态。一般进行外部检验,必要时对某些设备可拆检。

（2）中间检验(intermediate survey)

所有船舶应接受中间检验。中间检验应于完工、投入使用或特别检验(按其适用情况)后的第二个或第三个周年日的前后3个月内进行,该中间检验替代此次年度检验。其检验的内容除年度检验的内容外,还对超过一定船龄的船舶附加一些其他检验项目,如抽样检验压载水舱、货油舱、锚机、锅炉、受压容器及电气设备等。

（3）坞内及水下检验(docking survey)

所有船舶应接受坞内检验或上排检验。除另有规定外,坞内检验5年内应不少于2次,间隔期为2.5年,最长间隔不大于3年,其中一次应在特别检验时进行。从事国际航行的客船必须每年进行一次坞内检验。船级社可根据船体水线下的具体情况,缩短坞内检验间隔期限。

坞内检验主要是检验船体水线以下部分的船壳板、设备和装置,当船舶具有水下检验附加标志,即符合下列条件时,坞内检验可用水下检验替代:

①船龄小于15年;
②船宽大于30 m;
③5年内不少于2次坞内检验;
④船底平坦部分有供潜水员识别方向的标志;
⑤船体水线下部分用高效油漆防腐保护;
⑥所代替的坞内检验不能作特别检验的组成部分。

（4）特别检验(special survey)

特别检验是对具有船级的船舶进行全面技术检查的一种检验,其目的是确定船舶整体技术状况是否能继续保持船级的要求,其间隔期为5年。特别检验可在到期之日前 12 个月内进行,也可展期 3 个月。对提前进行特别检验的则以完工之日加 5 年为下次特别检验的期限,展期则按原检验到期之日算起。

特别检验的项目,除外部的,还需要对内部进行检查,包括船体外壳及甲板的测厚、压水、冲水试验、拉力、运转试验和锈蚀状况等众多的拆检项目。特别检验常结合修船和年度检验一并进行,也可用循环检验来代替。

(5)循环检验(continuous survey)

循环检验是特别检验的另一种形式。由船东提出申请并经船级社同意,船舶机械(包括电气设备)和除油船、散货船和混装船以外的船体的特别检验可由循环检验代替。循环检验的周期与特别检验的周期相同。在循环检验周期内,应尽量将特别检验的项目按年度平均分配进行,且每一项目的检查周期最长不超过循环检验的周期,对实行循环检验的船舶,年度检验和中间检验照常进行。

循环检验的项目可与船舶预防检修、计划修理、航修结合起来,减少因检验而造成的非生产性停泊时间,以提高船舶周转率,对高龄船舶和有缺陷的船舶不适用循环检验制。

3. 搁置船舶检验

(1)搁置前应对船体和轮机(包括电气设备)进行年度范围的总体检验,同时确认船舶在搁置期间的保养保存措施,检验满意后应在所有证书上注明该轮搁置。

(2)如果搁置时间超过 12 个月,应按原周年日进行年度总体检查。

(3)启用前应完成所有到期和过期的检验,对于搁置时间超过 12 个月的还应进行航行试验。

4. 损坏与修理检验

涉及船级的船体、设备和轮机(包括电气设备)等部件遭到认为可能影响船级的损坏时,应及时通知船级社,在船舶航程抵达到我适当港口由其指派的验船师及时登轮进行损坏检验,其检验范围应使验船师认为能查明损坏程度和原因所需的范围。

涉及船级的船体、设备和轮机(包括电气设备)所做的任何修理,应在船级社监督下进行。

5. 改装与改建检验

涉及船级的船体、设备和轮机(包括电气设备)的结构尺寸或装置进行改装或改建时,应接受该项检验。船舶重大改建检验包括如下:

(1)实质上改变了船舶的尺度和容量;

(2)实质上改变了船舶种类;

(3)实质上延长了船舶使用寿命;

(4)实质上影响了船舶的分舱因素。

6. 重新入级和恢复船级检验

(1)重新入级检验

重新入级检验系指原具有中国船级社船级的船舶,由于发生机损、海损、遗留项目及船级条件逾期未处理,或未按入级规则的规定按期提交检验,致使船级暂停 6 个月以上而被船级社取消船级,或船东申请取消船级(卖船或转级)后,拟再次取得船级而重新进行的入级检验。

(2)恢复船级检验

恢复船级检验系指船舶由于机损、海损、检验过期、遗留项目及船级条件逾期(不超过 6 个月)未处理,或其他原因等致使船级暂停,经检验使其船级恢复。

(二)《国际航行海船法定检验技术规则》规定的检验

《国际航行海船法定检验技术规则》是中国船舶检验局为对船舶进行强制性监督检查而颁布的。由其授权的中国船级社或指定的验船师按照颁布的规范、条例和国际公约的规定实施法定检验,并代表政府签发相应的证书。该种证书为法定证书,没有法定证书的船舶不允许参加国际海上运输活动,法定检验的类型有:

1. 初次检验(first survey)

其是在船舶投入营运之前,对其特定证书有关的所有项目进行一次完整的检验,以保证这些项目符合有关要求,并且能满足船舶所需要进行的营运业务。

2. 年度检验(annual survey)

其是对与特定证书有关项目进行总的检查以确保其处于良好状态,并且符合船舶所需要进行的营运业务的要求。年度检验应在证书的每周年日前、后各 3 个月内进行。

3. 中间检验(intermediate survey)

其是对与特定证书有关的指定项目进行检验以确保其处于良好状态,并且符合船舶所要进行的营运业务的要求。中间检验应在相应证书和第二或第三个周年日前、后 3 个月内进行,且中间检验应替代一次年度检验。

4. 定期检验(periodical survey)

其是对与特定证书有关的项目进行检验以确保其处于良好状态,并适合船舶所要进行的营运业务。货船设备安全证书的定期检验应在该证的第二或第三个周年日前、后 3 个月内进行,且应替代一次年度检验;货船无线电安全证书的该种检验应在证书的第一个周年日前、后 3 个月内进行。

5. 换证检验(change certificate survey)

其与定期检验相同,但要颁发一张新证书。客船与高速船的安全证书及货船所有证书的换证检验应在证书到期日前 3 个月内进行。

6. 船底外部检验(bottom external survey)

其是对船舶水下部分和有关项目进行的检验以确保其处于良好状态,并适合船舶所要进行的营运业务。客船应每年进行一次,高速船一般也是每年进行一次,货船在任何 5 年内应至少进行两次,且任何两次间的间隔应不超过 3 年,其中一次应在换证检验时进行。

7. 附加检验(additional survey)

当船舶有下列情况之一时,必须向船检局授权的船级社申请附加检验:

(1)因发生事故,影响船舶适航性能;

(2)改变船舶证书所限定的用途或航区;

(3)船级证书或法定证书到期或失效;

(4)船东或经营人变更及船名或船籍港变更;

(5)涉及船舶安全的修理或改装。

三、船舶检验机构简介

船舶检验机构分为两类:一类是政府的检验机构,如中国船舶检验局、朝鲜船舶监督局、罗马尼亚船舶登记局、波兰船舶登记局等;另一类为民间组织的验船机构,如中国船级社、英国劳埃德船级社、法国巴黎国际船级社、日本海事协会、美国船级社(船检局)、挪威船级社、韩国船级社等。政府检验机构或政府给民间授权的检验机构,可代表本国政府签发有关国际公约的船舶证书,为船舶制定各种规范及入级标准,实施入级检验和定期检验签发船舶证书,承办公证检验,代办法定检验,提供技术咨询及有关的发证,对船舶及其设备和仪器执行技术监督等。

船级社的验船师都具有较强的专业知识和丰富的实践经验,多数来自船厂的工程师或为有多年经验的船长及轮机长。世界上较大的船级社在诸多国家主要港口设立办事处和代理行,并相互间签订代理和委托检验协议。

主要航海国家的检验机构和船级社及其标志如下:

船级社/检验机构	标志
中国船级社	CCS
美国船级社/检验局	ABS/AB
法国船级社	BV
英国劳氏船级社	LR
日本海事协会	NK
挪威船级社	DNV
意大利船级社	RI
印度船级社	IRS
希腊船级社	HR
韩国船级社	KR

第二节　船舶修理

一、概述

（一）修船原因分析

船舶在营运过程中，由于受多种因素的影响，船体和船舶设备不断受到磨损和蚀耗，在交变应力和外界冲击力的影响下，船体和船舶设备还会产生不同程度的变形和扭曲，甚至产生裂缝直至断裂等。这些都会影响船舶的技术状态，也会逐渐对船舶的正常营运产生影响，给船舶安全带来威胁。因此，定期或不定期地对船体和设备进行检查、维护和修理是船舶管理的一项重要工作。

此外，意外海损事故也会给船体和船舶设备带来重大损坏，使船舶丧失航行能力，为使其恢复原有技术状态，船舶必须进行修理。船舶修理是使船舶保持和恢复原有技术状态的有力保证。

船舶发生下列一种或多种情况时即应实施修船：

（1）法定证书或船级证书即将到期。

（2）未满足国际公约、规范、法规、规则、港口国当局和我国相关主管机构的规定。

（3）船体构件板材变形、损坏或腐蚀超耗、强度与刚度下降及其他船员无法自修的情况；机电设备运转周期已到期限，设备出现损坏、缺陷或隐患等。

（4）船舶发生海损或机损事故影响安全营运。

（5）船舶机电设备在长期使用过程中，由于受内在因素（如设计、材料、烧焊、热处理、制造和安装工艺等）及外部工作条件（如风浪、海水侵蚀、负荷、维护管理、环境等）的影响，使机械零部件的尺寸精度、几何形状和相互位置精度、配合精度及表面质量逐渐发生变化，产生磨损、腐蚀、疲劳、裂纹等现象，导致机械的技术状态和使用性能不断下降，使机械功能部分丧失或全部丧失，影响船舶安全营运。

（二）修船总体要求及目的

1. 船舶修理的总体要求

严格按照《钢质海船入级规范》，高质量、短工期、低消耗、安全地完成修船任务。全船在船长领导下分甲板部（包括报务和业务）和轮机部两大部门。船舶所属船公司的机务部门为船舶修理的业务主管部门，负责对船舶修理进行指导和安排。

甲板部对船舶的养护和修理工作由大副负责领导和分工，在船舶营运期和修船前应认真做好以下工作：

（1）根据有关规范、设备使用说明书、航区、季节及货运特点制订周密的年度、月度和航次保养修理计划，并严格执行。

（2）备妥检修和测量两个记录簿，用于在船舶预防检修工作中记录有关内容，也可作为编写船舶修理单的依据之一。检修记录簿用于记录对设备进行的检修日期、检修内容、发现的问题及处理情况、完成工时和负责检修的人员等；测量记录簿用于记录船体和设备的测量数据，如甲板、舷侧板的测厚、锚链直径的测量、吊货属具的尺寸及二氧化碳钢瓶的称重等。

（3）为保证修船期间的监修与验收工作的顺利进行，有关人员必须熟悉修船业务，如修船组织、工艺和质量标准等。

2. 船舶修理的目的

为了消除船舶存在的缺陷或隐患，恢复或维持船舶机械的原有性能及强度，使船舶在营运期间能保持优质、低耗、安全运行。

（1）确保船体结构有足够强度并符合规范要求；水密性和稳性符合要求；设备正常运转、适航。

（2）船舶修理后必须保持船体结构和各设备的完整，经检验后不得变动；重大更新改造必须经船级社的同意；重要的工艺、图纸要经验船师认可才能施工；主要的材料和设备的使用、更换、替代要经验船师的认可并检验合格后再装上船。

（3）机电设备和船体构件一般以原样修复为原则，不得任意超出修理类别和扩大工程范围。对已完成的 CWBT、PMS、CMS 和预防检修项目，一般不再交船厂修理。

（4）船舶的使用年限是修船的重要依据，船舶种类和使用船龄不同对其的修理要求也不一样。交通部 2006 年第 8 号令颁布的《老旧运输船舶管理规定》中规定了船舶特检年限和强制性报废年限，并规定对老龄船舶进行修理，必须满足船级社检验要求，对进入每年必须特检期后或接近报废年限时的船舶仅进行维持性修理，同时也可采取适当减载和限制功率的措施，以保证强度和航行安全。

（5）远洋船舶应按入级标准进行修理，如未达到原入级要求而经过技术经济论证不经济时，可按改变入级航区或移交沿海使用的要求进行修理。

（6）应尽量缩短修船时间，以减少船舶营运和效益损失。

（7）应以勤俭节约为原则，重点把主要设备、船员自修无法解决的工程项目修好，降低修船成本。

二、船舶修理类别

按交通运输部、船级社、海事主管机构等相关部门的有关规定，修船分为计划修理、航修（含抢修、事故修理）、技术改造等类别。另外，国内一些大型航运企业，综合上述规定也有各自的修船模式。所谓计划包括两个含义，一是根据船舶营运率的考核，给一定的计划修理天数，但不固定日期；二是根据船检证书的要求，按规定的期限安排计划修理（也可提前 3 个月）。对管船公司来讲，面对这些修理类型可单独安排修理，也可与计划修理结合起来,达到少停航、提高船舶航行率的目的。

目前,我国一些大型航运企业的船舶通常都采用计划修理方式。即将计划修理与船舶入级检验、特别检验和坞修检验结合起来;把机械设备使用说明书要求的保养检修与机械设备使用保养检修计划结合起来;这样可大大缩短修船周期,降低修船费用,提高船舶营运率。

计划修理主要包括小修、特检修理、坞修和其他修理,如航修(抢修、海损与机损事故的修理)、技术改造、入级检修、年度检验、中间检验及特殊检验的修理等都结合到航修、小修与特检修理中进行。船公司可根据船舶证书的期限、结合船检要求、船舶实际技术状况、营运航线等,有计划地(也可稍提前或拖后)安排停航时间进行航修、小修及检修。

1. 小修

小修是依据船检证书的要求,按规定的周期,结合坞内检验、年度检验、中间检验对船舶的机电设备或船体等方面进行的修理。间隔期一般在 2~3 年(24~36 个月),如果在这期间突然发生海损或机损事故,或者需做技术改造,都可结合实际情况提前或延后进行停航修理。

2. 检修

检修是指特别检验修理、换证检验修理。其特点是修理范围扩大,费用高、时间长。检修需对船体、机电设备、安全设备、应急设备及通信导航等设备进行全面的检查修理,以满足海事、船检、PSC、FSC 及船公司安检的要求。检修周期一般为 5 年,是必须停航进行的修理。一些老旧船进入每年必须特检期后,也必须每年检修一次。

3. 坞修

根据船级社的规定,船舶通常是 2.5 年左右进一次船坞,即在 5 年中中间检验和特别检验时进行,但检验项目和要求不同。其中,第五年为特检修理,涉及的内容和范围多而且大。坞修工程是指船体水下部分的除污、除锈和涂漆、损坏部位的焊补修理以及各海底阀、轴系、桨和舵的拆检或修理的工程。

4. 航修

航修是船舶在营运过程中,船体甲板、轮机的机电设备等达不到船检或海事部门安全检查的要求,或受海损、机损等突发事故影响船舶的安全营运,且船员自修无法解决;或年度检验要求;或刚接手的二手船,对船舶的技术状况不能充分了解;或转入初次入级证书等状况下,必须停航,依靠陆岸基地的支持才能解决的修理。一般情况下,船公司每年都有计划地安排船舶一定时间进行航修。

5. 抢修

抢修是指各公司指派专业人员或厂家维修队进行跟船抢修或靠泊抢修。这种抢修一般是针对突发事故的修理。抢修一般是没计划的。船员在航行营运过程中遇到无能力解决而对船舶安全营运有一定影响的事故,就需要根据实际情况及航运计划安排短时间的停航抢修,其安排可以与航修相结合,可在航行或利用停泊装卸货期间进行。

6.技术改造

技术改造是指船体或船舶设备为了提高技术等级、改变船舶用途或者新的公约或决议生效,船舶设备不能满足船级社的这一要求而进行的一种设备改造或更新。一般情况下,技术改造都有计划,且经过技术、经济认证后方可实施。技术改造一般结合小修和检修进行,也是计划修理的形式之一,但必须在上一年度的 8 月份前后上报船公司有关部门审批,如油船改为散货船、散货船改为集装箱船、机电设备改换型号等。

三、修船前的准备工作

船体甲板、船舶机电设备结构复杂,修理工程工作量大、难度高、时间短,修理人员组成复杂,技术水平参差不齐,所以修船管理难度较大。为了能够安全、顺利、高质量、按时完成修船任务,防止在修船过程中遇到职责不清、影响修船质量和延误修船工期等情况,应特别重视修船的准备工作。

(一)制订修船计划

(1)船管部门应于年底前向船公司技术部报送下一年的修船计划,由技术部统筹实施。

(2)船管部门应提前 6 个月告知船长修船时间。船长接到指示后即组织大副、轮机长和有关人员编制甲板、轮机、电气及坞修修理单。修理单应根据本船技术状况结合 CWBT、PMS 的运行情况认真编写,并应在修船前 3 个月发送至船管部门。

(3)修理单应列明修理的项目、名称、内容、数量、位置、范围、尺寸、材料、损坏状况,主要项目要说明损坏原因或用草图标示,如需更换部件,要加以注明,以便船管部门做好准备。

(4)船管部门要严格审核修理单和领料单,主管工程师要亲自到船勘察工程,核实修理项目,填写修船摘要,影响安全和防污染方面的修理项目不得拖延、遗漏或取消。

(5)船管部门按每年修船计划落实船舶承修厂,并在进厂前 45 天将修理单和修船摘要表格(重要工程)送至船厂,必要时还要联系厂方工程技术人员上船勘验,确定进厂具体日期。

(二)编制修理单

修理单是修船的主要文件。它是船厂施工与结算费用的依据,也是保证修船计划顺利完成的关键,对节约修费、缩短修期和提高修船质量起着决定性作用,必须认真编制。修理单一般分为五大部分:船体甲板、轮机、电气、坞修、通信导航,分别由大副、轮机长、电机员负责完成。

1.修理单编制的依据

(1)根据已确定的修理项目。

（2）公司的修船原则、修理类别。

（3）船舶检验机构规定的检验项目和要求，参阅已发生的检验报告。

（4）船体甲板、机电设备说明书规定的检修间隔期，结合维修保养的实际状况。

（5）船体甲板、机电设备的运行状况、历次修船记录，此前发生抢修的状况、各种安全检查未整改的缺陷及技术改造项目等。

2. 修理单编制的要求

目前在我国航运界和修造船厂通行的是交通部93蓝本与中船总96黄本，大多数船公司和修理厂都执行蓝本。因此，修理单的编写要用蓝本规范语言。大副、轮机长、电机员等相关人员对蓝本的格式、工程内容、价格范围等都要熟悉。修理单也是船厂编制修船施工单、估价单和签订修船合同的依据。准确编写修理单对修船质量与费用结算有决定性的作用。因此，对编制的基本要求是：

（1）使用单位符号及修船符号要符合国家标准（采用国际单位制）。常见的修船符号见表8-2-1。

（2）修理的设备名称、制造商、型号要填写清楚。

（3）修理项目、内容、注明的规格、数量、尺寸、材料和技术要求不能含糊其辞，以免引起不必要的纠纷。

（4）对换修的设备，应注明其名称和制造厂，提供备件的供应商是厂供还是船供。

（5）对拆修的钢板构件、机电设备部件，应注明修理部件的名称、规格、数量、材料和技术要求。

表8-2-1　常用修船符号

符　号	含　义	符　号	含　义
⊗	换新	W	电焊
×	拆掉	▭ 或 ▨	复板
□	拆装校平或校直	(8.5)	测厚点厚度为8.5 mm
△	现场校平或校直	⋇	已检查过
⌐∼	部分割换		

（6）应尽量避免或减少隐蔽工程。对在船上平时无法拆卸的部件或部位的检查，不能确切决定修理内容的项目，要写明"拆卸检查后决定修理内容"，但应大致列出换修零部件的名称、规格及数量等。船厂对隐蔽工程拆验后提出拆验报告，经机务部门与船上确认后作为补充修理单。

（7）对于要求预制的零件（包括毛坯），应在修理单上绘制草图，必要时注明"船厂派人上船测绘图纸"。

（8）应注明修理种类，注明船舶检验机构要求的修理工程。

（9）零件名称和设备名称要写零件的公认全称，不写简称。

（10）修理单一式三份，其中一份留船，两份交船公司主管部门。

（11）编制时，要注明船舶的类型、参数和机器类型、功率、气缸直径、行程及转速，船体甲板部分要写明船舶的制造厂家、船体有关参数、钢板构件型号等。

评估修理单编制的质量，主要有四个方面：一是修船结束，修理费应在预算中，不应有追加账，若编制不好，就有可能出现大量追加账；二是该修的项目都已完成修理，而不应该出现为了不追加账而减少应修项目；三是要按期完成修船，不应延长工期；四是不应该出现由于修理单的原因而引发修船纠纷，甚至引发法律诉讼。

（三）进厂前的工作

进厂修理前的准备工作是多方面的，除了制订修船计划和编制修理单外，还要做好下列准备工作：

1. 相关图纸、资料的准备

大副应备妥修船施工中可能使用的相关图纸与资料：进坞图、纵中剖面结构图、各层甲板图、内底结构图、外板展开图、中横剖面图、机舱处横剖面图、货舱口处横剖面图、舱壁图、总布置图、防火控制图、各设备结构图等。

轮机长应准备好待修设备的说明书、图纸及上次修理的检验报告等有关资料，供检修人员在修理过程中使用。

电机员在编写修理单时，应查阅与修理项目相关的船级社《钢质海船入级规范》的标准和相关图纸、资料，整理这些修理项目近期测量、检修的记录，以备厂方检修人员的查阅，并方便自己进行检修前后的比较分析。

坞修时要准备总布置图、坞墩图、船底塞布置图、外板标记图。轮机长应准备海底阀布置图、通海阀布置图，以及艉轴、轴套、艉轴密封、艉轴承、螺旋桨的零件图和装配图；艉管布置图和结构图；螺旋桨的拆装工艺和安装计算书侧推器装配图。大副应准备舵、舵杆、舵销、舵承的装配图和零件图，舵杆和舵销的安装工艺图和计算书。

应查阅上次进坞时的工程项目和上次进坞时的各种测量数据，用于了解坞修项目各设备使用后的变化情况，作为判断本次坞修的参考依据。

2. 油漆、备件、材物料的准备

大副、轮机长应带领本部门相关人员根据修理要求清查备件、修船时所需材物料等，编制备件、材物料的申领清单，要一式两份，一份送机务主管，一份留船，并尽早提交机务主管（最迟修船前 3 个月），确保船舶修船前 1 个月能备妥相关备件和物料。

（1）油漆的准备

所用各种油漆的名称、牌号、规格应按照涂装说明书中的"油漆种类表"写明，不应随便改变。如需更换油漆品牌，要由公司主管部门和专业人员确定；各部位、区域部件的涂漆面积及其要求应按照涂装说明书中的"油漆明细表"描述；根据全船涂装面积表写明各部位的涂装作业面积，以确定油漆用量。

（2）大型备件、特殊材物料的准备

在编写修理单的同时，根据修船项目的需要，进厂前应备好修船必需的大型备件。主要部件应至少在半年前提出申请，以便及时订货。对于需要的特殊材料，在选定船厂后应提前通知船厂，以便保证修船进度和节约修理费用。而在修理单上可写明备件由船方提供；对于订货困难需要船厂制造加工的配件，应提前向船厂提出，以提前安排制造，并在修理单上写明备件由厂方提供。

3. 专用工（量）具的准备

应检查专用工具和仪表是否齐全，如柴油机拆卸专用工具、主开关的把手、电动机的专用拉马等。如果船上没有，就应及时申请配齐。要准备好拆装螺旋桨帽的专用扳手、液压工具，拆装中间轴法兰螺栓的专用扳手，移动中间轴和螺旋桨轴的滑道滚轮，测量螺旋桨轴下沉量的专用测量工具等。

4. 船舶残余油、水的处理

（1）轮机长自接到修船通知之日起，应根据船舶航次计划有意识地控制各种燃油的存油量，在船舶交修前的最后一个航次，由船长向船管部室报告申请处理存船燃料，且尽可能并舱。根据船坞要求，做好油水数量的测量和驳运工作。油船应预先做好油舱清洁工作。一般在进行明火作业的修补工作前，需先将船舶油舱的油料抽尽，清、洗舱，最终防爆安全检验达到合格状态方可施工。

（2）船舶交修前的最后一个航次卸完货后，应抓紧时间清洗货舱。货舱残留物应完全彻底清除干净，货舱要用淡水冲洗，污水井掏干净，还要将货舱污水排干。洗舱水的排放必须先报港口主管当局批准。

（3）船长应督促轮机长带领本部门人员做好相关舱柜的清洗和排干工作，与修理工程有关的舱、油柜要做到除气、测爆合格，进厂前船舶存油要尽量少，同种油品要尽量集中，以便修理或验收有关工程。对易燃、易爆化学物品要集中存放，妥善保管，能清退就退。做好热工工程周边地区的防火防爆工作，标明严禁动火区域，确保如期进厂。

（4）停航修船前必须先进行彻底清（洗）货油舱、燃油舱、燃油柜，以清除油舱中残存油气。防止修理时引燃易燃油气，造成危险。洗（清）舱必须严格按规定的程序进行操作，并采取相应的安全和防污染措施。洗（清）舱作业负责人应对作业全过程进行监督。洗（清）舱作业或排放压载水、洗舱水，必须事先报港口主管当局批准，并在指定地点进行。清理完毕，大副和轮机员应将清洗情况按规定记入航海日志、轮机日志和油类记录簿，要收取作业单位出具的完工证明及清收油泥证明及港口主管当局办理的有关手续；与修理工程有关的舱柜都要除气、测爆合格。

5. 电气准备

电机员应做好下列准备工作：

（1）对修理过程中需要使用的各种设备，如：机舱行车、盘车机、车床、钻床、电焊机、物料吊、舷梯、航行灯以及移动电气设备等，应会同主管轮机员进行一次全面的检查保养，确认它们处于正常工况。

（2）对岸电箱和岸电电缆进行一次彻底的检查,确认相序灯、岸电开关和岸电电缆处于可靠状态,确认岸电开关和主开关、应急发电机主开关的连锁处于正常状态。

（3）对所有的蓄电池(临时应急照明蓄电池、应急发电机和救生艇启动蓄电池、主发电机的励磁用蓄电池、通用报警的蓄电池等等)进行一次检查和充电,确保它们处于良好状态。

四、修船期间相关部门的职责与分工

（一）相关部门的职责

1.技术部

船公司的技术部门是修船业务的主管部门,主要负责:审核各船管部上报的修船年度计划和月度报告,将公司内部船舶的年度修船计划整理后上报公司企管部;下达年度单船修理费用指标;汇总、统计、分析、考核月度修理费用和年度修理费用;审核各船管部上报的船舶修理账单和修船小结,在收到分公司上报的修理账单后 5 个工作日内反馈审核意见,对重要船舶的修理进程进行监控;每年年底对修理厂(商)的资格评估和审核,并将评审结果上报主管领导和通报各船管部;监督修船质量、费用、进度,定期对修船情况进行检查;保持与船东、船级社、船厂的联系。

2.船管部

负责制订分管船舶的年度修船计划,填写"公司年度修船计划",每年 10 月底前上报船公司技术部,经技术部批准后下发至所管船舶,计划修船日期提前 6 个月通知船舶;制定月度修船报告,按要求填写上月船舶修理情况及下月修船计划,每月 5 日前上报公司技术部。如因特殊情况需对年度修船计划进行调整的,船管部应将调整内容填入每月上报的"月度修船报告";制定单船年度修理费用指标并及时上报公司技术部,对船舶修理进行有效控制和具体实施;根据公司技术部提供对承修厂方评定结果,参考船东意见,负责承修厂的选择,代表船东与船厂签订修船合同;负责审核船舶修理单,必要时上船实地核对,确定修理范围,修理单审核后要经船管部机务经理和总经理签字认可。定稿后于船舶进厂前 30 天上报公司技术部审核,根据公司技术部审核意见加以修改,于船舶进厂前 20 天报船东确认。

修船前船管部还应做好相应的准备工作,如进厂前组织召开专题会议,落实主要修船注意事项,船舶海务主管要把修船期间审核的证书情况、历次检查中船舶存在的缺陷情况通报机务主管,负责船舶进出厂的安全监控和指导。机务主管要落实主要修理工程的修理计划和检验安排;负责填写船舶厂修费用摘要,船舶进厂前 15 天内上报公司技术部;应在船舶进厂前会同厂方修理主管确定修理工程和项目,安排组织好涉及工程项目油气的清洁,除气测爆工程,保证船舶进厂后的安全。同时应向厂方了解对船舶靠泊的水深和码头情况,并布置船长调整水尺。

进厂前机务主管还应向厂方提供船舶消防控制图、船舶总布置图、船舶存油品种数量及存放舱室并现场进行标识;机务主管也是修船期间公司的驻厂代表,负责落实核定的修理项目,协调厂、船关系,负责控制修理工程进度及费用,监督厂、船修理的安全和厂修工程质量。

3. 船舶

当船长接到船舶修理通知后,应组织大副、轮机长和客运主任(客轮)制订甲板、轮机、电器、坞修修理单,于船舶进厂前3个月报送船舶机务主管一份,一份船舶留底。大副、轮机长带领本部门相关人员根据修理要求清查备件,修船时所需材物料等,编制备件、材物料的申领清单一式两份,一份寄送机务主管,一份留船,并尽早提交机务主管(最迟修船前3个月),确保船舶修船前一个月备妥相关备件和物料;船长应督促轮机长带领本部门人员做好必要舱柜的清洗和排干工作;与修理工程有关的油舱、油柜要做到除气、测爆合格。进厂前船舶存油要尽量少,同种油品要尽量集中,以便修理或验收有关工程。易燃、易爆物品要集中存放,妥善保管。做好热工工程周边地区的防火防爆工作,确保如期进厂。

进厂后,船长应督促轮机长配合机务主管和厂方沟通、联系,签订修船安全协议,制定各种安全措施,确保修船期间船舶和人员的安全(特别是外包工的防火安全要纳入承修厂的安全管理制度中进行管理)。轮机长、大副应配合机务主管督促本部门人员按规范、检验规程、技术工艺标准做好测量、修理质量的记录和验收工作。各职人员应按修理单工程的内容逐条、逐项检查验收,不得遗漏,各项工程必须修理合格后才能验收签字。轮机长、大副应配合机务主管做好各项工程的检验工作。各职人员应密切配合验船师做好施工检查及检验工作、设备检修的检查测量、工程质量监督验收及试验工作。收集好各种修理、测量及检验记录。

出厂后,船长要督促轮机长、大副对取得的各种证书、检验报告、厂方提供的完工检查报告和记录、修理资料、图纸及产品合格证等文件做好进一步的整理和校对。各种文件正本留船,副本交公司有关部门,对修船遗留问题或需下次修理的项目要做好记录。船舶出厂后的3个月内轮机长、大副应配合机务主管写出修船小结,对修船质量和遗留问题要及时向公司主管人员反映,以便及时协调解决。

(二)相关人员的分工

(1)修船期间,船舶的主要上级业务领导是船管部。通常,船管部派出一名机务主管,负责整个船舶修理工作的指导和安排,如进厂计划、厂修工程和船员自修工程的最后确定,是否增加工程,修船期间检验的项目,修船的进度,控制修船的费用,协调厂、船间关系,把好质量关,参加重大项目的验收等。

(2)修船期间,船长负总责。甲板部由大副负责,安排甲板全体人员(包括业务部人员)分工管理各工程项目(甲板部)的监修、安全和验收。轮机部由轮机长负责,安排轮机部的全体人员分工管理各工程项目(轮机部)的监修、安全和验收。

(3)修船期间,各部门对在船人员进行分工,分成自修组、安全组和厂修组。

自修组:主要负责船员及雇用人员进行的自修工程。原则上,厂修期间不进行自修,目的是减小船员劳动强度,防止船员疲劳。

安全组:负责船厂人员、船舶工作人员和船舶本身的安全。

厂修组:主要是监督和协助厂修的各项工程,按照日程计划抓进度。对各项设备的检查和修复,由厂修组的分管人员现场检验,发现问题及时解决。

修船期间,船上备有两个记录簿——检验记录簿和测量记录簿。

五、进厂交修工作

(1)交修时,船舶应根据机务总管与船厂商定的进厂日期做好各方面准备,按时交修。

(2)进厂后,公司总管、厂方主管和船舶部门长召开三方会议,交换厂、船制度和安全注意事项,研究双方相互配合的具体措施。根据确定的修理单,规定修理期限及预算费用,签订防火、防污染协议,递交保安声明等。

(3)随着工程的进展,可能会发现原修理单中漏了一些修理工程,可以加补工程(加补工程不包括原有工程中需检验的隐蔽工程),但加补工程应尽量减少。

六、施工中的监修

(1)监督船厂是否按修理单制定的工程范围进行修理,检查所选用的材料、配件、属具是否符合规格和质量标准,重要部件的验收是否有验船部门认可和签证。

(2)船壳外板、各层甲板和构件割换安装时,应对照检查是否符合修理单的要求。工程进行中,注意检查附近的骨架、垫板、开口四个角等有无异常变化。应注意不要在同一区域内同时拆出多块肋骨、横梁或钢板,以免发生船体变形。

(3)注意检查焊缝、焊补、矫正处的质量。焊缝的外观,金属堆积应成型、均匀、致密、平滑地向主材过渡,不应疏松多孔、夹渣和出现裂纹,不得有咬边、焊瘤及弧坑等缺陷。对船舶重要的部件和部位,应作无探伤检验,可利用 X 射线拍片、超声波探伤或其他相应有效的方法进行检查,查明焊缝内部质量。无损伤的工艺和评定标准应由船检部门决定。散装运输液化气体船舶所有舱壁板的对接焊缝应进行 100% 的射线检测。

(4)检查各管路系统、水管、气管和油管各吸口是否畅通。

(5)检查舵、螺旋桨安装是否符合标准,锚链的连接链环是否牢固。

(6)防腐锌板的分布应符合防腐要求,船尾、舭部等重点部位应占 40% 的防腐锌板,其他部位占全船防腐锌板数量的 60%。

(7)单项工程完工或试验合格后,由大副检查认可。凡不符合要求的项目,应由船厂负责解决。双方如有争议,首先进行协商,必要时可由船检部门决定。

当最后一批修理工程安排施工后,全船修理工程项目已基本定局,此时厂方提出"船舶修理工程完工数量验收单",船方根据此单对修理工程项目逐项核对验收,双方复核一致时,分别在"船舶修理工程完工数量验收单"上签字,作为以后结算船舶修理费用的依据。

七、甲板部船体结构修理工程

船体构件如发生锈穿、开裂、不许可的变形,需要向船级社申请检验,按照验船师批准的工艺要求进行必要的修理。船舶在长期营运中逐步蚀耗,根据船舶状况和船龄,应按照船级社的规定进行测厚(测厚公司、人员、仪器和测厚结果需取得船级社认可)。如果构件蚀耗率超过了船级社规定的标准,应按照验船师批准的工艺要求进行割换或修补。

船舶营运到一定期限后应进行特别检验,此时应按照船级社的规定进行全面测厚,对于船龄大于等于 10 年的油船和化学品船、船龄大于等于 15 年的散货船、客船、集装箱船、液化气体船和船龄大于等于 20 年的杂货船及其他船舶应根据测厚结果计算构件蚀耗后的中剖面模数,校核总纵强度,如超过极限,需进行修理、补强结构或降低航区等级使用。凡船级符号后注有 ESP(Enhanced Survey Programme,加强检验)的船舶,测厚应按照船级社有关 ESP 的要求进行。

(一)船体结构修理的主要形式

(1)船体结构更换:在船体修理时,结构更换是最普遍采用的一种作业方式。主要是更换损坏的或蚀耗的部件,把它们恢复成原始的形式。

(2)船体结构部分更换:在船体修理时,考虑到更换整个结构比较困难,涉及面广,其中有些部件的蚀耗还没有到非换不可的程度,在征得验船师的同意后,可以进行结构部分更换。

(3)船体结构矫正:在船体修理时,矫正作为一个独立的工艺过程,在更换外板、甲板时,又作为一个伴随的工艺过程被广泛应用,主要包括就地加热矫正和冷加工矫正。

(4)船体结构拆下、矫正、装复:在船体修理时,有时外板变形严重,无法就地矫正修复,则将外板拆下送到车间,利用机械设备进行矫正,待外板原来部位的内部构架就地矫正结束后,再将外板原位装复,必要时亦可将构架一起拆下送车间矫正。有时出于施工需要,如机舱轴系修理时,要将艉轴吊出送往车间修理。为了施工方便,经常将外板(甲板)和横隔舱壁相应部位的板与构架拆下一块作通道用,待该部位修理工作结束后再原位装复。有时船体经过改装后,一些结构已无存在必要,需予拆除。

(二)船体结构修理的要求

(1)各种结构的修理应避免将焊缝布置在应力集中处。

(2)船体结构中的平行对接焊缝的间距应不小于 100 mm,且避免尖角相交;对接焊缝与角接焊缝间的平行距离应不小于 50 mm。

(3)船体板对接焊缝应开坡口,双面焊或单面焊。双面成形确保全厚度焊透,验船师可要求进行 X 光拍片或超声波检查以确认焊缝质量,肋骨扶强材肘板等构件的焊缝形式应与原焊缝形式相同。

（4）船体修理所使用的钢板型材及焊接材料均应符合船级社材料与焊接规范的有关要求,并向验船师提交材料合格证明,使用的材料级别应与原材料等同或更高。

（5）船体结构和设备的改装或改建,应事先向船级社审图部门提交有关图纸和工艺,审核经批准后方可施工。

（6）未经验船师同意,修理中不得任意拆除或移动船体强力构件,或在强力甲板、舷壳板、水密舱壁上临时开口,若要开孔,需船厂出具工艺要求。

（7）船体水密结构修理后,均需进行水密性试验,对于重要部位的对接焊缝在验船师认为必要时还应进行无损伤检查。

（8）船体修理或除锈清洁后应涂刷油漆。

（9）船体修理后应向验船师提交下列资料:换新的材料合格证明（由 IACS 船级社会员出具的证明方可接受）、重大修理的完工图纸、验船师认为需要提供的其他资料。

（三）对蚀耗后的船体结构覆板修理的基本要求

（1）覆板修理一般不应作为船体结构的永久性修理。

（2）对船舶总体强度影响不大的部位,可以暂时接受覆板修理,但需对修理后的情况做定期复查（如年检、中间检验、特检时）,而且在特别检验时应进行割换。

（3）对船舶总体强度影响较大的部位,在通常情况下不接受覆板修理。在紧急情况下,可以临时采用,以使船舶抵达适当港口进行永久性修理。对于主甲板开口角隅处的板,任何情况下均不允许覆板,而应进行割换。包括如下部位:船壳板、主甲板、二层甲板开口线以外距舷侧大于 1 m 的部分、双层底内底板、油船货油舱和压载舱之间的纵、横舱壁、纵舱壁上下 1/3 高度部分等。

八、船体构件的蚀耗极限

（一）航区规定

船体强度的蚀耗极限,根据航区的不同区别对待,无限航区要求最高。若某一航区船舶的强度不能够满足规范时,验船部门可视具体情况,限制其航区范围,或从气候、装载条件等方面给予限制。

（二）船体各构件的许可蚀耗极限及处理方法

在判断各构件中的蚀耗程度时,首先要对船体进行测厚检查,然后根据测厚记录进行船体总纵强度及局部强度的衡准。

1. 总纵强度的衡准

$L \geqslant 65$ m 船舶,船中部 $0.4L$ 区域内在甲板处和船底处的船体梁剖面模数应不得小于 0.9 倍的规范规定的船体梁剖面模数。

2. 局部强度的衡准

船体各板材和构件的腐蚀磨耗厚度应不大于规范要求或原建造厚度乘以表 8-2-2 所列的百分数。

表 8-2-2　船体构件蚀耗极限

构件名称	蚀耗极限	
	$L \geqslant 90$ m	$L < 90$ m
强力甲板、外板、内底板、连续纵舱壁等 纵向连续强力构件,如纵桁腹板、连续舱口围板等 横向主要构件,如强肋骨、强横梁、双层底实肋板等 货舱内横舱壁板、深舱的水密舱板	20%	25%
其他板和构件	25%	30%

3. 对船体构件蚀耗的处理方法

(1)分散的坑点腐蚀。如果腐蚀坑点直径在 15~50 mm 之间,深度超过原建造厚度的 50% 时,一般可允许堆焊填补。堆焊前应进行表面清洁,焊后表面应磨平。

(2)局部疤状腐蚀。如果疤状宽度大于 50 mm、深度达到原建造厚度的 40% 时,原则上要求局部割换。

(3)均匀腐蚀(包括麻点腐蚀)。如均匀腐蚀超过蚀耗极限时,应予换新。大面积的换板可结合船舶的船级特别检验或船舶检修时进行。

(4)对船壳板蚀耗后的修理。一般不准使用覆补方法。对拆换船壳板确有困难或维持使用的老旧船舶,经验船师同意,可局部采用覆补。凡采用覆补的水密构件,如内底板、深舱舱壁、水密肋板等,覆补前均应做密性试验,确定无漏后才许覆补。覆板与被覆板之间表面应涂防腐涂料。在骨架理论线处应进行间距不大于 30 倍板厚的塞焊。所有覆板的焊缝完成后,应进行密性试验。起货机、锚机等基座处的钢板(平台)超耗时,一般要求割换。经验船师同意后也可采用覆补,但覆板厚度不得大于被覆板的原厚度,塞焊间距不得大于 300 mm。

(三)船体构件变形极限及处理方法

1. 船体构件变形极限

(1)钢板皱折极限。当由于抨击和冲撞产生变形时,横骨架式船舶的强力甲板、舷顶列板和船底板在船中部 0.4L 区域内皱折最大允许挠度 f_{max} 应为:

$f_{max} \leqslant 2.6t$,当 $s/t \leqslant 50$ 时;

$f_{max} \leqslant 0.06s$,当 $s/t > 50$ 时。

横骨架式的其余位置及纵骨架式的皱折最大允许挠度 f_{max} 应为:

$f_{max} \leqslant 3t$，当 $s/t \leqslant 50$ 时；

$f_{max} \leqslant 0.07s$，当 $s/t > 50$ 时。

式中：s——皱折处的肋距（mm）；

　　　t——皱折处外板的厚度（mm）。

当由于应力产生变形时，位于船中部 $0.4L$ 区域内的上甲板和船底板的变形遍及全宽，且在骨架之间板材形成有规则的波浪状皱折时，横骨架式皱折最大允许挠度为：

$$f_{max} = 15 + 1.5t$$

纵骨架式皱折最大允许挠度为：

$$f_{max} = 20 + 2t$$

式中：t——皱折处板的厚度（mm）。

（2）板架凹陷极限式。板架凹限最大允许挠度为：

$$f_{max} < 6L + 10$$

式中：L——骨架的跨距（m）。

（3）船体挠度极限。由于中拱或中垂引起的船体挠度一般不得大于 $L/1\,000$。

（4）其他。骨材自由端偏移不得超过其长度的 4%，龙骨板、肋板和双层底桁材腹板的皱折不得超过其腹板深度的 4%，肘板不允许有皱折变形，肋骨与横梁在端部的相对位移不得超过该处肋骨的厚度，骨架不允许有明显的弯曲变形，船舶受力构件，尤其是舷顶列板、甲板边板，上层建筑端部、船中 $0.4L$ 区域内的舷边连接和舱口角隅等部位不允许存在任何裂纹。

2. 处理方法

由于受到波浪撞击或装载不均产生应力集中，致使船体构件变形，常见的现象包括钢板皱折、板架弯曲、凹陷或凸出，骨材自由偏移，角隅出现裂纹等。对此，应按照规范的规定，对超过变形极限的构件进行割换或矫正。

（四）电焊缝的蚀耗及修理

（1）角焊缝焊脚的蚀耗减少值超过规定的 20% 及对接焊缝边缘蚀耗低于钢板表面时，应进行焊补修理。

（2）在焊缝区域内的裂纹应铲去重焊。

（3）所有焊缝的表面，应均匀、平滑地向母材过渡，不应有裂缝，焊瘤、咬边、气孔、夹渣、弧坑等缺陷存在。

（4）各种结构的修理，应避免将焊缝布置在应力集中处，平行对接焊缝的间距不应小于 100 m，且避免尖角相交，对接焊缝与角接焊之间的平行距离应不小于 50 mm。

（5）钢材厚度 ≥60 mm 时，其对接焊缝均应有封底焊，在确实无法进行封底焊时，可采用加垫板的形式进行焊接，以确保全厚度焊透。

焊缝修理后，应做密性试验，验船师认为必要时，可提出做无损探伤检查。

（五）舵设备的损耗极限

（1）舵杆（销）一般在下舵承处（或舵销处）的轴颈应大于非工作部分的轴颈，否则应进行修理或换新。工作轴颈表面允许存在少量分散的锈蚀斑点，但深度不应超过舵杆（销）直径的 1%，舵杆非工作轴颈允许减少量为原设计直径的 7%。

（2）舵钮与舵钮，或舵叶与舵托平面极限间隙一般为安装间隙的 50%。舵承和舵杆如超过磨耗极限时，应予以换新。

（3）舵杆弯曲，当弯曲挠度≤1.00 mm/m 时，允许冷压校直，当弯曲挠度>1.00 mm/m 时，需加热校直，加热温度不应超过 650 ℃。

（4）舵杆扭转角 $\varphi \leqslant L/2d$（L 为舵杆长度，量自舵杆的上轴承支点至下端连接法兰上表面距离，d 为舵杆最小直径，与 L 同单位）且无其他缺陷（如裂纹或弯曲）时，可允许继续使用。

（5）舵杆轴颈上纵向裂纹长度不超过轴颈长度的 1/4，数量不超过 3 条，且不在同一母线上的短小裂纹允许存在，但轴颈上不允许任何横向裂纹存在。允许采用经验船师同意的修理工艺进行焊补修复裂纹。

（六）锚设备损耗极限

（1）锚链环、连接链环、锚卸扣、转环及其环栓磨耗后的平均直径，不得小于原规范直径乘以下列百分数：Ⅰ类航区为 88%，Ⅱ、Ⅲ类航区为 85%。

（2）锚的失重不应超过原量的 20%。

（3）锚杆、锚爪和锚冠大销磨损变形严重或锚爪、锚杆有晃动时，销轴应予更换。经验船师同意，可在锚头两端轴孔镶套作临时修理。

（4）锚机基座蚀耗达原厚度 25% 时，应予换新或加强，底重螺栓、螺母蚀耗严重时，应予换新。

（5）对于变形的锚爪、锚杆应火工校正，锚爪、锚杆的裂纹允许电焊修理，施焊前应先将裂纹两端钻直径为 8 mm 的上裂孔，再将裂纹磨去，然后才能施焊，经修理后，应做拉力试验。

（6）锚链环上有裂纹者，应将裂纹均匀磨去。铸钢锚链上有砂孔，应用焊补修理，验船师认为必要时，需进行热处理。锚链环有弯曲变形时，应予火工校正修理，修理后做拉力试验。锚链横挡松动时，应采取烘火紧挡，如采用电焊时，只在横挡的一端与链环焊牢。

（七）起货设备的固定及活动零部件的蚀耗极限处理

起重机、钢质桅、吊杆的平均蚀耗不应超过原建造厚度的 20%，其余内容详见本书第六章起重设备中的相关章节。

（八）舱底水、压载水、甲板排水及货油等管系的蚀耗极限

受内压钢管管壁厚度的蚀耗极限：淡水管为 0.8 mm；货油管为 2.0 mm；海水管为 3.0 mm。

当钢管管壁蚀耗极限超过上述极限时，一般应予以换新，但经工作压力下的水压试验无泄漏者，尚可限期使用。

九、船舶修理工程的试验

为确保船舶修理质量，必须对每项工程进行检查、验收与试验。检查和验收的工作不能待交船时一起进行，有些工程可以边施工边检查验收，发现质量问题及时提出，以免完工后不合要求时返工而影响船期，凡需经船检部门验收的项目，必须要有验船师亲临现场交验。修理后的船舶需要进行系泊和航行试验，应征得验船部门的同意，由船厂拟定试验大纲进行试验。

（一）系泊试验

修船完工后的系泊试验是在厂内码头边或在坞内进行的一系列试验，是航行试验的准备。试验主要有以下几种：

1. 密性试验

对有水密要求的船体结构在建造或修复后均应进行密性试验。试验前船体结构的密性焊接区域应消除焊渣及氧化物，不得涂刷油漆、水泥或敷设隔热材料等。对易受大气腐蚀的部位，经验船师同意可以涂上一层薄的不影响密性试验的底漆，对船体的水下部分以及下水后无法检查的部分，应在下水前（在船台上或船坞内）做密性试验。

（1）冲水试验：用具有一定压力的水枪冲射试验部位，其喷水出口处的压力至少为 0.2 MPa（水柱高不小于 10 m），水枪嘴直径大于 12 mm，喷嘴距试验项目的距离不大于 1.5 m。应采用正向冲射的方式且对垂直焊缝应自下而上冲射。

水密舱壁、水密平台、水密门、风雨密门、窗、艏艉及舷门和舱口盖等应用冲水试验。

（2）压水试验：压水试验是将水灌至所规定的高度 10~15 min 后，在保持该水压高度的前提下检查注水舱柜有无渗漏现象产生。表 8-2-3 所列为有关舱室灌水试验水压高度的要求。

（3）空气气密试验：用压缩空气对被试验舱充气，检查是否泄漏。空气气密试验的压力一般在 0.02~0.03 MPa 之间。试验时一般可充气到 0.02 MPa，保持压力 10~15 min，检查压力无明显下降后再将舱内气压降至 0.014 MPa，然后喷涂或刷涂肥皂水进行渗漏检查。

压水试验可用空气气密试验代替，但对全部液舱均采用空气气密试验的船舶，应至少对每种结构的液舱中的一个做压水试验。空气气密试验还需要考虑结构强度是否允

许,常要求钢板厚度大于 6 mm。

(4)涂煤油试验:在被试焊缝的一面涂上一层白粉,宽度一般应大于 50 mm,在焊缝的另一面涂上足够的煤油,经过 30 min 后,检查涂白粉的一面是否有油渍渗出。

(5)淋水试验:用水淋洒在被试验的焊缝上,检查其渗漏情况。

表 8-2-3　压水或空气气密试验要求

项目	压水试验要求压力	空气气密试验要求压力
深舱、燃油舱、尖舱、压载舱、顶边舱	至舱顶最高点以上 2.4 m	0.02 MPa
双层底舱、底边舱、边舱	最大工作压力或至溢流管顶,取大者	
用于压载的货舱	至舱顶最高点以上 2.4 m(舱口除外)	不适用
液货舱、隔离空舱、空舱		0.02 MPa(化学品船不适应)
水密门(客舱)	至舱壁甲板(安装前)	不适用
顶边舱—边舱—双层底组合舱	至舱顶最高点以上 2.4 m	
舵叶、导流管	2.4 m 的水压头	0.02 MPa

2. 舾装设备验收和试验

(1)锚设备:经修理后的锚和锚链应进行拉力试验,并检查锚链的节数、标记、长度是否正确及连接链环的安装质量等。对锚机进行不少于 30 min 的跑合运转试验,并进行效用试验,检查锚机及其附属设施是否处于良好状态。

(2)舵设备:舵设备经修理后,应进行性能试验。查阅各种部件的检验报告、密性试验报告、质量验收报告、系统整体检查验收报告、校正记录、间隙记录和安装记录等。在坞内进行转舵试验和校对舵角,在整个舵角范围内,舵应转动灵活、平稳、无卡滞及振动等现象。舵叶的实际位置和舵角指示器指示数值应在船级社允许的误差范围内。在码头边应进行转舵试验和主辅操舵装置转换试验,检查操舵装置、舵机工作性能和舵角限制器及制动装置的效能。

(3)起货设备:经修理后的起货设备应按规范进行全面的检查和试验。首先查阅各部件的各种试验报告和合格证,然后进行起货机运转试验,吊重试验,带负荷的变向、变速、刹车试验等。经修理后的舱盖表面应平整,轨道应平直,舱盖动作应平稳,无卡滞与撞击现象。舱盖应进行冲水试验。

(4)系泊设备:经修理后的系泊设备布置是否符合要求。绞缆机应进行效用试验,并检查其制动及过载保护装置的性能。

(5)消防、救生设备:检查各种消防、救生设备的布置、数量和种类是否符合规范要求。检查烟雾探测器及其各探头管路是否正常,船用大型灭火系统的状况及灭火剂是否充满。修理后的吊艇架要进行强度试验和吊放艇试验以检查其效能。其强度试验负荷至少应为艇重、属具及核定乘员总重量(为吊艇架的安全工作负荷)的 2.2 倍。

(6)管系:经修复后的消防、压载、污水、通风和甲板泄水管系应进行系统检查,保证其符合规范布置要求。对管路进行试压和效用试验,测量管和空气管应检查管口的盖子和封闭装置是否完好。

(7)舷梯:检查舷梯的转动、翻身等灵活性,并作强度试验。对于新梯:应使舷梯与水平呈 60°,在梯子的单数梯级及下平台上各放置 150 kg 负荷,在上平台放置 300 kg 负荷,保持 15 min,卸去负荷后,舷梯各旋转部分应保持灵活,各种部分应无缺陷或明显变形。对于经修理后的舷梯:应将舷梯显示夏季载重水线以上的 0.5 m 处,每一梯级放置 75 kg 或每隔一梯级放置 150 kg 负荷,上下平台各级放置 150 kg 负荷,在静止状态下历时 30 min,应无永久变形或其他缺陷。

(8)航行设备、信号设备和通信设备:各种助航设备和仪器进行效用试验,其误差应符合规范的要求,信号灯、旗的位置、数量、规格和能见距离应符合规则的规定,救生信号的配备应满足规范的要求,通信设备应检查配备的种类、数量,并进行效用试验,船内通信设备均需进行效用试验。

(二)航行试验

经过检修和较大修理的船舶,除在坞内和码头检查与检验外,还要进行航行试验,检查各设备的修理和安装质量,使用情况和工作可靠性。主要项目有以下几种。

1. 主机试验

测定主机功率,在各挡速度时顺车与倒车的转速、转速表的正确性,主机启动与停车所需时间及可靠性,主机换向所需的时间、灵活性及可靠性。

2. 操纵性试验

测定船舶操纵性能。操纵性能试验的方法共有 8 种,即旋回试验、回舵试验、零速启动旋回试验、Z 形试验、螺旋与逆螺旋试验、变航向试验、制动试验及横推试验,详细内容参见船舶操纵有关章节。

3. 惯性试验(冲程试验)

试验内容参见船舶操纵有关章节。

4. 抛锚试验

抛锚试验主要测试锚机的负荷,各附属件是否合适,包括深水单锚起、落试验,浅水双锚绞起试验。

5. 通信设备与助航仪器设备的试验

测试各种助航仪器性能是否达到规定的标准和误差是否在允许的范围内。通信试验是在海面上进行实际的船岸通信和应急通信的效用试验。

(三)倾斜试验

1. 定义

倾斜试验是指船舶在建造或改装完成或接近完成时,处于或接近设计规定的空船状态下进行的试验,其目的是确定空船的实际排水量及其重心的实际位置。

空船系指处于可正常航行的船舶,但没有装载船用消耗备品、物料、货物、船员和行李,且除机械和管系液体(如处于工作状态的润滑油和液体油)外,没有任何其他液体。

2. 规定

新建船舶完工时,应进行倾斜试验。以后建造的船舶,如属同一船厂同批建造的同型船舶,第一艘应进行倾斜试验,以后建造的船舶如空船排水量的偏差值超过 2% 或重心纵向位置的偏差值超过 $0.01L$(L 为船舶垂线间长)时,应重新进行倾斜试验。

改装或修理中使稳性变动较大的船舶,在完工时应进行倾斜试验。对稳性发生怀疑的营运中船舶也应进行倾斜试验。

对各类客船,在不超过 5 年的间隔期内,应进行一次空船排水量和重心纵向位置的核查,然后将检验结果与已批准的稳性资料相比较,如空船排水量的偏差值超过 2% 或重心纵向位置的偏差值超过 $0.01L$(L 为船舶垂线间长),则应重新进行倾斜试验。

3. 要求

(1)试验环境与系泊条件:

①应在平静的、风力不大于 2 级(最大不超过 3 级)的天气条件下进行。

②应尽量安排在船坞内进行,或在平静、不受外来干扰的围蔽水域(浪级不超过 2 级)内进行。特殊情况可在有潮流的水域内进行,但应尽量选择平潮时,且船首应正对流向。

③船舶四周及船底应留有充分的水空间,缆绳应系于中纵剖面内且保持松弛,拆除接岸物件,以保证船舶能自由浮动与自由横倾。

(2)每舷最大的试验横倾角应达 2°~4°,条件限制的应不少于 1°。

(3)凡属正常航行时应备有的各种设备、仪器及备件等应按规定位置安放妥当,多余的清除。对可产生摇摆或移动的装置、设备及物件等系固。

(4)对条件限制难以达到空船状态的,可允许有少量多余或不足物件,但总重量应不超过空船排水量的 1%。

(5)所有液体舱柜应彻底抽空或灌满,否则应进行自由液面修正。

(6)应尽可能减少初始纵倾,若纵倾超过船长的 1%,则应按实际纵倾状态进行静水力参数计算。试验时的初始横倾角不应超过 0.5°。

思考与练习

1. 船舶为何要入级?

2. 初次检验的种类有哪几种?

3. 保持船级检验的种类及检验间隔期是如何规定的?

4. 当营运中船舶遇到何种情况时,必须申请损坏和修理检验?

5. 何谓重新入级和恢复船级检验?

6. 法定检验有哪些类型? 检验间隔期又是如何规定的?

7. 什么情况下船舶必须申请附加检验?

8. 船舶修理是如何分类的?

9. 甲板部的修船范围主要有哪些?

10. 坞修的注意事项主要有哪些?

11. 进入油、水舱作业的安全注意事项有哪些?

12. 常用的船体结构修理方法有哪些?

13. 船舶修理单的作用及编写的主要依据有哪些?

14. 试述密性试验的种类及方法。

15. 航行试验的主要内容有哪些?

附录

典型船舶修理单（甲板部）

_____轮船公司

_____轮_____修理单

船舶类型：_____

计划进厂日期_____年_____月_____日,修理天数_____天

厂修理费预算_____万元

船舶主要规格

总长：_____m

船宽：_____m

型深：_____m

空船吃水：艏_____m,艉_____m

空船排水量：_____t

载货定额：_____t,载客定额_____人

锅炉：类型_____,规格_____,台数_____,工作压力_____

主机：型号_____,台数_____,功率_____

船长_____,船队轮机长（工程师）_____

轮机长_____

大副_____

修理工程（举例）：

1. 要求厂提供

（1）供应岸电：220 V,交流,50 Hz。

（2）接妥消防水管。

（3）每日清除垃圾,根据需要抽除积水。

2. 坞修工程

（1）船舶进坞一次,要求提供拖船、带缆并搭好跳板。

（2）船底清洗、除锈和油漆（coated）,自平板龙骨至轻载水面积共_____m²,

①全部用高压淡水洗净,并全部敲铲出白(chipped and exposed);

②涂底漆_____度,防锈漆_____度,防污漆_____度。

(3)重载水线间船壳清洗、除锈、油漆,其表面积共_____ m²,

①全部用高压淡水洗净,并全部敲铲出白;

②涂底漆_____度,水线漆_____度。

(4)壳清洗、除锈、油漆,其表面共_____ m²,

①全部用高压淡水洗净;

②锈蚀区域铲出白并被涂底漆_____度,面积共_____ m²;

③通涂_____色船壳漆_____度。

(5)船底望光,做出记录交船方。

(6)标志

①校验艏、中、艉的六面水尺,并涂底漆,面漆各二度;

②校验载重标志,并涂底漆,面漆各二度。

(7)舵

①测量舵杆直径,检查其是否弯曲,扭转,做出记录交船方;

②舵杆轴承及填料箱拆装检查,填料箱内填料换新;

③舵叶板测厚_____处,记录交船方;

④舵内防腐油重灌;

⑤连接螺栓水泥重搪。

(8)锌板:舵、艉柱及船壳上锌板换新,共_____块。

(9)海底阀箱:海底阀箱_____个打开,清洁、除锈并检验,按船底要求涂漆并关妥。

(10)船壳测厚及换板:

①对船中部 0.5L(肋位_____至_____)区域内轻重载水线间船壳板进行测厚,每块板测量两处,共_____处,记录交船方;

②对下列船板进行测厚,每块板测量两处,蚀耗超过极限者予以换新(renewed)。

板号:_____,肋位_____至_____,尺度_____。

(11)锚与锚链:将左、右舷艏锚(重_____t)和锚链卸下,排列坞底,用淡水冲洗,按下列要求修复后装妥:

①所有连接链环拆装(dismembered)检查;

②左右锚链舱的锚链末端固定装置和弃链器拆装检查;

③锚链链环直径测量,记录交船方;

④左右舷艏锚角体,磨损的横销、销轴予以换新;

⑤左右舷艏锚及锚链全部除锈并涂沥青漆两度,重新做标记;

⑥安装锚链时,将左右舷的前_____节换至末端。

（12）密性试验：

①对换新船壳板焊缝进行煤油试验，板号_____ ；

②对下列压载舱进行灌水试验，第_____舱，舱容_____；

③对下列燃油舱进行灌水试验，第_____舱，舱容_____。

（13）艏、艉尖舱、深舱、双层底等处船底塞_____ 只拆装妥，重塘水泥包。

（14）艏、艉尖舱、深舱、双层底人孔盖_____ 只拆检，垫圈换新，于舱内工程完毕后关妥。

（15）淡水舱：清洗下列淡水舱，第_____舱，铲除酥松和起壳的水泥，除锈并重除水泥浆_____ 度，泡浸淡水_____小时。

（16）船底测深仪振荡体_____ 只拆装换新（振荡体由船方提供），装妥后进行灌水试验。

（17）水压计计程仪管路流通，腰截阀_____ 只拆装检查，阀门及换向接头拆检和加油。

3. 货舱工程

（1）货舱污水沟：

①清除下列货舱污水沟内污泥，第_____舱左（或右）舷；

②锈蚀处除锈，共_____ m^2；

③通涂沥青漆_____度，面积共_____ m^2。

（2）舱底板：损坏的舱底板换新，第_____舱，尺寸_____。

（3）舱底木铺板：损坏舱底木铺板换新。第_____舱，尺寸_____。

（4）护舷木条及支座：

①损坏的护舷木条予以换新补齐，第_____舱，尺寸_____；

②损坏的护舷木条支座予以换新，第_____舱，尺寸_____，数量_____只。

（5）货舱扶梯：断裂与歪曲的货舱扶梯予以修复，位置_____，尺寸_____。

（6）变形肋骨：对变形肋骨进行现场校正，左（或右）舷肋位_____，_____层舱。

（7）货舱油漆：货舱内全部用高压淡水冲洗、重铲并搭脚手架油漆，第_____舱，面积（包括板和骨架）_____ m^2。

（8）舱口围板：

①弯曲、变形的舱口围板及舱口围板肘板予以现场校正，第_____舱，共_____块；

②断裂的舱口围板肘板予以换新，第_____舱，共_____块；

③舱口半圆护铁磨光。

4. 救生设备工程

救生艇及吊艇架：左右两舷救生艇_____只吊厂，按下述要求修复安装后进行降落试验。

（1）救生艇壳出白并涂橙色漆_____度，船名、船籍港、主要尺度和编号重写；

（2）手动排水泵拆检，有损坏修复，装妥后试验共_____台；

（3）救生艇上联动脱钩装置检查活络(made movable)并试验；

（4）空气箱进行水密试验，如有损坏需修复，共_____只；

（5）左右舷吊艇架上滑车拆检加油活络，有损坏需修复并装妥；

（6）左右舷吊艇钢丝绳检查换新，规格_____，长度_____ m，共_____根；

（7）救生艇绞车按下述要求修复：刹车垫片箍换新，绞车手柄损坏、弯曲、变形者换新，绞车_____部拆检。

5. 消防设备工程

（1）二氧化碳固定灭活系统：全部二氧化碳钢瓶称重，并根据需要予以补充；烟气检测管压缩空气疏通后做烟气试验。

（2）水灭火系统：补充消防水龙带_____根，补充水枪_____根，出水口直径_____ mm；甲板消防水管漏损处换新，位置_____，尺寸_____，长度_____ m。

6. 封闭设备工程

（1）通风筒：烟斗形通风筒换新，位置_____，数量_____，直径_____；菌形通风筒换新，位置_____，数量_____，直径_____。

（2）对钢质水密门进行冲水试验，有渗漏者修复，修复后重做试验，位置_____，数量_____。

7. 船体工程

（1）对船中部 1.5L(肋位_____ 至_____)区域内强力甲板大开口边线以外的甲板板进行测厚，每块板测两处，共_____处，记录交船方。

（2）对下列板进行测厚，蚀耗超过极限者予以换新，位置_____，板号_____，肋位_____，尺寸_____。

（3）断裂舷墙按下述要求修复，舷墙断裂部分换新，位置_____，尺寸_____。损坏的舷墙扶墙材换新，位置_____，数量_____，尺寸_____。

8. 起货设备工程

（1）吊杆测厚，记录交船方，位置_____。根数_____。测厚数量_____点。

（2）挠曲吊杆运厂，挠曲部分割换(或校直后加强)后装妥，位置_____，根数_____，安全工作负荷(单杆及双杆)_____。

（3）吊杆竖轴拆检、清洁、测量、有损坏者换新，测量记录交船方，位置_____，数量_____。

（4）吊货滑车与千斤滑车运厂拆检,有损坏修复后重新装妥,位置_____,名称_____,数量_____,直径与滑轮数_____。

（5）钢丝绳:

①千斤索换新,位置_____,规格_____,长度_____m,根数_____;

②吊货索换新,位置_____,规格_____,长度_____m,根数_____。

（6）吊杆试验:上述工程修复装妥后,进行吊重试验,位置_____,安全工作负荷(单杆与双杆)_____。

9. 系泊设备工程

（1）船首（或船尾）左（或右）舷系缆桩底脚烂穿换新,位置_____,数量_____。

（2）舷墙上羊角桩锈蚀严重者换新,位置_____,数量_____。

10. 管路工程

（1）液压舱盖管路进行酸洗、淡水冲净,损坏者换新,做压力试验,位置_____,直径_____,长度_____m,根数_____。

（2）驾驶员浴室中淡水管烂穿换新,名称_____,规格_____,长度_____m。

（3）疏通轮机员厕所内卫生管路,主甲板船员住所处厕所内的冲洗阀损坏换新。

（4）排水管:主甲板船员住所内洗脸盆底圈漏水换新,艇甲板舱室左舷走廊排水口处蜂巢板烂坏换新。

11. 甲板敷盖

（1）船员浴室、厨房及配膳间内的破碎瓷砖换新,位置_____,面积_____m^2。

（2）艇甲板右侧甲板敷层开裂,铲除旧敷层并换新,敷料种类_____,位置_____,面积_____m^2。

12. 门窗

（1）驾驶台左右舷木质移门腐烂换新,木门挂钩拆装清洁,木门尺寸_____。

（2）主甲板船员舱室舷窗玻璃破碎换新,位置_____,尺寸_____,块数_____。

13. 舷梯

左右舷梯拆检,舷梯上踏步板_____块烂坏换新,舷梯上钢质撑杆换新,舷梯绞车两部拆检,并做试验。

14. 厨房设施

（1）蒸饭缸换新_____个。

(2)小冰箱修复_____个。

15.房间设施

(1)餐厅内餐桌新铺塑料台面,规格_____,数量_____。

(2)家具(沙发、写字台、柜、床、桌、椅)修复,位置_____,名称_____,数量_____。

16.油船工程

(1)加热管:所有货油舱内加热管进行压力试验,有损坏者修复(made good),修复后重做压力试验。

(2)货油管:对所有货油管及扫舱管进行水压试验,有损坏者修复,并重做水压试验,主吸油阀运厂拆检、拂磨、做压力试验并重新装妥(refit),第_____舱(并注明左、中、右),通径_____;主货油管换新,第_____舱(并注明左、中、右),位置_____,通径_____,长度_____ m。

(3)呼吸阀拆检,有损坏者修复,第_____舱(并注明左、中、右),通径_____。

附注:

修船所用材料、更换的零配件等,注明是否由船方供给。

上述各项修理内容系参考举例,具体修理范围应根据船舶情况、修理类别和检验范围进行编写。

参考文献

［1］王忠. 船舶结构与设备. 大连：大连海事大学出版社，2007.

［2］马家法. 船舶结构与设备. 大连：大连海事大学出版社，2000.

［3］金永新，伍生春. 船舶结构与设备. 北京：人民交通出版社，2004.

［4］夏国忠. 船舶结构与设备. 大连：大连海事大学出版社，1999.

［5］刘有忠. 海船系缆船艺. 北京：人民交通出版社，1992.

［6］吴仁元. 船体结构. 北京：国防工业出版社，1992.

［7］中华人民共和国船舶检验局. 船舶与海上设施法定检验规则. 北京：人民交通出版社，1999.

［8］中国海事服务中心. 船舶结构与货运. 北京：人民交通出版社，2012.

［9］中国海事服务中心. 船舶操纵与避碰. 北京：人民交通出版社，2012.

［10］中国船级社. 钢质海船入级规范,2019.